시험에 나오는 것만 공부한다!

2024 시나공

기출문제집

최신 기출문제 완벽분석

정보처리기사
실기

KB109028

길앤디 지음

4, 김용갑, 김우경, 김종일)

길벗

지은이 길벗알앤디

강윤석, 김용갑, 김우경, 김종일

IT 서적을 기획하고 집필하는 출판 기획 전문 집단으로, 2003년부터 길벗출판사의 IT 수험서인 〈시험에 나오는 것만 공부한다!〉 시리즈를 기획부터 집필 및 편집까지 총괄하고 있다.

30여 년간 자격증 취득에 관한 교육, 연구, 집필에 몰두해 온 강윤석 실장을 중심으로 IT 자격증 시험의 분야별 전문가들이 모여 국내 IT 수험서의 수준을 한 단계 높이기 위한 다양한 연구와 집필 활동에 전념하고 있다.

정보처리기사 실기 기출문제집 – 시나공 시리즈 22

The Practical Examination for Intermediate Computer Proficiency Certificate – Work Book

초판 발행 · 2024년 1월 22일

발행인 · 이종원
발행처 · (주)도서출판 길벗
출판사 등록일 · 1990년 12월 24일
주소 · 서울시 마포구 월드컵로 10길 56(서교동)
주문 전화 · 02)332-0931 팩스 · 02)323-0586
홈페이지 · www.gilbut.co.kr 이메일 · gilbut@gilbut.co.kr

기획 및 책임 편집 · 강윤석(kys@gilbut.co.kr), 김미정(kongkong@gilbut.co.kr), 임은정, 정혜린(sunriin@gilbut.co.kr)
디자인 · 강은경, 윤석남 제작 · 이준호, 손일순, 이진혁, 김우식 마케팅 · 조승모
영업관리 · 김명자 독자지원 · 윤정아

편집진행 및 교정 · 길벗알앤디(강윤석 · 김용갑 · 김우경 · 김종일) 일러스트 · 윤석남
전산편집 · 예다움 CTP 출력 및 인쇄 · 정민 제본 · 정민

ISBN 979-11-407-0824-6 13000
(길벗 도서번호 030916)

가격 22,000원

독자의 1초까지 아껴주는 길벗출판사
(주)도서출판 길벗 | IT교육서, IT단행본, 경제경영서, 어학&실용서, 인문교양서, 자녀교육서 www.gilbut.co.kr
길벗스쿨 | 국어학습, 수학학습, 어린이교양, 주니어 어학학습, 학습단행본 www.gilbutschool.co.kr

인스타그램 • @study_with_sinagong

머리말

초단타 합격 전략을 아시나요?

시·나·공 기출문제집은 실력 테스트용이 아닙니다. 짧은 시간 안에 시험에 나온 내용을 파악하고, 나올 내용을 공부하는 초단타 합격 전략집입니다. 핵심요약을 통해 시험에 꼭 필요한 내용만 확실히 습득하고, 기출문제로 학습한 내용을 다시 한 번 확인하면 초단타 합격의 주인공은 내가 될 수 있습니다.

동영상 강의 시청 방법 혼자 공부하다가 어려운 부분이 나와도 고민하지 마세요!

'핵심요약'과 '최신기출문제'의 모든 내용과 문제에 동영상 강의를 준비했습니다. 다음의 세 가지 방법을 이용하면 시나공 저자의 속 시원한 강의를 바로 동영상으로 확인할 수 있습니다.

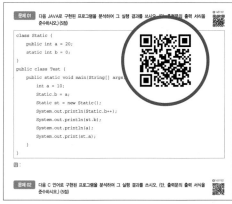

하나 스마트폰으로는 이렇게 이용하세요!

1. 스마트폰으로 QR코드 리더 앱을 실행하세요!

2. 동영상 강의 QR코드를 스캔하세요.

3. 스마트폰을 통해 동영상 강의가 시작됩니다!

둘 시나공 홈페이지에서는 이렇게 이용하세요!

1. 시나공 홈페이지(sinagong.co.kr)에 로그인 하세요!

2. 상단 메뉴중 [동영상 강좌] → [토막강의(무료)]를 클릭하세요!

3. 동영상 강의 번호를 입력하면 동영상 강의가 시작됩니다.

셋 유튜브에서는 이렇게 이용하세요!

1. 유튜브 검색 창에 "시나공" + 동영상 강의 번호를 입력하세요.

시나공340002

2. 검색된 항목 중 원하는 동영상 강의를 클릭하여 시청하세요.

C O N T E N T S

준비운동

052 일반 집합 연산자

22.10, 필기 21.8, 21.5

합집합(UNION)

- 두 릴레이션에 존재하는 튜플의 합집합을 구하되, 결과로 생성된 릴레이션에서 중복되는 튜플은 제거되는 연산이다.
- 합집합의 카디널리티는 ~~릴레이션의 카디널리티의~~

교집합(INTERSECTION)

- 두 릴레이션에 ~~동시에 존재하는 튜플~~ 구하는 연산이다.
- 교집합의 카디널리티는 두 릴레이션 중 카디널리티가 ~~작은 릴레이션의 카디널리티보다~~ 크지 않다.
- 기호 :

22.10

차집합(DIFFERENCE)

- 두 릴레이션에 존재하는 튜플의 차집합을 구하는 연산이다.
- 차집합의 카디널리티는 릴레이션 R의 카디널리티보다 크지 않다.
- 기호 : —

22.10, 필기 21.8, 21.5

교차곱(CARTESIAN PRODUCT)

- ~~두 릴레이션에 있는 튜플들의 순서쌍을~~ 연산이 ~~다.~~
- ~~교차곱의 카디널리티(Ca~~ ~~)는~~ 두 릴레이션의 카디널리티 ~~를 곱한 것과 같다.~~
- 기호 : ×

053 관계해석

22.7, 필기 22.7

- 관계해석(Relational Calculus)은 관계 데이터의 연산을 표현하는 방법이다.
- 관계 데이터 모델의 제안자인 ~~코드(Codd)가~~ ~~관계~~ Calculus(술어 ~~)를~~ 두 ~~위해 제안하~~
- ~~무엇이라는 것만 정의하~~ ~~바~~
- 원하는 정보를 정 ~~계산~~

054 이상

340104

22.5, 20.11, 필기 23.2, 21.8, 21.5, 21.3, 20.8

- 이상(Anomaly)이란 데이터베이스 내에 데이터들이 ~~불~~필요하게 중복되어 릴레이션 조작 시 예기치 않게 ~~발생하~~는 곤란한 현상을 의미한다.
- 삽입 이상(Insertion Anomaly) : 테이블에 데이터를 삽입할 때 의도와는 상관없이 원하지 않은 값들로 인해 삽입할 수 없게 되는 현상
- 삭제 이상(Deletion Anomaly) : 테이블에서 튜플을 삭제할 때 의도와는 상관없는 값들도 함께 삭제되는, 즉 연쇄 삭제가 발생하는 현상
- 갱신 이상(Update Anomaly) : 테이블에서 튜플에 있는 속성 값을 갱신할 때 일부 튜플의 정보만 갱신되어 정보에 불일치성(Inconsistency)이 생기는 현상

[038] **물리적 설계** A

21.4, 필기 22.4, 22.3, 21.8, 21.5, 21.3, 20.9

- 물리적 설계(데이터 구조화)는 논리적 설계에서 논리적 구조로 표현된 데이터를 디스크 등의 저장장치에 저장할 수 있는 물리적 구조의 데이터로 변환하는 과정이다.
- 물리적 설계에서는 다양한 데이터베이스 응용에 대해 처리 성능을 얻기 위해 데이터베이스 저장 구조 및 액세스 경로를 결정한다.
- 저장 레코드의 형식, 순서, 접근 경로, 조회 코드 등의 정보를 사용하여 데이터가 컴퓨터에 저장되는 방법을 묘사한다.

[039] **데이터 모델** A

21.4, 필기 22.4, 20.9

- 데이터 모델은 현실 세계의 정보들을 컴퓨터에 표현하기 위해서 단순화, 추상화하여 체계적으로 표현한 개념적 모형이다.
- 데이터 모델에

요소	내용
21.4, 필기 20.9 구조(Structure)	논리적으로 표현된 개체들 간의 관계로서 데이터 구조 표현
21.4, 필기 22.4, 20.9 연산(Operation)	데이터베이스에 저장된 데이터를 처리하는 작업에 대한 명세로, 데이터베이스를 조작하는 기본 도구
21.4, 필기 20.9 제약 조건(Constraint)	데이터베이스에 저장될 수 있는 실제 데이터의 논리적인 제약 조건

[040] **E-R 다이어그램** P

필기 22.7, 22.3, 21.5, 21.3, 20.9, 20.6

기호	기호	의미
21.5, 21.3, 20.9, 20.6	사각형	개체(Entity) 타입
	마름모	관계(Relationship) 타입
	타원	속성(Attribute)
	이중 타원	다중값 속성(복합 속성)
	밑줄 타원	기본키 속성
	복수 타원	복합 속성 예 성명은 성과 이름으로 구성
	관계	1:1, 1:N, N:M 등의 개체 간 관계에 대한 대응수를 선 위에 기술함
필기 21.5, 21.3, 20.9, 20.6	선, 링크	개체 타입과 속성을 연결

데이터베이스의 릴레이션 구조 A

23.4, 21.4, 필기 23.2, 22.3, 21.3, 20.9, 20.8, 20.6

릴레이션은 데이터들을 표(Table)의 형태로 표현한 것으로, 구조를 나타내는 릴레이션 스키마와 실제 값들인 릴레이션 인스턴스로 구성된다.

릴레이션 스키마

릴레이션 인스턴스

학년의 도메인(Domain)

한 눈에 살펴 보는 시나공의 구성

서비스 하나 시나공 홈페이지
시험 정보 제공!

IT 자격증 시험, 혼자 공부하기 막막하다고요? 시나공 홈페이지에서 대한민국 최대, 50만 회원들과 함께 공부하세요.

지금 sinagong.co.kr에 접속하세요!

시나공 홈페이지에서는 최신기출문제와 해설, 선배들의 합격 수기와 합격 전략, 책 내용에 대한 문의 및 관련 자료 등 IT 자격증 시험을 위한 모든 정보를 제공합니다.

서비스 둘 수험생 지원센터
무엇이든 물어보세요!

공부하다 답답하거나 궁금한 내용이 있으면, 시나공 홈페이지 '묻고 답하기' 게시판에 질문을 올리세요. 길벗알앤디의 전문가들이 빠짐없이 답변해 드립니다.

서비스 셋 합격을 위한
학습 자료

시나공 홈페이지 회원으로 가입하면 시험 준비에 필요한 학습 자료를 내려받을 수 있습니다.

• **기출문제** : 최근에 출제된 기출문제를 제공합니다. 최신기출문제로 현장 감각을 키우세요.

서비스 넷 실기 시험 대비
온라인 특강 서비스

(주)도서출판 길벗에서는 실기 시험 준비를 위한 온라인 특강을 제공하고 있습니다. 다음과 같은 방법으로 이용하세요.

실기 특강 온라인 강좌는 이렇게 이용하세요!

1. 시나공 홈페이지(sinagong.co.kr)에 접속하여 로그인 하세요!(비회원 회원 가입)
2. 상단 메뉴 중 [동영상 강좌] → [실기특강(무료)]을 클릭하세요!
3. 실기 특강 목록에서 원하는 강좌를 클릭하여 시청하세요.
※ '실기특강' 서비스는 시나공 홈페이지 회원 중 구입 도서를 등록한 분께 제공됩니다.

서비스 다섯 시나공 만의
동영상 강좌

독학이 가능한 친절한 교재가 있어도 준비할 시간이 부족하다면?

길벗출판사의 '동영상 강좌' 이용 안내

1. 시나공 홈페이지(sinagong.co.kr)에 접속하여 로그인 하세요.
2. 상단 메뉴 중 [동영상 강좌]를 클릭하세요.
3. 원하는 강좌를 선택하고 [수강 신청하기]를 클릭하세요.
4. 우측 상단의 [마이길벗] → [나의 동영상 강좌]로 이동하여 강좌를 수강하세요.
※ 기타 동영상 이용 문의 : 독자지원(02-332-0931)

시나공 서비스 이용을 위한
회원 가입 방법

1. 시나공 홈페이지(sinagong.co.kr)에 접속하여 우측 상단의 〈회원가입〉을 클릭하고 〈이메일 주소로 회원가입〉을 클릭합니다.
   ※ 회원가입은 소셜 계정으로도 가입할 수 있습니다.
2. 가입 약관 동의를 선택한 후 〈동의〉를 클릭합니다.
3. 회원 정보를 입력한 후 〈이메일 인증〉을 클릭합니다
4. 회원 가입 시 입력한 이메일 계정으로 인증 메일이 발송됩니다. 수신한 인증 메일을 열어 이메일 계정을 인증하면 회원가입이 완료됩니다.

필기
시험

2 필기원서접수 → **3 필기시험**

1 응시자격조건

◎ 정보처리기사 / 산업기사
(q-net.or.kr에서 접수)

◎ 검정수수료 : 19,400원

필기시험은 과목당
40점 이상, 전 과목
평균 60점 이상의 점수를
얻어야 합격합니다!

정보처리기사
시험은 4년제 대학졸업자
및 졸업예정자 이상의
학력 소지자만 응시할 수
있습니다!

여러분~
부정 행위는,
꿈도 꾸지마시고~
시험 시~작!

필기시험은
인터넷 접수만
가능합니다!

Sinagong

집중

대학 4학년   IT 비전공자

외국학력소지자   학점 취득자

★ 자격증 신청 및 수령 ★

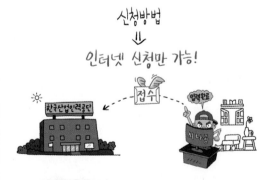

신청방법
⇓
인터넷 신청만 가능!

한국산업인력공단

접수

합격완료

수령 방법
⇓
등기우편으로만 수령가능!

한국산업인력공단

합격

※ 신청할 때 준비할 것은~

▶ 접수 수수료 3,100원, 등기 우편 수수료 3,010원

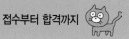

4 합격여부 확인 →

실기 시험

1 실기원서 접수

◎ 정보처리기사 / 산업기사
(www.q-net.or.kr에서 접수)

◎ 검정 수수료
- 정보처리기사 : 22,600원
- 산업기사 : 20,800원

최종 합격

3 합격여부 확인 ←

2 실기 시험

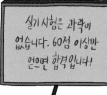

정보처리기사 시험, 이것이 궁금하다!

Q 정보처리기사 시험은 국가직무능력표준(NCS)을 기반으로 하여 문제가 출제된다고 하는데, 국가직무능력표준(NCS)이 뭔가요?

A 국가직무능력표준(NCS; National Competency Standards)이란 산업현장에서 직무를 수행하기 위해 요구되는 지식·기술·소양 등의 내용을 국가가 산업부문별·수준별로 체계화한 것으로 산업현장의 직무를 성공적으로 수행하기 위해 필요한 능력을 국가적 차원에서 표준화한 것을 의미하며, NCS의 능력 단위를 교육 및 훈련할 수 있도록 구성한 '교수·학습 자료'를 NCS 학습 모듈이라고 합니다.

정보처리기사 실기 시험은 NCS 학습 모듈 중 정보통신 분야의 '정보기술' 분류에 포함된 '정보기술개발'의 '응용 소프트웨어 엔지니어링'과 '데이터베이스 엔지니어링'에 속한 25개의 학습 모듈을 기반으로 하고 있으며, 본 교재는 정보처리기사 실기 출제 기준에 포함된 25개의 학습 모듈을 완전 분해하여 정보처리기사 수준에 맞게 298개의 핵심으로 엄선하여 정리하였습니다.

Q 정보처리기사 자격증 취득 시 독학사 취득을 위한 학점이 인정된다고 하던데, 학점 인정 현황은 어떻게 되나요?

A

종목	학점	종목	학점
정보처리기사	20	워드프로세서	4
정보처리산업기사	16	ITQ A급	6
사무자동화산업기사	16	ITQ B급	4
컴퓨터활용능력 1급	14	GTQ 1급	5
컴퓨터활용능력 2급	6	GTQ 2급	3

※ 자세한 내용은 평생교육진흥원 학점은행 홈페이지(https://cb.or.kr)를 참고하세요.
※ ITQ A급 : 5과목 중 3과목이 모두 A등급인 경우
※ ITQ B급 : 5과목 중 3과목이 모두 B등급 이상인 경우

Q 필기 시험에 합격한 후 실기 시험에 여러 번 응시할 수 있다고 하던데, 몇 번이나 응시할 수 있나요?

A 필기 시험에 합격한 후 실기 시험 응시 횟수에 관계없이 필기 시험 합격자 발표일로부터 2년 동안 실기 시험에 응시할 수 있습니다.

Q 필기 시험 합격자 발표 후 언제까지 응시 자격 서류를 제출해야 하나요? 응시 자격 서류를 제출하면 반드시 첫 실기 시험에 응시해야 하나요?

A 필기 시험 합격자 발표 후 첫 실기 시험에 응시하려면 필기 시험 합격자 발표일로부터 4일 이내에 응시 자격 서류를 제출해야 합니다. 그렇지 않고 다음 실기 시험에 응시하려면 필기 시험 합격자 발표일로부터 8일 이내에 응시 자격 서류를 제출하면 됩니다.

Q 응시 자격 서류를 제출한 후 실기 시험을 보았는데 불합격됐어요. 다음 실기 시험을 볼 때 응시 서류를 또 제출해야 하나요?

A 아닙니다. 시험에 불합격되었다고 하더라도 응시 자격 서류 제출 후 2년 동안은 응시 자격 서류를 제출하지 않아도 됩니다.

Q 수검표를 분실한 경우에는 어떻게 해야 하나요?

A • 수검표를 잃어버린 경우 인터넷(q-net.or.kr) 및 가까운 지역본부(또는 지방사무소)로 문의하시면 주민번호로 조회가 가능합니다.
• 인터넷 접수자는 시험 전까지 인터넷원서접수시스템(q-net.or.kr)의 [로그인] → [마이페이지]에서 재출력할 수 있습니다.

Q 정보처리기사 실기 시험도 평일에 시행되나요?

A 작업형인 경우 시험 장소 및 시설이 한정되어 있어 평일에 시행을 하였으나, 정보처리기사 실기가 필답형으로 변경된 이후에는 별도의 시설이나 장비가 필요하지 않으므로 토요일이나 일요일에 전국적으로 실시하고 있습니다.

Q 실기 시험을 접수한 지역이 아닌 다른 지역으로 장소가 변경될 수도 있나요?

A 접수 인원이 소수이거나 관할 접수지역 내 시설, 장비가 없어 시험장 임차가 어려운 경우에는 부득이 타 지역으로 이동하여 시행할 수도 있습니다.

Q 실기 시험 시 신분증을 지참하지 않으면 어떻게 되나요?

A 신분증을 지참하지 않으면 시험에 응시할 수 없으니 반드시 신분증을 지참하세요.

MEMO

1부

최신기출문제

2023년 3회 정보처리기사 실기

수험자 유의사항

1. 시험 문제지를 받는 즉시 응시하고자 하는 종목의 문제지가 맞는지를 확인하여야 합니다.

2. 시험 문제지 총면수 · 문제번호 순서 · 인쇄상태 등을 확인하고, 수험번호 및 성명을 답안지에 기재하여야 합니다.

3. 문제 및 답안(지), 채점기준은 일절 공개하지 않으며 자신이 작성한 답안, 문제 내용 등을 수험표 등에 이기(옮겨 적는 행위) 등은 관련 법 등에 의거 불이익 조치 될 수 있으니 유의하시기 바랍니다.

4. 수험자 인적사항 및 답안작성(계산식 포함)은 흑색 필기구만 사용하되, 흑색을 제외한 유색 필기구 또는 연필류를 사용하였을 경우 그 문항은 0점 처리됩니다.

5. 답란(답안 기재란)에는 문제와 관련 없는 불필요한 낙서나 특이한 기록사항 등을 기재하여서는 안되며 부정의 목적으로 특이한 표식을 하였다고 판단될 경우에는 모든 문항이 0점 처리됩니다.

6. 답안을 정정할 때에는 반드시 정정부분을 두 줄(=)로 그어 표시하여야 하며, 두 줄로 긋지 않은 답안은 정정하지 않은 것으로 간주합니다. (수정테이프, 수정액 사용불가)

7. 답안의 한글 또는 영문의 오탈자는 오답으로 처리됩니다. 단, 답안에서 영문의 대 · 소문자 구분, 띄어쓰기는 여부에 관계 없이 채점합니다.

8. 계산 또는 디버깅 등 계산 연습이 필요한 경우는 〈문제〉 아래의 연습란을 사용하시기 바라며, 연습란은 채점대상이 아닙니다.

9. 문제에서 요구한 가지 수(항수) 이상을 답란에 표기한 경우에는 답안기재 순으로 요구한 가지 수(항수)만 채점하고 한 항에 여러 가지를 기재하더라도 한 가지로 보며 그 중 정답과 오답이 함께 기재란에 있을 경우 오답으로 처리됩니다.

10. 한 문제에서 소문제로 파생되는 문제나, 가지수를 요구하는 문제는 대부분의 경우 부분채점을 적용합니다. 그러나 소문제로 파생되는 문제 내에서의 부분 배점은 적용하지 않습니다.

11. 답안은 문제의 마지막에 있는 답란에 작성하여야 합니다.

12. 부정 또는 불공정한 방법(시험문제 내용과 관련된 메모지 사용 등)으로 시험을 치른 자는 부정행위자로 처리되어 당해 시험을 중지 또는 무효로 하고, 2년간 국가기술자격검정의 응시자격이 정지됩니다.

13. 시험위원이 시험 중 신분확인을 위하여 신분증과 수험표를 요구할 경우 반드시 제시하여야 합니다.

14. 시험 중에는 통신기기 및 전자기기(휴대용 전화기 등)를 지참하거나 사용할 수 없습니다.

15. 국가기술자격 시험문제는 일부 또는 전부가 저작권법상 보호되는 저작물이고, 저작권자는 한국산업인력공단입니다. 문제의 일부 또는 전부를 무단 복제, 배포, 출판, 전자출판 하는 등 저작권을 침해하는 일체의 행위를 금합니다.

※ 수험자 유의사항 미준수로 인한 채점상의 불이익은 수험자 본인에게 전적으로 책임이 있음

```java
class SuperObject {
    public void draw() {
        System.out.println("A");
        draw();
    }
    public void paint() {
        System.out.print('B');
        draw();
    }
}
class SubObject extends SuperObject {
    public void paint() {
        super.paint();
        System.out.print('C');
        draw();
    }
    public void draw() {
        System.out.print('D');
    }
}
public class Test {
    public static void main(String[] args) {
        SuperObject a = new SubObject();
        a.paint();
        a.draw();
    }
}
```

답 :

문제 02 다음 설명에 해당하는 용어를 〈보기〉에서 찾아 쓰시오. (5점)

- 인터넷 애플리케이션에서 사용자 인증에 사용되는 표준 인증 방법으로, 공개 API(OpenAPI)로 구현되었다.
- 인터넷 사용자가 웹사이트나 애플리케이션에 비밀번호를 제공하지 않고 자신에게 접근 권한을 부여하여 사용할 수 있다.
- 2010년 ETF에서 1.0이 공식 표준안으로 발표되었다.

〈보기〉

• OpenID	• IDEA	• OAuth	• SSPI
• SASL	• PEAP	• OIDC	• JAAS

답 :

문제 03 다음 C 언어로 구현된 프로그램을 분석하여 그 실행 결과를 쓰시오. (단, 출력문의 출력 서식을 준수하시오.) (5점)

```c
#include <stdio.h>
main() {
    char* p = "KOREA";
    printf("1. %s\n", p);
    printf("2. %s\n", p + 1);
    printf("3. %c\n", *p);
    printf("4. %c\n", *(p + 3));
    printf("5. %c\n", *p + 4);
}
```

답 :

문제 04 다음 C 언어 프로그램과 그 〈실행결과〉를 분석하여 괄호에 공통으로 들어갈 알맞은 답을 쓰시오.
(5점)

```c
#include <stdio.h>
struct insa {
    char name[10];
    int age;
    struct insa* impl_a;
    struct insa* impl_b;
};


main() {
    struct insa p1 = { "Kim", 28, NULL, NULL };
    struct insa p2 = { "Lee", 36, NULL, NULL };
    struct insa p3 = { "Park", 41, NULL, NULL };
    p1.impl_a = &p2;
    p2.impl_b = &p3;
    printf("%s\n", p1.impl_a(      )name);
    printf("%d", p2.impl_b(     )age);
}
```

〈실행결과〉

```
Lee
41
```

답:

문제 05 리눅스 또는 유닉스에서 'a.txt' 파일에 대해 다음 〈처리 조건〉과 같이 권한을 부여하고자 한다.
〈처리조건〉을 준수하여 식을 완성하시오. (5점)

〈처리조건〉

- 사용자에게 읽기, 쓰기, 실행 권한을 부여한다.
- 그룹에게 읽기, 실행 권한을 부여한다.
- 기타 사용자에게 실행 권한을 부여한다.
- 한 줄로 작성하고, 8진법 숫자를 이용한 명령문을 이용한다.

답 : (   ) (   ) a.txt

문제 06 UML 다이어그램에 대한 다음 설명에서 괄호에 공통으로 들어갈 알맞은 용어를 쓰시오. (5점)

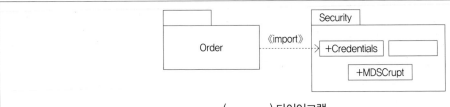

( ) 다이어그램

( )은(는) UML 정적 모델링의 하나로, 관련있는 객체들을 하나로 묶어 상위 개념으로 추상화한 것이다. 위의 그림과 같이 유스케이스나 클래스 등의 요소들을 그룹화하여 의존 관계를 표현하며, 대규모 시스템에서 주요 요소 간의 종속성을 파악하는 데 사용한다. 시스템의 구조를 간략하게 표현할 수 있고 의존 관계를 명확하게 파악할 수 있어, 불필요한 의존 관계를 제거하거나 간략화함으로써 시스템의 복잡도를 낮추는 곳에도 사용할 수 있다.

답 :

문제 07 테스트 기법 중 다음과 같이 '평가 점수표'를 미리 정해 놓은 후 각 영역에 해당하는 입력값을 넣고, 예상되는 출력값이 나오는지 실제 값과 비교하는 명세 기반 테스트 기법을 〈보기〉에서 찾아 쓰시오. (5점)

〈평가 점수표〉

평가점수	성적등급
90~100	A
80~89	B
70~79	C
0~69	D

〈케이스〉

테스트 케이스	1	2	3	4
점수범위	0~69	70~79	80~89	90~100
입력값	60	75	82	96
예상 결과값	D	C	B	A
실제 결과값	D	C	B	A

〈보기〉

- Equivalence Partition
- Boundary Value Analysis
- Equivalence Value
- Cause-Effect Graph
- Error Guess
- Comparison Test
- Base Path Test
- Loop Test
- Data Flow Test

답 :

문제 08 ⟨R⟩과 ⟨S⟩ 테이블에 대해 ⟨SQL문⟩을 실행하였을 때 나타나는 결과를 작성하시오. (SQL을 실행하였을 때 출력되는 속성명과 값들을 모두 답안에 적으시오.) (5점)

⟨R⟩

A	B
1	a
2	b
3	c

⟨S⟩

A	B
1	a
2	c
4	d

⟨SQL문⟩

```
SELECT A FROM R
UNION
SELECT A FROM S
ORDER BY A DESC;
```

답 :

문제 09 다음 C 언어로 구현된 프로그램을 분석하여 그 실행 결과를 쓰시오. (단, 출력문의 출력 서식을 준수하시오.) (5점)

```c
#include <stdio.h>
int isPerfectNum(int num) {
    int sum = 0;
    for (int i = 1; i < num; i++) {
        if (num % i == 0)
            sum += i;
    }
    if (num == sum) return 1;
    else return 0;
}
main() {
    int r = 0;
    for (int i = 1; i <= 100; i++)
        if (isPerfectNum(i))
            r += i;
    printf("%d", r);
}
```

답 :

4440310

문제 10 네트워크에 대한 다음 설명에 해당하는 용어를 쓰시오. (5점)

- 우리말로 번역하면 '네트워크 주소 변환'이라는 의미의 영문 3글자 약자이다.
- 1개의 정식 IP 주소에 다량의 가상 사설 IP 주소를 할당 및 연결하는 방식이다.
- 1개의 IP 주소를 사용해서 외부에 접속할 수 있는 노드가 어느 시점에 1개로 제한되는 문제가 있으나, 이때는 IP 마스커레이드(Masquerade)를 이용하면 된다.

답 :

4440311

문제 11 다음 설명에 해당하는 프로토콜을 쓰시오. (5점)

자료를 일정한 크기로 정하여 순서대로 전송하는 자료의 전송방식으로, 셀이라 부르는 53Byte의 고정 길이 패킷을 이용하여 처리가 단순하고 고속망에 적합하다. 또한 연속적으로 셀을 보낼 때 다중화를 하지 않고 셀 단위로 동기가 이루어지지만 경우에 따라 동기식 시간 분할 다중화를 사용하기도 한다. CBR, VBR의 처리가 가능하며, B-ISDN과 결합하여 서비스를 제공하기도 한다.

답 :

4440312

문제 12 다음은 오류가 발생하는 JAVA 프로그램이다. 프로그램을 분석하여 오류가 발생하는 라인을 쓰시오. (5점)

라인	코드
1	class Person {
2	private String name;
3	public Person(String val) {
4	name = val;
5	}
6	public static String get() {
7	return name;
8	}
9	public void print() {
10	System.out.println(name);
11	}
12	}

```
13    public class Test {
14        public static void main(String[] args) {
15            Person obj = new Person("Kim");
16            obj.print();
17        }
18    }
```

답 :

문제 13 접근 통제(Access Control)에 대한 다음 설명에서 괄호(①~③)에 들어갈 알맞은 용어를 〈보기〉에서 찾아 쓰시오. (5점)

(①)	• 주체와 객체의 등급을 비교하여 접근 권한을 부여하는 방식이다. • 시스템이 접근통제 권한을 지정한다. • 데이터베이스 객체별로 보안 등급을 부여할 수 있다. • 사용자별로 인가 등급을 부여할 수 있다.
(②)	• 사용자의 역할에 따라 접근 권한을 부여하는 방식이다. • 중앙관리자가 접근통제 권한을 지정한다. • 임의 접근통제와 강제 접근통제의 단점을 보완하였다. • 다중 프로그래밍 환경에 최적화된 방식이다.
(③)	• 데이터에 접근하는 사용자의 신원에 따라 접근 권한을 부여하는 방식이다. • 데이터 소유자가 접근통제 권한을 지정하고 제어한다. • 객체를 생성한 사용자가 생성된 객체에 대한 모든 권한을 부여받고, 부여된 권한을 다른 사용자에게 허가할 수도 있다.

〈보기〉

• DAC	• MAC	• RBAC

답
• ①
• ②
• ③

문제 14 다음 JAVA로 구현된 프로그램을 분석하여 그 실행 결과를 쓰시오. (단, 출력문의 출력 서식을 준수하시오.) (5점)

```java
class P {
    public int calc(int n) {
        if (n <= 1) return n;
        return calc(n - 1) + calc(n - 2);
    }
}
class C extends P {
    public int calc(int n) {
        if (n <= 1) return n;
        return calc(n - 1) + calc(n - 3);
    }
}
public class Test {
    public static void main(String[] args) {
        P obj = new C();
        System.out.print(obj.calc(7));
    }
}
```

답 :

문제 15 다음 C 언어로 구현된 프로그램을 분석하여 그 실행 결과를 쓰시오. (단, 출력문의 출력 서식을 준수하시오.) (5점)

```c
#include <stdio.h>
int f(int n) {
    if (n <= 1) return 1;
    else return n * f(n - 1);
}
main() {
    printf("%d", f(7));
}
```

답 :

문제 16 다음 Python 프로그램과 그 〈실행결과〉를 분석하여 괄호에 들어갈 알맞은 예약어를 쓰시오. (〈실행결과〉 첫 번째 라인의 '5 10'은 입력받은 값에 해당한다.) (5점)

```
x, y = input("x, y의 값을 공백으로 구분하여 입력 : ").(        )(' ')
print("x의 값 :", x)
print("y의 값 :", y)
```

〈실행결과〉

```
x, y의 값을 공백으로 구분하여 입력 : 5 10
x의 값 : 5
y의 값 : 10
```

답 :

문제 17 클라우드에 대한 다음 설명에서 괄호(①~③)에 들어갈 알맞은 용어를 내용 중에서 찾아 쓰시오. (5점)

클라우드 컴퓨팅은 각종 컴퓨팅 자원을 중앙 컴퓨터에 두고 인터넷 기능을 가진 단말기로 언제 어디서나 인터넷을 통해 컴퓨터 작업을 수행할 수 있는 환경을 의미한다. 중앙 컴퓨터는 복수의 데이터 센터를 가상화 기술로 통합한 대형 데이터 센터로, 각종 소프트웨어, 데이터, 보안 솔루션 기능 등 컴퓨팅 자원을 보유하고 있다. 사용자는 키보드와 모니터, 마우스를 갖추고 통신 포트만 연결하면 업무 수행이 가능하다.

즉 클라우드 컴퓨팅은 인터넷으로 가상화된 IT 리소스를 서비스로 제공하는 것을 의미하며, 클라우드 컴퓨팅에서 가상화하여 서비스로 제공하는 대상에 따라 IaaS, PaaS, SaaS로 구분되어 진다.

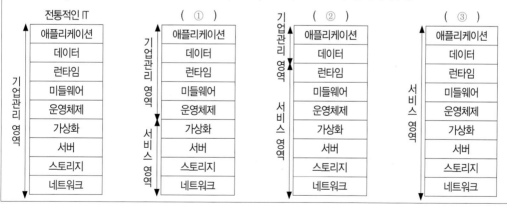

답
- ①
- ②
- ③

문제 18 다음 설명에 해당하는 프로토콜을 쓰시오. (5점)

- 거리 벡터 라우팅 프로토콜이라고도 불리며, 최단 경로 탐색에 Bellman-Ford 알고리즘이 사용된다.
- 소규모 동종의 네트워크 내에서는 효율적이나, 최대 홉(Hop) 수가 제한되므로 대규모 네트워크에서는 사용할 수 없다.
- 일정 시간 동안 라우팅 정보가 갱신되지 않으면 해당 경로를 이상 상태로 간주한다.

답 :

문제 19 관계 연산자에 대한 다음 설명에서 각 번호(①~④)의 연산자를 의미하는 기호를 〈보기〉에서 찾아 쓰시오. (5점)

연산자	특징
① Join	• 공통 속성을 중심으로 두 개의 릴레이션을 하나로 합쳐서 새로운 릴레이션을 만드는 연산이다. • Join의 결과는 Cartesian Product(교차곱)를 수행한 다음 Select를 수행한 것과 같다.
② Project	• 주어진 릴레이션에서 속성 리스트(Attribute List)에 제시된 속성 값만을 추출하여 새로운 릴레이션을 만드는 연산이다. • 연산 결과에 중복이 발생하면 중복이 제거된다. • 릴레이션의 열에 해당하는 속성을 추출하는 것이므로 수직 연산자라고도 한다.
③ Select	• 릴레이션에 존재하는 튜플 중에서 선택 조건을 만족하는 튜플의 부분집합을 구하여 새로운 릴레이션을 만드는 연산이다. • 릴레이션의 행에 해당하는 튜플(Tuple)을 구하는 것이므로 수평 연산자라고도 한다.
④ Division	X⊃Y인 두 개의 릴레이션 R(X)와 S(Y)가 있을 때, R의 속성이 S의 속성값을 모두 가진 튜플에서 S가 가진 속성을 제외한 속성만을 구하는 연산이다.

〈보기〉

• σ	• $\bowtie$	• $\div$	• $\pm$	• ∞	• π

답
- ① Join :
- ② Project :
- ③ Select :
- ④ Division :

문제 20 무결성에 대한 다음 설명에서 괄호에 들어갈 알맞은 답을 쓰시오. (5점)

무결성이란 데이터베이스에 저장된 데이터 값과 그것이 표현하는 현실 세계의 실제 값이 일치하는 정확성을 의미한다. 무결성 제약 조건은 데이터베이스에 들어 있는 데이터의 정확성을 보장하기 위해 부정확한 자료가 데이터베이스 내에 저장되는 것을 방지하기 위한 제약 조건을 말한다.

〈회원〉

이름	주민번호	주소
kim	800212-2******	서울
choi	820911-1******	경기
kang	750815-1******	인천

〈결제〉

결제번호	주문 상품	회원
1	rxe-123	choi
2	dp-01	park
3	qiv-433	kang

위의 두 테이블에서는 〈결제〉 테이블의 '회원' 속성이 〈회원〉 테이블의 '이름' 속성을 참고하는 외래키이므로 (   ) 무결성 제약 조건이 준수되어야 한다.

답 :

[문제 01]

BDCDD

해설

```
class SuperObject {
   public void draw( ) {
      System.out.println("A");
      draw( );
   }
❺ public void paint( ) {
❻    System.out.print('B');
❼    draw( );
   } ❿
}
class SubObject extends SuperObject {
❸ public void paint( ) {
❹    super.paint( );
⓫    System.out.print('C');
⓬    draw( );
   } ⓯
❽⓭⓱ public void draw( ) {
❾⓮⓲    System.out.print('D');
   }
}
public class Test {
   public static void main(String[] args) {
❶    SuperObject a = new SubObject( );
❷    a.paint( );
⓰    a.draw( );
   } ⓳
}
```

모든 Java 프로그램은 반드시 main( ) 메소드에서 시작한다.
❶ SubObject 클래스의 생성자를 이용하여 SuperObject 클래스의 객체 변수 a를 생성한다.
❷ a의 paint( ) 메소드를 호출한다. ❸번으로 이동한다.
　 a.paint( )는 a 객체의 자료형이 SuperObject이므로 SuperObject.paint( )라고 생각할 수 있지만 ❶번에서 클래스 형 변환이 발생하였고,
　 paint( ) 메소드가 자식 클래스에서 재정의되었으므로 SubObject 클래스의 paint( ) 메소드가 호출된다.
❸ 반환값이 없는 paint( ) 메소드의 시작점이다.
❹ 부모 클래스를 호출하는 예약어 super를 사용했으므로 부모 클래스의 paint( ) 메소드를 호출한다. ❺번으로 이동한다.
❺ 반환값이 없는 paint( ) 메소드의 시작점이다.
❻ 화면에 B를 출력한다.

　 결과　 **B**

❼ draw( ) 메소드를 호출한다. draw( ) 메소드는 ❷번의 경우와 마찬가지로 자식 클래스에서 재정의되었으므로 SubObject 클래스의 draw(
　) 메소드가 호출된다.
❽ 반환값이 없는 draw( ) 메소드의 시작점이다.

⑨ 화면에 D를 출력한다. draw( ) 메소드가 종료되었으므로 메소드를 호출했던 ⑦번의 다음 줄인 ⑩번으로 이동한다.

결과   BD

⑩ paint( ) 메소드가 종료되었으므로 메소드를 호출했던 ④번의 다음 줄인 ⑪번으로 이동한다.

⑪ 화면에 C를 출력한다.

결과   BDC

⑫ draw( ) 메소드를 호출한다.

⑬ 반환값이 없는 draw( ) 메소드의 시작점이다.

⑭ 화면에 D를 출력한다. draw( ) 메소드가 종료되었으므로 메소드를 호출했던 ⑫번의 다음 줄인 ⑮번으로 이동한다.

결과   BDCD

⑮ paint( ) 메소드가 종료되었으므로 메소드를 호출했던 ②번의 다음 줄인 ⑯번으로 이동한다.

⑯ draw( ) 메소드를 호출한다.

⑰ 반환값이 없는 draw( ) 메소드의 시작점이다.

⑱ 화면에 D를 출력한다. draw( ) 메소드가 종료되었으므로 메소드를 호출했던 ⑯번의 다음 줄인 ⑲번으로 이동한다.

결과   BDCDD

⑲ main( ) 메소드가 종료되었으므로 프로그램이 종료된다.

[문제 02]

OAuth

[문제 03]

1. KOREA

2. OREA

3. K

4. E

5. O

해설

```
#include 〈stdio.h〉
main( ) {
❶ char* p = "KOREA";
❷ printf("1. %s\n", p);
❸ printf("2. %s\n", p + 1);
❹ printf("3. %c\n", *p);
❺ printf("4. %c\n", *(p + 3));
❻ printf("5. %c\n", *p + 4);
}
```

❶ 문자형 포인터 변수 p에 "KOREA"를 저장한다. (다음 그림에서 지정한 주소는 임의로 정한 것이며, 이해를 돕기 위해 10진수로 표현했다.)

	p[0]	p[1]	p[2]	p[3]	p[4]	p[5]
메모리	'K'	'O'	'R'	'E'	'A'	\0
주소	1000	1001	1002	1003	1004	1005
	p	p+1	p+2	p+3	p+4	p+5

p [1000] → 1000

❷ 1. 을 출력하고 p의 위치부터 널 문자(\0) 전까지의 모든 문자를 출력한다.

결과   1. KOREA

❸ 2. 을 출력하고 p+1의 위치부터 널 문자(\0) 전까지의 모든 문자를 출력한다.

```
1. KOREA
2. OREA
```
결과

❹ 3. 을 출력하고 p가 가리키는 곳의 문자 K를 출력한다.

```
1. KOREA
2. OREA
3. K
```
결과

❺ 4. 을 출력하고 p+30이 가리키는 곳의 문자 E를 출력한다.

```
1. KOREA
2. OREA
3. K
4. E
```
결과

❻ 5. 을 출력하고 p가 가리키는 곳의 값에 4를 더한 후 출력한다. p가 가리키는 곳의 값은 문자 'K'인데, 알파벳 문자에 숫자를 더하면 더한 숫자 만큼의 다음 알파벳 문자를 의미한다. 'K'에서 다음 4번째 문자(K, L, M, N, O)는 O이므로 O를 출력한다.

```
1. KOREA
2. OREA
3. K
4. E
5. O
```
결과

[문제 04]

–〉

해설

```
#include 〈stdio.h〉
struct insa {
    char name[10];
    int age;
    struct insa* impl_a;
    struct insa* impl_b;
};

main( ) {
❶ struct insa p1 = { "Kim", 28, NULL, NULL };
❷ struct insa p2 = { "Lee", 36, NULL, NULL };
❸ struct insa p3 = { "Park", 41, NULL, NULL };
❹ p1.impl_a = &p2;
❺ p2.impl_b = &p3;
❻ printf("%s\n", p1.impl_a–〉name);
❼ printf("%d", p2.impl_b–〉age);
}
```

❶~❸번의 구조체 생성 과정과 ❹, ❺번의 주소 저장 과정을 그림으로 표현하면 다음과 같다.

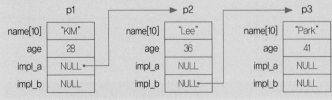

❻ p1.impl_a가 가리키는 곳의 name에 저장된 문자열을 출력한 후 커서를 다음 줄의 처음으로 옮긴다. p1.impl_a는 p2를 가리키므로 p2.name이 출력된다.

결과	Lee

❼ p2.impl_b가 가리키는 곳의 age에 저장된 값을 정수로 출력한다. p2.impl_b는 p3을 가리키므로 p3.age가 출력된다.

결과	Lee 41

[문제 05]

chmod, 751

> **해설**
> - UNIX에서는 파일의 권한(permission)을 10자리로 표현하는데 1번째 자리는 디렉터리(d) 또는 파일(–), 2~4번째 자리는 소유자(Owner) 권한을, 5~7번째 자리는 그룹(Group) 권한을, 8~10번째 자리는 기타 사용자(Other) 권한을 의미합니다.
> - 각 자리는 r(읽기), w(쓰기), x(실행), –(권한없음)으로 표시합니다.
> - 사용자는 rwx, 그룹은 r–x, 기타 사용자는 ––x 권한을 부여하므로, 파일 구분을 제외한 각 권한을 권한있음(1)과 권한없음(0)으로 바꾼 뒤 8진수로 변환하여 chmod 명령어의 매개 변수로 사용하면 됩니다.
> - 111 101 001 → 751 → chmod 751

[문제 06]

패키지

[문제 07]

Equivalence Partition

[문제 08]

A
4
3
2
1

> **해설**
>
> | SELECT A FROM R | 〈R〉 테이블의 'A' 속성을 표시한다. |
> |---|---|
> | UNION | 두 SELECT문의 조회 결과를 통합하되 중복된 행은 한 번만 출력한다. |
> | SELECT A FROM S | 〈S〉 테이블의 'A' 속성을 표시한다. |
> | ORDER BY A DESC; | 'A' 속성을 기준으로 내림차순 정렬한다. |

[문제 09]
34

해설

```
    #include <stdio.h>
④   int isPerfectNum(int num) {
⑤     int sum = 0;
⑥     for (int i = 1; i < num; i++) {
⑦       if (num % i == 0)
⑧         sum += i;
      }
⑨     if (num == sum) return 1;
⑩     else return 0;
    }
  main( ) {
①   int r = 0;
②   for (int i = 1; i <= 100; i++)
③⑪       if (isPerfectNum(i))
⑫           r += i;
⑬   printf("%d", r);
  }
```

모든 C 언어 프로그램은 반드시 main( ) 함수에서 시작한다.

❶ 정수형 변수 r을 선언하고 0으로 초기화한다.

❷ 반복 변수 i가 1부터 1씩 증가하면서 100보다 작거나 같은 동안 ❸~⑫번을 반복 수행한다.

❸ i의 값을 인수로 isPerfectNum( ) 함수를 호출한 후 돌려받은 값이 참(1)이면 ⑫번으로 이동하고, 아니면 반복문의 시작인 ❷번으로 이동한다.

❹ 정수를 반환하는 isPerfectNum( ) 함수의 시작점이다. ❸번에서 전달받은 i의 값을 num이 받는다.

❺ 정수형 변수 sum을 선언하고 0으로 초기화한다.

❻ 반복 변수 i가 1부터 1씩 증가하면서 num보다 작은 동안 ❼, ❽번을 반복 수행한다.

❼ num을 i로 나눈 나머지가 0이면 ❽번으로 이동한다.

❽ 'sum = sum + i;'와 동일하다. sum에 i의 값을 누적시킨다.

  ※ ❻, ❼번은 ❸번에서 전달받은 인수에서 자기를 제외한 약수를 찾는 과정이며, ❽번은 찾은 약수를 sum에 누적하는 과정이다.

❾ num과 sum의 값이 같으면 함수를 호출했던 ⑪번으로 1(참)을 반환하고, 같지 않으면 ⑩번으로 이동한다.

⑩ 함수를 호출했던 ⑪번으로 0(거짓)을 반환한다.

  ※ 자기를 제외한 약수의 합이 자기와 같은 수를 완전수(Perfect Number)라고 한다. ❾, ⑩번은 인수가 완전수임을 확인하는 과정으로, 완전수이면 참(1)을, 완전수가 아니면 거짓(0)을 반환한다. (ex: 6의 약수는 1, 2, 3이며, 1+2+3은 6과 같으므로 6은 완전수이다.)

⑪ ❾, ⑩번에서 돌려받은 값이 1(참)이면 ⑫번으로 이동하고, 0(거짓)이면 반복문의 시작인 ❷번으로 이동한다.

⑫ 'r = r + i;'와 동일하다. r에 i의 값을 누적시킨다.

⑬ r의 값을 정수로 출력한다.

결과　`34`

  ※ ⑪~⑬번을 통해 r에 완전수를 누적하고, ❷번을 통해 100까지 반복하는 것으로, 이 코드는 결국 1부터 100까지 중에서 완전수를 찾아 그 수들의 합을 출력하는 것임을 알 수 있다.

반복문 실행에 따른 변수들의 변화는 다음과 같다.

main()		isPerfectNum()		
i	r	num	i	sum
1	0	1	1	0
2		2	1	0
			2	1
3		3	1	0
			2	1
			3	
⋮	⋮	⋮	⋮	⋮
6	6	6	1	0
			2	1
			3	3
			4	6
			5	
			6	
⋮	⋮	⋮	⋮	⋮
28	34	28	1	0
			2	1
			3	3
			⋮	7
			27	14
			28	28
⋮	⋮	⋮	⋮	⋮
100		100	1	0
			2	1
			3	3
			⋮	7
			99	12
			100	⋮
				117

[문제 10]

NAT

NAT(Network Address Translation)

[문제 11]

※ 다음 중 하나를 쓰면 됩니다.

ATM, 비동기 전송 방식, Asynchronous Transfer Mode

[문제 12]

7

> **해설**
>
> - main( ) 메소드가 아닌 다른 메소드에 접근하기 위해서는 클래스를 메모리에 할당하는, 즉 객체 변수를 선언하는 과정이 필요합니다.
> - 반면 static으로 선언된 메소드는 객체 변수를 선언하지 않아도 클래스명을 사용해서 Person.get( )과 같은 형태로 접근할 수 있습니다. 즉 static으로 선언된 메소드는 메모리에 클래스를 위한 공간이 할당되지 않았다는 것을 의미합니다. 그러므로 static으로 선언된 메소드에서 메모리에 존재하지도 않은 클래스의 변수 name을 참조하는 것은 불가능합니다.
> - 15번 줄에서 객체 변수를 선언하였지만 오류가 발생하는 7번 줄이 참조하는 name은 객체 변수를 특정할 수 없으며, 오류가 발생할 수 있는 코드가 있으면 해당 코드는 컴파일되지 않고 오류를 반환합니다.

[문제 13]

① MAC   ② RBAC   ③ DAC

[문제 14]

2

> **해설**
>
> ```
> class P {
>    public int calc(int n) {
>       if (n <= 1) return n;
>       return calc(n - 1) + calc(n - 2);
>    }
> }
> class C extends P {
> ❸ public int calc(int n) {
> ❹    if (n <= 1) return n;
> ❺    return calc(n - 1) + calc(n - 3);
>    }
> }
> public class Test {
>    public static void main(String[ ] args) {
> ❶    P obj = new C( );
> ❷❻    System.out.print(obj.calc(7));
>    }
> }
> ```
>
> 모든 Java 프로그램은 반드시 main( ) 메소드에서 시작한다.
> ❶ C 클래스의 생성자를 이용하여 P 클래스의 객체 변수 obj를 생성한다.
> ❷ 7을 인수로 obj의 calc( ) 메소드를 호출한 후 돌려받은 값을 출력한다. ❸번으로 이동한다.
>   obj.calc( )는 obj 객체의 자료형이 P이므로 P.calc( )라고 생각할 수 있지만 ❶번에서 클래스 형 변환이 발생하였고, calc( ) 메소드가 자식 클래스에서 재정의되었으므로 C 클래스의 calc( ) 메소드가 호출된다.
> ❸ 정수를 반환하는 calc( ) 메소드의 시작점이다. ❷번에서 전달받은 7을 n이 받는다.
> ❹ n이 1보다 작거나 같으면 n의 값을 반환하고, 아니면 ❺번으로 이동한다.
> ❺ n-1을 인수로 calc( ) 메소드를 호출한 후 돌려받은 값과 n-3을 인수로 calc( ) 메소드를 호출한 후 돌려받은 값을 합한 값을 함수를 호출했던 곳으로 반환한다.

• ❸~❺번에 해당하는 재귀호출문은 다음과 같이 표현할 수 있다.

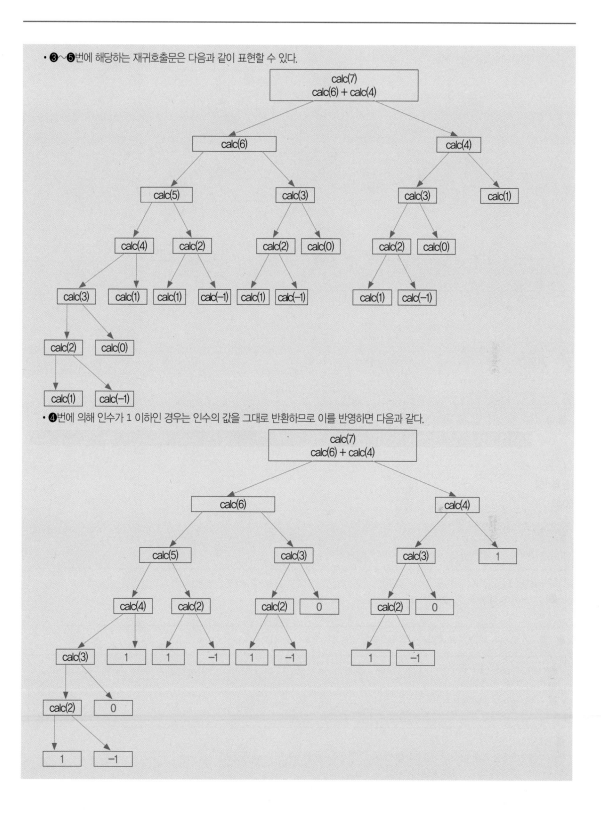

• ❹번에 의해 인수가 1 이하인 경우는 인수의 값을 그대로 반환하므로 이를 반영하면 다음과 같다.

• 값이 반환되어 적용되는 과정은 다음과 같다.

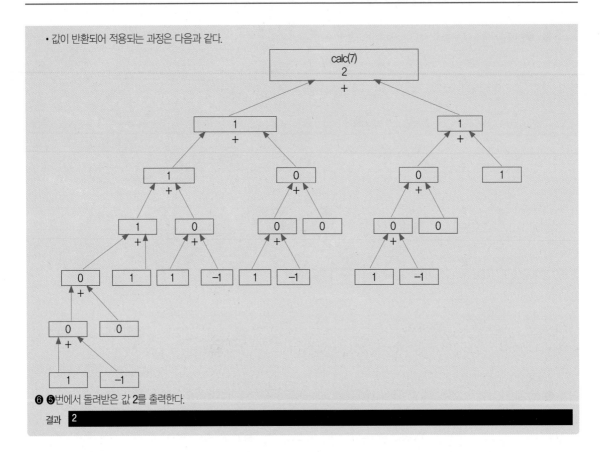

❻ ❺번에서 돌려받은 값 **2**를 출력한다.

결과 2

[문제 15]

5040

모든 C 언어 프로그램은 반드시 main( ) 함수에서 시작한다.

```
  main( ) {
❶    printf("%d", f(7));
  }
```

❶ 7을 인수로 하여 f( ) 함수를 호출한 다음 돌려받은 값을 정수형으로 출력한다.

```
❷ int f(int n) {              //n은 7입니다.
❸    if (n <= 1) return 1;
❹    else return n * f(n - 1);
  }
```

❷ int f(int n) {
　정수를 반환하는 f 함수의 시작점이다. ❶번에서 전달받은 7을 정수형 변수 n이 받는다.
　• int : 함수의 반환값이 정수임을 알려준다.
　• f : 함수의 이름이다. main( ) 함수 전에서 선언한 이름과 일치해야 한다.
　• (int n) : 호출하는 곳에서 보내준 인수를 저장할 변수이다. 호출하는 곳에서 보내준 인수와 자료형이 일치해야 한다.

❸ n은 7이다. 7은 1보다 작거나 같지 않으므로 ❹번을 수행한다.
❹ return n * f(n − 1);
 n * f(n−1)을 연산한 후 함수를 호출했던 ❶번으로 결과를 반환한다. n은 7이므로 f(6)을 호출한다.

```
❺ int f(int n) {              //n은 6입니다.
❻    if (n <= 1) return 1;
❼    else return n * f(n − 1);
   }
```

n은 6이므로 ❼번을 수행한다. f(5)를 호출한다.

```
❽ int f(int n) {              //n은 5입니다.
❾    if (n <= 1) return 1;
❿    else return n * f(n − 1);
   }
```

n은 5이므로 ❿번을 수행한다. f(4)를 호출한다.

```
⓫ int f(int n) {              //n은 4입니다.
⓬    if (n <= 1) return 1;
⓭    else return n * f(n − 1);
   }
```

n은 4이므로 ⓭번을 수행한다. f(3)을 호출한다.

```
⓮ int f(int n) {              //n은 3입니다.
⓯    if (n <= 1) return 1;
⓰    else return n * f(n − 1);
   }
```

n은 3이므로 ⓰번을 수행한다. f(2)를 호출한다.

```
⓱ int f(int n) {              //n은 2입니다.
⓲    if (n <= 1) return 1;
⓳    else return n * f(n − 1);
   }
```

n은 2이므로 ⓳번을 수행한다. f(1)을 호출한다.

```
⓴ int f(int n) {              //n은 1입니다.
㉑    if (n <= 1) return 1;
     else return n * f(n − 1);
   }
```

n은 1이므로 ㉑의 조건을 만족한다. 'return 1;'을 수행하여 함수의 실행을 종료하고 1을 반환하면서 제어를 f(1) 함수를 호출했던 ⓳번으로 옮긴다.

---

⑰ int f(int n) {　　　　　　　　//n은 2입니다.
⑱　　if (n <= 1) return 1;
⑲㉒　　else return n * f(n − 1);
　}

㉒ return n * f(n − 1);

　㉒번에서 f(1)이 1을 반환하였으므로 2를 반환하면서 제어를 f(2) 함수를 호출했던 ⑯번으로 옮긴다.

　return n * f(n − 1);
　　　　　ⓐ　　　ⓑ

　• ⓐ : 2 (f(n−1)을 호출할 때 n은 2였으므로)
　• ⓑ : 1 (㉒번에서 1을 반환하였으므로)

---

⑭ int f(int n) {　　　　　　　　//n은 3입니다.
⑮　　if (n <= 1) return 1;
⑯㉓　　else return n * f(n − 1);
　}

㉓ return n * f(n − 1);

　㉒번에서 f(2)가 2를 반환하였으므로 6을 반환하면서 제어를 f(3) 함수를 호출했던 ⑬번으로 옮긴다.

　return n * f(n − 1);
　　　　　3　　　2

---

⑪ int f(int n) {　　　　　　　　//n은 4입니다.
⑫　　if (n <= 1) return 1;
⑬㉔　　else return n * f(n − 1);
　}

㉔ return n * f(n − 1);

　㉓번에서 f(3)이 6을 반환하였으므로 24를 반환하면서 제어를 f(4) 함수를 호출했던 ⑩번으로 옮긴다.

　return n * f(n − 1);
　　　　　4　　　6

---

⑧ int f(int n) {　　　　　　　　//n은 5입니다.
⑨　　if (n <= 1) return 1;
⑩㉕　　else return n * f(n − 1);
　}

㉕ return n * f(n − 1);

　㉔번에서 f(4)가 24를 반환하였으므로 120을 반환하면서 제어를 f(5) 함수를 호출했던 ❼번으로 옮긴다.

　return n * f(n − 1);
　　　　　5　　　24

---

❺ int f(int n) {　　　　　　　　//n은 6입니다.
❻　　if (n <= 1) return 1;
❼㉖　　else return n * f(n − 1);
　}

㉖ return n * f(n − 1);

　㉕번에서 f(5)가 120을 반환하였으므로 720을 반환하면서 제어를 f(6) 함수를 호출했던 ❹번으로 옮긴다.

　return n * f(n − 1);
　　　　　6　　　120

```
❷ int f(int n) {                          //n은 7입니다.
❸     if (n <= 1) return 1;
❹㉗    else return n * f(n − 1);
   }
```

㉗ return n * f(n − 1);

㉖번에서 f(6)이 720을 반환하였으므로 5040을 반환하면서 제어를 f(7) 함수를 호출했던 ❶번으로 옮긴다.

return n * f(n − 1);
　　　　 7　　 720

```
   main( ) {
❶㉘   printf("%d", f(7));
   }
```

㉘ ㉗번에서 돌려받은 값 **5040**을 정수로 출력한다.

결과　5040

[문제 16]

split

[문제 17]

① IaaS   ② PaaS   ③ SaaS

[문제 18]

※ 다음 중 하나를 쓰면 됩니다.

RIP, 경로 선택 정보 프로토콜, Routing Information Protocol

[문제 19]

① ⋈   ② π   ③ σ   ④ ÷

[문제 20]

참조

수험자 유의사항

1. 시험 문제지를 받는 즉시 응시하고자 하는 종목의 문제지가 맞는지를 확인하여야 합니다.

2. 시험 문제지 총면수 · 문제번호 순서 · 인쇄상태 등을 확인하고, 수험번호 및 성명을 답안지에 기재하여야 합니다.

3. 문제 및 답안(지), 채점기준은 일절 공개하지 않으며 자신이 작성한 답안, 문제 내용 등을 수험표 등에 이기(옮겨 적는 행위) 등은 관련 법 등에 의거 불이익 조치 될 수 있으니 유의하시기 바랍니다.

4. 수험자 인적사항 및 답안작성(계산식 포함)은 흑색 필기구만 사용하되, 흑색을 제외한 유색 필기구 또는 연필류를 사용하였을 경우 그 문항은 0점 처리됩니다.

5. 답란(답안 기재란)에는 문제와 관련 없는 불필요한 낙서나 특이한 기록사항 등을 기재하여서는 안되며 부정의 목적으로 특이한 표식을 하였다고 판단될 경우에는 모든 문항이 0점 처리됩니다.

6. 답안을 정정할 때에는 반드시 정정부분을 두 줄(=)로 그어 표시하여야 하며, 두 줄로 긋지 않은 답안은 정정하지 않은 것으로 간주합니다. (수정테이프, 수정액 사용불가)

7. 답안의 한글 또는 영문의 오탈자는 오답으로 처리됩니다. 단, 답안에서 영문의 대 · 소문자 구분, 띄어쓰기는 여부에 관계 없이 채점합니다.

8. 계산 또는 디버깅 등 계산 연습이 필요한 경우는 〈문제〉 아래의 연습란을 사용하시기 바라며, 연습란은 채점대상이 아닙니다.

9. 문제에서 요구한 가지 수(항수) 이상을 답란에 표기한 경우에는 답안기재 순으로 요구한 가지 수(항수)만 채점하고 한 항에 여러 가지를 기재하더라도 한 가지로 보며 그 중 정답과 오답이 함께 기재란에 있을 경우 오답으로 처리됩니다.

10. 한 문제에서 소문제로 파생되는 문제나, 가지수를 요구하는 문제는 대부분의 경우 부분채점을 적용합니다. 그러나 소문제로 파생되는 문제 내에서의 부분 배점은 적용하지 않습니다.

11. 답안은 문제의 마지막에 있는 답란에 작성하여야 합니다.

12. 부정 또는 불공정한 방법(시험문제 내용과 관련된 메모지 사용 등)으로 시험을 치른 자는 부정행위자로 처리되어 당해 시험을 중지 또는 무효로 하고, 2년간 국가기술자격검정의 응시자격이 정지됩니다.

13. 시험위원이 시험 중 신분확인을 위하여 신분증과 수험표를 요구할 경우 반드시 제시하여야 합니다.

14. 시험 중에는 통신기기 및 전자기기(휴대용 전화기 등)를 지참하거나 사용할 수 없습니다.

15. 국가기술자격 시험문제는 일부 또는 전부가 저작권법상 보호되는 저작물이고, 저작권자는 한국산업인력공단입니다. 문제의 일부 또는 전부를 무단 복제, 배포, 출판, 전자출판 하는 등 저작권을 침해하는 일체의 행위를 금합니다.

※ 수험자 유의사항 미준수로 인한 채점상의 불이익은 수험자 본인에게 전적으로 책임이 있음

문제 01 다음 C 언어로 구현된 프로그램을 실행시킨 결과가 "43215"일 때, 〈처리조건〉을 참고하여 괄호에 들어갈 알맞은 식을 쓰시오. (5점)

```
#include <stdio.h>
main() {
    int n[] = { 5, 4, 3, 2, 1 };
    for (int i = 0; i < 5; i++)
        printf("%d", (        ) );
}
```

〈처리조건〉

괄호의 식에 사용할 문자는 다음으로 제한한다.
• n, i
• +, −, /, *, %
• 0~9, (,), [,]

답 :

문제 02 다음 C 언어로 구현된 프로그램과 〈처리조건〉을 참고하여 괄호(①~④)에 들어갈 알맞은 식을 쓰시오. (5점)

```
#include <stdio.h>
main() {
    int m = 4620;
    int a = (  ①  );
    int b = (  ②  );
    int c = (  ③  );
    int d = (  ④  );
    printf("1000원의 개수 : %d\n", a);
    printf("500원의 개수 : %d\n", b);
    printf("100원의 개수 : %d\n", c);
    printf("10원의 개수 : %d\n", d);
}
```

〈처리조건〉

괄호(①~④)의 식에 사용할 문자는 다음으로 제한한다.

• a, b, c, d, m, i, d
• +, −, /, *, %
• 0~9, (,)

답

• ①
• ②
• ③
• ④

문제 03　다음 C 언어로 구현된 프로그램을 분석하여 "홍길동", "김철수", "박영희"를 차례로 입력했을 때 그 실행 결과를 쓰시오. (단, 출력문의 출력 서식을 준수하시오.) (5점)

```c
#include <stdio.h>
char n[30];
char* getname() {
    printf("이름 입력 : ");
    gets(n);
    return n;
}


main() {
    char* n1 = getname();
    char* n2 = getname();
    char* n3 = getname();
    printf("%s\n", n1);
    printf("%s\n", n2);
    printf("%s\n", n3);
}
```

답 :

문제 04 다음 〈학생〉 테이블에 (9816021, '한국산', 3, '경영학개론', '050-1234-1234')인 데이터를 삽입하고자 한다. 〈처리조건〉을 참고하여 적합한 SQL문을 작성하시오. (5점)

〈학생〉

학번	이름	학년	신청과목	연락처
9815932	김태산	3	경영정보시스템	050-5234-1894
9914511	박명록	2	경제학개론	050-1415-4986
0014652	이익명	1	국제경영	050-6841-6781
9916425	김혜리	2	재무관리	050-4811-1187
9815945	이지영	3	인적자원관리	050-9785-8845

〈처리조건〉

- 최소한의 코드로 작성될 수 있도록 SQL문을 구성한다.
- 명령문 마지막의 세미콜론(;)은 생략이 가능하다.
- 인용 부호가 필요한 경우 작은따옴표(' ')를 사용한다.

답 :

문제 05 다음 C 언어로 구현된 프로그램을 분석하여 그 실행 결과를 쓰시오. (단, 출력문의 출력 서식을 준수하시오.) (5점)

```c
#include <stdio.h>
main() {
    int n[] = { 73, 95, 82 };
    int sum = 0;
    for (int i = 0; i < 3; i++)
        sum += n[i];
    switch (sum / 30) {
        case 10:
        case 9: printf("A");
        case 8: printf("B");
        case 7:
        case 6: printf("C");
        default: printf("D");
    }
}
```

답 :

4440206

문제 06 화이트박스 테스트의 검증 기준에 대한 다음 설명에 해당하는 용어를 〈보기〉에서 찾아 쓰시오. (5점)

테스트 케이스를 소스 코드의 조건문에 포함된 개별 조건식의 결과가 True인 경우와 False인 경우가 한 번 이상 수행되도록 설계한다.

〈보기〉

• 문장 커버리지	• 분기 커버리지	• 조건 커버리지	• 분기/조건 커버리지

답 :

4440207

문제 07 다음 C 언어로 구현된 프로그램을 분석하여 그 실행 결과를 쓰시오. (단, 출력문의 출력 서식을 준수하시오.) (5점)

```c
#include <stdio.h>
main() {
    int c = 0;
    for (int i = 1; i <= 2023; i++)
        if (i % 4 == 0)
            c++;
    printf("%d", c);
}
```

답 :

4440208

문제 08 소프트웨어 데이터의 비정상적인 수정이 감지되면 소프트웨어를 오작동하게 만들어 악용을 방지하는 기술이다. 해시 함수, 핑거 프린트, 워터마킹 등의 보안 요소를 생성하여 소프트웨어에 삽입하고, 실행코드를 난독화하며, 실행 시 원본 비교 및 데이터 확인을 수행함으로써 소프트웨어를 보호하는 이 기술을 가리키는 용어를 쓰시오.

답 :

문제 09 다음 C 언어로 구현된 프로그램을 분석하여 그 실행 결과를 쓰시오. (단, 출력문의 출력 서식을 준수하시오.) (5점)

```c
#include <stdio.h>
#define MAX_SIZE 10

int isWhat[MAX_SIZE];
int point = -1;

int isEmpty() {
    if (point == -1) return 1;
    return 0;
}

int isFull() {
    if (point == 10) return 1;
    return 0;
}

void into(int num) {
    if (isFull() == 1) printf("Full");
    else isWhat[++point] = num;
}

int take() {
    if (isEmpty() == 1) printf("Empty");
    else return isWhat[point--];
    return 0;
}

main() {
    into(5); into(2);
    while (!isEmpty()) {
        printf("%d", take());
        into(4); into(1); printf("%d", take());
        into(3); printf("%d", take()); printf("%d", take());
        into(6); printf("%d", take()); printf("%d", take());
    }
}
```

답 :

문제 10 다음은 데이터베이스 구축까지의 과정을 나열한 것이다. 괄호(①~⑤)에 들어갈 알맞은 용어를 〈보기〉에서 찾아 쓰시오. (5점)

| (①) | → | (②) | → | (③) | → | (④) | → | (⑤) |

〈보기〉

• 개념적 설계	• 데이터베이스 구현	• 물리적 설계	• 요구 조건 분석
• 인터페이스 설계	• 논리 스키마 설계	• 논리적 설계	• 트랜잭션 작성

답
- ①
- ②
- ③
- ④
- ⑤

문제 11 디자인 패턴에 대한 다음 설명에서 괄호(①, ②)에 들어갈 알맞은 패턴을 〈보기〉에서 찾아 쓰시오. (5점)

- (①) : 하나의 객체를 생성하면 생성된 객체를 어디서든 참조할 수 있지만, 여러 프로세스가 동시에 참조할 수 없는 패턴으로, 불필요한 메모리 낭비를 최소화 할 수 있음
- (②) : 각 클래스들의 데이터 구조에서 처리 기능을 분리하여 별도로 구성함으로써, 클래스를 수정하지 않고도 새로운 연산의 추가가 가능함

〈보기〉

생성 패턴	구조 패턴	행위 패턴
추상 팩토리(Abstract Factory) 프로토타입(Prototype) 싱글톤(Singleton)	어댑터(Adapter) 브리지(Bridge) 프록시(Proxy)	인터프리터(Interpreter) 중재자(Mediator) 옵서버(Observer) 방문자(Visitor)

답
- ①
- ②

전송 오류의 발생에는 감쇠, 지연 왜곡, 잡음 등 다양한 원인이 있으며, 이러한 오류를 검출하고 수정하는 것으로 알려진 대표적인 방식이 (①) 코드 방식이다.

(①) 코드 방식은 하나의 데이터 단위에 (④) 비트를 추가하여 오류를 검출하여 교정이 가능한 코드로, 2bit의 오류를 검출할 수 있으며 1bit의 오류를 교정한다. 데이터 비트 외에 잉여 비트가 많이 필요하다는 단점이 있다.

(①) 코드 방식은 수신측에서 오류를 정정하는 (②)에 해당한다. (②)는 데이터 전송 과정에서 오류가 발생하면 송신측에 재전송을 요구하는 (③)와는 달리 재전송 요구 없이 스스로 수정하기 때문에 연속적인 데이터 전송이 가능하다.

(③)는 (④) 검사, (⑤) 등을 통해 오류를 검출하고 ARQ(Automatic Repeat reQuest)로 오류를 제어한다.

(④) 검사는 오류 검사를 위해 데이터 비트 외에 1bit의 체크 비트를 추가하는 것으로 1bit의 오류만 검출할 수 있다. 1의 개수에 따라 짝수 (④)와 홀수 (④)로 나뉜다.

(⑤)는 다항식 코드를 사용하여 오류를 검출하는 방식이다. 동기식 전송에서 주로 사용되며, HDLC 프레임의 FCS(프레임 검사 순서 필드)에 사용되는 방식이다. 집단 오류를 검출할 수 있고, 검출률이 높으므로 가장 많이 사용한다.

〈보기〉

• NAK	• CRC	• FEC	• BCD
• Parity	• Hamming	• MD5	• BEC

답
- ①
- ②
- ③
- ④
- ⑤

문제 13 HDLC(High-level Data Link Control)에 대한 다음 설명에서 괄호(①~⑤)에 들어갈 알맞은 용어를 〈보기〉에서 찾아 쓰시오. (5점)

HDLC는 비트(Bit) 위주의 프로토콜로, 각 프레임에 데이터 흐름을 제어하고 오류를 검출할 수 있는 비트 열을 삽입하여 전송한다. 포인트 투 포인트(Point-to-Point) 및 멀티 포인트(Multi-Point), 루프(Loop) 등 다양한 데이터 링크 형태에 동일하게 적용이 가능하다는 특징이 있다.

HDLC의 프레임 구조는 헤더, 텍스트, 트레일러로 구분되며, 헤더는 다시 플래그, 주소부, 제어부로 구분할 수 있는데, 제어부에는 프레임의 종류를 식별하기 위해 사용한다. 제어부의 첫 번째, 두 번째 비트를 사용하여 (①) 프레임, (②) 프레임, (③) 프레임으로 구분한다.

(①) 프레임은 I 프레임으로 불리며, 제어부가 '0'으로 시작하는 프레임으로, 사용자 데이터를 전달하거나 피기백킹(Piggybacking) 기법을 통해 데이터에 대한 확인 응답을 보낼 때 사용된다.
(②) 프레임은 S 프레임으로 불리며, 제어부가 '10'으로 시작하는 프레임으로, 오류 제어와 흐름 제어를 위해 사용된다.
(③) 프레임은 U 프레임으로 불리며, 제어부가 '11'로 시작하는 프레임으로, 링크의 동작 모드 설정과 관리를 한다.

(③) 프레임에서 설정할 수 있는 동작 모드에는 표준 응답 모드, (④), (⑤)의 세 가지로 구분된다.

표준 응답 모드는 반이중 통신을 하는 포인트 투 포인트(Point-to-Point) 또는 멀티 포인트(Multi-Point) 불균형 링크 구성에 사용되며, 종국은 주국의 허가(Poll)가 있을 때에만 송신하는 특징이 있다.
(④)는 포인트 투 포인트(Point-to-Point) 균형 링크에서 사용되며, 혼합국끼리 허가 없이 언제나 전송할 수 있다.
(⑤)는 전이중 통신을 하는 포인트 투 포인트(Point-to-Point) 불균형 링크 구성에 사용되며, 종국은 주국의 허가(Poll) 없이도 송신이 가능하지만 링크 설정이나 오류 복구 등의 제어 기능은 주국만 가능하다.

〈보기〉

• 비동기 응답 모드	• 주소부	• 제어부	• ARQ	• 정보
• 비번호	• 감독	• 플래그	• 비동기 균형 모드	

답
- ①
- ②
- ③
- ④
- ⑤

문제 14 다음 JAVA로 구현된 프로그램을 분석하여 그 실행 결과를 쓰시오. (단, 출력문의 출력 서식을 준수하시오.) (5점)

```java
public class Test {
    public static void main(String[] args) {
        String str1 = "Programming";
        String str2 = "Programming";
        String str3 = new String("Programming");
        System.out.println(str1==str2);
        System.out.println(str1==str3);
        System.out.println(str1.equals(str3));
        System.out.println(str2.equals(str3));
    }
}
```

답 :

문제 15 다음 〈보기〉에 나열된 암호화 알고리즘을 대칭키 암호화 알고리즘과 비대칭키 암호화 알고리즘으로 구분하시오. (5점)

〈보기〉

• RSA	• DES	• ARIA	• ECC	• SEED	• AES

답
- ① 대칭키 암호화 알고리즘 :
- ② 비대칭키 암호화 알고리즘 :

문제 16 암호화 알고리즘에 대한 다음 설명에서 괄호에 들어갈 알맞은 용어를 쓰시오. (5점)

(   )는 임의의 길이의 입력 데이터나 메시지를 고정된 길이의 값이나 키로 변환하는 알고리즘으로, 복호화가 거의 불가능한 일방향 함수이다. 무결성 검증을 위해 사용될 뿐만 아니라 정보보호의 다양한 분야에서 활용되며, 종류에는 SHA 시리즈, MD5, N-NASH, SNEFRU 등이 있다.

답 :

문제 17 다음 〈처리조건〉에 부합하는 〈SQL문〉이 완성되도록 괄호에 적합한 옵션을 쓰시오. (5점)

〈처리조건〉

- 〈학생〉 뷰를 제거한다.
- 〈학생〉 뷰를 참조하는 모든 데이터도 연쇄적으로 제거한다.

〈SQL문〉

DROP VEW 학생 (   );

답 :

문제 18 다음은 데이터를 오름차순으로 정렬하는 선택 정렬 알고리즘을 C 언어 프로그램으로 구현한 것이다. 프로그램을 분석하여 괄호에 들어갈 알맞은 연산자를 쓰시오. (5점)

```c
#include <stdio.h>
main() {
    int E[] = { 64, 25, 12, 22, 11 };
    int n = sizeof(E) / sizeof(E[0]);
    int i = 0;
    do {
        int j = i + 1;
        do {
            if (E[i] (      ) E[j]) {
                int tmp = E[i];
                E[i] = E[j];
                E[j] = tmp;
            }
            j++;
        } while (j < n);
        i++;
    } while (i < n - 1);
    for (int i = 0; i <= 4; i++)
        printf("%d ", E[i]);
}
```

〈처리조건〉

괄호의 연산자는 다음으로 제한한다.

• +=, -=, *=, /=
• ==, !=, >, >= <, <=
• &&, ||

답 :

4440219

문제 19 다음 Python으로 구현된 프로그램을 분석하여 그 실행 결과를 쓰시오. (단, 출력문의 출력 서식을 준수하시오.) (5점)

```python
a = "engineer information programming"
b = a[:3]
c = a[4:6]
d = a[29:]
e = b + c + d
print(e)
```

답 :

4440220

문제 20 애플리케이션 테스트에 관한 다음 설명에서 괄호(①, ②)에 들어갈 알맞은 용어를 쓰시오. (5점)

하향식 통합 테스트는 프로그램의 상위 모듈에서 하위 모듈 방향으로 통합하면서 테스트하는 기법이다. 깊이 우선 통합법이나 넓이 우선 통합법을 사용하며, 주요 제어 모듈의 종속 모듈들을 (①   )으로 대체한다는 특징이 있다.

상향식 통합 테스트는 프로그램의 하위 모듈에서 상위 모듈 방향으로 통합하면서 테스트하는 기법이다. 하위 모듈들을 클러스터(Cluster)로 결합하며, 상위 모듈에서 데이터의 입·출력을 확인하기 위해 더미 모듈인 (②   )를 작성한다는 특징이 있다.

답
• ①
• ②

[문제 01]

n[(i + 1) % 5]

해설

배열에 순서대로 저장된 숫자 5, 4, 3, 2, 1을 4, 3, 2, 1, 5로 출력하는 문제입니다.

	n[0]	n[1]	n[2]	n[3]	n[4]	
배열 n	5	4	3	2	1	→ 4, 3, 2, 1, 5

반복 변수 i를 이용하여 출력하는 데,
i가 0이면 1번째, 즉 n[1]의 값 4를 출력해야 하고,
i가 1이면 2번째, 즉 n[2]의 값 3을 출력해야 하고,
i가 2면 3번째, 즉 n[3]의 값 2를 출력해야 하고,
i가 3이면 4번째, 즉 n[4]의 값 1을 출력해야 하고,
i가 4면 0번째, 즉 n[0]의 값 5를 출력해야 합니다.
즉, 반복 변수 i를 배열의 첨자에 이용하려면 (i+1)%5와 같이 사용하면 됩니다.
i=0, 1%5 → 1
i=1, 2%5 → 2
i=2, 3%5 → 3
i=3, 4%5 → 4
i=4, 5%5 → 0

```
#include <stdio.h>
main( ) {
❶ int n[ ] = { 5, 4, 3, 2, 1 };
❷ for (int i = 0; i < 5; i++)
❸    printf("%d", n[(i + 1) % 5]);
}
```

❶ 5개의 요소를 갖는 정수형 배열 n을 선언하고 초기화한다.

	[0]	[1]	[2]	[3]	[4]
n	5	4	3	2	1

❷ 반복 변수 i가 0부터 1씩 증가하면서 5보다 작은 동안 ❸번을 반복 수행한다.
❸ n[(i + 1) % 5]의 값을 정수로 출력한다. 반복문 실행에 따른 변수들의 변화는 다음과 같다.

i	(i+1)%5	출력
0	1	4
1	2	43
2	3	432
3	4	4321
4	0	43215
5		

[문제 02]

① m / 1000   ② m % 1000 / 500   ③ m % 500 / 100   ④ m % 100 / 10

이 문제는 4620원에 포함된 1000원, 500원, 100원, 10원 단위의 개수를 구하는 문제입니다.

① 1000원 단위의 개수

4620/1000 → 4.62이지만 정수 나눗셈이므로 몫은 4, 즉 1000원 단위의 개수는 4입니다.

∴ m/1000

② 500원 단위의 개수

- 620원에 포함된 500원 단위의 개수를 구합니다.
- 4620%1000 → 620
- 620/500 → 1.24, 500원 단위의 개수는 1입니다.

∴ m%1000/500

③ 100원 단위의 개수

- 120원에 포함된 100원 단위의 개수를 구합니다.
- 4620%500 → 120
- 120/100 → 1.2, 100원 단위의 개수는 1입니다.

∴ m%500/100

④ 10원 단위의 개수

- 20원에 포함된 10원 단위의 개수를 구합니다.
- 4620%100 → 20
- 20/10 → 2.0, 10원 단위의 개수는 2입니다.

∴ m%100/10

```
#include <stdio.h>
main( ) {
❶ int m = 4620;
❷ int a = m / 1000;
❸ int b = m % 1000 / 500;
❹ int c = m % 500 / 100;
❺ int d = m % 100 / 10;
❻ printf("1000원의 개수 : %d\n", a);
❼ printf("500원의 개수 : %d\n", b);
❽ printf("100원의 개수 : %d\n", c);
❾ printf("10원의 개수 : %d\n", d);
}
```

❶ 정수형 변수 m을 선언하고 4620으로 초기화한다.

❷ 정수형 변수 a를 선언하고 'm / 1000'의 값 4로 초기화한다.

❸ 정수형 변수 b를 선언하고 'm % 1000 / 500'의 값 1로 초기화한다.

❹ 정수형 변수 c를 선언하고 'm % 500 / 100'의 값 1로 초기화한다.

❺ 정수형 변수 d를 선언하고 'm % 100 / 10'의 값 2로 초기화한다.

❻ 화면에 **1000원의 개수 :** 과 a의 값 **4**를 출력하고 커서를 다음 줄의 처음으로 옮긴다.

결과	**1000원의 개수 : 4**

❼ 화면에 **500원의 개수 :** 과 b의 값 **1**을 출력하고 커서를 다음 줄의 처음으로 옮긴다.

결과	**1000원의 개수 : 4** **500원의 개수 : 1**

❽ 화면에 **100원의 개수 :** 과 c의 값 **1**을 출력하고 커서를 다음 줄의 처음으로 옮긴다.

결과	**1000원의 개수 : 4** **500원의 개수 : 1** **100원의 개수 : 1**

⑨ 화면에 **10원의 개수 :** 과 d의 값 2를 출력하고 커서를 다음 줄의 처음으로 옮긴다.

```
1000원의 개수 : 4
500원의 개수 : 1
100원의 개수 : 1
결과   10원의 개수 : 2
```

[문제 03]

박영희

박영희

박영희

해설

```
#include <stdio.h>
char n[30];                              30개의 요소를 갖는 문자형 배열 n을 전역변수로 선언한다. 전역변수이기 때문에 이 프로그램 안에서는
                                         어디서든 사용할 수 있으며, 저장된 값이 유지된다.
❷❽⑭ char* getname( ) {
❸❾⑮    printf("이름 입력 : ");
❹❿⑯    gets(n);
❺⓫⑰    return n;
}

main( ) {
❶⑥    char* n1 = getname( );
❼⑫    char* n2 = getname( );
❽⑱    char* n3 = getname( );
⑲    printf("%s\n", n1);
⑳    printf("%s\n", n2);
㉑    printf("%s\n", n3);
}
```

모든 C언어 프로그램은 반드시 main( ) 함수에서 시작한다.

❶ 문자형 포인터 변수 n1을 선언하고 getname( ) 함수를 호출한 후 돌려받은 값으로 초기화한다.

❷ 문자형 포인터 값을 반환하는 getname( ) 함수의 시작점이다.

❸ 화면에 **이름 입력 :** 을 출력한다.

결과   **이름 입력 :**

❹ 사용자로부터 문자열을 입력받아 n에 저장한다. 문제에서 처음에 **홍길동**을 입력한다고 하였으므로 n에는 **홍길동**이 저장된다.

결과   **이름 입력 : 홍길동**

※ 다음 그림에서 배열 n의 주소는 임의로 정한 것이며, 이해를 돕기 위해 10진수로 표현했다.

※ 문자열을 저장하는 경우 문자열의 끝을 의미하는 널 문자(\0)가 추가로 저장되며, 출력 시 널 문자는 표시되지 않는다.

주소   메모리

	n[0]	n[1]	n[2]	n[3]	n[4]	n[5]	n[6]
n 1000	홍		길		동		\0
	1000	1001	1002	1003	1004	1005	1006

❺ n의 시작 주소를 함수를 호출했던 ❶번으로 반환한다.

⑥ ⑤번에서 돌려받은 주소값을 n1에 저장한다.

주소   메모리

	n[0]	n[1]	n[2]	n[3]	n[4]	n[5]	n[6]
n1 1000 → n 1000	홍		길		동		\0
	1000	1001	1002	1003	1004	1005	1006

⑦ 문자형 포인터 변수 n2을 선언하고 getname( ) 함수를 호출한 후 돌려받은 값으로 초기화한다.
⑧ 문자형 포인터 값을 반환하는 getname( ) 함수의 시작점이다.
⑨ 화면에 **이름 입력 :** 을 출력한다.

결과
이름 입력 : 홍길동
이름 입력 :

⑩ 사용자로부터 문자열을 입력받아 n에 저장한다. 문제에서 두 번째로 **김철수**를 입력한다고 하였으므로 n에는 **김철수**가 저장된다.

결과
이름 입력 : 홍길동
이름 입력 : 김철수

주소   메모리

	n[0]	n[1]	n[2]	n[3]	n[4]	n[5]	n[6]
n1 1000 → n 1000	김		철		수		\0
	1000	1001	1002	1003	1004	1005	1006

⑪ n의 시작 주소를 함수를 호출했던 ⑦번으로 반환한다.
⑫ ⑪번에서 돌려받은 주소값을 n2에 저장한다.

주소   메모리

	n[0]	n[1]	n[2]	n[3]	n[4]	n[5]	n[6]
n1 1000 n2 1000 → n 1000	김		철		수		\0
	1000	1001	1002	1003	1004	1005	1006

⑬ 문자형 포인터 변수 n3을 선언하고 getname( ) 함수를 호출한 후 돌려받은 값으로 초기화한다.
⑭ 문자형 포인터 값을 반환하는 getname( ) 함수의 시작점이다.
⑮ 화면에 **이름 입력 :** 을 출력한다.

결과
이름 입력 : 홍길동
이름 입력 : 김철수
이름 입력 :

⑯ 사용자로부터 문자열을 입력받아 n에 저장한다. 문제에서 세 번째로 **박영희**를 입력한다고 하였으므로 n에는 **박영희**가 저장된다.

결과
이름 입력 : 홍길동
이름 입력 : 김철수
이름 입력 : 박영희

주소   메모리

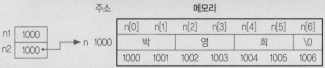

	n[0]	n[1]	n[2]	n[3]	n[4]	n[5]	n[6]
n1 1000 n2 1000 → n 1000	박		영		희		\0
	1000	1001	1002	1003	1004	1005	1006

⑰ n의 시작 주소를 함수를 호출했던 ⑬번으로 반환한다.
⑱ ⑰번에서 돌려받은 주소값을 n3에 저장한다.

주소   메모리

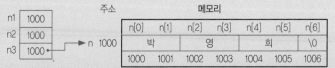

	n[0]	n[1]	n[2]	n[3]	n[4]	n[5]	n[6]
n1 1000 n2 1000 n3 1000 → n 1000	박		영		희		\0
	1000	1001	1002	1003	1004	1005	1006

⑲ n1이 가리키는 곳의 문자열 **박영희**를 출력한 후 커서를 다음 줄의 처음으로 옮긴다.

결과   **박영희**

⑳ n2가 가리키는 곳의 문자열 **박영희**를 출력한 후 커서를 다음 줄의 처음으로 옮긴다.

결과
박영희
박영희

㉑ n3이 가리키는 곳의 문자열 **박영희**를 출력한 후 커서를 다음 줄의 처음으로 옮긴다.

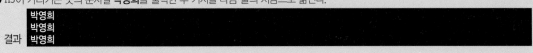

결과

박영희
박영희
박영희

[문제 04]

INSERT INTO 학생 VALUES(9816021, '한국산', 3, '경영학개론', '050-1234-1234');

※ **답안 작성 시 주의 사항** : SQL에 사용되는 예약어, 필드명, 변수명 등은 대소문자를 구분하지 않기 때문에 대문자로만 또는 소문자로만
　 작성해도 정답으로 인정됩니다.

해설

INSERT INTO 학생 VALUES(9816021, '한국산', 3, '경영학개론', '050-1234-1234');	〈학생〉 테이블에 삽입하라 첫 번째 필드부터 순서대로 9816021, '한국산', 3, '경영학개론', '050-1234-1234'를 삽입하라.

[문제 05]

BCD

해설

```
#include 〈stdio.h〉
main( ) {
❶ int n[ ] = { 73, 95, 82 };
❷ int sum = 0;
❸ for (int i = 0; i 〈 3; i++)
❹    sum += n[i];

❺ switch (sum / 30) {
      case 10:
      case 9: printf("A");
❻    case 8: printf("B");
❼    case 7:
❽    case 6: printf("C");
❾    default: printf("D");
   } ❿
}
```

❶ 3개의 요소를 갖는 정수형 배열 n을 선언하고 초기화한다.

	[0]	[1]	[2]
n	73	95	82

❷ 정수형 변수 sum을 선언하고 0으로 초기화한다.
❸ 반복 변수 i가 0부터 1씩 증가하면서 3보다 작은 동안 ❹번을 반복 수행한다.

❹ sum에 n[i]의 값을 누적시킨다. 반복문 실행에 따른 변수들의 변화는 다음과 같다.

i	n(i)	sum
0	73	73
1	95	168
2	82	250
3		

❺ sum/30은 8.333이지만 정수형 연산이므로 8에 해당하는 case문으로 이동한다.
❻ 화면에 B를 출력한다.

결과 B

❼ 실행문이 없으므로 다음 줄로 이동한다.
❽ 화면에 C를 출력한다.

결과 BC

❾ 화면에 D를 출력한다. switch문이 종료되었으므로 ❿번으로 이동하여 프로그램을 종료한다.

결과 BCD

[문제 06]

조건 커버리지

[문제 07]

505

해설

```
#include 〈stdio.h〉
main( ) {
❶ int c = 0;
❷ for (int i = 1; i 〈= 2023; i++)
❸     if (i % 4 == 0)
❹         c++;
❺ printf("%d", c);
}
```

❶ 정수형 변수 c를 선언하고 0으로 초기화한다.
❷ 반복 변수 i가 1부터 1씩 증가하면서 2023보다 작거나 같은 동안 ❸번을 반복 수행한다.
❸ i를 4로 나눈 나머지가 0이면 ❹번을 수행한다. 2023안에 포함된 4의 배수를 세는 알고리즘이다.
❹ 'c = c + 1;'과 동일하다. c의 값을 1씩 누적시킨다. 반복문 실행에 따른 변수들의 변화는 다음과 같다.

i	c
1	0
2	
3	
4	1
5	
6	
7	
8	2
⋮	⋮
2020	505
2021	
2022	
2023	
2024	

❺ c의 값을 정수로 출력한다.

결과 505

[문제 08]

※ 다음 중 하나를 쓰면 됩니다.

템퍼 프루핑, Tamper Proofing

[문제 09]

213465

해설

이 문제에서 `into( )`는 isWhat 배열에 값을 저장하는 함수이고, `take( )`는 isWhat 배열의 값을 출력하는 함수입니다. 코드가 실행되는 과정을 개괄적으로 살펴보면 다음과 같습니다.

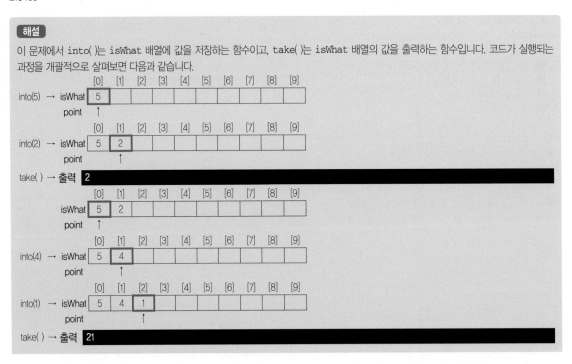

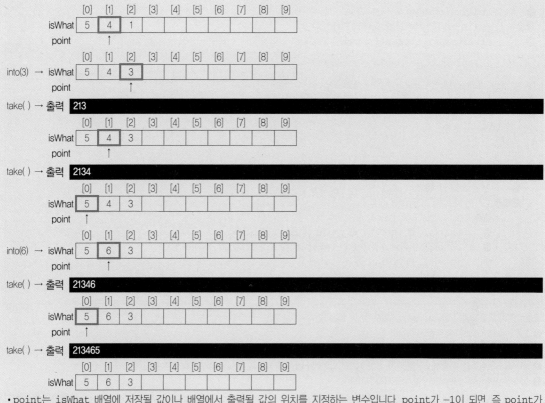

- point는 isWhat 배열에 저장될 값이나 배열에서 출력될 값의 위치를 지정하는 변수입니다. point가 -1이 되면, 즉 point가 isWhat 배열을 벗어나면 프로그램이 종료됩니다.
- into( ) 함수가 isWhat 배열에 값을 저장하기 전에 isFull( ) 함수가 호출되어 isWhat 배열을 검사합니다. isWhat 배열이 모두 채워져 있으면 화면에 **Full**을 출력합니다.
- take( ) 함수가 isWhat 배열의 값을 출력하기 전에 isEmpty( ) 함수가 호출되어 isWhat 배열을 검사합니다. isWhat 배열이 비어 있으면 화면에 **Empty**를 출력합니다.

```
#include 〈stdio.h〉
#define MAX_SIZE 10          10을 MAX_SIZE로 정의한다. 프로그램 안에서 MAX_SIZE는 숫자 10과 동일하다.
int isWhat[MAX_SIZE];        10개의 요소를 갖는 배열 isWhat을 정수형 전역변수로 선언한다.
```

	[0]	[1]	[2]	[3]	[4]	[5]	[6]	[7]	[8]	[9]
isWhat										

```
int point = -1;              point를 정수형 전역변수로 선언하고 -1로 초기화한다.
❶⑱    int isEmpty() {
❷⑲        if (point == -1) return 1;
❸⑳        return 0;
      }

❹     int isFull(){
❺        if (point == 10) return 1;
❻        return 0;
      }
```

```
❷    void into(int num) {
❸❼        if (isFull( ) == 1) printf("Full");
❽        else isWhat[++point] = num;
}

⓰    int take( ) {
⓱㉑        if (isEmpty( ) == 1) printf("Empty");
㉒        else return isWhat[point--];
        return 0;
}

main( ) {
❶        into(5); ❾ into(2);
⓾⓮㉝        while (!isEmpty( )) {
⓯㉓        printf("%d", take( ));
㉔        into(4); ㉕ into(1); ㉖ printf("%d", take( ));
㉗        into(3); ㉘ printf("%d", take( )); ㉙ printf("%d", take( ));
㉚        into(6); ㉛ printf("%d", take( )); ㉜ printf("%d", take( ));
    } ㉞
}
```

모든 C언어 프로그램은 반드시 main( ) 함수에서 시작한다.

❶ 5를 인수로 into( ) 함수를 호출한다.

❷ 반환값이 없는 into( ) 함수의 시작점이다. ❶번에서 전달받은 5를 num이 받는다.

❸ isFull( ) 함수를 호출하고 반환받은 값이 1이면 화면에 **Full**을 출력하고, 아니면 ❽번으로 이동한다.

❹ 정수를 반환하는 isFull( ) 함수의 시작점이다.

❺ point의 값이 100이면 함수를 호출했던 ❸번으로 1을 반환하고 아니면 ❻번으로 이동한다. point의 값이 −1이므로 ❻번으로 이동한다.

❻ 함수를 호출했던 ❸번으로 0을 반환한다.

❼ ❻번에서 반환받은 값이 0이므로, ❽번으로 이동한다.

❽ isWhat[point]에 num의 값 5를 저장하는데, ++point는 전치연산이므로 point의 값이 먼저 1 증가되어 isWhat[0]에 5를 저장한다. into( ) 함수가 종료되었으므로 함수를 호출했던 ❶번의 다음 코드인 ❾번으로 이동한다.

	[0]	[1]	[2]	[3]	[4]	[5]	[6]	[7]	[8]	[9]
isWhat	5									

❾ 2를 인수로 into( ) 함수를 호출한다. 앞서 진행된 ❷~❽번 과정을 반복하면 point는 1이 되고, isWhat[1]에는 2가 저장된다.

	[0]	[1]	[2]	[3]	[4]	[5]	[6]	[7]	[8]	[9]
isWhat	5	2								

※ into( ) 함수의 역할은 인수로 전달된 값을 현재 isWhat 배열에 저장된 마지막 값 뒤에 저장하는 일이다.

⓾ isEmpty( )를 호출한 후 not 연산을 수행한 결과가 참(1)이면 ⓯~㉜번을 반복 수행한다.

⓫ 정수를 반환하는 isEmpty( ) 함수의 시작점이다.

⓬ point가 −1이면 함수를 호출했던 ⓮번으로 1을 반환하고, 아니면 ⓭번으로 이동한다. point의 값은 1이므로 ⓭번으로 이동한다.

⓭ 함수를 호출했던 ⓮번으로 0을 반환한다.

⓮ ⓭번에서 돌려받은 값 0(거짓)에 대한 not 연산은 1(참)이므로 ⓯번으로 이동한다.

⓯ take( ) 함수를 호출한 후 반환받은 값을 정수로 출력한다.

⓰ take( ) 함수의 시작점이다.

⓱ isEmpty( ) 함수를 호출한 후 반환받은 값이 1이면 Empty를 출력하고, 아니면 ㉒번으로 이동한다.

⓲ 정수를 반환하는 isEmpty( ) 함수의 시작점이다.

⓳ point가 −1이면 함수를 호출했던 ㉑번으로 1을 반환하고, 아니면 ⑳번으로 이동한다. point의 값은 1이므로 ⑳번으로 이동한다.

⑳ 함수를 호출했던 ㉑번으로 0을 반환한다.

㉑ ⑳번에서 반환받은 값이 0이므로 ㉒번으로 이동한다.

㉒ 함수를 호출했던 ㉓번으로 isWhat[point]의 값을 반환한다. point--는 후치연산이므로 먼저 isWhat[1]의 값 2를 반환하고, point의 값이 감소되어 point의 값은 0이 된다.

㉓ ㉒번에서 반환받은 값 2를 정수로 출력한다.

결과 `2`

㉔ 4를 인수로 into( ) 함수를 호출한다. ❷~❽번 과정을 반복하면 point는 1이 되고, isWhat[1]에는 4가 저장된다.

	[0]	[1]	[2]	[3]	[4]	[5]	[6]	[7]	[8]	[9]
isWhat	5	4								

㉕ 1을 인수로 into( ) 함수를 호출한다. ❷~❽번 과정을 반복하면 point는 2가 되고, isWhat[2]에는 1이 저장된다.

	[0]	[1]	[2]	[3]	[4]	[5]	[6]	[7]	[8]	[9]
isWhat	5	4	1							

㉖ ⓯~㉓번 과정을 반복하면 point는 1이 되고, isWhat[2]의 값 1이 출력된다.

결과 `21`

※ take( ) 함수의 역할은 현재 isWhat 배열에 저장된 마지막 값을 출력하는 것이다.

㉗ 3을 인수로 into( ) 함수를 호출한다. ❷~❽번 과정을 반복하면 point는 2가 되고, isWhat[2]에는 3이 저장된다.

	[0]	[1]	[2]	[3]	[4]	[5]	[6]	[7]	[8]	[9]
isWhat	5	4	3							

㉘ ⓯~㉓번 과정을 반복하면 point는 1이 되고, isWhat[2]의 값 3이 출력된다.

결과 `213`

㉙ ⓯~㉓번 과정을 반복하면 point는 0이 되고, isWhat[1]의 값 4가 출력된다.

결과 `2134`

㉚ 6을 인수로 into( ) 함수를 호출한다. ❷~❽번 과정을 반복하면 point는 1이 되고, isWhat[1]에는 6이 저장된다.

	[0]	[1]	[2]	[3]	[4]	[5]	[6]	[7]	[8]	[9]
isWhat	5	6								

㉛ ⓯~㉓번 과정을 반복하면 point는 0이 되고, isWhat[1]의 값 6이 출력된다.

결과 `21346`

㉜ ⓯~㉓번 과정을 반복하면 point는 -1이 되고, isWhat[0]의 값 5가 출력된다. 반복문이 종료되었으므로 while문의 처음인 ❾번으로 이동한다.

결과 `213465`

㉝ ❿~⓮번 과정을 반복한다. 이 때 point의 값이 -1이므로 ⓬번에서 1(참)이 반환되어 not 연산을 수행하므로 while(0)이 되어 반복이 종료된다. 이어서 ㉞번으로 이동하여 프로그램이 종료된다.

[문제 10]
① 요구 조건 분석　② 개념적 설계　③ 논리적 설계　④ 물리적 설계　⑤ 데이터베이스 구현

[문제 11]
① 싱글톤(Singleton)　② 방문자(Visitor)

[문제 12]
① Hamming　② FEC　③ BEC　④ Parity　⑤ CRC

[문제 13]
① 정보　② 감독　③ 비번호　④ 비동기 균형 모드　⑤ 비동기 응답 모드

[문제 14]

true

false

true

true

```
public class Test {
    public static void main(String[ ] args) {
❶      String str1 = "Programming";
❷      String str2 = "Programming";
❸      String str3 = new String("Programming");
❹      System.out.println(str1==str2);
❺      System.out.println(str1==str3);
❻      System.out.println(str1.equals(str3));
❼      System.out.println(str2.equals(str3));
    }
}
```

❶ 문자열 객체 str1을 선언하고 "Programming"으로 초기화한다.

❷ 문자열 객체 str2를 선언하고 "Programming"으로 초기화한다.

  ※ 같은 문자열을 저장하는 문자열 객체는 동일한 주소를 갖는다.

❸ 문자열 객체 str3를 선언하고 "Programming"으로 초기화한다.

  ※ ❶, ❷와 달리 new String( )을 사용하는 경우 새로운 메모리 공간을 할당하여 문자열을 저장한다. 즉 str1과 str2는 동일한 주소를 저장하고, str3은 다른 주소를 저장하고 있다.

❹ str1과 str2가 같으면 참을 의미하는 **true**를, 아니면 거짓을 의미하는 **false**를 출력한다. str1과 str2는 같은 주소를 저장하고 있으므로 **true**를 출력한다.

결과	true

❺ str1과 str3이 같으면 참을 의미하는 **true**를, 아니면 거짓을 의미하는 **false**를 출력한다. str1과 str3는 다른 주소를 저장하고 있으므로 **false**를 출력한다.

결과	true false

❻ str1에 저장된 문자열과 str3에 저장된 문자열을 비교하여 같으면 참을 의미하는 **true**를, 아니면 거짓을 의미하는 **false**를 출력한다. str1과 str3에 저장된 문자열은 모두 "Programming"이므로 **true**를 출력한다.

  • A.equals(B) : A 문자열과 B 문자열을 비교하여 두 데이터가 같으면 참을, 아니면 거짓을 반환한다.

결과	true false true

❼ str2에 저장된 문자열과 str3에 저장된 문자열을 비교하여 같으면 참을 의미하는 **true**를, 아니면 거짓을 의미하는 **false**를 출력한다. str2와 str3에 저장된 문자열은 모두 "Programming"이므로 **true**를 출력한다.

결과	true false true true

[문제 15]

① DES, ARIA, SEED, AES   ② RSA, ECC

[문제 16]
※ 다음 중 하나를 쓰면 됩니다.

해시, Hash

[문제 17]
CASCADE

[문제 18]
〉

해설

알고리즘의 이해
선택 정렬은 n개의 레코드 중에서 최소값을 찾아 첫 번째 레코드 위치에 놓고, 나머지 (n-1)개 중에서 다시 최소값을 찾아 두 번째 레코드 위치에 놓는 방식을 반복하여 정렬하는 방식입니다.

- **초기상태 :** | 64 | 25 | 12 | 22 | 11 |

- **1회전 :** | 25 | 64 | 12 | 22 | 11 | → | 12 | 64 | 25 | 22 | 11 | → | 12 | 64 | 25 | 22 | 11 | → | 11 | 64 | 25 | 22 | 12 |

- **2회전 :** | 11 | 25 | 64 | 22 | 12 | → | 11 | 22 | 64 | 25 | 12 | → | 11 | 12 | 64 | 25 | 22 |

- **3회전 :** | 11 | 12 | 25 | 64 | 22 | → | 11 | 12 | 22 | 64 | 25 |

- **4회전 :** | 11 | 12 | 22 | 25 | 64 |

문제에서 오름차순으로 정렬한다고 하였고, 코드에서 반복 변수 i가 0에서 n-1까지 증가할 때 j가 i+1부터 n까지 증가하는 것으로 보아 i가 기준값의 배열 위치이고 j가 비교 대상의 배열 위치임을 알 수 있습니다. 오름차순 정렬은 비교 기준 값이 비교 대상 보다 큰 경우에 위치 교환이 이루어져야 하므로 괄호에 들어갈 연산자는 〉입니다.

```c
#include <stdio.h>
main() {
❶ int E[ ] = { 64, 25, 12, 22, 11 };
❷ int n = sizeof(E) / sizeof(E[0]);
❸ int i = 0;
❹ do {
❺    int j = i + 1;
❻    do {
❼      if (E[i] > E[j]) {
❽        int tmp = E[i];
❾        E[i] = E[j];
❿        E[j] = tmp;
        }
⓫      j++;
⓬    } while (j < n);
⓭    i++;
⓮ } while (i < n - 1);
⓯ for (int i = 0; i <= 4; i++)
⓰    printf("%d ", E[i]);
}
```

❶ 5개의 요소를 갖는 정수형 배열 E를 선언하고 초기화한다.

	[0]	[1]	[2]	[3]	[4]
E	64	25	12	22	11

❷ 정수형 변수 n을 선언하고 E의 크기를 E[0]의 크기로 나눈 값으로 초기화한다. 배열 전체 길이를 배열 한 개의 요소의 길이로 나누는 것이므로 배열의 길이인 5가 반환되어 n에 저장된다.
  • sizeof( ) : 객체의 크기를 구하는 함수

❸ 정수형 변수 i를 선언하고 0으로 초기화한다.

❹ do ~ while 반복문의 시작점이다. **❺**~**❸**번을 반복 수행한다.

❺ 정수형 변수 j를 선언하고 i+1의 값으로 초기화한다.

❻ do ~ while 반복문의 시작점이다. **❼**~**⓫**번을 반복 수행한다.

❼ E[i]가 E[j]보다 크면 **❽**~**❿**번을 수행한다.

❽~**❿** E[i]와 E[j]의 값을 교환하는 과정이다.

⓫ 'j = j + 1;'과 동일하다. j의 값을 1씩 누적시킨다.

⓬ j가 n보다 작은 동안 **❼**~**⓫**번을 반복 수행한다.

⓭ 'i = i + 1;'과 동일하다. i의 값을 1씩 누적시킨다.

⓮ i가 n−1보다 작은 동안 **❺**~**⓭**번을 반복 수행한다. 반복문 실행에 따른 변수들의 변화는 다음과 같다.

n	i	j	배열 E					tmp
			[0]	[1]	[2]	[3]	[4]	
5	0	1	64	25	12	22	11	64
		2	25	64	25		12	25
		3	12					12
		4	11					
		5						
	1	2	11	64	25	22	12	64
		3		25	64	25	22	25
		4		22				22
		5		12				
	2	3	11	12	64	25	22	64
		4			25	64	25	25
		5			22			
	3	4	11	12	22	64	25	64
		5				25	64	
	4							

⓯ 반복 변수 i가 0부터 1씩 증가하면서 4보다 작거나 같은 동안 **⓰**번을 반복 수행한다.

⓰ E[i]의 값과 공백 한 칸을 출력한다.

결과 `11 12 22 25 64`

[문제 19]

engneing

```
❶ a = "engineer information programming"
❷ b = a[:3]
❸ c = a[4:6]
❹ d = a[29:]
❺ e = b + c + d
❻ print(e)
```

❶ 변수 a에 문자열을 저장한다.

	[0]	[1]	[2]	[3]	[4]	[5]	[6]	[7]	[8]	[9]	[10]	[11]	[12]	[13]	[14]	[15]	[16]	[17]	[18]	[19]	[20]	[21]	[22]	[23]	[24]	[25]	[26]	[27]	[28]	[29]	[30]	[31]
a	e	n	g	i	n	e	e	r		i	n	f	o	r	m	a	t	i	o	n		p	r	o	g	r	a	m	m	i	n	g

❷ 변수 b에 a에 저장된 문자열 중에서 처음 위치부터 2(3−1) 위치까지의 요소를 가져와 저장한다.

	[0]	[1]	[2]
b	e	n	g

❸ 변수 c에 a에 저장된 문자열 중에서 4부터 5(6−1) 위치까지의 요소를 가져와 저장한다.

	[0]	[1]
c	n	e

❹ 변수 d에 a에 저장된 문자열 중에서 29부터 마지막 위치까지의 요소를 가져와 저장한다.

	[0]	[1]	[2]
d	i	n	g

❺ b, c, d에 저장된 문자열을 합한 후 변수 e에 저장한다.

	[0]	[1]	[2]	[3]	[4]	[5]	[6]	[7]
e	e	n	g	n	e	i	n	g

❻ e의 값을 출력한다.

결과   engneing

[문제 20]

※ 번호별로 다음 중 하나를 쓰면 됩니다.

① 스텁, stub   ② 드라이버, driver

수험자 유의사항

1. 시험 문제지를 받는 즉시 응시하고자 하는 종목의 문제지가 맞는지를 확인하여야 합니다.
2. 시험 문제지 총면수·문제번호 순서·인쇄상태 등을 확인하고, 수험번호 및 성명을 답안지에 기재하여야 합니다.
3. 문제 및 답안(지), 채점기준은 일절 공개하지 않으며 자신이 작성한 답안, 문제 내용 등을 수험표 등에 이기(옮겨 적는 행위) 등은 관련 법 등에 의거 불이익 조치 될 수 있으니 유의하시기 바랍니다.
4. 수험자 인적사항 및 답안작성(계산식 포함)은 흑색 필기구만 사용하되, 흑색을 제외한 유색 필기구 또는 연필류를 사용하였을 경우 그 문항은 0점 처리됩니다.
5. 답란(답안 기재란)에는 문제와 관련 없는 불필요한 낙서나 특이한 기록사항 등을 기재하여서는 안되며 부정의 목적으로 특이한 표식을 하였다고 판단될 경우에는 모든 문항이 0점 처리됩니다.
6. 답안을 정정할 때에는 반드시 정정부분을 두 줄(=)로 그어 표시하여야 하며, 두 줄로 긋지 않은 답안은 정정하지 않은 것으로 간주합니다. (수정테이프, 수정액 사용불가)
7. 답안의 한글 또는 영문의 오탈자는 오답으로 처리됩니다. 단, 답안에서 영문의 대·소문자 구분, 띄어쓰기는 여부에 관계 없이 채점합니다.
8. 계산 또는 디버깅 등 계산 연습이 필요한 경우는 〈문제〉 아래의 연습란을 사용하시기 바라며, 연습란은 채점대상이 아닙니다.
9. 문제에서 요구한 가지 수(항수) 이상을 답란에 표기한 경우에는 답안기재 순으로 요구한 가지 수(항수)만 채점하고 한 항에 여러 가지를 기재하더라도 한 가지로 보며 그 중 정답과 오답이 함께 기재란에 있을 경우 오답으로 처리됩니다.
10. 한 문제에서 소문제로 파생되는 문제나, 가지수를 요구하는 문제는 대부분의 경우 부분채점을 적용합니다. 그러나 소문제로 파생되는 문제 내에서의 부분 배점은 적용하지 않습니다.
11. 답안은 문제의 마지막에 있는 답란에 작성하여야 합니다.
12. 부정 또는 불공정한 방법(시험문제 내용과 관련된 메모지 사용 등)으로 시험을 치른 자는 부정행위자로 처리되어 당해 시험을 중지 또는 무효로 하고, 2년간 국가기술자격검정의 응시자격이 정지됩니다.
13. 시험위원이 시험 중 신분확인을 위하여 신분증과 수험표를 요구할 경우 반드시 제시하여야 합니다.
14. 시험 중에는 통신기기 및 전자기기(휴대용 전화기 등)를 지참하거나 사용할 수 없습니다.
15. 국가기술자격 시험문제는 일부 또는 전부가 저작권법상 보호되는 저작물이고, 저작권자는 한국산업인력공단입니다. 문제의 일부 또는 전부를 무단 복제, 배포, 출판, 전자출판 하는 등 저작권을 침해하는 일체의 행위를 금합니다.

※ 수험자 유의사항 미준수로 인한 채점상의 불이익은 수험자 본인에게 전적으로 책임이 있음

문제 01 다음 JAVA로 구현된 프로그램을 분석하여 그 실행 결과를 쓰시오. (단, 출력문의 출력 서식을 준수하시오.) (5점)

```java
class Static {
    public int a = 20;
    static int b = 0;
}
public class Test {
    public static void main(String[] args) {
        int a = 10;
        Static.b = a;
        Static st = new Static();
        System.out.println(Static.b++);
        System.out.println(st.b);
        System.out.println(a);
        System.out.print(st.a);
    }
}
```

답 :

문제 02 다음 C 언어로 구현된 프로그램을 분석하여 그 실행 결과를 쓰시오. (단, 출력문의 출력 서식을 준수하시오.) (5점)

```c
#include <stdio.h>
main() {
    char a[] = "Art";
    char* p = NULL;
    p = a;
    printf("%s\n", a);
    printf("%c\n", *p);
    printf("%c\n", *a);
    printf("%s\n", p);
    for (int i = 0; a[i] != '\0'; i++)
        printf("%c", a[i]);
}
```

답 :

1451103

문제 03 다음 C 언어로 구현된 프로그램을 분석하여 그 실행 결과를 쓰시오. (단, 출력문의 출력 서식을 준수하시오.) (5점)

```c
#include <stdio.h>
main() {
    char* a = "qwer";
    char* b = "qwtety";
    for (int i = 0; a[i] != '\0'; i++)
        for (int j = 0; b[j] != '\0'; j++)
            if (a[i] == b[j])
                printf("%c", a[i]);
}
```

답 :

1451104

문제 04 클라이언트와 서버 간 자바스크립트 및 XML을 비동기 방식으로 처리하며, 전체 페이지를 새로 고치지 않고도 웹페이지 일부 영역만을 업데이트할 수 있도록 하는 기술을 의미하는 용어를 쓰시오. (5점)

답 :

1451105

문제 05 데이터 교환 방식에 대한 다음 설명에서 괄호(①, ②)에 들어갈 알맞은 용어를 〈보기〉에서 찾아 쓰시오. (5점)

- (①) : 연결형 통신에서 주로 사용되는 방식으로, 출발지와 목적지의 전송 경로를 미리 연결하여 논리적으로 고정한 후 통신하는 방식
- (②) : 비연결형 통신에서 주로 사용되는 방식으로, 사전에 접속 절차를 수행하지 않고 헤더에 출발지에서 목적지까지의 경로 지정을 위한 충분한 정보를 붙여서 개별적으로 전달하는 방식

〈보기〉

• 회선 교환 방식	• 데이터그램 방식	• 가상 회선 방식	• 메시지 교환 방식

답
- ①
- ②

1451106

문제 06 다음 설명에 해당하는 알맞은 용어를 쓰시오. (5점)

데이터링크 계층의 프로토콜 중 하나로, 터널링 프로토콜인 PPTP와 VPN의 구현에 사용하는 L2F의 기술적 장점들을 결합하여 만든 프로토콜이다. 자체적으로 암호화 및 인증 기능을 제공하지 않아 다른 보안 프로토콜과 함께 사용되는 경우가 많다.

답 :

1451107

문제 07 다음 설명에 해당하는 알맞은 용어를 영문 3글자로 쓰시오. (5점)

- 다른 컴퓨터에 로그인, 원격 명령 실행, 파일 복사 등을 수행할 수 있도록 다양한 기능을 지원하는 프로토콜 또는 이를 이용한 응용 프로그램이다.
- 데이터 암호화와 강력한 인증 방법으로 보안성이 낮은 네트워크에서도 안전하게 통신할 수 있다.
- 키(key)를 통한 인증 방법을 사용하려면 사전에 클라이언트의 공개키를 서버에 등록해야 한다.
- 기본적으로는 22번 포트를 사용한다.

답 :

1451108

문제 08 멀웨어(Malware)에 대한 다음 설명에서 괄호(①~③)에 들어갈 알맞은 용어를 〈보기〉에서 찾아 쓰시오. (5점)

- (①) : 윈도우나 응용 프로그램의 취약점 또는 E-mail 등을 통해 전파되며, (③)과(와) 같이 자기복제가 가능하며 네트워크를 통해 스스로 전파가 가능하다.
- (②) : 정상적인 응용 프로그램에 포함되어 실행되는 악성코드로, 정상적인 응용 프로그램으로 위장하고 있다가 활성화되면 공격자는 이를 이용하여 사용자의 컴퓨터를 조종할 수 있게 된다.
- (③) : 정상 파일을 감염시키며, 자기복제가 가능하다. 파일을 통해 감염되며 네트워크를 통해 스스로 전파되지는 못한다.

〈보기〉

• 웜	• 바이러스	• 트로이 목마

답
- ①
- ②
- ③

문제 09 다음은 2진수 101110을 10진수로 변환하는 C 언어 프로그램이다. 프로그램을 분석하여 괄호(①, ②)에 들어갈 알맞은 답을 쓰시오. (5점)

```c
#include <stdio.h>
main() {
    int input = 101110;
    int di = 1;
    int sum = 0;
    while (1) {
        if (input == 0) break;
        sum = sum + (input ( ① ) ( ② )) * di;
        di = di * 2;
        input = input / 10;
    }
    printf("%d", sum);
}
```

답

- ①

- ②

문제 10 다음 설명에 해당하는 알맞은 용어를 쓰시오. (5점)

IP(Internet Protocol)의 주요 구성원 중 하나로, OSI 계층 모델의 네트워크 계층에 속한다. 네트워크 컴퓨터의 운영체제에서 오류 메시지를 수신하거나, 전송 경로를 변경하는 등 오류 처리를 위한 제어 메시지를 주로 취급한다. 관련된 도구로 traceroute, ping이 있으며, ping of death와 같은 네트워크 공격 기법에 활용되기도 한다.

답 :

문제 11 다음 설명에서 괄호에 들어갈 알맞은 디자인 패턴을 아래에서 찾아 쓰시오. (5점)

생성 패턴	구조 패턴	행위 패턴
Abstract Factory	Adapter	Chain of Responsibility
Builder	Bridge	Command
Factory Method	Composite	Interpreter
Prototype	Decorator	Iterator
Singleton	Facade	Mediator
	Proxy	Memento
		Observer
		Strategy
		Template Method

(   )은/는 복잡한 시스템을 개발하기 쉽도록 클래스나 객체들을 조합하는 패턴에 속하며, 대리자라는 이름으로도 불린다. 내부에서는 객체 간의 복잡한 관계를 단순하게 정리해 주고, 외부에서는 객체의 세부적인 내용을 숨기는 역할을 한다.

답 :

문제 12 릴레이션을 구성하는 용어들에 대한 다음 설명에서 괄호(①~③)에 들어갈 알맞은 답을 〈보기〉에서 찾아 쓰시오. (5점)

- (①) : 릴레이션을 구성하는 각각의 행을 의미하며, 파일 구조에서는 레코드에 해당함
- (②) : 데이터 개체를 구성하고 있는 속성들에 데이터 타입이 정의되어 구체적인 데이터 값을 가진 것으로, 실제 값을 가진 튜플을 의미함
- (③) : 튜플의 개수를 의미함

〈보기〉

• 도메인	• 차수	• 속성	• 튜플
• 디그리	• 카디널리티	• 릴레이션 스키마	• 릴레이션 인스턴스

답
- ①
- ②
- ③

문제 13 〈학생〉 테이블에서 '이름'이 "민수"인 튜플을 삭제하고자 한다. 다음 〈처리조건〉을 참고하여 SQL문을 작성하시오. (5점)

▶1451113

〈처리조건〉

- 최소한의 코드로 작성될 수 있도록 SQL문을 구성한다.
- 명령문 마지막의 세미콜론(;)은 생략이 가능하다.
- 인용 부호가 필요한 경우 작은따옴표(' ')를 사용한다.

답 :

문제 14 다음은 버블 정렬을 이용하여 배열에 저장된 수를 오름차순으로 정렬하는 프로그램이다. 프로그램을 분석하여 괄호(①, ②)에 들어갈 알맞은 답을 쓰시오. (5점)

▶1451114

```c
#include <stdio.h>
void swap(int* a, int idx1, int idx2) {
    int t = a[idx1];
    a[idx1] = a[idx2];
    a[(   ①   )] = t;
}


void Usort(int* a, int len) {
    for (int i = 0; i < len - 1; i++)
        for (int j = 0; j < len - 1 - i; j++)
            if (a[j] > a[j + 1])
                swap(a, j, j + 1);}
}

main() {
    int a[] = { 85, 75, 50, 100, 95 };
    int nx = 5;
    Usort(a, (   ②   ));
}
```

답
- ①
- ②

문제 15 다음 Python으로 구현된 프로그램을 분석하여 그 실행 결과를 쓰시오. (단, 출력문의 출력 서식을 준수하시오.) (5점)

```
asia = {'한국', '중국', '일본'}
asia.add('베트남')
asia.remove('일본')
asia.update({'한국', '홍콩', '태국'})
print(asia)
```

답 :

문제 16 다음 〈성적〉 테이블에서 과목별 점수의 평균이 90점 이상인 '과목이름', '최소점수', '최대점수'를 검색하고자 한다. 〈처리조건〉을 참고하여 적합한 SQL문을 작성하시오. (5점)

〈성적〉

학번	과목번호	과목이름	학점	점수
a2001	101	컴퓨터구조	6	95
a2002	101	컴퓨터구조	6	84
a2003	302	데이터베이스	5	89
a2004	201	인공지능	5	92
a2005	302	데이터베이스	5	100
a2006	302	데이터베이스	5	88
a2007	201	인공지능	5	93

〈결과〉

과목이름	최소점수	최대점수
데이터베이스	88	100
인공지능	92	93

〈처리조건〉

- 최소한의 코드로 작성될 수 있도록 SQL문을 구성한다.
- WHERE문은 사용하지 않는다.
- GROUP BY와 HAVING을 이용한다.
- 집계함수(Aggregation Function)를 사용하여 명령문을 구성한다.
- '최소점수', '최대점수'는 별칭(Alias)을 위한 AS문을 이용한다.
- 명령문 마지막의 세미콜론(;)은 생략이 가능하다.
- 인용 부호가 필요한 경우 작은따옴표(' ')를 사용한다.

답 :

문제 17 다음 JAVA로 구현된 프로그램을 분석하여 그 실행 결과를 쓰시오. (단, 출력문의 출력 서식을 준수하시오.) (5점)

```java
abstract class Vehicle {
    String name;
    abstract public String getName(String val);
    public String getName() {
        return "Vehicle name : " + name;
    }
}


class Car extends Vehicle {
    private String name;
    public Car(String val) {
        name = super.name = val;
    }
    public String getName(String val) {
        return "Car name : " + val;
    }
    public String getName(byte[] val) {
        return "Car name : " + val;
    }
}


public class Test {
    public static void main(String[] args) {
        Vehicle obj = new Car("Spark");
        System.out.print(obj.getName());
    }
}
```

답 :

문제 18 스키마에 대한 다음 설명에서 괄호(①~③)에 들어갈 알맞은 답을 〈보기〉에서 찾아 쓰시오. (5점)

- (①) 스키마는 데이터베이스의 전체적인 논리적 구조로, 모든 응용 프로그램이나 사용자들이 필요로 하는 데이터를 종합한 조직 전체의 데이터베이스이다.
- (②) 스키마는 실제로 저장될 레코드의 형식, 저장 데이터 항목의 표현 방법, 내부 레코드의 물리적 순서 등을 나타낸다.
- (③) 스키마는 사용자나 응용 프로그래머가 각 개인의 입장에서 필요로 하는 데이터베이스의 논리적 구조를 정의한 것이다.

〈보기〉

• 외부	• 내부	• 개념

답
- ①
- ②
- ③

문제 19 다음은 화이트박스 테스트의 프로그램 제어흐름이다. 다음의 순서도를 참고하여 분기 커버리지로 구성할 테스트 케이스를 작성하시오. (5점)

〈순서도〉

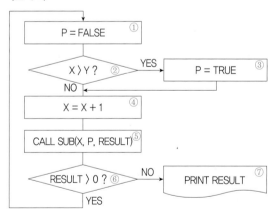

〈작성예시〉

(①) → (②) → (④)

답

( ) → ( ) → ( ) → ( ) → ( ) → ( ) → ( )

( ) → ( ) → ( ) → ( ) → ( ) → ( )

문제 20 다음 JAVA로 구현된 프로그램을 분석하여 그 실행 결과를 쓰시오. (단, 출력문의 출력 서식을 준수하시오.) (5점)

```java
class Parent {
    int x = 1000;
    Parent() {
        this(3000);
    }
    Parent(int x) {
        this.x = x;
    }
}
class Child extends Parent {
    int x = 4000;
    Child() {
        this(5000);
    }
    Child(int x) {
        this.x = x;
    }
    int getX() {
        return this.x;
    }
}
public class Test {
    public static void main(String[] args) {
        Child c = new Child();
        System.out.println(c.getX());
    }
}
```

답 :

[문제 01]

10
11
10
20

※ **답안 작성 시 주의 사항** : 프로그램의 실행 결과는 부분 점수가 없으므로 정확하게 작성해야 합니다. 예를 들어, 출력값 사이에 줄 나눔 없이 쉼표(,)를 넣어 10, 11, 10, 20으로 썼을 경우 부분 점수 없이 완전히 틀린 것으로 처리됩니다.

해설

```
class Static {                              클래스 Static을 정의한다.
    public int a = 20;                      정수형 변수 a와 b를 선언하고 각각 20과 0으로 초기화한다.
Ⓐ  static int b = 0;                        static으로 선언된 변수 b는 메모리의 static 영역에 할당되며, 코드가 수행되는 동안 공유된다.
}
public class Test {
    public static void main(String[ ] args) {
❶      int a = 10;
❷      Static.b = a;
❸      Static st = new Static( );
❹      System.out.println(Static.b++);
❺      System.out.println(st.b);
❻      System.out.println(a);
❼      System.out.print(st.a);
    }
}
```

Ⓐ 정수형 static 변수 b를 선언하고 0으로 초기화한다. static으로 선언된 변수는 main( ) 메소드가 시작되기 전에 메모리의 static 영역에 할당된다. static으로 선언된 변수는 객체 변수 선언 없이 사용할 수 있으므로 클래스의 이름을 통해 Static.b와 같이 접근할 수 있다.

※ 대문자로 시작하는 Static은 클래스의 이름이고, 소문자로 시작하는 static은 예약어이므로 혼동하지 않도록 주의하세요.

모든 Java 프로그램은 반드시 main( ) 메소드에서 시작한다.

❶ 정수형 변수 a를 선언하고 10으로 초기화한다.

a | 10 |

❷ Static.b에 a의 값 10을 저장한다.

Static.b | 10 |

❸ 객체 변수 st를 선언한다. 객체 변수를 선언한다는 것은 클래스의 정의부를 바탕으로 새로운 인스턴스를 생성하여 메모리를 배정하고 그 메모리의 주소를 변수명 st에 연결하는 것을 의미한다. 하지만 Static 클래스의 변수 b는 프로그램 전체 영역에서 공유되는 변수이므로 새로 메모리에 할당되지 않고 Static.b와 같은 메모리를 공유한다.

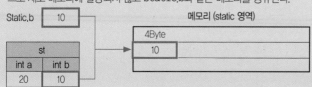

※ Static.b와 st.b는 메모리의 static 영역의 한 공간을 공유합니다. 그러므로 한 곳에서의 값 변경은 다른 곳에도 동일하게 적용됩니다.

❹ Static.b++은 후치 증가 연산자이므로, Static.b의 값 10을 출력한 후 Static.b의 값을 1 증가시킨다.

결과 **10**

❺ st.b의 값 **11**을 출력한다.

결과	10
	11

❻ a의 값 **10**을 출력한다.

	10
	11
결과	10

❼ st.a의 값 **20**을 출력한다.

	10
	11
	10
결과	20

[문제 02]

Art

A

A

Art

Art

※ **답안 작성 시 주의 사항** : 프로그램의 실행 결과는 부분 점수가 없으므로 정확하게 작성해야 합니다. 예를 들어, 출력값 사이에 줄 나눔 없이 쉼표(,)를 넣어 Art, A, A, Art, Art로 썼을 경우 부분 점수 없이 완전히 틀린 것으로 처리됩니다.

해설

```
#include <stdio.h>
main() {
❶ char a[] = "Art";
❷ char* p = NULL;
❸ p = a;
❹ printf("%s\n", a);
❺ printf("%c\n", *p);
❻ printf("%c\n", *a);
❼ printf("%s\n", p);
❽ for (int i = 0; a[i] != '\0'; i++)
❾    printf("%c", a[i]);
}
```

❶ 문자열 배열 a를 선언하고 "Art"로 초기화한다.

※ 다음 그림에서 "Art"가 저장된 주소는 임의로 정한 것이며, 이해를 돕기 위해 10진수로 표현했습니다.

주소	메모리			
	1Byte	1Byte	1Byte	1Byte
1000	'A'	'r'	't'	'\0'
	a[0]	a[1]	a[2]	a[3]

❷ 문자형 포인터 변수 p를 선언하고 NULL로 초기화한다.

	1Byte	1Byte	1Byte	1Byte
주소 1000	'A'	'r'	't'	'\0'
	a[0]	a[1]	a[2]	a[3]
	1000	1001	1002	1003

p ['\0']

❸ p에 a 배열의 시작 주소를 저장한다.

	1Byte	1Byte	1Byte	1Byte
주소 →1000	'A'	'r'	't'	'\0'
	a[0]	a[1]	a[2]	a[3]
	1000	1001	1002	1003

p [1000]

❹ 배열 a에 저장된 문자열을 출력한다.

결과
```
Art
```

❺ p가 가리키는 곳의 값을 문자로 출력한다. p는 배열의 시작 주소 1000 가리키므로 1000에 저장된 문자 **A**가 출력된다.

결과
```
Art
A
```

❻ a가 가리키는 곳의 값을 문자로 출력한다. a는 배열의 시작 주소 1000을 의미하므로 1000에 저장된 문자 **A**가 출력된다.

결과
```
Art
A
A
```

❼ p가 가리키는 곳부터 널 문자(\0)까지의 문자열을 출력한다.

※ 서식 문자열 %s는 출력될 변수가 저장된 시작 위치부터 널 문자('\0') 바로 앞 위치까지의 모든 문자를 출력합니다.

결과
```
Art
A
A
Art
```

❽ 반복 변수 i가 0부터 1씩 증가하면서 a[i]가 널 문자가 아닌 동안 ❾번을 반복 수행한다.

❾ a[i]의 값을 문자로 출력한다.

결과
```
Art
A
A
Art
Art
```

[문제 03]

qwe

※ **답안 작성 시 주의 사항** : 프로그램의 실행 결과는 부분 점수가 없으므로 정확하게 작성해야 합니다. 예를 들어, 출력값 사이에 쉼표(,)를 넣어 q, w, e로 썼을 경우 부분 점수 없이 완전히 틀린 것으로 처리됩니다.

```
#include <stdio.h>
main() {
❶ char* a = "qwer";
❷ char* b = "qwtety";
❸ for (int i = 0; a[i] != '\0'; i++)
❹   for (int j = 0; b[j] != '\0'; j++)
❺     if (a[i] == b[j])
❻       printf("%c", a[i]);
}
```

❶ 문자형 포인터 변수 a를 선언하고 "qwer"이 저장된 곳의 시작 주소를 가리키도록 초기화한다.

  ※ 다음 그림에서 "qwer"가 저장된 주소는 임의로 정한 것이며, 이해를 돕기 위해 10진수로 표현했습니다.

주소	메모리				
	1Byte	1Byte	1Byte	1Byte	1Byte
→2000	'q'	'w'	'e'	'r'	'\0'
a [2000]	a[0]	a[1]	a[2]	a[3]	a[4]

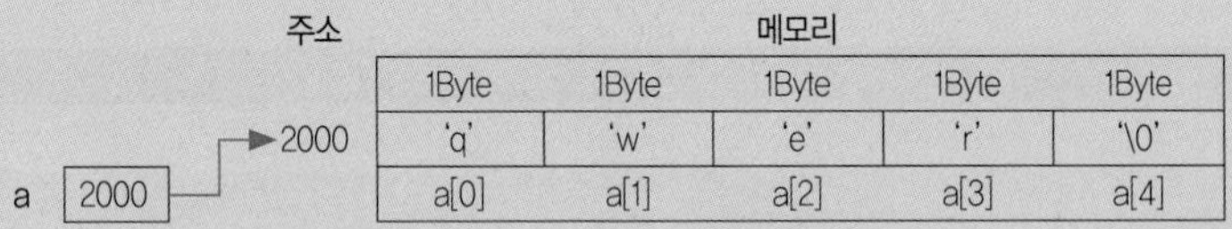

❷ 문자형 포인터 변수 b를 선언하고 "qwtety"가 저장된 곳의 시작 주소를 가리키도록 초기화한다.

  ※ 다음 그림에서 "qwtety"가 저장된 주소는 임의로 정한 것이며, 이해를 돕기 위해 10진수로 표현했습니다.

주소	메모리						
	1Byte	1Byte	1Byte	1Byte	1Byte	1Byte	1Byte
→3000	'q'	'w'	't'	'e'	't'	'y'	'\0'
b [3000]	b[0]	b[1]	b[2]	b[3]	b[4]	b[5]	b[6]

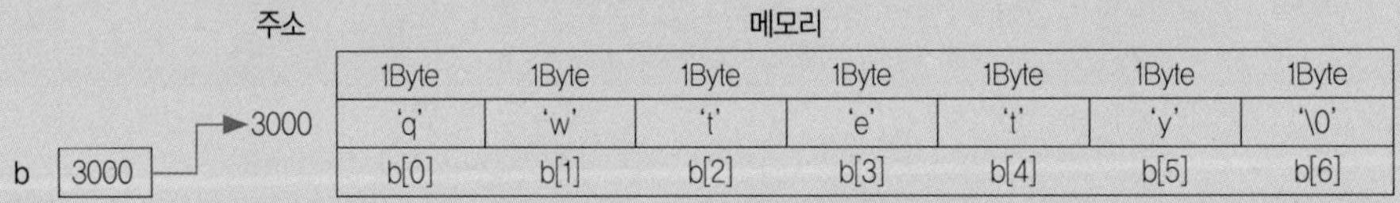

❸ 반복 변수 i가 0부터 1씩 증가하면서 a[i]가 널 문자가 아닌 동안 ❹~❻번을 반복 수행한다. 널 문자(\0)는 문자열의 끝을 의미한다.

❹ 반복 변수 j가 0부터 1씩 증가하면서 b[j]가 널 문자가 아닌 동안 ❺~❻번을 반복 수행한다.

❺ a[i]와 b[j]의 값이 같으면 ❻번을 수행한다.

❻ a[i]의 값을 문자로 출력한다.

반복문 실행에 따른 변수들의 변화는 다음과 같다.

a[i]	b[j]	출력
q	q w t e t y \0	q
w	q w t e t y \0	qw
e	q w t e t y \0	qwe

r	q w t e t y \0	
\0		

[문제 04]

※ 다음 중 하나를 쓰면 됩니다.

AJAX, Asynchronous JavaScript and XML

※ **답안 작성 시 주의 사항** : 한글 또는 영문을 Full-name이나 약어로 쓰라는 지시사항이 없으면 한글이나 영문 약어로 쓰는 것이 유리합니다. 영문을 Full-name으로 풀어쓰다가 스펠링을 틀리면 오답으로 처리되니까요.

[문제 05]

① 가상 회선 방식   ② 데이터그램 방식

[문제 06]

※ 다음 중 하나를 쓰면 됩니다.

L2TP, Layer 2 Tunneling Protocol

[문제 07]

SSH

[문제 08]

① 웜   ② 트로이 목마   ③ 바이러스

[문제 09]

① %   ② 10

해설

2진수 형태로 입력된 숫자를 10진수로 변환하기 위한 과정은 다음과 같습니다.

①101110을 10으로 나누어 몫과 나머지를 구한 후, 나머지에 2^0을 곱한 후 그 값을 누적합니다.

101110 / 10 → **몫** : 10111, **나머지** : 0 → $0 \times 2^0 = 0$ ∴ **누적** : 0

②①의 몫인 10111을 10으로 나누어 몫과 나머지를 구한 후, 나머지에 2^1을 곱한 후 그 값을 누적합니다.

10111 / 10 → **몫** : 1011, **나머지** : 1 → $1 \times 2^1 = 2$ ∴ **누적** : 2

③②의 몫인 1011을 10으로 나누어 몫과 나머지를 구한 후, 나머지에 2^2를 곱한 후 그 값을 누적합니다.

1011 / 10 → **몫** : 101, **나머지** : 1 → $1 \times 2^2 = 4$ ∴ **누적** : 6

위와 같은 과정을 몫이 0이 될 때까지 반복하면, 최종적으로 누적된 값이 10진수로 변환한 값이 됩니다.

```c
#include <stdio.h>
main() {
❶ int input = 101110;
❷ int di = 1;
❸ int sum = 0;
❹ while (1) {
❺   if (input == 0) break;
❻   sum = sum + (input % 10) * di;
❼   di = di * 2;
```

```
⑧      input = input / 10;
     }
⑨ printf("%d", sum);
}
```

❶ 정수형 변수 input을 선언하고 101110으로 초기화한다.
❷ 정수형 변수 di를 선언하고 1로 초기화한다. di는 $2^0(=1)$부터 $2^5(=32)$의 값이 저장될 변수이다.
❸ 정수형 변수 sum을 선언하고 0으로 초기화한다. sum에는 2진수의 각 자리와 di를 곱한 값이 누적된다.
❹ ❺~❽번을 무한 반복하다가 ❺번에서 break를 만나면 반복문을 벗어나 ❾번으로 이동한다.
❺ input의 값이 0이면 반복문을 벗어나 ❾번으로 이동한다. input이 0이라는 의미는 더 이상 10으로 나눌 2진수가 없다는 것을 의미한다.
❻ sum에 input을 10으로 나눈 나머지에 di를 곱한 값을 누적시킨다.
❼ di에 2를 곱한다. 2의 제곱수를 1씩 증가시키는 과정이다. $(2^0 \times 2 = 2^1, 2^1 \times 2 = 2^2, \cdots, 2^4 \times 2 = 2^5)$
❽ input을 10으로 나눈다. 다음 계산을 위해 2진수를 10으로 나눈 몫을 구하는 과정이다.
반복문 실행에 따른 변수들의 변화는 다음과 같다.

input	di	(input%10)*di	sum
101110	1	0	0
10111	2	2	0
1011	4	4	2
101	8	8	6
10	16	0	14
1	32	32	14
0			46

❾ sum의 값 **46**을 정수로 출력한다.
결과   46

[문제 10]
※ 다음 중 하나를 쓰면 됩니다.
ICMP, Internet Control Message Protocol

[문제 11]
Proxy

[문제 12]
① 튜플   ② 릴레이션 인스턴스   ③ 카디널리티

[문제 13]
DELETE FROM 학생 WHERE 이름 = '민수';

※ **답안 작성 시 주의 사항** : SQL에 사용되는 예약어, 필드명, 변수명 등은 대소문자를 구분하지 않기 때문에 대문자로만 또는 소문자로만 작성해도 정답으로 인정됩니다.

DELETE	삭제하라
FROM 학생	〈학생〉 테이블을 대상으로 한다.
WHERE 이름 = '민수';)	'이름'이 "민수"인 자료만을 대상으로 한다.

[문제 14]

① idx2   ② nx

해설

버블 정렬 알고리즘은 첫 번째 자료와 두 번째 자료를, 두 번째 자료와 세 번째 자료를, 세 번째와 네 번째를, …, 이런 식으로 '마지막−1' 번째 자료와 마지막 자료를 비교하여 교환하면서 자료를 정렬합니다. 1회전을 수행하고 나면 가장 큰 자료가 맨 뒤로 이동하므로 2회전에서는 맨 끝에 있는 자료는 정렬에서 제외되고, 회전을 수행하고 나면 끝에서 두 번째 자료까지는 정렬에서 제외됩니다. 이렇게 정렬을 1회전 수행할 때마다 정렬에서 제외되는 데이터가 하나씩 늘어납니다.

```c
#include <stdio.h>
❾ void swap(int* a, int idx1, int idx2) {
❿ int t = a[idx1];
⓫ a[idx1] = a[idx2];
⓬ a[idx2] = t;
}

❹ void Usort(int* a, int len) {
❺ for (int i = 0; i < len - 1; i++)
❻   for (int j = 0; j < len - 1 - i; j++)
❼     if (a[j] > a[j + 1])
❽       swap(a, j, j + 1);
}

main() {
❶ int a[] = { 85, 75, 50, 100, 95 };
❷ int nx = 5;
❸ Usort(a, nx);
} ⓭
```

모든 C언어 프로그램은 반드시 main( ) 함수에서 시작한다.

❶ 5개의 요소를 갖는 정수형 배열 a를 선언하고 초기화한다.

	[0]	[1]	[2]	[3]	[4]
a	85	75	50	100	95

❷ 정수형 변수 nx을 선언하고 5로 초기화한다.

❸ a 배열의 시작 주소와 nx의 값 5를 인수로 Usort( ) 함수를 호출한다.

❹ 반환값이 없는 Usort( ) 함수의 시작점이다. ❸번에서 전달받은 주소와 5를 a와 len이 받는다.

❺ 반복 변수 i가 0부터 1씩 증가하면서 4(len−1)보다 작은 동안 ❻~❽번을 반복 수행한다. i가 4가 되어 정렬이 종료되면 함수를 호출했던 ❸번의 다음 줄인 ⓭번으로 이동하여 프로그램을 종료한다.

❻ 반복 변수 j가 0부터 1씩 증가하면서 4−i보다 작은 동안 ❼~❽번을 반복 수행한다.

❼ a[j]가 a[j+1]보다 크면 ❽번을 수행하고, 아니면 반복문의 처음인 ❻번으로 이동한다.

❽ a 배열의 시작 주소와 j, j+1의 값을 인수로 swap( ) 함수를 호출한다.

※ ❻~❽번은 a[0]과 a[1]을, a[1]과 a[2]를, a[2]와 a[3]을, a[3]과 a[4]를 비교하면서 교환하는 과정입니다. 이 과정을 거치면 a[4]에는 가장 큰 값이 저장되고 1회전이 종료되며, ❺번으로 이동하게 됩니다. i의 값이 1 증가한 2회전에는 a[0]과 a[1]을, a[1]과 a[2]를, a[2]와 a[3]을 비교하면서 교환하는 과정을 거치며, a[3]에는 두 번째로 큰 값이 저장됩니다. 이러한 과정을 i가 3일 때까지 반복하면, a 배열에는 오름차순으로 정렬된 값이 저장됩니다.

❾ 반환값이 없는 swap( ) 함수의 시작점이다.

❿~⓬ 임시 변수 t를 사용하여 a[idx1]과 a[idx2]의 값을 교환하는 과정이다.

반복문 실행에 따른 변수들의 변화는 다음과 같다.

nx	i	j	a[j]	a[j+1]	idx1	idx2	t	배열 a				
								[0]	[1]	[2]	[3]	[4]
5	0	0	85	75	0	1	85	85	75	50	100	95
		1	75	85	1	2	85	75	85	85	95	100
		2	85	50	3	4	100		50			
		3	50	85								
		4	85	100								
			100	95								
			95	100								
	1	0	75	50	0	1	75	75	50	85	95	100
		1	50	75				50	75			
		2	75	85								
		3	85	95								
	2	0	50	75				50	75	85	95	100
		1	75	85								
		2										
	3	0	50	75				50	75	85	95	100
		1										
	4											

[문제 15]

{ '한국', '중국', '베트남', '홍콩', '태국' }

※ **답안 작성 시 주의 사항** : 프로그램의 실행 결과는 부분 점수가 없으므로 정확하게 작성해야 합니다. 결과는 반드시 중괄호{ }로 묶어야
하고, 중괄호 안의 문자들은 각기 작은따옴표로 묶어줘야 합니다. 단 출력 순서는 실행할 때마다 변경되므로 관계없으며, 5개의 요소만
정확하게 포함되어 있으면 됩니다.

해설

```
❶ asia = { '한국', '중국', '일본' }
❷ asia.add('베트남')
❸ asia.remove('일본')
❹ asia.update({ '한국', '홍콩', '태국' })
❺ print(asia)
```

❶ 세트 asia에 '한국', '중국', '일본'의 3개 요소를 저장한다.

asia | 한국 | 중국 | 일본 |

❷ 세트 asia에 '베트남'을 추가한다.

asia | 한국 | 중국 | 일본 | 베트남 |

❸ 세트 asia에서 '일본'을 제거한다.

asia | 한국 | 중국 | 베트남 |

❹ 세트 asia에 새로운 세트를 추가하여 확장한다. 새로운 세트 {'한국', '홍콩', '태국'}의 요소 중 '한국'은 이미 asia에 있으므로 무시된다.

asia | 한국 | 중국 | 베트남 | 홍콩 | 태국 |

❺ 세트 asia를 출력한다. 세트는 순서가 정해져 있지 않으므로 출력되는 요소들의 순서는 바뀔 수 있다.

결과 {'한국', '중국', '베트남', '홍콩', '태국'}

[문제 16]

SELECT 과목이름, MIN(점수) AS 최소점수, MAX(점수) AS 최대점수 FROM 성적 GROUP BY 과목이름 HAVING AVG(점수) >= 90;

해설

```
❶  SELECT 과목이름, MIN(점수) AS 최소점수, MAX(점수) AS 최대점수
❷  FROM 성적
❸  GROUP BY 과목이름
❹  HAVING AVG(점수) >= 90;
```

❶ '과목이름', '점수'의 최소값, '점수'의 최대값을 표시하되, '점수'의 최소값은 '최소점수'로, '점수'의 최대값은 '최대점수'로 표시한다.
❷ 〈성적〉 테이블을 대상으로 검색한다.
❸ '과목이름'을 기준으로 그룹을 지정한다.
❹ 각 그룹의 '점수'의 평균이 90보다 크거나 같은 그룹만을 표시한다.

[문제 17]

Vehicle name : Spark

※ **답안 작성 시 주의 사항** : 프로그램의 실행 결과는 부분 점수가 없으므로 정확하게 작성해야 합니다. 예를 들어, 출력값들을 줄을 나눠
Vehicle name :
Spark   와 같이 썼을 경우 부분 점수 없이 완전히 틀린 것으로 간주됩니다.

해설

```
abstract class Vehicle {                              추상 클래스 Vehicle을 정의한다.
    String name;
    abstract public String getName(String val);       추상 메소드 getName(String val)을 정의한다.
❺  public String getName() {
❻    return "Vehicle name : " + name;
        }
}
class Car extends Vehicle {                            클래스 Car를 정의하고 부모 클래스로 Vehicle을 지정하면
    private String name;                               서 Vehicle에 속한 변수와 메소드를 상속받는다.
❷  public Car(String val) {
❸    name = super.name = val;
    }
    public String getName(String val) {
      return "Car name : " + val;
    }
    public String getName(byte[] val) {
      return "Car name : " + val;
    }
}
public class Test {
    public static void main(String[] args) {
❶    Vehicle obj = new Car("Spark");
❹❼   System.out.print(obj.getName());
    }
}
```

모든 Java 프로그램은 반드시 main( ) 메소드부터 시작해야 한다.

❶ Vehicle obj = new Car("Spark");

Car 클래스의 생성자를 이용하여 Vehicle 클래스의 객체 변수 obj를 선언하고, "Spark"를 인수로 Car 클래스의 생성자를 호출한다.

• [부모클래스명] [객체변수명] = new [자식클래스생성자( )] : 부모 클래스의 객체 변수를 선언하면서 자식 클래스의 생성자를 사용하면 형 변환이 발생한다.

• 이렇게 형 변환이 발생했을 때 부모 클래스와 자식 클래스에 동일한 속성이나 메소드가 있으면 자식 클래스의 속성이나 메소드로 재정의된다.

❷ 클래스 Car의 생성자 Car( )의 시작점이다. ❶번에서 전달받은 "Spark"를 val에 저장한다.

❸ name = super.name = val;

val의 값 "Spark"를 부모 클래스인 Vehicle 클래스의 변수 name과 Car 클래스의 변수 name에 저장한다. 이어서 Car( )를 호출했던 다음 줄인 ❹번으로 이동한다.

※ super : 상속 관계에 있는 부모 클래스를 가리키는 예약어로, 여기서는 Vehicle 클래스를 가리킨다.

❹ 객체 변수 obj의 getName( ) 메소드를 호출한다.

※ 형 변환으로 인해 호출되는 메소드가 Car 클래스의 getName( )이라고 생각할 수 있지만, 메소드의 이름이 동일해도 '인수의 자료형과 개수'가 다르면 서로 다른 메소드이다. 때문에 getName( ) 메소드는 Vehicle 클래스와 Car 클래스의 getName(String val)이나 Car 클래스의 getName(Byte[ ] val) 메소드가 아닌 Vehicle 클래스의 getName( ) 메소드이다.

❺ getName( ) 메소드의 시작점이다.

❻ 문자열 **Vehicle name :** 에 변수 name에 저장된 값 Spark를 붙여 메소드를 호출했던 ❼번으로 반환한다.

❼ ❻번에서 반환받은 값을 출력하고 프로그램을 종료한다.

결과 `Vehicle name : Spark`

[문제 18]

① 개념   ② 내부   ③ 외부

[문제 19]

(1) → (2) → (3) → (4) → (5) → (6) → (7)
(1) → (2) → (4) → (5) → (6) → (1)
또는
(1) → (2) → (3) → (4) → (5) → (6) → (1)
(1) → (2) → (4) → (5) → (6) → (7)

해설

• 화이트박스 테스트의 검증 기준(Coverage) 중 분기 검증 기준(Branch Coverage)은 소스 코드의 모든 조건문이 한 번 이상 수행되도록 테스트 케이스를 설계하는 방법입니다.

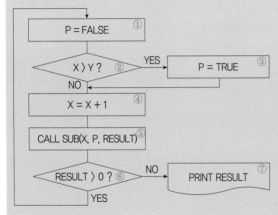

- 위의 순서도를 기반으로 한 테스트 케이스는 ①번에서 시작한 프로세스가 조건문인 ②번과 ⑥번에 도달했을 때 반드시 한 번은 Yes로 한 번은 No로 진행되도록 설계되어야 합니다. 또한 문제지의 답란에 7칸의 괄호와 6칸의 괄호가 제시되어 있으므로, 두 번의 프로세스로 모든 코드가 수행되도록 설계해야 합니다.

[첫 번째 테스트 케이스 설계 방안]
- 7칸 괄호 : ①②③④⑤⑥⑦
- 6칸 괄호 : ①②④⑤⑥①

※ 7칸 괄호에 맞는 테스트 케이스를 설계할 때 ②번 조건문에서 Yes로, ⑥번 조건문에서 No로 진행되도록 설계했으므로, 6칸 괄호에 맞는 테스트 케이스는 ②번 조건문에서 No로, ⑥번 조건문에서 Yes로 진행되도록 설계해야 합니다.

[두 번째 테스트 케이스 설계 방안]
- 7칸 괄호 : ①②③④⑤⑥①
- 6칸 괄호 : ①②④⑤⑥⑦

※ 7칸 괄호에 맞는 테스트 케이스를 설계할 때 ②번 조건문에서 Yes로, ⑥번 조건문에서도 Yes로 진행되도록 설계했으므로, 6칸 괄호에 맞는 테스트 케이스는 ②번 조건문에서 No로, ⑥번 조건문에서도 No로 진행되도록 설계해야 합니다.

[문제 20]

5000

해설

```
class Parent {                          클래스 Parent를 정의한다.
   int x = 1000;
❸ Parent() {
❹    this(3000);
   } ❼
❺ Parent(int x) {                       메소드의 이름이 ❸와 같지만 '인수를 받은 자료형'이 다르므로 서로 다른 메소드이다. 이렇게
❻    this.x = x;                         이름은 같지만 인수를 받는 자료형이나 개수를 달리하여 여러 기능을 정의하는 것을 오버로딩
   }                                     (Overloading)이라고 한다.
}
class Child extends Parent {            클래스 Child를 정의하고 부모 클래스로 Parent를 지정하면서 Parent에 속한 변수와 메소드를
                                        상속받는다.
   int x = 4000;
❷ Child() {
❽    this(5000);
   } ⓫
❾ Child(int x) {                        메소드의 이름이 ❷과 같지만 '인수를 받은 자료형'이 다르므로 서로 다른 메소드이다.
❿    this.x = x;
   }
⓭ int getX() {
⓮    return this.x;
   }
}
public class Test {
   public static void main(String[] args) {
❶    Child c = new Child();
⓬⓯   System.out.println(c.getX());
   }
}
```

모든 Java 프로그램은 반드시 main( ) 메소드에서 시작한다.

❶ Child 클래스의 객체 변수 c를 선언하고, 생성자를 호출한다. 인수가 없으므로 ❾번이 아닌 ❷번으로 이동한다.

❷ 생성자 Child( )의 시작점이다. 다음 줄인 ❸번으로 이동해야 하지만 자식 클래스의 생성자에는 'super( );'와 같이 부모 클래스의 생성자를 호출하는 코드가 묵시적으로 포함되어 있다. 'super( );'에는 인수가 없으므로 ❺번이 아닌 ❸번으로 이동한다.

❸ 생성자 Parent( )의 시작점이다.

❹ 'Parent(3000);'과 동일하다. 인수로 3000을 전달하므로 ❸번이 아닌 ❺번을 호출한다.

※ this : 현재 실행중인 메소드가 속한 클래스를 가리키는 예약어

❺ 정수를 인수로 받는 생성자 Parent( )의 시작점이다. ❹번에서 전달받은 3000을 x가 받는다.

객체 변수 c	
Parent	
x	Parnet(int x)
	x
1000	3000

❻ 'Parent.x = x;'와 동일하다. Parent.x에 x의 값 3000을 저장한다. 생성자가 종료되면 생성자를 호출했던 ❹번의 다음 줄인 ❼번으로 이동한다.

객체 변수 c	
Parent	
x	Parnet(int x)
	x
1000 3000	3000

❼ 부모 클래스의 생성자가 모두 종료되었으므로 부모 클래스의 생성자가 처음 호출되었던 ❷번의 다음 줄인 ❽번으로 이동한다.

❽ 'Child(5000);'과 동일하다. 인수로 5000을 전달하므로 ❷번이 아닌 ❾번을 호출한다.

❾ 정수를 인수로 받는 생성자 Child( )의 시작점이다. ❽번에서 전달받은 5000을 x가 받는다.

객체 변수 c			
Parent		Child	
x	Parnet(int x)	x	Child(int x)
	x		x
1000 3000	3000	4000	5000

❿ 'Child.x = x;'와 동일하다. Child.x에 x의 값 5000을 저장한다. 생성자가 종료되면 생성자를 호출했던 ❽번의 다음 줄인 ⓫번으로 이동한다.

객체 변수 c			
Parent		Child	
x	Parnet(int x)	x	Child(int x)
	x		x
1000 3000	3000	4000 5000	5000

⓫ 생성자가 종료되었으므로 생성자를 호출했던 ❶번의 다음 줄인 ⓬번으로 이동한다.

⓬ c.getX( ) 메소드를 호출하여 반환받은 값을 출력한다.

⓭ 정수를 반환하는 getX( ) 메소드의 시작점이다.

⓮ 'return Child.x;'와 동일하다. Child.x의 값 5000을 함수를 호출했던 ⓯번으로 반환한다.

⓯ ⓮번으로부터 반환받은 값 5000을 출력한다.

결과 5000

2022년 3회 정보처리기사 실기

수험자 유의사항

1. 시험 문제지를 받는 즉시 응시하고자 하는 종목의 문제지가 맞는지를 확인하여야 합니다.

2. 시험 문제지 총면수·문제번호 순서·인쇄상태 등을 확인하고, 수험번호 및 성명을 답안지에 기재하여야 합니다.

3. 문제 및 답안(지), 채점기준은 일절 공개하지 않으며 자신이 작성한 답안, 문제 내용 등을 수험표 등에 이기(옮겨 적는 행위) 등은 관련 법 등에 의거 불이익 조치 될 수 있으니 유의하시기 바랍니다.

4. 수험자 인적사항 및 답안작성(계산식 포함)은 흑색 필기구만 사용하되, 흑색을 제외한 유색 필기구 또는 연필류를 사용하였을 경우 그 문항은 0점 처리됩니다.

5. 답란(답안 기재란)에는 문제와 관련 없는 불필요한 낙서나 특이한 기록사항 등을 기재하여서는 안되며 부정의 목적으로 특이한 표식을 하였다고 판단될 경우에는 모든 문항이 0점 처리됩니다.

6. 답안을 정정할 때에는 반드시 정정부분을 두 줄(=)로 그어 표시하여야 하며, 두 줄로 긋지 않은 답안은 정정하지 않은 것으로 간주합니다. (수정테이프, 수정액 사용불가)

7. 답안의 한글 또는 영문의 오탈자는 오답으로 처리됩니다. 단, 답안에서 영문의 대·소문자 구분, 띄어쓰기는 여부에 관계 없이 채점합니다.

8. 계산 또는 디버깅 등 계산 연습이 필요한 경우는 〈문제〉 아래의 연습란을 사용하시기 바라며, 연습란은 채점대상이 아닙니다.

9. 문제에서 요구한 가지 수(항수) 이상을 답란에 표기한 경우에는 답안기재 순으로 요구한 가지 수(항수)만 채점하고 한 항에 여러 가지를 기재하더라도 한 가지로 보며 그 중 정답과 오답이 함께 기재란에 있을 경우 오답으로 처리됩니다.

10. 한 문제에서 소문제로 파생되는 문제나, 가지수를 요구하는 문제는 대부분의 경우 부분채점을 적용합니다. 그러나 소문제로 파생되는 문제 내에서의 부분 배점은 적용하지 않습니다.

11. 답안은 문제의 마지막에 있는 답란에 작성하여야 합니다.

12. 부정 또는 불공정한 방법(시험문제 내용과 관련된 메모지 사용 등)으로 시험을 치른 자는 부정행위자로 처리되어 당해 시험을 중지 또는 무효로 하고, 2년간 국가기술자격검정의 응시자격이 정지됩니다.

13. 시험위원이 시험 중 신분확인을 위하여 신분증과 수험표를 요구할 경우 반드시 제시하여야 합니다.

14. 시험 중에는 통신기기 및 전자기기(휴대용 전화기 등)를 지참하거나 사용할 수 없습니다.

15. 국가기술자격 시험문제는 일부 또는 전부가 저작권법상 보호되는 저작물이고, 저작권자는 한국산업인력공단입니다. 문제의 일부 또는 전부를 무단 복제, 배포, 출판, 전자출판 하는 등 저작권을 침해하는 일체의 행위를 금합니다.

※ 수험자 유의사항 미준수로 인한 채점상의 불이익은 수험자 본인에게 전적으로 책임이 있음

문제 01 다음 C언어로 구현된 프로그램을 분석하여 배열 〈mines〉의 각 칸에 들어갈 값을 쓰시오. (5점)

```c
#include <stdio.h>
main( ) {
    int field[4][4] = { {0,1,0,1}, {0,0,0,1}, {1,1,1,0}, {0,1,1,1} };
    int mines[4][4] = { {0,0,0,0}, {0,0,0,0}, {0,0,0,0}, {0,0,0,0} };
    int w = 4, h = 4;
    for (int y = 0; y < h; y++) {
        for (int x = 0; x < w; x++) {
            if (field[y][x] == 0) continue;
            for (int j = y - 1; j <= y + 1; j++) {
                for (int i = x - 1; i <= x + 1; i++) {
                    if (chkover(w, h, j, i) == 1)
                        mines[j][i] += 1;
                }
            }
        }
    }
}

int chkover(int w, int h, int j, int i) {
    if (i >= 0 && i < w && j >= 0 && j < h) return 1;
    return 0;
}
```

배열 〈field〉

0	1	0	1
0	0	0	1
1	1	1	0
0	1	1	1

배열 〈mines〉

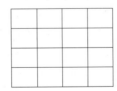

문제 02 관계대수에 대한 다음 설명에서 괄호(①~⑤)에 들어갈 알맞은 용어를 쓰시오. (5점)

관계대수는 관계형 데이터베이스에서 원하는 정보와 그 정보를 검색하기 위해서 어떻게 유도하는가를 기술하는 절차적인 언어이다. 관계대수에 사용되는 연산은 다음과 같다.

- 합집합(UNION)은 두 릴레이션에 존재하는 튜플의 합집합을 구하되, 결과로 생성된 릴레이션에서 중복되는 튜플은 제거되는 연산으로, 사용하는 기호는 (①)이다.
- 차집합(DIFFERENCE)은 두 릴레이션에 존재하는 튜플의 차집합을 구하는 연산으로, 사용하는 기호는 (②)이다.
- 교차곱(CARTESIAN PRODUCT)은 두 릴레이션에 있는 튜플들의 순서쌍을 구하는 연산으로, 사용하는 기호는 (③)이다.
- 프로젝트(PROJECT)는 주어진 릴레이션에서 속성 리스트(Attribute List)에 제시된 속성 값만을 추출하여 새로운 릴레이션을 만드는 연산으로, 사용하는 기호는 (④)이다.
- 조인(JOIN)은 공통 속성을 중심으로 두 개의 릴레이션을 하나로 합쳐서 새로운 릴레이션을 만드는 연산으로, 사용하는 기호는 (⑤)이다.

답

- ①
- ②
- ③
- ④
- ⑤

문제 03 디자인 패턴에 대한 다음 설명에서 괄호(①, ②)에 들어갈 알맞은 용어를 〈보기〉에서 찾아 쓰시오. (5점)

- (①) 패턴은 구현부에서 추상층을 분리하여, 서로가 독립적으로 확장할 수 있도록 구성한 패턴으로, 기능과 구현을 두 개의 별도 클래스로 구현한다는 특징이 있다.
- (②) 패턴은 한 객체의 상태가 변화하면 객체에 상속된 다른 객체들에게 변화된 상태를 전달하는 패턴으로, 일대다의 의존성을 정의한다. 주로 분산된 시스템 간에 이벤트를 생성 · 발행(Publish)하고, 이를 수신(Subscribe)해야 할 때 이용한다.

〈보기〉

• Builder	• Factory Method	• Adapter	• Bridge
• Facade	• Proxy	• Observer	• Mediator

답

- ①
- ②

문제 04 다음 JAVA로 구현된 프로그램을 분석하여 그 실행 결과를 쓰시오. (단, 출력문의 출력 서식을 준수하시오.) (5점)

```java
public class Test {
    public static void main(String[] args) {
        int result[] = new int[5];
        int arr[] = { 77, 32, 10, 99, 50 };
        for(int i = 0; i < 5; i++) {
            result[i] = 1;
            for(int j = 0; j < 5; j++)
                if(arr[i] < arr[j])
                    result[i]++;
        }
        for(int k = 0; k < 5; k++)
            System.out.print(result[k]);
    }
}
```

답 :

문제 05 192.168.1.0/24 네트워크를 FLSM 방식을 이용하여 3개의 Subnet으로 나누었을 때, 두 번째 네트워크의 브로드캐스트 IP주소를 10진수 방식으로 쓰시오. (5점)

답 :

문제 06 테스트 기법 중 다음과 같이 '평가 점수표'를 미리 정해 놓은 후 각 영역의 경계에 해당하는 입력값을 넣고, 예상되는 출력값이 나오는지 실제 값과 비교하는 명세 기반 테스트 기법을 〈보기〉에서 찾아 쓰시오. (5점)

〈평가 점수표〉

평가점수	성적등급
90~100	A
80~89	B
70~79	C
0~69	D

〈케이스〉

테스트 케이스	1	2	3	4	5	6	7	8	9	10
입력값	−1	0	69	70	79	80	89	90	100	101
예상 결과값	오류	D	D	C	C	B	B	A	A	오류
실제 결과값	오류	D	D	C	C	B	B	A	A	오류

〈보기〉

• Equivalence Partition	• Boundary Value Analysis	• Condition Test
• Cause−Effect Graph	• Error Guess	• Comparison Test
• Base Path Test	• Loop Test	• Data Flow Test

답 :

```
CREATE TABLE 부서 (
    부서코드 INT PRIMARY KEY,
    부서명 VARCHAR(20)
);


CREATE TABLE 직원 (
    직원코드 INT PRIMARY KEY,
    부서코드 INT,
    직원명 VARCHAR(20),
    FOREIGN KEY(부서코드) REFERENCES 부서(부서코드)
        ON DELETE CASCADE
);


INSERT INTO 부서 VALUES(10, '영업부');
INSERT INTO 부서 VALUES(20, '기획부');
INSERT INTO 부서 VALUES(30, '개발부');


INSERT INTO 직원 VALUES(1001, 10, '이진수');
INSERT INTO 직원 VALUES(1002, 10, '곽연경');
INSERT INTO 직원 VALUES(1003, 20, '김선길');
INSERT INTO 직원 VALUES(1004, 20, '최민수');
INSERT INTO 직원 VALUES(1005, 20, '이용갑');
INSERT INTO 직원 VALUES(1006, 30, '박종일');
INSERT INTO 직원 VALUES(1007, 30, '박미경');
```

① SELECT DISTINCT COUNT(부서코드) FROM 직원 WHERE 부서코드 = 20;

답 :

② DELETE FROM 부서 sWHERE 부서코드 = 20;
   SELECT DISTINCT COUNT(부서코드) FROM 직원;

답 :

▶ 1451008

문제 08 다음 설명에서 괄호(①, ②)에 들어갈 알맞은 용어를 쓰시오. (5점)

- (①)은 컴퓨터 보안에 있어서, 인간 상호 작용의 깊은 신뢰를 바탕으로 사람들을 속여 정상 보안 절차를 깨트리기 위한 비기술적 시스템 침입 수단을 의미한다.
- (②)는 특정 목적을 가지고 데이터를 수집하였으나, 이후 활용되지 않고 저장만 되어있는 대량의 데이터를 의미한다. 미래에 사용될 가능성을 고려하여 저장 공간에서 삭제되지 않고 보관되어 있으나, 이는 저장 공간의 낭비뿐만 아니라 보안 위험을 초래할 수도 있다.

답
- ①
- ②

▶ 1451009

문제 09 다음 Python으로 구현된 프로그램을 분석하여 그 실행 결과를 쓰시오. (단, 출력문의 출력 서식을 준수하시오.) (5점)

```
a = [1, 2, 3, 4, 5]
a = list(map(lambda num : num + 100, a))
print(a)
```

답 :

▶ 1451010

문제 10 다음 설명에 해당하는 알맞은 용어를 쓰시오. (5점)

다양한 장비에서 발생하는 로그 및 보안 이벤트를 통합하여 관리하는 보안 솔루션으로, 방화벽, IDS, IPS, 웹 방화벽, VPN 등에서 발생한 로그 및 보안 이벤트를 통합하여 관리함으로써 비용 및 자원을 절약할 수 있는 특징이 있다. 또한 보안 솔루션 간의 상호 연동을 통해 종합적인 보안 관리 체계를 수립할 수 있다.

답 :

▶ 1451011

문제 11 다음 제시된 보기 중 형상 관리 도구에 해당하는 것을 3가지 고르시오. (5점)

| • OLAP | • CVS | • Ant | • Maven | • Git | • Jenkins | • Spring | • SVN |

답 :

▶1451012

문제 12 학생(STUDENT) 테이블에 전기과 학생이 50명, 전산과 학생이 100명, 전자과 학생이 50명 있다고 할 때, 다음 SQL문 ①, ②, ③의 실행 결과로 표시되는 튜플의 수를 쓰시오. (단, DEPT 필드는 학과를 의미한다) (5점)

① SELECT DEPT FROM STUDENT;

② SELECT DISTINCT DEPT FROM STUDENT;

③ SELECT COUNT(DISTINCT DEPT) FROM STUDENT WHERE DEPT = '전산과';

답

• ①

• ②

• ③

▶1451013

문제 13 다음 C언어로 구현된 프로그램을 분석하여 그 실행 결과를 쓰시오. (단, 출력문의 출력 서식을 준수하시오.) (5점)

```c
#include <stdio.h>
main() {
    int s, el = 0;
    for (int i = 6; i <= 30; i++) {
        s = 0;
        for (int j = 1; j <= i / 2; j++)
            if (i % j == 0)
                s = s + j;
        if (s == i)
            el++;
    }
    printf("%d", el);
}
```

답 :

문제 14 보안 및 보안 위협에 대한 다음 설명에서 괄호(①, ②)에 들어갈 알맞은 용어를 〈보기〉에서 찾아 쓰시오. (5점)

- (①)은 칩 설계회사인 ARM(Advanced RISC Machine)에서 개발한 기술로, 하나의 프로세서(Processor) 내에 일반 애플리케이션을 처리하는 일반 구역(Normal World)과 보안이 필요한 애플리케이션을 처리하는 보안 구역(Secure World)으로 분할하여 관리하는 하드웨어 기반의 보안 기술이다.
- (②)은 네티즌들이 사이트에 접속할 때 주소를 잘못 입력하거나 철자를 빠뜨리는 실수를 이용하기 위해 이와 유사한 유명 도메인을 미리 등록하는 것으로 URL 하이재킹(Hijacking)이라고도 한다. 유명 사이트들의 도메인을 입력할 때 발생할 수 있는 온갖 도메인 이름을 미리 선점해 놓고 이용자가 모르는 사이에 광고 사이트로 이동하게 만든다.

〈보기〉

| • Pharming | • Tvishing | • Trustzone | • APT | • Typosquatting |
| • Hacktivism | • Watering Hole | • Smurfing | • Ransomware | • CSRF |

답

- ①
- ②

문제 15 다음 설명에서 괄호에 들어갈 알맞은 용어를 쓰시오. (5점)

( )는 한 번의 로그인으로 개인이 가입한 모든 사이트를 이용할 수 있게 해주는 시스템을 말한다. 개인의 경우, 사이트에 접속하기 위하여 아이디와 패스워드는 물론 이름, 전화번호 등 개인정보를 각 사이트마다 일일이 기록해야 하던 것이 한 번의 작업으로 끝나므로 불편함이 해소되며, 기업에서는 회원에 대한 통합관리가 가능해 마케팅을 극대화시킬 수 있다는 장점이 있다.

답 :

문제 16 스케줄링에 대한 다음 설명에서 괄호(①~③)에 들어갈 알맞은 용어를 쓰시오. (5점)

- (①)는 준비상태 큐에서 기다리고 있는 프로세스들 중에서 실행 시간이 가장 짧은 프로세스에게 먼저 CPU를 할당하는 기법이다. 가장 적은 평균 대기 시간을 제공하는 최적 알고리즘이지만, 실행 시간이 긴 프로세스는 실행 시간이 짧은 프로세스에게 할당 순위가 밀려 무한 연기 상태가 발생될 수 있다.
- (②)은 시분할 시스템을 위해 고안된 방식으로, 준비상태 큐에 먼저 들어온 프로세스가 먼저 CPU를 할당 받지만 각 프로세스는 시간 할당량 동안만 실행한 후 실행이 완료되지 않으면 다음 프로세스에게 CPU를 넘겨주고 준비상태 큐의 가장 뒤로 배치된다. 할당되는 시간이 작을 경우 문맥 교환 및 오버헤드가 자주 발생되어 요청된 작업을 신속히 처리할 수 없다.
- (③)는 현재 실행중인 프로세스의 남은 시간과 준비상태 큐에 새로 도착한 프로세스의 실행 시간을 비교하여 가장 짧은 실행 시간을 요구하는 프로세스에게 CPU를 할당하는 기법으로, 시분할 시스템에 유용하다. 준비상태 큐에 있는 각 프로세스의 실행 시간을 추적하여 보유하고 있어야 하므로 오버헤드가 증가한다.

답
- ①
- ②
- ③

문제 17 UML에 대한 다음 설명에서 괄호(①~③)에 들어갈 알맞은 용어를 쓰시오. (5점)

UML은 시스템 분석, 설계, 구현 등 시스템 개발 과정에서 시스템 개발자와 고객 또는 개발자 상호 간의 의사소통이 원활하게 이루어지도록 표준화한 대표적인 객체지향 모델링 언어로, 사물, (①), 다이어그램으로 이루어져 있다.
- (①)는 사물과 사물 사이의 연관성을 표현하는 것으로, 연관, 집합, 포함, 일반화 등 다양한 형태의 (①)가 존재한다.
- (②)는 UML에 표현되는 사물의 하나로, 객체가 갖는 속성과 동작을 표현한다. 일반적으로 직사각형으로 표현하며, 직사각형 안에 이름, 속성, 동작을 표기한다.
- (③)는 (②)와 같은 UML에 표현되는 사물의 하나로, (②)나 컴포넌트의 동작을 모아놓은 것이며, 외부적으로 가시화되는 행동을 표현한다. 단독으로 사용되는 경우는 없으며, (③) 구현을 위한 (②) 또는 컴포넌트와 함께 사용된다.

답
- ①
- ②
- ③

문제 18 다음 E-R 다이어그램을 참고하여 괄호(①~⑤)의 설명에 적합한 요소를 찾아 기호(㉠~㉤)로 쓰시오. (5점)

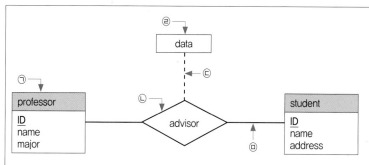

- (①) : 관계 집합을 의미한다.
- (②) : 관계 집합과 속성을 연결한다.
- (③) : 개체 집합을 의미하며, 키로 사용되는 항목에는 밑줄을 표시한다.
- (④) : 관계 집합의 속성을 의미한다.
- (⑤) : 개체 집합과 관계 집합을 연결한다.

답

- ①
- ②
- ③
- ④
- ⑤

문제 19 다음 JAVA로 구현된 프로그램을 분석하여 그 실행 결과를 쓰시오. (단, 출력문의 출력 서식을
준수하시오.) (5점)

```java
public class Test {
    static int[] mkarr( ) {
        int[] tmpArr = new int[4];
        for (int i = 0; i < tmpArr.length; i++)
            tmpArr[i] = i;
        return tmpArr;
    }
    public static void main(String[] args) {
        int[] arr;
        arr = mkarr( );
        for (int i = 0; i < arr.length; i++)
            System.out.print(arr[i]);
    }
}
```

답 :

문제 20 다음 JAVA로 구현된 프로그램을 분석하여 그 실행 결과를 쓰시오. (단, 출력문의 출력 서식을
준수하시오.) (5점)

```java
public class Test {
    public static void main(String[] args) {
        int r = 0;
        for (int i = 1; i < 999; i++) {
            if (i % 3 == 0 && i % 2 == 0)
                r = i;
        }
        System.out.print(r);
    }
}
```

답 :

[문제 01]

1	1	3	2
3	4	5	3
3	5	6	4
3	5	5	3

해설

```
#include <stdio.h>
main( ) {
❶ int field[4][4] = { {0,1,0,1}, {0,0,0,1}, {1,1,1,0}, {0,1,1,1} };
❷ int mines[4][4] = { {0,0,0,0}, {0,0,0,0}, {0,0,0,0}, {0,0,0,0} };
❸ int w = 4, h = 4;
❹ for (int y = 0; y < h; y++) {
❺   for (int x = 0; x < w; x++) {
❻     if (field[y][x] == 0) continue;
❼     for (int j = y - 1; j <= y + 1; j++) {
❽       for (int i = x - 1; i <= x + 1; i++) {
❾⓭         if (chkover(w, h, j, i) == 1)
⓮           mines[j][i] += 1;
        }
      }
    }
  }
}

❿ int chkover(int w, int h, int j, int i) {
⓫   if (i >= 0 && i < w && j >= 0 && j < h) return 1;
⓬   return 0;
  }
```

[알고리즘의 이해]
문제의 코드는 배열 field의 요소가 0이 아닌, 즉 1인 경우, 배열 mines에서 해당 위치를 중심으로 3행 3열의 범위에 1을 더하는 프로그램입니다.
· w와 h는 배열의 행과 열의 길이가 저장된 변수입니다.
· y와 x는 배열 field의 행과 열 위치를 지정해 주는 변수입니다.
· j와 i는 배열 mines에서 1을 더할 범위의 행과 열 위치를 지정해 주는 변수입니다.
· chkover( ) 함수는 j와 i가 배열의 크기를 벗어나는지 검사하는 함수입니다. 벗어났다고 판단되면 0을 반환하여 해당 위치에는 1을 더하지 않도록 합니다.

빈칸의 수행에 따라 배열 mines에 저장되는 값은 다음과 같습니다.
· 배열 field에서 1의 위치

배열 〈field〉

0	1	0	1
0	0	0	1
1	1	1	0
0	1	1	1

· 배열 field의 요소가 1인 위치에 대한 배열 mines의 값 변화

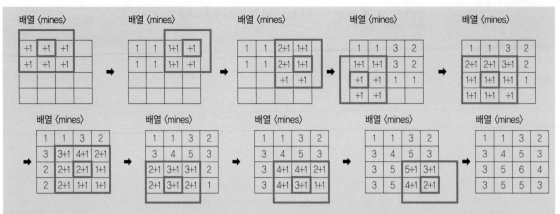

모든 C 프로그램은 반드시 main( ) 함수에서 시작한다.
❶ 4행 4열의 2차원 배열 field를 선언하고 초기화한다.

배열 〈field〉

0	1	0	1
0	0	0	1
1	1	1	0
0	1	1	1

❷ 4행 4열의 2차원 배열 mines를 선언하고 초기화한다.

배열 〈mines〉

0	0	0	0
0	0	0	0
0	0	0	0
0	0	0	0

❸ 정수형 변수 w와 h를 선언하고, 각각 4로 초기화한다.
❹ 반복 변수 y가 0부터 1씩 증가하면서 h의 값 4보다 작은 동안 ❺~❹번을 반복 수행한다.
❺ 반복 변수 x가 0부터 1씩 증가하면서 w의 값 4보다 작은 동안 ❻~❹번을 반복 수행한다.
❻ filed[y][x]의 값이 0이면 ❼번 이후의 코드를 실행하지 않고 반복문의 처음인 ❺번으로 이동하고, 0이 아니면 ❼번으로 이동한다.
❼ 반복 변수 j가 y−1부터 1씩 증가하면서 y+1보다 작거나 같은 동안 ❽~❹번을 반복 수행한다.
❽ 반복 변수 i가 x−1부터 1씩 증가하면서 x+1보다 작거나 같은 동안 ❾~❹번을 반복 수행한다.
❾ w, h, j, i의 값을 인수로 chkover( ) 함수를 호출한 결과가 1이면 ❹번으로 이동하고, 아니면 ❽번으로 이동한다.
❿ 정수를 반환하는 chkover( ) 함수의 시작점이다. ❾번에서 전달받은 값을 w, h, j, i가 받는다.
⓫ i와 j가 0보다 크거나 같고, w와 h의 값인 4보다 작으면 함수를 호출했던 ⓭번으로 1을 반환하며 함수를 종료하고, 아니면 ⓬번으로 이동한다.
⓬ 함수를 호출했던 ⓭번으로 0을 반환하고 함수를 종료한다.
⓭ ⓫번에서 1을 반환받았으면 ❹번으로, ⓬번에서 0을 반환받았으면 ❽번으로 이동한다.
⓮ 'mines[j][i] = mines[j][i] + 1'과 동일하다. mines[j][i]에 1을 누적시킨다.

[문제 02]

① U   ② −   ③ ×   ④ π   ⑤ ⋈

[문제 03]

① Bridge   ② Observer

[문제 04]

24513

※ 답안 작성 시 주의 사항 : 프로그램의 실행 결과는 부분 점수가 없으므로 정확하게 작성해야 합니다. 예를 들어, 출력값 사이에 쉼표(,)를 넣어 2, 4, 5, 1, 3으로 썼을 경우 부분 점수 없이 완전히 틀린 것으로 처리됩니다.

문제의 코드는 배열 arr에 저장된 값들의 순위를 구하여 배열 result에 저장하는 알고리즘입니다.

```java
public class Test {
  public static void main(String[ ] args) {
❶    int result[ ] = new int[5];
❷    int arr[ ] = { 77, 32, 10, 99, 50 };
❸    for(int i = 0; i < 5; i++) {
❹      result[i] = 1;
❺      for(int j = 0; j < 5; j++)
❻        if(arr[i] < arr[j])
❼          result[i]++;
    }
❽    for(int k = 0; k < 5; k++)
❾      System.out.print(result[k]);
  }
}
```

❶ 5개의 요소를 갖는 정수형 배열 result를 선언한다.

	[0]	[1]	[2]	[3]	[4]
result	0	0	0	0	0

※ Java에서는 배열을 선언하고 초기화하지 않으면 배열의 모든 요소가 0으로 초기화됩니다.

❷ 5개의 요소를 갖는 정수형 배열 arr을 선언하고 초기화한다.

	[0]	[1]	[2]	[3]	[4]
arr	77	32	10	99	50

❸ 반복 변수 i가 0부터 1씩 증가하면서 5보다 작은 동안 ❹~❼번을 반복 수행한다.

❹ 다른 점수들과 비교하기 전까지는 모든 점수의 석차는 1등이므로, result[i]에 1을 저장한다.

❺ 반복 변수 j가 0부터 1씩 증가하면서 5보다 작은 동안 ❻, ❼번을 반복 수행한다.

❻ 현재 점수(arr[i])가 비교 점수(arr[j])보다 작으면 석차를 1 증가시키기 위해 ❼번으로 이동하고, 아니면 반복문의 시작인 ❺번으로 이동한다.

❼ 'result[i] = result[i] + 1;'과 동일하다. i번째 점수의 석차를 1씩 증가시킨다.

반복문 실행에 따른 변수들의 변화는 다음과 같다.

i	j	arr[i]	arr[j]	result [0]	[1]	[2]	[3]	[4]
0								
	0	77	77	1	0	0	0	0
	1		32					
	2		10					
	3		99	2	0	0	0	0
	4		50					
	5							
1				2	1	0	0	0
	0	32	77	2	2	0	0	0
	1		32					
	2		10					
	3		99	2	3	0	0	0
	4		50	2	4	0	0	0
	5							

2				2	4	1	0	0
	0	10	77	2	4	2	0	0
	1		32	2	4	3	0	0
	2		10					
	3		99	2	4	4	0	0
	4		50	2	4	5	0	0
	5							
3				2	4	5	1	0
	0	99	77					
	1		32					
	2		10					
	3		99					
	4		50					
	5							
4				2	4	5	1	1
	0	50	77	2	4	5	1	2
	1		32					
	2		10					
	3		99	2	4	5	1	3
	4		50					
	5							
5								

❽ 반복 변수 k가 0부터 1씩 증가하면서 5보다 작은 동안 ❾번을 반복 수행한다.

❾ result[k]의 값을 출력한다.

결과	24513

[문제 05]

192.168.1.127

해설

- 192.168.1.0/24에서 '/24'는 서브넷 마스크를 의미합니다. 즉 서브넷 마스크는 1의 개수가 24개라는 것으로 이를 2진수로 표현하면 11111111 11111111 11111111 00000000입니다.
- 서브넷 마스크를 Subnet으로 나눌 때는 서브넷 마스크가 0인 부분, 즉 마지막 8비트를 이용하면 됩니다.
- Subnet으로 나눌 때 "3개의 Subnet으로 나눈다"는 것처럼 네트워크가 기준일 때는 왼쪽을 기준으로 나눌 네트워크 수에 필요한 비트를 할당하고 나머지 비트로 호스트를 구성하면 됩니다.
- 3개의 Subnet으로 구성하라 했으니 8비트 중 3을 표현하는데 필요한 $2(2^2=4)$비트를 제외하고 나머지 6비트를 호스트로 구성하면 됩니다.
- 네트워크 개수 = 4(=$2^{(필요한 비트 수)}$)
- 호스트 개수 = 256 / 네트워크 개수 = 256/4 = 64(=$2^{6(남은 비트 수)}$)
- 문제에서 FLSM(Fixed Length Subnet Mask), 즉 고정된 크기로 주소를 할당하라고 했으므로 다음 표와 같이 64개의 호스트를 갖는 4개의 네트워크로 나눌 수 있으나 문제에서 3개의 Subnet을 구성하라 하였으므로 4번 네트워크는 사용되지 않습니다.
- 네트워크별로 첫 번째 주소는 네트워크 주소이고, 마지막 주소는 브로드캐스트 주소입니다.

네트워크	네트워크 주소	브로드캐스트 주소
1	192.168.1.0	192.168.1.63
2	192.168.1.64	192.168.1.127
3	192.168.1.128	192.168.1.191
4	192.168.1.192	192.168.1.255

∴ 3개의 Subnet으로 나누어진 위의 네트워크에서 두 번째 네트워크의 브로드캐스트 주소는 192.168.1.127입니다.

[문제 06]

Boundary Value Analysis

[문제 07]

① 3   ② 4

해설

CREATE TABLE 부서 (
    부서코드 INT PRIMARY KEY,
    부서명 VARCHAR(20)
);
	〈부서〉 테이블을 생성한다.
	'부서코드' 속성은 정수형이며, 기본키로 정의한다.
	'부서명' 속성은 가변길이 문자 20자이다.

```
CREATE TABLE 직원 (                              〈직원〉 테이블을 생성한다.
    직원코드 INT PRIMARY KEY,                      '직원코드' 속성은 정수형이며, 기본키로 정의한다.
    부서코드 INT,                                  '부서코드' 속성은 정수형이다.
    직원명 VARCHAR(20),                            '직원명' 속성은 가변길이 문자 20자이다.
    FOREIGN KEY(부서코드) REFERENCES 부서(부서코드)
                                                '부서코드' 속성은 〈부서〉 테이블의 '부서코드' 속성을 참조하는 외래키이다.
        ON DELETE CASCADE                        〈부서〉 테이블에서 튜플이 삭제되면 관련된 모든 튜플이 함께 삭제된다.
);

❶ INSERT INTO 부서 VALUES(10, '영업부');
❷ INSERT INTO 부서 VALUES(20, '기획부');
❸ INSERT INTO 부서 VALUES(30, '개발부');
❹ INSERT INTO 직원 VALUES(1001, 10, '이진수');
❺ INSERT INTO 직원 VALUES(1002, 10, '곽연경');
❻ INSERT INTO 직원 VALUES(1003, 20, '김선길');
❼ INSERT INTO 직원 VALUES(1004, 20, '최민수');
❽ INSERT INTO 직원 VALUES(1005, 20, '이용갑');
❾ INSERT INTO 직원 VALUES(1006, 30, '박종일');
❿ INSERT INTO 직원 VALUES(1007, 30, '박미경');
```

- ❶~❸번 SQL문이 수행된 후 〈부서〉 테이블은 다음과 같습니다.

〈부서〉

부서코드	부서명
10	영업부
20	기획부
30	개발부

- ❹~❿번 SQL문이 수행된 후 〈직원〉 테이블은 다음과 같습니다.

〈직원〉

직원코드	부서코드	직원명
1001	10	이진수
1002	10	곽연경
1003	20	김선길
1004	20	최민수
1005	20	이용갑
1006	30	박종일
1007	30	박미경

①
SELECT DISTINCT COUNT(부서코드) FROM 직원 WHERE 부서코드 = 20;	'부서코드'의 개수를 표시하되, 표시된 개수 중 중복된 값은 한 번만 표시한다. 〈직원〉 테이블에서 검색한다. '부서코드'가 20인 자료만을 대상으로 한다.

- 문제의 SQL문은 DISTINCT가 '부서코드'에 적용되는 것이 아니라 'COUNT(부서코드)'에 적용됨에 유의해야 합니다.
- WHERE 부서코드 = 20 : '부서코드'가 20인 자료만을 검색합니다.

부서코드
20
20
20

- SELECT DISTINCT COUNT(부서코드) : 'COUNT(부서코드)'의 결과인 3에는 중복된 값이 없으므로 3이 그대로 표시됩니다.

COUNT(부서코드)
3

②
DELETE FROM 부서 WHERE 부서코드 = 20; SELECT DISTINCT COUNT(부서코드) FROM 직원;	〈부서〉 테이블에서 튜플을 삭제하라. '부서코드'가 20인 자료만을 대상으로 하라. '부서코드'의 개수를 표시하되, 표시된 개수 중 중복된 값은 한 번만 표시한다. 〈직원〉 테이블에서 검색한다

- DELETE FROM 부서 WHERE 부서코드 = 20; : 〈직원〉 테이블의 '부서코드'는 테이블 정의 시 〈부서〉 테이블의 '부서코드'를 참조하되 〈부서〉 테이블에서 '부서코드'의 튜플이 삭제되면 이를 참조하는 〈직원〉의 튜플도 함께 삭제되도록 정의하였으므로, DELETE문 수행 후의 〈부서〉와 〈직원〉 테이블은 다음과 같습니다.

〈부서〉

부서코드	부서명
10	영업부
30	개발부

〈직원〉

직원코드	부서코드	직원명
1001	10	이진수
1002	10	곽연경
1006	30	박종일
1007	30	박미경

- SELECT DISTINCT COUNT(부서코드) FROM 직원; : 〈직원〉 테이블에 대한 'COUNT(부서코드)'의 결과인 4에는 중복된 값이 없으므로 4가 그대로 표시됩니다.

COUNT(부서코드)
4

[문제 08]

※ 문항별로 다음 중 하나를 쓰면 됩니다.

① 사회 공학, Social Engineering

② 다크 데이터, Dark Data

[문제 09]

[101, 102, 103, 104, 105]

※ **답안 작성 시 주의 사항** : 프로그램의 실행 결과는 부분 점수가 없으므로 정확하게 작성해야 합니다. 예를 들어, 출력값 전·후에 대괄호([ ])를 생략하거나 출력값 사이에 쉼표(,)를 생략하여 101, 102, 103, 104, 150 또는 [101 102 103 104 105]로 썼을 경우 부분 점수 없이 완전히 틀린 것으로 처리됩니다.

```
❶ a = [1, 2, 3, 4, 5]
❷ a = list(map(lambda num : num + 100, a))
❸ print(a)
```

❶ 5개의 요소를 갖는 리스트 a를 선언한다.

❷ a의 각 요소에 100을 더하는 람다 식을 적용한 후, 100씩 더해진 값들을 다시 리스트로 구성하여 a에 저장한다.

- ㉠ lambda num : num + 100 : 인수로 입력된 값에 100을 더하는 람다 식을 정의한다.
- ㉡ map(㉠, a) : 리스트 a의 각 요소를 ㉠에 적용한다.

a	1	2	3	4	5	→	lambda 1 : 1 + 100	→	**101** 반환
a	1	2	3	4	5	→	lambda 2 : 2 + 100	→	**102** 반환
a	1	2	3	4	5	→	lambda 3 : 3 + 100	→	**103** 반환
a	1	2	3	4	5	→	lambda 4 : 4 + 100	→	**104** 반환
a	1	2	3	4	5	→	lambda 5 : 5 + 100	→	**105** 반환

- ㉢ a = list(㉡) : ㉡의 실행 결과로 반환되는 값들을 리스트로 구성하여 a에 저장한다.

| a | 101 | 102 | 103 | 104 | 105 |

❸ a를 출력한다. a는 리스트이므로, 리스트를 선언할 때와 같은 형태와 순서로 출력한다.

결과 [101, 102, 103, 104, 105]

[문제 10]

※ 다음 중 하나를 쓰면 됩니다.

SIEM, Security Information & Event Management

[문제 11]

※ 3가지를 모두 적어야 합니다.

CVS, Git, SVN

[문제 12]

① 200 　 ② 3 　 ③ 1

①
```
SELECT DEPT                                    'DEPT'를 표시한다.
FROM STUDENT;                                  〈STUDENT〉 테이블에서 검색한다.
```

- 〈STUDENT〉 테이블에서 'DEPT'를 검색합니다. 총 200개의 튜플이 들어 있고 검색 조건이 없으므로 튜플의 수는 **200**입니다.

②
```
SELECT DISTINCT DEPT                          'DEPT'를 표시하되, 같은 'DEPT' 속성의 값은 한 번만 표시한다.
FROM STUDENT;                                  〈STUDENT〉 테이블에서 검색한다.
```

- 〈STUDENT〉 테이블에서 'DEPT'를 검색하는 데 중복된 결과는 처음의 한 개만 검색에 포함시킵니다. 전기과 50개 튜플의 'DEPT' 속성의 값이 같으므로 1개, 전산과 100개 튜플의 'DEPT' 속성의 값이 같으므로 1개, 전자과 50개 튜플의 'DEPT' 속성의 값이 같으므로 1개를 검색에 포함시키므로 **3**개의 튜플이 검색됩니다.

③
```
SELECT COUNT(DISTINCT DEPT)                   'DEPT'의 개수를 표시하되, 같은 'DEPT' 속성의 값은 한 번만 계산한다.
FROM STUDENT;                                  〈STUDENT〉 테이블에서 검색한다.
WHERE DEPT = '전산과';                         'DEPT'가 "전산과"인 자료만을 대상으로 검색한다.
```

- 〈STUDENT〉 테이블에서 'DEPT' 속성의 값이 '전산과'인 튜플에 대해 중복을 제거하고 개수를 세므로 **1**이 검색 결과로 표시됩니다.

[문제 13]
2

어떤 정수의 약수 중 자신을 제외한 약수를 모두 합하면 자신과 같아지는 수가 있다. 예를 들어 6의 약수 1, 2, 3, 6 중 6을 제외한 1, 2, 3을 더하면 6이 되어 자신과 같아진다. 다음은 6부터 30까지의 정수 중 이러한 약수를 갖는 수를 찾아 출력하는 알고리즘이다.

```
#include <stdio.h>
main( ) {
❶ int s, el = 0;
❷ for (int i = 6; i <= 30; i++) {
❸     s = 0;
❹     for (int j = 1; j <= i / 2; j++)
❺         if (i % j == 0)
❻             s = s + j;
❼     if (s == i)
❽         el++;
    }
❾ printf("%d", el);
}
```

❶ 정수형 변수 s, el을 선언하고, el을 0으로 초기화한다.
❷ 반복 변수 i가 6부터 1씩 증가하면서 30보다 작거나 같은 동안 ❸~❽번을 반복 수행한다.
❸ s에 0을 저장한다.
❹ 반복 변수 j가 1부터 1씩 증가하면서 i/2보다 작거나 같은 동안 ❺, ❻번을 반복 수행한다.
❺ i를 j로 나눈 나머지가 0이면 ❻번으로 이동하고, 아니면 현재 반복문의 처음인 ❹번으로 이동한다.
❻ s에 j의 값을 누적시킨다. 구해진 약수를 더하는 과정이다.
❼ s와 i의 값이 같으면 약수를 모두 더한 값과 자신이 같은 수를 찾은 것이므로, ❽번으로 이동하고, 아니면 현재 반복문의 처음인 ❷번으로 이동한다.

❽ 'e1 = e1 + 1;'과 동일하다. 약수를 모두 더한 값과 자신이 같은 수의 개수를 누적시키는 과정이다.
반복문 실행에 따른 변수들의 변화는 다음과 같다.

i	j	s	e1
			0
6		0	
	1	1	
	2	3	
	3	6	
	4		
			1
7		0	
	1	1	
	2		
	3		
	4		
⋮	⋮	⋮	⋮
28		0	
	1	1	
	2	3	
	3		
	4	7	
	5		
	6		
	7	14	
	⋮	⋮	⋮
	14	28	
	15		2
⋮	⋮	⋮	⋮
31			

❾ e1의 값 2를 정수로 출력한다.

결과 **2**

[문제 14]

① Trustzone ② Typosquatting

[문제 15]

※ 다음 중 하나를 쓰면 됩니다.

SSO, Single Sign On

[문제 16]

※ 문항별로 다음 중 하나를 쓰면 됩니다.

① SJF, Shortest Job First

② RR, Round Robin

③ SRT, Shortest Remaining Time

[문제 17]

※ 문항별로 다음 중 하나를 쓰면 됩니다.

① 관계, Relationship

② 클래스, Class

③ 인터페이스, Interface

[문제 18]

① ㉡   ② ㉢   ③ ㉠   ④ ㉣   ⑤ ㉤

[문제 19]

0123

※ **답안 작성 시 주의 사항** : 프로그램의 실행 결과는 부분 점수가 없으므로 정확하게 작성해야 합니다. 예를 들어, 출력값 사이에 쉼표(,)를 넣어 0, 1, 2, 3으로 썼을 경우 부분 점수 없이 완전히 틀린 것으로 처리됩니다.

> **해설**
>
> ```
> public class Test {
> ❸ static int[ ] mkarr( ) {
> ❹     int[ ] tmpArr = new int[4];
> ❺     for (int i = 0; i < tmpArr.length; i++)
> ❻         tmpArr[i] = i;
> ❼     return tmpArr;
>     }
>    public static void main(String[ ] args) {
> ❶    int[ ] arr;
> ❷❽  arr = mkarr( );
> ❾    for (int i = 0; i < arr.length; i++)
> ❿        System.out.print(arr[i]);
>     }
> }
> ```

모든 Java 프로그램은 반드시 main( ) 함수에서 시작한다.

❶ 정수형 배열 arr을 선언한다. 배열의 요소가 생략되었으므로 배열의 위치를 저장하는 arr만이 메모리에 생성된다.

arr	

※ 배열 arr에 4개의 요소(1, 2, 3, 4)를 임의로 초기화하여 선언하면 다음과 같습니다.

(다음 그림에서 arr에 저장된 주소는 임의로 정한 것이며, 이해를 돕기 위해 10진수로 표현했습니다.)

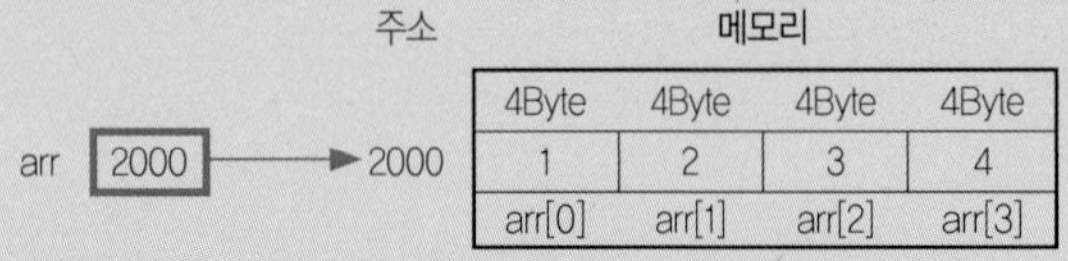

주소   메모리

	4Byte	4Byte	4Byte	4Byte
arr 2000 → 2000	1	2	3	4
	arr[0]	arr[1]	arr[2]	arr[3]

※ ❶번과 같이 요소의 값과 개수를 생략하고 선언만 했다는 것은 arr이 위 그림의 2000과 같은 메모리를 가리키는 주소를 갖지 않은 채 선언만 되었다는 의미입니다. arr은 이후 ❼번 과정에서 정수형 배열의 주소를 전달받아 위와 같이 일반적인 형태를 갖추게 됩니다.

❷ mkarr( ) 메소드를 호출한 후 돌려받은 값을 arr에 저장한다.

❸ 정수형 배열을 반환하는 mkarr( ) 메소드의 시작점이다.

❹ 4개의 요소를 갖는 정수형 배열 tmpArr을 선언한다.

	[0]	[1]	[2]	[3]
tmpArr	0	0	0	0

※ Java에서는 배열을 선언하고 초기화하지 않으면 배열의 모든 요소가 0으로 초기화됩니다.

❺ 반복 변수 i가 0부터 1씩 증가하면서 배열 tmpArr의 길이가 4보다 작은 동안 ❻번을 반복 수행한다.

• length : 배열 클래스의 속성으로 배열 요소의 개수가 저장되어 있음

❻ tmpArr[i]에 i의 값을 저장한다.

반복문 실행에 따른 변수들의 변화는 다음과 같다.

i	tmpArr			
	[0]	[1]	[2]	[3]
0	0	0	0	0
1	0	1	0	0
2	0	1	2	0
3	0	1	2	3
4				

❼ 배열 tmpArr을 반환한다. 배열의 이름을 반환하면 배열의 시작 주소가 반환된다.

❽ ❼번에서 전달받은 배열의 시작 주소를 배열 arr에 저장한다.

※ 배열 tmpArr은 ❸~❻번 과정을 거치면서 다음과 같은 형태를 갖추게 됩니다.

(다음 그림에서 tmpArr이 저장된 주소는 임의로 정한 것이며, 이해를 돕기 위해 10진수로 표현했습니다.)

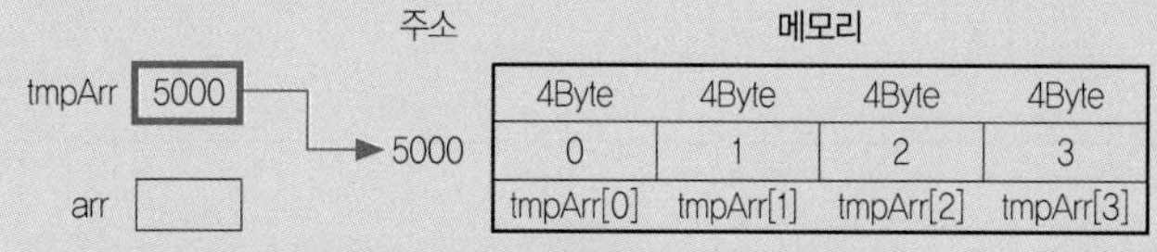

※ tmpArr이 가진 주소 5000이 ❼~❽번에서 return을 통해 arr에 반환되면서 arr은 tmpArr과 같은 주소를 갖는 배열이 됩니다.

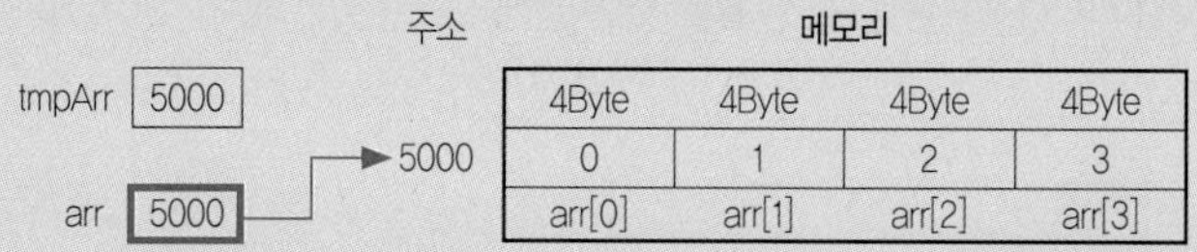

❾ 반복 변수 i가 0부터 1씩 증가하면서 배열 arr의 길이가 4보다 작은 동안 ❿번을 반복 수행한다.

❿ arr[i]의 값을 출력한다.

반복문 실행에 따른 변수들의 변화는 다음과 같다.

i	arr[i]	출력
0	0	0
1	1	0 1
2	2	0 1 2
3	3	0 1 2 3
4		

[문제 20]

996

문제의 코드는 1부터 998까지의 숫자 중 3과 2로 나누었을 때 나머지가 0인, 즉 6의 배수이면서 가장 큰 수를 구하는 알고리즘입니다.

```java
public class Test {
    public static void main(String[ ] args) {
❶      int r = 0;
❷      for (int i = 1; i < 999; i++) {
❸          if (i % 3 == 0 && i % 2 == 0)
❹              r = i;
        }
❺      System.out.print(r);
    }
}
```

❶ 정수형 변수 r을 선언하고 0으로 초기화한다.

❷ 반복 변수 i가 1부터 1씩 증가하면서 999보다 작은 동안 ❸, ❹번을 반복 수행한다.

❸ i를 3과 2로 나눈 나머지가 모두 0이면 ❹번으로 이동하고, 아니면 반복문의 시작인 ❷번으로 이동한다.

❹ r에 i의 값을 저장한다.

반복문 실행에 따른 변수들의 변화는 다음과 같다.

i	i%3	i%2	r
			0
1	1	1	
2	2	0	
3	0	1	
4	1	0	
5	2	1	
6	0	0	6
7	1	1	
⋮	⋮	⋮	⋮
995	2	1	
996	0	0	996
997	1	1	
998	2	0	
999			

❺ r의 값을 출력한다.

결과 996

수험자 유의사항

1. 시험 문제지를 받는 즉시 응시하고자 하는 종목의 문제지가 맞는지를 확인하여야 합니다.

2. 시험 문제지 총면수·문제번호 순서·인쇄상태 등을 확인하고, 수험번호 및 성명을 답안지에 기재하여야 합니다.

3. 문제 및 답안(지), 채점기준은 일절 공개하지 않으며 자신이 작성한 답안, 문제 내용 등을 수험표 등에 이기(옮겨 적는 행위) 등은 관련 법 등에 의거 불이익 조치 될 수 있으니 유의하시기 바랍니다.

4. 수험자 인적사항 및 답안작성(계산식 포함)은 흑색 필기구만 사용하되, 흑색을 제외한 유색 필기구 또는 연필류를 사용하였을 경우 그 문항은 0점 처리됩니다.

5. 답란(답안 기재란)에는 문제와 관련 없는 불필요한 낙서나 특이한 기록사항 등을 기재하여서는 안되며 부정의 목적으로 특이한 표식을 하였다고 판단될 경우에는 모든 문항이 0점 처리됩니다.

6. 답안을 정정할 때에는 반드시 정정부분을 두 줄(=)로 그어 표시하여야 하며, 두 줄로 긋지 않은 답안은 정정하지 않은 것으로 간주합니다. (수정테이프, 수정액 사용불가)

7. 답안의 한글 또는 영문의 오탈자는 오답으로 처리됩니다. 단, 답안에서 영문의 대·소문자 구분, 띄어쓰기는 여부에 관계 없이 채점합니다.

8. 계산 또는 디버깅 등 계산 연습이 필요한 경우는 〈문제〉 아래의 연습란을 사용하시기 바라며, 연습란은 채점대상이 아닙니다.

9. 문제에서 요구한 가지 수(항수) 이상을 답란에 표기한 경우에는 답안기재 순으로 요구한 가지 수(항수)만 채점하고 한 항에 여러 가지를 기재하더라도 한 가지로 보며 그 중 정답과 오답이 함께 기재란에 있을 경우 오답으로 처리됩니다.

10. 한 문제에서 소문제로 파생되는 문제나, 가지수를 요구하는 문제는 대부분의 경우 부분채점을 적용합니다. 그러나 소문제로 파생되는 문제 내에서의 부분 배점은 적용하지 않습니다.

11. 답안은 문제의 마지막에 있는 답란에 작성하여야 합니다.

12. 부정 또는 불공정한 방법(시험문제 내용과 관련된 메모지 사용 등)으로 시험을 치른 자는 부정행위자로 처리되어 당해 시험을 중지 또는 무효로 하고, 2년간 국가기술자격검정의 응시자격이 정지됩니다.

13. 시험위원이 시험 중 신분확인을 위하여 신분증과 수험표를 요구할 경우 반드시 제시하여야 합니다.

14. 시험 중에는 통신기기 및 전자기기(휴대용 전화기 등)를 지참하거나 사용할 수 없습니다.

15. 국가기술자격 시험문제는 일부 또는 전부가 저작권법상 보호되는 저작물이고, 저작권자는 한국산업인력공단입니다. 문제의 일부 또는 전부를 무단 복제, 배포, 출판, 전자출판 하는 등 저작권을 침해하는 일체의 행위를 금합니다.

※ 수험자 유의사항 미준수로 인한 채점상의 불이익은 수험자 본인에게 전적으로 책임이 있음

문제 01 데이터베이스에 대한 다음 설명에서 괄호에 공통으로 들어갈 알맞은 용어를 쓰시오. (5점)

- ( )은 관계 데이터의 연산을 표현하는 방법으로, 관계 데이터 모델의 제안자인 코드(E. F. Codd)가 수학의 술어 해석(Predicate Calculus)에 기반을 두고 관계 데이터베이스를 위해 제안했다.
- 원하는 정보가 무엇이라는 것만 정의하는 비절차적 특성을 지니며, 원하는 정보를 정의할 때 계산 수식을 사용한다.
- 튜플 해석식을 사용하는 튜플 ( )과 도메인 해석식을 사용하는 도메인 ( )으로 구분된다.

답 :

문제 02 암호화 알고리즘에 대한 다음 설명에서 괄호(①, ②)에 들어갈 알맞은 용어를 쓰시오. (5점)

- 암호화 알고리즘은 패스워드, 주민번호, 은행계좌와 같은 중요 정보를 보호하기 위해 평문을 암호화된 문장으로 만드는 절차 또는 방법을 의미한다.
- 스위스의 라이(Lai)와 메시(Messey)는 1990년 PES를 발표하고, 이후 이를 개선한 IPES를 발표하였다. IPES는 128비트의 Key를 사용하여 64비트 블록을 암호화하는 알고리즘이며 현재는 (①)라고 불린다.
- (②)은 국가 안전 보장국(NSA)에서 개발한 암호화 알고리즘으로, 클리퍼 칩(Clipper Chip)이라는 IC 칩에 내장되어있다. 80비트의 Key를 사용하여 64비트 블록을 암호화하며, 주로 전화기와 같은 음성 통신 장비에 삽입되어 음성 데이터를 암호화한다.

답
- ①
- ②

문제 03 다음은 〈제품〉(제품명, 단가, 제조사) 테이블을 대상으로 "H" 제조사에서 생산한 제품들의 '단가'보다 높은 '단가'를 가진 제품의 정보를 조회하는 〈SQL문〉이다. 괄호에 알맞은 답을 적어 〈SQL문〉을 완성하시오. (5점)

〈SQL문〉

```
SELECT 제품명, 단가, 제조사
FROM 제품
WHERE 단가 > (          ) (SELECT 단가 FROM 제품 WHERE 제조사 = 'H');
```

답 :

문제 04 다음 〈TABLE〉을 참조하여 〈SQL문〉을 실행했을 때 출력되는 결과를 쓰시오. (〈TABLE〉에 표시된 'NULL'은 값이 없음을 의미한다.) (5점)

〈TABLE〉

INDEX	COL1	COL2
1	2	NULL
2	4	6
3	3	5
4	6	3
5	NULL	3

〈SQL문〉

```
SELECT COUNT(COL2)
FROM TABLE
WHERE COL1 IN (2, 3)
    OR COL2 IN (3, 5);
```

답 :

문제 05 네트워크 보안에 대한 다음 설명에서 괄호에 공통으로 들어갈 알맞은 용어를 영문 약어로 쓰시오. (5점)

- (   )은 인터넷 등 통신 사업자의 공중 네트워크와 암호화 기술을 이용하여 사용자가 마치 자신의 전용 회선을 사용하는 것처럼 해주는 보안 솔루션이다.
- 암호화된 규격을 통해 인터넷망을 전용선의 사설망을 구축한 것처럼 이용하므로 비용 부담을 줄일 수 있다.
- (   )을 사용하면 두 장치 및 네트워크 사이에 암호화된 보안 터널이 생성되며, 터널에 사용되는 프로토콜에 따라 SSL (   )과 IPSec (   )으로 불린다.

답 :

문제 06 객체지향에 대한 다음 설명에 해당하는 용어를 〈보기〉에서 찾아 쓰시오. (5점)

- 자신이 사용하지 않는 인터페이스와 의존 관계를 맺거나 영향을 받지 않아야 한다는 객체지향 설계 원칙 중의 하나이다.
- 예를 들어 프린터, 팩스, 복사 기능을 가진 복합기의 경우 3가지 기능을 모두 가진 범용 인터페이스보다는 프린터 인터페이스, 팩스 인터페이스, 복사 인터페이스로 분리함으로써 하나의 기능 변경으로 인해 다른 기능이 영향을 받지 않도록 해야 한다.

〈보기〉

• SRP	• SOLID	• OCP	• LSP	• ISP
• DIP	• OTP	• PNP		

답 :

문제 07 다음 Java로 구현된 프로그램을 분석하여 그 실행 결과를 쓰시오. (단, 출력문의 출력 서식을 준수하시오.) (5점)

```java
public class Test {
    public static void main(String[] args) {
        int i = 3, k = 1;
        switch(i) {
            case 1: k++;
            case 2: k -= 3;
            case 3: k = 0;
            case 4: k += 3;
            case 5: k -= 10;
            default: k--;
        }
        System.out.print(k);
    }
}
```

답 :

문제 08 다음 C언어로 구현된 프로그램을 분석하여 그 실행 결과를 쓰시오. (단, 출력문의 출력 서식을 준수하시오.) (5점)

```c
#include <stdio.h>
struct A {
    int n;
    int g;
};
main( ) {
    struct A st[2];
    for (int i = 0; i < 2; i++) {
        st[i].n = i;
        st[i].g = i + 1;
    }
    printf("%d", st[0].n + st[1].g);
}
```

답 :

문제 09 서브네팅(Subnetting)에 대한 다음 설명에서 괄호(①, ②)에 들어갈 알맞은 답을 쓰시오. (5점)

현재 IP 주소가 192.168.1.132이고, 서브넷 마스크가 255.255.255.192일 때, 네트워크 주소는 192.168.1.(①)이고, 해당 네트워크에서 네트워크 주소와 브로드캐스트 주소를 제외한 사용 가능 호스트의 수는 (②)개이다.

답
- ①
- ②

▶1450910

문제 10 애플리케이션 테스트에 대한 다음 설명에서 괄호(①, ②)에 들어갈 알맞은 테스트를 쓰시오. (5점)

인수 테스트는 개발한 소프트웨어가 사용자의 요구사항을 충족하는지에 중점을 두고 테스트하는 방법이다.

- (①) : 선정된 최종 사용자가 여러 명의 사용자 앞에서 행하는 테스트 기법으로, 실제 업무를 가지고 사용자가 직접 테스트한다.
- (②) : 개발자의 장소에서 사용자가 개발자 앞에서 행하는 테스트 기법으로, 테스트는 통제된 환경에서 행해지며, 오류와 사용상의 문제점을 사용자와 개발자가 함께 확인하면서 기록한다.

답

- ①
- ②

▶1450911

문제 11 다음 설명에 해당하는 테스트를 〈보기〉에서 찾아 쓰시오. (5점)

- 통합 테스트로 인해 변경된 모듈이나 컴포넌트에 새로운 오류가 있는지 확인하는 테스트이다.
- 이미 테스트된 프로그램의 테스팅을 반복하는 것이다.
- 수정한 모듈이나 컴포넌트가 다른 부분에 영향을 미치는지, 오류가 생기지 않았는지 테스트하여 새로운 오류가 발생하지 않음을 보증하기 위해 반복 테스트한다.

〈보기〉

• Integration	• Big Bang	• System	• Acceptance	• Unit
• Regression	• White Box	• Black Box		

답 :

문제 12 다음은 〈EMPLOYEE〉 릴레이션에 대해 〈관계 대수식〉을 수행했을 때 출력되는 〈결과〉이다. 〈결과〉의 각 괄호(①~⑤)에 들어갈 알맞은 답을 쓰시오. (5점)

〈관계 대수식〉

$$\pi_{\text{TTL}}(\text{EMPLOYEE})$$

〈EMPLOYEE〉

INDEX	AGE	TTL
1	48	부장
2	25	대리
3	41	과장
4	36	차장

⇨

〈결과〉

(①)
(②)
(③)
(④)
(⑤)

답

- ①
- ②
- ③
- ④
- ⑤

문제 13 다음 Python으로 구현된 프로그램을 분석하여 그 실행 결과를 쓰시오. (단, 출력문의 출력 서식을 준수하시오.) (5점)

```
a = "REMEMBER NOVEMBER"
b = a[0:3] + a[12:16]
c = "R AND %s" % "STR"
print(b + c)
```

답 :

문제 14 경로 제어 프로토콜(Routing Protocol)에 대한 다음 설명에서 괄호(①~④)에 들어갈 알맞은 용어를 〈보기〉에서 찾아 쓰시오. (5점)

경로 제어 프로토콜은 크게 자율 시스템 내부의 라우팅에 사용되는 (①)와 자율 시스템 간의 라우팅에 사용되는 (②)로 구분할 수 있다.

(①)는 소규모 동종 자율 시스템에서 효율적인 RIP와 대규모 자유 시스템에서 많이 사용되는 (③)로 나누어진다. (③)는 링크 상태(Link State)를 실시간으로 반영하여 최단 경로로 라우팅을 지원하는 특징이 있다.

(④)는 (②)의 단점을 보완하여 만들어진 라우팅 프로토콜로, 처음 연결될 때는 전체 라우팅 테이블을 교환하고, 이후에는 변화된 정보만을 교환한다.

〈보기〉

| • BGP | • AS | • HOP | • OSPF | • NAT | • ISP | • EGP | • IGP |

답
- ①
- ②
- ③
- ④

문제 15 다음 C언어로 구현된 프로그램을 분석하여 그 실행 결과를 쓰시오. (단, 출력문의 출력 서식을 준수하시오.) (5점)

```c
#include <stdio.h>
int len(char* p);


int main( ) {
    char* p1 = "2022";
    char* p2 = "202207";
    int a = len(p1);
    int b = len(p2);
    printf("%d", a + b);
}


int len(char* p) {
    int r = 0;
    while (*p != '\0') {
```

```
        p++;

        r++;

    }

    return r;

}
```

답 :

문제 16 다음 C언어로 구현된 프로그램을 분석하여 그 실행 결과를 쓰시오. (단, 출력문의 출력 서식을 준수하시오.) (5점)

```
#include <stdio.h>
int main( ) {
    int a[4] = { 0, 2, 4, 8 };
    int b[3];
    int* p;
    int sum = 0;
    for (int i = 1; i < 4; i++) {
        p = a + i;
        b[i - 1] = *p - a[i - 1];
        sum = sum + b[i - 1] + a[i];
    }
    printf("%d", sum);
}
```

답 :

문제 17 다음 Java로 구현된 프로그램을 분석하여 그 실행 결과를 쓰시오. (단, 출력문의 출력 서식을 준수하시오.) (5점)

```java
class Test {
    public static void main(String args[]) {
        cond obj = new cond(3);
        obj.a = 5;
        int b = obj.func( );
        System.out.print(obj.a + b);
    }
}


class cond {
    int a;
    public cond(int a) {
        this.a = a;
    }
    public int func( ) {
        int b = 1;
        for (int i = 1; i < a; i++)
                b += a * i;
        return a + b;
    }
}
```

답 :

문제 18 다함수적 종속(Functional Dependency)에 대한 다음 설명에서 괄호(①~③)에 들어갈 알맞은 용어를 〈보기〉에서 찾아 기호(㉠~◎)로 쓰시오. (단, 테이블 〈R〉의 속성 '학생'과 '학과'의 밑줄은 키(Key)임을 의미한다.) (5점)

〈R〉

<u>학생</u>	<u>학과</u>	성적	학년
이순신	컴퓨터공학	A+	2
이순신	전기공학	B	2
유관순	경제학	B+	1
강감찬	문예창작	C	3
강감찬	한국사	C+	3
홍길동	영문학	B	4

- 테이블 〈R〉에서 '성적'은 기본키인 {학생, 학과}에 대해 (①) Functional Dependency이다.
- 테이블 〈R〉에서 '학년'은 기본키인 {학생, 학과} 중 '학생'만으로 식별이 가능하므로 기본키에 대해 (②) Functional Dependency이다.
- 임의의 테이블에 속성 A, B, C가 있을 때, A → B이고 B → C일 때 A → C인 관계는 (③) Functional Dependency이다.

〈보기〉

㉠ Hybrid	㉡ Multi Valued	㉢ Transitive	㉣ Full	㉤ Defined
㉥ Natural	㉦ Relational	◎ Partial		

답
- ①
- ②
- ③

▶1450919

문제 19 인터넷에 대한 다음 설명에서 괄호(①~③)에 들어갈 알맞은 용어를 〈보기〉에서 찾아 쓰시오. (5점)

인터넷이란 TCP/IP 프로토콜을 기반으로 하여 전 세계 수많은 컴퓨터와 네트워크들이 연결된 광범위한 컴퓨터 통신망이다.

- (①) : 월드 와이드 웹(WWW)에서 HTML 문서를 송수신 하기 위한 표준 프로토콜로, GET과 POST 메소드를 통해 메시지를 주고 받는다.
- (②) : 다른 문서나 그림으로 이동할 수 있는 연결을 가지고 있는 텍스트를 의미한다.
- (③) : 인터넷의 표준 문서인 하이퍼텍스트 문서를 만들기 위해 사용하는 언어이다.

〈보기〉

• UDDI • XML • WSDL • Hypertext • DHTML • HTML • SOAP • HTTP

답

- ①
- ②
- ③

문제 20 다음의 모듈 관계를 표현한 시스템 구조도를 참고하여 모듈 F의 팬인(Fan-In)과 팬아웃(Fan-Out)을 구하시오. (5점)

▶1450920

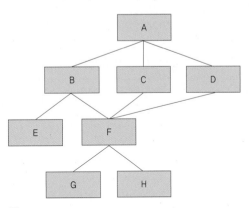

답

- ① 팬인(Fan-In) :
- ② 팬아웃(Fan-Out) :

[문제 01]

※ 다음 중 하나를 쓰면 됩니다.

관계해석, Relational Calculus

[문제 02]

※ 다음 중 하나를 쓰면 됩니다.

① IDEA, International Data Encryption Algorithm

② Skipjack

[문제 03]

ALL

※ **답안 작성 시 주의 사항** : SQL에 사용되는 예약어, 필드명, 변수명 등은 대소문자를 구분하지 않기 때문에 대문자로만 또는 소문자로만
작성해도 정답으로 인정됩니다.

해설

❷ SELECT 제품명, 단가, 제조사	'제품명', '단가', '제조사'를 표시한다.
FROM 제품	〈제품〉 테이블에서 검색한다.
WHERE 단가 〉 ALL (	'단가'가 하위 질의로 검색된 모든(ALL) 단가보다 큰 자료만을 대상으로 한다.
❶ SELECT 단가	'단가'를 표시한다.
FROM 제품	〈제품〉 테이블에서 검색한다.
WHERE 제조사 = 'H');	제조사가 "H"인 자료만을 대상으로 한다.

문제의 질의문은 하위 질의가 있는 질의문입니다. 먼저 WHERE 조건에 지정된 하위 질의의 SELECT문을 해석한 다음 그 결과를 본 질의의
조건에 있는 '단가' 속성과 비교합니다. 〈제품〉 테이블에 다음과 같은 자료가 들어있다고 가정하여 설명합니다.

〈제품〉

제품명	단가	제조사
냉장고	200	H
TV	150	H
세탁기	300	H
건조기	250	A
핸드폰	400	B
컴퓨터	500	C

❶ 〈제품〉 테이블에서 '제조사' 속성의 값이 "H"인 튜플의 '단가' 속성의 값을 검색합니다.

단가
200
150
300

❷ 〈제품〉 테이블에서 '단가' 속성의 값이 ❶번에서 검색된 모든 단가보다 큰 자료를 대상으로 '제품명', '단가', '제조사'를 표시합니다.

제품명	단가	제조사
핸드폰	400	B
컴퓨터	500	C

[문제 04]

3

SELECT COUNT(COL2)	'COL2'의 개수를 표시한다.
FROM TABLE	〈TABLE〉에서 검색한다.
WHERE COL1 IN (2, 3)	'COL1'이 2 또는 3이거나,
OR COL2 IN (3, 5);	'COL2'가 3 또는 5인 튜플만을 대상으로 한다.

• 질의문의 조건을 만족하는 튜플은 다음과 같습니다.

INDEX	COL1	COL2
1	2	NULL
2	4	6
3	3	5
4	6	3
5	NULL	3

• 조건에 맞는 'COL2' 속성만 추출하면 다음과 같습니다.

COL2
NULL
5
3
3

∴ COUNT(COL2)는 'COL2' 필드의 개수를 계산하지만 'NULL' 값은 제외하므로 COUNT(COL2)의 결과는 3입니다.

[문제 05]

VPN

[문제 06]

ISP

[문제 07]

−8

```
public class Test {
   public static void main(String[ ] args) {
❶    int i = 3, k = 1;
❷    switch(i) {
        case 1: k++;
        case 2: k -= 3;
❸      case 3: k = 0;
❹      case 4: k += 3;
❺      case 5: k -= 10;
❻      default: k--;
     }
❼    System.out.print(k);
   }
}
```

❶ 정수형 변수 i, k를 선언하고, 각각 3과 1로 초기화한다.
❷ i의 값 3에 해당하는 숫자를 찾아간다. 'case 3' 문장으로 이동한다.
❸ k에 0을 저장한다. → k = 0
   ※ switch 문을 종료하는 break가 없으므로 ❹, ❺, ❻번을 모두 수행하고 ❼번으로 이동한다.
❹ 'k = k + 3;'과 동일하다. k의 값에 3을 더한다. → k = 3
❺ 'k = k − 10;'과 동일하다. k의 값에서 10을 뺀다. → k = −7
❻ 'k = k − 1;'과 동일하다. k의 값에서 1을 뺀다. → k = −8
❼ k의 값을 출력한다.

결과   −8

[문제 08]

2

해설

```
#include <stdio.h>                    구조체 A를 정의한다.
struct A {                            A의 멤버로 정수형 변수 n을 선언한다.
    int n;                            A의 멤버로 정수형 변수 g를 선언한다.
    int g;
};
main( ) {
❶  struct A st[2];
❷  for (int i = 0; i < 2; i++) {
❸      st[i].n = i;
❹      st[i].g = i + 1;
    }
❺  printf("%d", st[0].n + st[1].g);
}
```

모든 C 프로그램은 반드시 main( ) 함수에서 시작한다.
❶ A 구조체 형태로 배열 st를 선언한다.

	int n	int g
st[0]		
st[1]		

❷ 반복 변수 i가 0부터 1씩 증가하면서 2보다 작은 동안 ❸, ❹번을 반복 수행한다.
❸ st[i].n에 i의 값을 저장한다.
❹ st[i].g에 i+1의 값을 저장한다.
   반복문 실행에 따른 변수들의 변화는 다음과 같다.
   • 1회전 (i = 0)

	int n	int g
st[0]	0	1
st[1]		

   • 2회전 (i = 1)

	int n	int g
st[0]	0	1
st[1]	1	2

   • i가 2가 되면서 for문을 빠져나가 ❺번으로 이동한다.
❺ 0+2의 결과인 2를 정수로 출력한다.

결과   2

[문제 09]

① 128　　② 62

- IP 주소는 네트워크 부분의 길이에 따라 다음과 같이 A 클래스에서 E 클래스까지 총 5단계로 구성되어 있으며, 각 클래스는 IP 주소의 앞자리로 구분할 수 있습니다.

A Class	0~127로 시작
B Class	128~191로 시작
C Class	192~223으로 시작
D Class	224~239로 시작
E Class	공용되지 않음

- 192.168.1.132는 C 클래스에 속한 주소로, C 클래스의 기본 서브넷 마스크는 255.255.255.0입니다. 이를 2진수로 표현하면 11111111 11111111 11111111 00000000으로, 1의 개수가 24개입니다.
- 문제에 주어진 서브넷 마스크 255.255.255.192를 2진수로 표현하면 11111111 11111111 11111111 11000000으로, C 클래스의 기본 서브넷 마스크보다 1의 개수가 2개, 즉 2비트가 많습니다. 이 2비트를 이용해 네트워크의 개수와 네트워크 안에 포함된 호스트의 개수를 계산합니다.
- 네트워크 개수 = 4($2^{2(추가된 비트 수)}$)
- 호스트 개수 = 256/네트워크 개수 = 256/4 = 64
- 다음 표와 같이 64개의 호스트를 갖는 4개의 네트워크로 나눌 수 있습니다.
- 네트워크별로 첫 번째 주소는 네트워크 주소이고, 마지막 주소는 브로드캐스트 주소입니다.

네트워크	네트워크 주소	브로드캐스트 주소
1	192.168.1.0	192.168.1.63
2	192.168.1.64	192.168.1.127
3	192.168.1.128	192.168.1.191
4	192.168.1.192	192.168.1.255

- 192.168.1.132는 세 번째 네트워크에 포함되어 있으며, 세 번째 네트워크의 네트워크 주소는 192.168.1.128입니다.
- 호스트의 수는 네트워크마다 64개의 호스트를 가지므로 64개이지만, 문제에서 네트워크 주소와 브로드캐스트 주소를 제외한다고 하였으므로 사용 가능 호스트의 수는 **62**개입니다.

[문제 10]

① 베타 테스트(Beta Test)　　② 알파 테스트(Alpha Test)

[문제 11]

Regression

[문제 12]

① TTL　　② 부장　　③ 대리　　④ 과장　　⑤ 차장

문제의 〈관계 대수식〉에서 사용된 π는 주어진 릴레이션에서 속성 리스트(Attribute List)에 제시된 속성 값만을 추출하여 새로운 릴레이션을 만드는 PROJECT 연산이므로, 〈EMPLOYEE〉 릴레이션에서 'TTL' 속성이 추출되어 속성명인 'TTL'부터 모든 속성값이 〈결과〉로 나타납니다.

[문제 13]

REMEMBER AND STR

※ **답안 작성 시 주의 사항** : 프로그램의 실행 결과는 부분 점수가 없으므로 정확하게 작성해야 합니다. 예를 들어, 출력값 사이에 공백 없이 REMEMBERANDSTR로 썼을 경우 부분 점수 없이 완전히 틀린 것으로 처리됩니다.

> **해설**
>
> ```
> ❶ a = "REMEMBER NOVEMBER"
> ❷ b = a[0:3] + a[12:16]
> ❸ c = "R AND %s" % "STR"
> ❹ print(b + c)
> ```
>
> ❶ 변수 a를 선언하고 "REMEMBER NOVEMBER"로 초기화한다.
> ❷ a에 저장된 문자열의 0부터 2번째 위치까지의 문자열과 12부터 15번째 위치까지의 문자열을 합쳐 b에 저장한다.
>
> | | [0] | [1] | [2] | [3] | [4] | [5] | [6] | [7] | [8] | [9] | [10] | [11] | [12] | [13] | [14] | [15] | [16] |
> |---|---|---|---|---|---|---|---|---|---|---|---|---|---|---|---|---|---|
> | a | R | E | M | E | M | B | E | R | | N | O | V | E | M | B | E | R |
>
> b = REMEMBE
>
> ❸ c에 "R AND STR"을 저장한다. %s는 서식 문자열로, % 뒤쪽의 "STR"이 대응된다.
> • "R AND %s" % "STR"
>
> ❹ b와 c에 저장된 문자열을 합쳐 출력한다.
>
> 결과 ▮ REMEMBER AND STR

[문제 14]

① IGP   ② EGP   ③ OSPF   ④ BGP

[문제 15]

10

> **해설**
>
> ```c
> #include <stdio.h>
> int len(char* p);              len( ) 함수의 프로토타입 선언이다.
>
>       main( ) {
> ❶        char* p1 = "2022";
> ❷        char* p2 = "202207";
> ❸⓾      int a = len(p1);
> ⓫⓲      int b = len(p2);
> ⓳        printf("%d", a + b);
>       }
> ❹⓬  int len(char* p) {
> ❺⓭      int r = 0;
> ❻⓮      while (*p != '\0') {
> ❼⓯        p++;
> ❽⓰        r++;
>       }
> ❾⓱      return r;
>     }
> ```

모든 C 프로그램은 반드시 main( ) 함수에서 시작한다.

❶ 문자형 포인터 변수 p1을 선언하고 "2022"를 가리키는 주소로 초기화한다.

❷ 문자형 포인터 변수 p2를 선언하고 "202207"을 가리키는 주소로 초기화한다. 다음의 그림에서 p1과 p2가 할당된 공간의 주소는 임의로 정한 것이며, 이해를 돕기 위해 10진수로 표현했다.

	주소			메모리			
p1	1000	'2'	'0'	'2'	'2'	'\0'	
p2	2000	'2'	'0'	'2'	'2'	'0'	'7'	'\0'

❸ 정수형 변수 a를 선언하고 p1의 값을 인수로 1en( ) 함수를 호출한 후 돌려받은 값으로 초기화한다.

❹ 정수를 반환하는 1en( ) 함수의 시작점이다. ❸번에서 전달받은 p1의 값을 문자형 포인터 변수 p가 받는다.

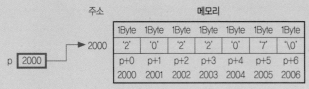

	주소			메모리		
		1Byte	1Byte	1Byte	1Byte	1Byte
	1000	'2'	'0'	'2'	'2'	'\0'		
p 1000		p+0	p+1	p+2	p+3	p+4
		1000	1001	1002	1003	1004

❺ 정수형 변수 r을 선언하고 0으로 초기화한다. r은 문자의 수를 카운트하기 위한 변수이다.

❻ p가 가리키는 곳의 값이 '\0'이 아닌 동안 ❼, ❽번을 반복 수행한다.

❼ 'p = p + 1;'과 동일하다. '\0'이 나올 때까지, 즉 문자열의 끝을 찾을 때까지 주소를 1씩 증가시킨다.

❽ 'r = r + 1;'과 동일하다. "2022"에 포함된 문자의 개수를 센다.

반복문 실행에 따른 변수들의 변화는 다음과 같다.

p	r	*p
1000	0	'2'
1001	1	'0'
1002	2	'2'
1003	3	'2'
1004	4	'\0'

❾ 함수를 호출했던 ❿번으로 r의 값, 즉 문자의 개수 4를 반환한다.

❿ a에는 4가 저장된다.

⓫ 정수형 변수 b를 선언하고 p2의 값을 인수로 1en( ) 함수를 호출한 후 돌려받은 값으로 초기화한다.

⓬ 정수를 반환하는 1en( ) 함수의 시작점이다. ⓫번에서 전달받은 p2의 값을 p가 받는다.

	주소				메모리			
		1Byte	1Byte	1Byte	1Byte	1Byte	1Byte	1Byte
	2000	'2'	'0'	'2'	'2'	'0'	'7'	'\0'
p 2000		p+0	p+1	p+2	p+3	p+4	p+5	p+6
		2000	2001	2002	2003	2004	2005	2006

⓭ 정수형 변수 r을 선언하고 0으로 초기화한다.

⓮ p가 가리키는 곳의 값이 '\0'이 아닌 동안 ⓯, ⓰번을 반복 수행한다.

⓯ 'p = p + 1;'과 동일하다. '\0'이 나올 때까지 문자열이 저장된 주소를 1씩 증가시킨다.

⓰ 'r = r + 1;'과 동일하다. "202207"에 포함된 문자의 개수를 센다.

반복문 실행에 따른 변수들의 변화는 다음과 같다.

p	r	*p
2000	0	'2'
2001	1	'0'
2002	2	'2'
2003	3	'2'
2004	4	'0'
2005	5	'7'
2006	6	'\0'

⑰ 함수를 호출했던 ⑱번으로 r의 값 6을 반환한다.

⑱ b에는 6이 저장된다.

⑲ 4+6의 결과인 10을 정수로 출력한다.

결과 `10`

[문제 16]

22

해설

```
#include ⟨stdio.h⟩
int main( ) {
❶  int a[4] = { 0, 2, 4, 8 };
❷  int b[3];
❸  int* p;
❹  int sum = 0;
❺  for (int i = 1; i ⟨ 4; i++) {
❻      p = a + i;
❼      b[i − 1] = *p − a[i − 1];
❽      sum = sum + b[i − 1] + a[i];
    }
❾  printf("%d", sum);
}
```

❶ 4개의 요소를 갖는 정수형 배열 a를 선언하고 초기화한다.

	[0]	[1]	[2]	[3]
a	0	2	4	8

❷ 3개의 요소를 갖는 정수형 배열 b를 선언한다.

	[0]	[1]	[2]
b			

❸ 정수형 포인터 변수 p를 선언한다.

❹ 정수형 변수 sum을 선언하고 0으로 초기화한다.

첫 번째 반복 (i = 1)

❻ p에 a+1의 주소를 저장한다. p에 a 배열의 두 번째 요소인 a[1]의 주소를 저장한다.

❼ b[0]에 p가 가리키는 곳의 값 2에서 a[0]의 값 0을 뺀 2를 저장한다.

❽ sum에 b[0]의 값 2와 a[1]의 값 2를 더한 값 4를 누적한다.

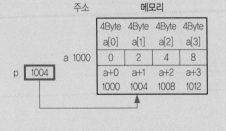

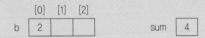

두 번째 반복 (i = 2)

• p에 a+2의 주소인 1008을 저장한다.

• b[1]에 p가 가리키는 곳의 값 4에서 a[1]의 값 2를 뺀 값인 2를 저장한다.

• sum에 b[1]의 값 2와 a[2]의 값 4를 더한 값 6을 누적한다.

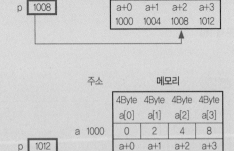

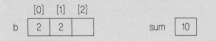

세 번째 반복 (i = 3)

• p에 a+3의 주소인 1012를 저장한다.

• b[2]에 p가 가리키는 곳의 값 8에서 a[2]의 값 4를 뺀 값인 4를 저장한다.

• sum에 b[2]의 값 4와 a[3]의 값 8을 더한 값 12를 누적한다.

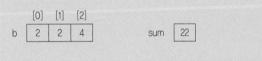

• i가 4가 되면서 for문을 빠져나가 ❾번으로 이동한다.

❾ sum의 값 **22**를 정수로 출력한다.

결과 `22`

[문제 17]

61

```
class Test {
   public static void main(String args[ ]) {
❶      cond obj = new cond(3);
❹      obj.a = 5;
❺⓫    int b = obj.func( );
⓬      System.out.print(obj.a + b);
   }
}

class cond {                              클래스 cond를 정의한다.
   int a;                                 정수형 변수 a를 선언한다.
❷ public cond(int a) {
❸    this.a = a;
   }
❻ public int func( ) {
❼    int b = 1;
❽    for (int i = 1; i ⟨ a; i++)
❾       b += a * i;
❿    return a + b;
   }
}
```

모든 Java 프로그램은 반드시 main( ) 메소드에서 시작한다.

❶ 3을 인수로 생성자를 호출하여 cond 클래스의 객체 변수 obj를 선언한다.

❷ cond 클래스 생성자의 시작점이다. ❶번에서 전달받은 3을 a가 받는다.

❸ cond 클래스의 a에 3을 저장한다. 생성자가 종료되면 호출했던 ❶번의 다음 줄인 ❹번으로 이동한다. → obj.a = 3

 • this : 현재의 실행중인 메소드가 속한 클래스를 가리키는 예약어이다. 여기에서는 cond 클래스의 객체 변수 obj의 생성자로 호출되었
   으므로 'obj.a'와 같은 의미이다.

❹ obj.a에 5를 저장한다. → obj.a = 5

❺ 정수형 변수 b를 선언하고 obj.func( ) 메소드를 호출한 후 돌려받은 값으로 초기화한다.

❻ 정수를 반환하는 func( ) 메소드의 시작점이다.

❼ 정수형 변수 b를 선언하고 1로 초기화한다.

❽ 반복 변수 i가 1부터 1씩 증가하면서 a보다 작은 동안 ❾번을 반복 수행한다. func( ) 메소드에는 별도로 생성한 'a'라는 변수가 없으므
   로 cond 클래스의 a를 가져와 사용한다. 즉 ❾번은 5보다 작은 동안 반복 수행된다.

❾ 'b = b + (a * i);'와 동일하다. a에 i를 곱한 값을 b에 누적시킨다.

   반복문 실행에 따른 변수들의 변화는 다음과 같다.

a	i	b
5		1
	1	6
	2	16
	3	31
	4	51
	5	

❿ 5와 51을 더한 값 56을 메소드를 호출했던 ⓫번으로 반환한다.

⓫ b에 56이 저장된다.

⓬ 5+56의 결과인 61을 출력한다.

결과 61

[문제 18]

① ㄹ   ② ㅁ   ③ ㄷ

[문제 19]

① HTTP   ② Hypertext   ③ HTML

[문제 20]

① 3   ② 2

수험자 유의사항

1. 시험 문제지를 받는 즉시 응시하고자 하는 종목의 문제지가 맞는지를 확인하여야 합니다.

2. 시험 문제지 총면수·문제번호 순서·인쇄상태 등을 확인하고, 수험번호 및 성명을 답안지에 기재하여야 합니다.

3. 문제 및 답안(지), 채점기준은 일절 공개하지 않으며 자신이 작성한 답안, 문제 내용 등을 수험표 등에 이기(옮겨 적는 행위) 등은 관련 법 등에 의거 불이익 조치 될 수 있으니 유의하시기 바랍니다.

4. 수험자 인적사항 및 답안작성(계산식 포함)은 흑색 필기구만 사용하되, 흑색을 제외한 유색 필기구 또는 연필류를 사용하였을 경우 그 문항은 0점 처리됩니다.

5. 답란(답안 기재란)에는 문제와 관련 없는 불필요한 낙서나 특이한 기록사항 등을 기재하여서는 안되며 부정의 목적으로 특이한 표식을 하였다고 판단될 경우에는 모든 문항이 0점 처리됩니다.

6. 답안을 정정할 때에는 반드시 정정부분을 두 줄(=)로 그어 표시하여야 하며, 두 줄로 긋지 않은 답안은 정정하지 않은 것으로 간주합니다. (수정테이프, 수정액 사용불가)

7. 답안의 한글 또는 영문의 오탈자는 오답으로 처리됩니다. 단, 답안에서 영문의 대·소문자 구분, 띄어쓰기는 여부에 관계 없이 채점합니다.

8. 계산 또는 디버깅 등 계산 연습이 필요한 경우는 〈문제〉 아래의 연습란을 사용하시기 바라며, 연습란은 채점대상이 아닙니다.

9. 문제에서 요구한 가지 수(항수) 이상을 답란에 표기한 경우에는 답안기재 순으로 요구한 가지 수(항수)만 채점하고 한 항에 여러 가지를 기재하더라도 한 가지로 보며 그 중 정답과 오답이 함께 기재란에 있을 경우 오답으로 처리됩니다.

10. 한 문제에서 소문제로 파생되는 문제나, 가지수를 요구하는 문제는 대부분의 경우 부분채점을 적용합니다. 그러나 소문제로 파생되는 문제 내에서의 부분 배점은 적용하지 않습니다.

11. 답안은 문제의 마지막에 있는 답란에 작성하여야 합니다.

12. 부정 또는 불공정한 방법(시험문제 내용과 관련된 메모지 사용 등)으로 시험을 치른 자는 부정행위자로 처리되어 당해 시험을 중지 또는 무효로 하고, 2년간 국가기술자격검정의 응시자격이 정지됩니다.

13. 시험위원이 시험 중 신분확인을 위하여 신분증과 수험표를 요구할 경우 반드시 제시하여야 합니다.

14. 시험 중에는 통신기기 및 전자기기(휴대용 전화기 등)를 지참하거나 사용할 수 없습니다.

15. 국가기술자격 시험문제는 일부 또는 전부가 저작권법상 보호되는 저작물이고, 저작권자는 한국산업인력공단입니다. 문제의 일부 또는 전부를 무단 복제, 배포, 출판, 전자출판 하는 등 저작권을 침해하는 일체의 행위를 금합니다.

※ 수험자 유의사항 미준수로 인한 채점상의 불이익은 수험자 본인에게 전적으로 책임이 있음

문제 01 다음 Java로 구현된 프로그램을 분석하여 그 실행 결과를 쓰시오. (단, 출력문의 출력 서식을 준수하시오.) (5점)

```java
class A {
    int a;
    int b;
}

public class Test {
    static void func1(A m) {
        m.a *= 10;
    }
    static void func2(A m) {
        m.a += m.b;
    }
    public static void main(String args[]) {
        A m = new A();
        m.a = 100;
        func1(m);
        m.b = m.a;
        func2(m);
        System.out.printf("%d", m.a);
    }
}
```

답 :

문제 02 다음 설명의 RAID에 해당하는 레벨(Level)을 답 란의 괄호 안에 숫자로 쓰시오. (5점)

여러 개의 하드디스크로 디스크 배열을 구성하고, 파일을 구성하는 데이터 블록들을 서로 다른 디스크들에 분산 저장할 경우 그 블록들을 여러 디스크에서 동시에 읽고 쓸 수 있으므로 디스크의 속도가 매우 향상되는데, 이 기술을 RAID라고 한다.

RAID 방식 중 패리티가 없는 스트리핑된 2개 이상의 디스크를 병렬로 연결하여 구성하는 이 방식은 디스크의 개수가 증가할수록 입 · 출력 속도 및 저장 용량이 배로 증가하지만, 하나의 디스크만 손상되어도 전체 데이터가 유실되는 문제가 발생한다.

답 : Level (   )

문제 03 다음 데이터베이스에 대한 설명에 해당하는 DB 트랜잭션 연산을 〈보기〉에서 찾아 쓰시오. (5점)

DBMS는 데이터베이스에 치명적인 손실이 발생했을 때 이를 복구하기 위해 사용되는 데이터베이스의 처리 내용이나 이용 상황 등 상태 변화를 시간의 흐름에 따라 기록한 로그를 생성한다.

- (①) : 데이터베이스가 비정상적으로 종료되었을 때, 디스크에 저장된 로그를 분석하여 트랜잭션의 시작(start)과 완료(commit)에 대한 기록이 있는 트랜잭션들의 작업을 재작업한다. 즉 로그를 이용하여 해당 데이터 항목에 대해 이전 값을 이후 값으로 변경하는 연산이다.

- (②) : 데이터베이스가 비정상적으로 종료되었을 때, 디스크에 저장된 로그를 분석하여 트랜잭션의 시작을 나타내는 'start'는 있지만 완료를 나타내는 'commit' 기록이 없는 트랜잭션들이 작업한 내용들을 모두 취소한다. 즉 로그를 이용하여 해당 데이터 항목에 대해 이후 값을 이전 값으로 변경한다.

〈보기〉

• ROLLBACK	• UNDO	• LOG	• COMMIT
• REDO	• RECOVERY	• BACKUP	• CHECK

답
- ①

- ②

문제 04 다음은 〈성적〉 테이블에서 이름(name)과 점수(score)를 조회하되, 점수를 기준으로 내림차순 정렬하여 조회하는 〈SQL문〉이다. 괄호(①~③)에 알맞은 답을 적어 〈SQL문〉을 완성하시오. (5점)

〈성적〉

name	class	score
정기찬	A	85
이영호	C	74
환정형	C	95
김지수	A	90
최은영	B	82

〈SQL문〉

```
SELECT name, score
FROM 성적
(  ①  ) BY (  ②  ) (  ③  )
```

답
- ①

- ②

- ③

문제 05 다음 Java로 구현된 프로그램을 분석하여 괄호에 들어갈 알맞은 답을 쓰시오. (5점)

```java
class Car implements Runnable {
    int a;
    public void run() {
        try {
                while(++a < 100) {
                    System.out.println("miles traveled : " + a);
                    Thread.sleep(100);
                }
        } catch(Exception E) { }
    }
}


public class Test {
    public static void main(String args[]) {
        Thread t1 = new Thread(new (          )());
        t1.start();
    }
}
```

답 :

문제 06 데이터의 중복으로 인해 테이블 조작 시 문제가 발생하는 현상을 이상(Anomaly)이라고 한다. 이상 중 삭제 이상(Deletion Anomaly)에 대해 간략히 서술하시오. (5점)

답 :

문제 07 다음 Python으로 구현된 프로그램을 분석하여 그 실행 결과를 쓰시오. (단, 출력문의 출력 서식을 준수하시오.) (5점)

```python
def func(num1, num2 = 2):
    print('a =', num1, 'b =', num2)
func(20)
```

답 :

문제 08 다음은 Python의 리스트 객체에 속한 메소드들에 대한 설명이다. 각 괄호(①~③)에 해당하는 메소드의 이름을 〈보기〉에서 찾아 쓰시오. (5점)

Python에서는 여러 요소들을 한 개의 이름으로 처리할 때 리스트(List)를 사용하며, 각 요소에는 정수, 실수, 문자열 등 다양한 자료형을 섞어 저장할 수 있다. 또한 리스트는 메소드를 활용하여 요소를 추가 및 삭제할 수 있을 뿐만 아니라 정렬하거나 다른 리스트와 병합하는 등의 다양한 작업을 손쉽게 수행할 수 있다.

- (①) : 기존 리스트에 인수의 요소들을 추가하여 확장하는 메소드로, 여러 값을 한 번에 추가할 수 있다.
- (②) : 리스트에서 맨 마지막 또는 인수의 값에 해당하는 위치의 요소를 삭제한 후 반환한다.
- (③) : 리스트에 저장된 각 요소들의 순서를 역순으로 뒤집어 저장하는 메소드이다.

〈보기〉

• pop( )	• push( )	• reverse( )	• index( )
• write( )	• sort( )	• extend( )	• copy( )

目
- ①
- ②
- ③

문제 09 보안 프로토콜에 대한 다음 설명에 해당하는 용어를 영문 약어로 쓰시오. (5점)

무선랜 보안에 사용된 웹 방식을 보완한 데이터 보안 프로토콜로, 임시 키 무결성 프로토콜이라고도 한다. WEP의 취약성을 보완하기 위해 암호 알고리즘의 입력 키 길이를 128비트로 늘리고 패킷당 키 할당, 키값 재설정 등 키 관리 방식을 개선하였다.

目 :

문제 10 소스 코드 품질 분석 도구에 대한 다음 설명에서 괄호(①, ②)에 해당하는 용어를 〈보기〉에서 찾아 쓰시오. (5점)

소스 코드 품질 분석 도구는 소스 코드의 코딩 스타일, 코드에 설정된 코딩 표준, 코드의 복잡도, 코드에 존재하는 메모리 누수 현상, 스레드 결함 등을 발견하기 위해 사용하는 분석 도구이다.

- (①) 도구는 작성한 소스 코드를 실행하지 않고 코딩 표준이나 코딩 스타일, 결함 등을 확인하는 코드 분석 도구이다.
- (②) 도구는 소스 코드를 직접 실행하여 프로그램의 동작이나 반응을 추적하고 보고하는 분석 도구로, 프로그램 모니터링 기능이나 스냅샷 생성 기능들을 포함하고 있다.

<보기>

• Static Analysis	• Running Analysis	• Test Execution	• Performance
• Dynamic Analysis	• Test Control	• Test Harness	• Test Monitoring

답

• ①

• ②

문제 11 인터페이스 구현 검증 도구에 대한 다음 설명에 해당하는 용어를 영문으로 쓰시오. (5점)

Kent Beck과 Erich Gamma 등이 개발한 자바 프로그래밍 언어용 유닛 테스트 프레임워크로, xUnit 계열의 한 종류다. 같은 테스트 코드를 여러 번 작성하지 않게 도와주며, 테스트마다 예상 결과를 기억할 필요가 없는 자동화된 해법을 제공한다는 특징이 있다.

답 :

문제 12 다음 C언어로 구현된 프로그램을 분석하여 5를 입력했을 때 그 실행 결과를 쓰시오. (단, 출력문의 출력 서식을 준수하시오.) (5점)

```c
#include <stdio.h>
int func(int a) {
    if (a <= 1) return 1;
    return a * func(a - 1);
}
int main() {
    int a;
    scanf("%d", &a);
    printf("%d", func(a));
}
```

답 :

▶ 1450813

문제 13 사용자 인터페이스(UI)에 대한 다음 설명에 해당하는 용어를 영문 약어로 쓰시오. (5점)

사용자의 자연스러운 움직임을 통해 시스템과 상호작용하는 사용자 인터페이스(UI)로, 키보드나 마우스와 같이 조작을 배워야 하는 인공 제어 장치를 사용하는 인터페이스와 구분하기 위해 '자연스러운'이라는 표현을 사용한다. 시리(Siri), 빅스비(Bixby) 등과 같은 음성 비서에게 사용하는 자연어 명령이나 휴대폰이나 태블릿에서의 터치 등이 여기에 해당한다.

답 :

▶ 1450814

문제 14 다음 중 블랙 박스 테스트 기법에 해당하는 것을 모두 골라 기호(㉠∼㉛)로 쓰시오. (5점)

㉠ Base Path Testing   ㉡ Condition Testing   ㉢ Boundary Value Analysis
㉣ Equivalence Partitioning   ㉤ Data Flow Testing   ㉥ Cause-Effect Graph
㉦ Branch Coverage Testing   ㉧ Statement Coverage Testing   ㉨ Boundary Division Analysis

답 :

▶ 1450815

문제 15 다음은 정수를 역순으로 출력하는 C언어 프로그램이다. 예를 들어 1234의 역순은 4321이다. 단, 1230 처럼 0으로 끝나는 정수는 고려하지 않는다. 프로그램을 분석하여 괄호(①∼③)에 들어갈 알맞은 연산자를 쓰시오. (5점)

```c
#include <stdio.h>
int main() {
    int number = 1234;
    int div = 10, result = 0;

    while (number (  ①  ) 0) {
        result = result * div;
        result = result + number (  ②  ) div;
        number = number (  ③  ) div;
    }
    printf("%d", result);
}
```

답 :

▶ 1450816

문제 16 정보 보호에 대한 다음 설명에 해당하는 용어를 영문 약어로 쓰시오. (5점)

정보 자산을 안전하게 보호하기 위한 보호 절차와 대책으로, 정보보호 관리 체계라고 한다. 조직에 맞는 정보보호 정책을 수립하고, 위험에 상시 대응하는 여러 보안 대책을 통합 관리한다. 공공 부문과 민간 기업 부문에서 이것을 평가하고 인증하는 사업을 한국인터넷진흥원(KISA)에서 운영중이다.

답 :

▶ 1450817

문제 17 다음 C언어로 구현된 프로그램을 분석하여 그 실행 결과를 쓰시오. (단, 출력문의 출력 서식을 준수하시오.) (5점)

```c
#include <stdio.h>
int isPrime(int number) {
    for (int i = 2; i < number; i++)
        if (number % i == 0) return 0;
    return 1;
}


int main() {
    int number = 13195;
    int max_div = 0;
    for (int i = 2; i < number; i++)
        if (isPrime(i) == 1 && number % i == 0) max_div = i;
    printf("%d", max_div);
}
```

답 :

▶ 1450818

문제 18 키(Key)에 대한 다음 설명에서 괄호(①, ②)에 들어갈 알맞은 용어를 쓰시오. (5점)

키(Key)는 데이터베이스에서 조건에 만족하는 튜플을 찾거나 순서대로 정렬할 때 기준이 되는 속성을 말한다.
• 슈퍼키(Super Key)는 한 릴레이션 내에 있는 속성들의 집합으로 구성된 키로, 릴레이션을 구성하는 모든 튜플에 대해 (①)을 만족한다.
• 후보키(Candidate Key)는 릴레이션을 구성하는 속성들 중에서 튜플을 유일하게 식별하기 위해 사용되는 속성들의 부분집합으로, (①)과 (②)을 만족하는 특징이 있다.

답
• ①   • ②

문제 19 보안 위협에 대한 다음 설명에 해당하는 용어를 〈보기〉에서 찾아 쓰시오. (5점)

목표 조직이 자주 방문하는 웹 사이트를 사전에 감염시켜 목표 조직의 일원이 웹 사이트에 방문했을 때 악성 코드에 감염되게 한다. 이후에는 감염된 PC를 기반으로 조직의 중요 시스템에 접근하거나 불능으로 만드는 등의 영향력을 행사하는 웹 기반 공격이다.

〈보기〉

• Pharming	• Drive-by Download	• Watering Hole	• Business SCAM
• Phishing	• Cyber Kill Chain	• Ransomware	• Sniffing

답 :

문제 20 개발 단계에 따른 애플리케이션 테스트에 대한 다음 V-모델에서 괄호(①~④)에 들어갈 알맞은 테스트를 쓰시오. (5점)

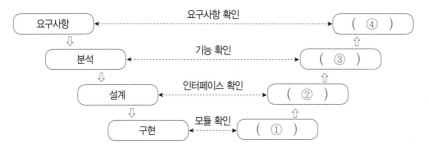

답
- ①
- ②
- ③
- ④

[문제 01]

2000

해설

```
class A {                클래스 A를 정의한다.
    int a;               클래스 A에는 정수형 변수 a와 b가 선언되어 있다.
    int b;
}

public class Test {
❹  static void func1(A m) {
❺      m.a *= 10;
    }
❽  static void func2(A m) {
❾      m.a += m.b;
    }
    public static void main(String args[]) {
❶      A m = new A();
❷      m.a = 100;
❸      func1(m);
❻      m.b = m.a;
❼      func2(m);
❿      System.out.printf("%d", m.a);
    }
}
```

모든 Java 프로그램은 반드시 main( ) 메소드에서 시작한다.

❶ 클래스 A의 객체 변수 m을 선언한다.

	int a	int b
객체 변수 m		

❷ 객체 변수 m의 변수 a에 100을 저장한다.

	int a	int b
객체 변수 m	100	

❸ 객체 변수 m의 시작 주소를 인수로 하여 func1 메소드를 호출한다.

❹ 반환값이 없는 func1( ) 메소드의 시작점이다. ❸번에서 전달받은 주소는 m이 받는다.

※ 객체 변수나 배열의 이름은 객체 변수나 배열의 시작 주소를 가리키므로, 인수로 전달하는 경우 메소드에서 변경된 값이 main( )의 객체 변수나 배열에도 적용된다는 점을 염두에 두세요.

❺ 'm.a = m.a * 10;'과 동일하다. m.a에 10을 곱한 값을 m.a에 저장한다. 메소드가 종료되었으므로 메소드를 호출했던 ❸번의 다음 줄인 ❻번으로 이동한다.

	int a	int b
객체 변수 m	1000	

❻ m.b에 m.a의 값 1000을 저장한다.

	int a	int b
객체 변수 m	1000	1000

❼ 객체 변수 m의 시작 주소를 인수로 하여 func2 메소드를 호출한다.

❽ 반환값이 없는 func2( ) 메소드의 시작점이다. ❼번에서 전달받은 주소는 m이 받는다.

❾ m.a = m.a + m.b;'와 동일하다. m.a와 m.b를 합한 값을 m.a에 저장한다. 메소드가 종료되었으므로 메소드를 호출했던 ❼번의 다음 줄인 ❿번으로 이동한다.

	int a	int b
객체 변수 m	2000	1000

❿ m.a의 값 2000을 정수로 출력한다.

결과 **2000**

[문제 02]

0

[문제 03]

① REDO ② UNDO

[문제 04]

① ORDER ② score ③ DESC

[답안 작성 시 주의 사항]

SQL에 사용되는 예약어, 필드명, 변수명 등은 대소문자를 구분하지 않기 때문에 대문자로만 또는 소문자로만 작성해도 정답으로 인정됩니다.

해설

SELECT name, score	'name'과 'score'를 표시한다.
FROM 성적	〈성적〉 테이블에서 검색한다.
ORDER BY score DESC	'score'를 기준으로 내림차순 정렬한다.

[문제 05]

Car

[답안 작성 시 주의 사항]

C, Java, Python 등의 프로그래밍 언어에서는 대소문자를 구분하기 때문에 클래스명도 대소문자를 구분하여 정확하게 작성해야 합니다. 예를 들어, 소문자로 **car**로 썼을 경우 부분 점수 없이 완전히 틀린 것으로 간주됩니다.

```
Ⓐ  class Car implements Runnable {
        int a;
Ⓑ     public void run() {
Ⓒ ①      try {
   ②          while(++a < 100) {
   ③              System.out.println("miles traveled : " + a);
   ④              Thread.sleep(100);
            }
Ⓓ     } catch(Exception E) { }
        }
    }

 public class Test {
     public static void main(String args[]) {
Ⓔ❶      Thread t1 = new Thread(new Car());
Ⓕ❷      t1.start();
     } ❸
 }
```

Ⓐ class Car implements Runnable

Runnable 인터페이스를 상속받은 클래스 Car를 정의한다.

• implements : extends와 같이 상속에 사용하는 예약어로, 인터페이스를 상속받을 때 사용함

• Runnable : 스레드 클래스를 만들 때 사용하는 인터페이스

※ 인터페이스 개체는 클래스와 크게 다르지 않습니다. 그 역할이 인터페이스로 고정되어 있을 뿐 클래스와 마찬가지로 변수와 메소드를 갖는 개체입니다.

※ 스레드는 시스템의 여러 자원을 할당받아 실행하는 프로그램의 단위입니다. 대부분은 main( ) 메소드로 실행하는 하나의 스레드로만 작업을 수행하는데, 스레드 클래스는 main( ) 메소드로 실행하는 스레드 외에 추가적인 스레드를 가질 수 있도록 스레드를 생성하는 기능을 갖고 있습니다.

Ⓑ public void run( )

Runnable 인터페이스를 상속받았다면 스레드가 수행할 작업들을 정의하는 run( ) 메소드를 반드시 정의해야 한다.

Ⓒ try { }

• 실행 중에 예외가 발생할 가능성이 있는 실행 코드들을 하나의 블록으로 묶어 놓은 곳이다. try 블록 코드를 수행하다 예외가 발생하면 예외를 처리하는 Ⓓ의 catch 블록으로 이동하여 예외 처리 코드를 수행하므로 예외가 발생한 이후의 코드는 실행되지 않는다.

• ④번에서 수행되는 Thread.sleep( ) 메소드는 인터럽트로 인한 예외를 발생시킬 가능성이 큰 메소드이므로 반드시 try ~ catch 문을 통해 예외를 처리해줘야 한다.

Ⓓ catch(Exception E) { }

인터럽트로 인한 예외를 처리할 수 있는 예외 객체는 InterruptedException이지만, Exception을 사용하면 InterruptedException을 포함한 대부분의 예외를 한 번에 처리할 수 있다.

Ⓔ Thread t1 = new Thread(new Car( ));

스레드 클래스의 객체 변수 t1을 선언한다. 스레드 클래스는 생성자를 호출할 때 Runnable 인터페이스를 인수로 사용한다. 여기에서는 Runnable 인터페이스를 상속받은 Car 클래스를 생성자의 인수로 사용했다.

Ⓕ t1.start( );

t1의 start( ) 메소드를 호출한다. start( ) 메소드는 스레드 클래스에 포함된 메소드로, run( ) 메소드에서 정의한 코드들을 실행하는 메소드이다. 이 때 run( ) 메소드에서 정의한 코드들은 main( ) 메소드와는 별개로 시스템으로부터 자원을 새로 할당받아 실행된다. 즉, main( ) 메소드와 별개로 실행되기 때문에 main( ) 메소드의 작업이 종료되어도 run( ) 메소드의 작업이 끝나지 않으면 계속 수행한다.

모든 Java 프로그램은 반드시 main( ) 메소드에서 시작한다.

❶ 스레드 클래스의 객체 변수 t1을 선언한다. 스레드에서 실행할 run( ) 메소드를 정의하고 있는 Car( ) 클래스를 생성자의 인수로 사용한다.

❷ t1의 start( ) 메소드를 호출한다. Car 클래스의 run( ) 메소드가 실행된다. 이후 main( ) 메소드는 ❸번으로 이동하여 프로그램을 종료한다.

main( ) 메소드와는 별개로 시스템으로부터 자원을 새로 할당받아 run( ) 메소드를 시작한다.

1 예외를 처리하기 위한 try ~ catch문의 시작점이다.

2 a가 100보다 작은 동안 **3**, **4**번을 반복 수행한다. a는 전치증가 연산이므로 a에 1을 더한 후 조건을 확인한다.

   ※ 클래스의 속성으로 선언된 변수 a는 자동으로 0으로 초기화됩니다.

3 miles traveled : 를 출력한 후 이어서 a의 값을 출력한다.

4 100을 인수로 하여 Thread 클래스의 sleep( ) 메소드를 호출한다. 0.1초 동안 스레드를 일시 정지시킨다.

   • Thread.sleep(n) : n/1000초 동안 스레드를 일시 정지시킨다.

2~**4**번을 수행한 결과로 다음과 같이 0.1초마다 한 줄씩 출력된다.

결과
```
miles traveled : 1
miles traveled : 2
miles traveled : 3
miles traveled : 4
          ⋮
miles traveled : 98
miles traveled : 99
```

[문제 06]

※ 다음 중 밑줄이 표시된 내용은 반드시 포함되어야 합니다.

테이블에서 튜플을 삭제할 때 의도와는 상관없는 값들도 함께 삭제되는 현상이다.

[문제 07]

a = 20 b = 2

[답안 작성 시 주의 사항]

프로그램의 실행 결과는 부분 점수가 없으므로 정확하게 작성해야 합니다. 예를 들어, 출력값 사이에 쉼표를 넣어 a = 20, b = 2로 썼을 경우 부분 점수 없이 완전히 틀린 것으로 간주됩니다.

해설

```
❷ def func(num1, num2 = 2):
❸     print('a =', num1, 'b =', num2)
❶ func(20)
```
def는 Python에서 메소드를 정의하는 예약어이다. 매개 변수를 지정한 후 메소드에 속한 실행 코드들은 콜론(:)과 여백으로 구분한다.

func 메소드를 정의하는 1, 2번째 줄의 다음 줄인 3번째 줄부터 실행한다.

❶ 20을 인수로 하여 func( ) 메소드를 호출한다.

❷ func( ) 메소드의 시작점이다. ❶번에서 전달받은 20을 num1이 받는다.

   • func( ) 메소드의 매개 변수는 num1, num2 두 개지만 num2는 메소드 정의 시 초기값이 지정되었다.

   • 전달된 인수는 매개 변수에 차례로 전달되므로 인수가 하나만 주어지면 num1이 인수를 전달받고, 두 개의 인수가 주어지면 num1과 num2가 차례로 인수를 전달받는다.

❸ a=와 num1의 값 20, b=와 num2의 값 2를 차례대로 출력한다.

결과 `a = 20 b = 2`

[문제 08]
① extend( )   ② pop( )   ③ reverse( )

[문제 09]
TKIP

[문제 10]
① Static Analysis   ② Dynamic Analysis

[문제 11]
JUnit

[문제 12]
120

해설

```
  int main( ) {
❶    int a;
❷    scanf("%d", &a);
❸    printf("%d", func(a));
  }
```

모든 C언어 프로그램은 반드시 main( ) 함수에서 시작한다.
❶ 정수형 변수 a를 선언한다.
❷ 정수를 입력받아 a에 저장한다. 5가 입력되었다고 가정하였으므로 a에는 5가 저장된다.
❸ a의 값 5를 인수로 하여 func( ) 함수를 호출한 후 돌려받은 값을 정수로 출력한다.

```
❹ int func(int a) {
❺    if (a <= 1) return 1;
❻    return a * func(a - 1);
  }
```

❹ 정수를 반환하는 func( ) 함수의 시작점이다. ❸번에서 전달받은 5를 a가 받는다.
❺ a가 1보다 작거나 같으면 함수를 호출했던 곳으로 1을 반환하고 함수를 종료한다. a의 값 5는 1보다 작거나 같지 않으므로 ❻번으로 이동한다.
❻ a-1을 인수로 하여 func( ) 함수를 호출한 후 돌려받은 값과 a를 곱하여 함수를 호출했던 곳으로 반환하고 함수를 종료한다. a가 1보다 큰 동안 자신을 호출하는 과정이 수행되다 a가 1보다 작거나 같아지면 1이 반환되면서 호출했던 과정을 복귀한다. 이 때 반환된 값은 먼저 호출된 func( ) 함수에 반환할 값으로 계산된다는 것을 염두에 두고 과정을 개괄적인 그림을 통해 살펴보자.

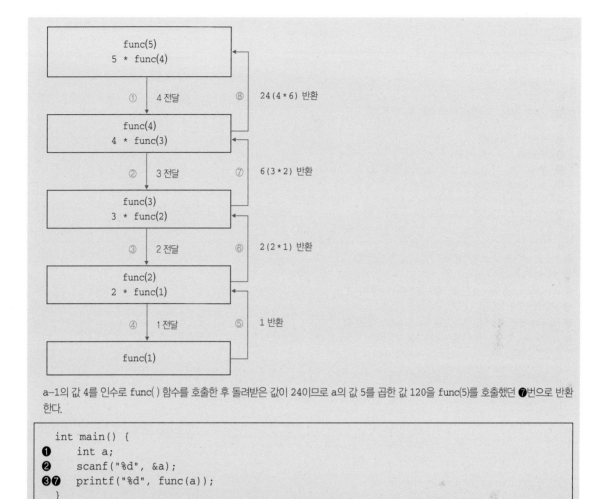

a-1의 값 4를 인수로 func( ) 함수를 호출한 후 돌려받은 값이 24이므로 a의 값 5를 곱한 값 120을 func(5)를 호출했던 ❼번으로 반환한다.

```
  int main() {
❶     int a;
❷     scanf("%d", &a);
❸❼   printf("%d", func(a));
  }
```

❼ ❻번에서 돌려받은 값 120을 정수로 출력한다.

결과 120

[문제 13]

NUI

[문제 14]

ⓒ, ⓔ, ⓗ

[문제 15]

① != 또는 >   ② %   ③ /

```
#include <stdio.h>
int main( ) {
❶  int number = 1234;
❷  int div = 10, result = 0;

❸  while (number != 0) {
❹  result = result * div;
❺  result = result + number % div;
❻  number = number / div;
    }
❼  printf("%d", result);
}
```

❶ 정수형 변수 number를 선언하고 1234로 초기화한다.
❷ 정수형 변수 div와 result를 선언하고 각각 10과 0으로 초기화한다.
❸ number가 0이 아닌 동안 ❹~❻번을 반복 수행한다.
❹ result와 div를 곱한 값을 result에 저장한다.
❺ number를 div로 나눈 나머지를 result에 누적시킨다.
❻ number를 div로 나눈 값을 number에 저장한다.
 반복문 실행에 따른 변수들의 변화는 다음과 같다.

number	div	result
1234	10	0
123		0
		4
12		40
		43
1		430
		432
0		4320
		4321

❼ result의 값 4321을 정수로 출력한다.
 결과   4321

[문제 16]
ISMS

[문제 17]
29

```
   #include <stdio.h>
❺  int isPrime(int number) {
❻     for (int i = 2; i < number; i++)
❼         if (number % i == 0) return 0;
❽     return 1;
   }

   int main() {
❶     int number = 13195;
❷     int max_div = 0;
❸     for (int i = 2; i < number; i++)
❹❾        if (isPrime(i) == 1 && number % i == 0) max_div = i;
❿     printf("%d", max_div);
   }
```

모든 C언어 프로그램은 반드시 main( ) 함수에서 시작한다.

❶ 정수형 변수 number를 선언하고 13195로 초기화한다.

❷ 정수형 변수 max_div를 선언하고 0으로 초기화한다.

❸ 반복 변수 i가 2부터 1씩 증가하면서 number보다 작은 동안 ❹번을 반복 수행한다.

첫 번째 반복

❹ i의 값 2를 인수로 하여 isPrime을 호출한 결과가 1이고 number를 i로 나눈 나머지가 0이면 max_div에 i의 값을 저장한다.

❺ 정수를 반환하는 isPrime( ) 함수의 시작점이다. ❹번에서 전달받은 2를 number가 받는다.

❻ 반복 변수 i가 2부터 1씩 증가하면서 number보다 작은 동안 ❼번을 반복 수행한다. i의 값 2는 number의 값 2보다 작지 않으므로 ❼번을 수행하지 않고 ❽번으로 이동한다.

❽ 1을 반환하고 함수를 호출했던 ❾번으로 이동한다.

❾ ❽번에서 돌려받은 값은 1이지만, number의 값 13195를 i의 값 2로 나눈 나머지는 1이므로 max_div = i를 수행하지 않고 ❸번으로 돌아가 i의 값을 1 증가시킨다.

두 번째 반복

❹ i의 값 3을 인수로 하여 isPrime을 호출한 결과가 1이고 number를 i로 나눈 나머지가 0이면 max_div에 i의 값을 저장한다.

❺ 정수를 반환하는 isPrime( ) 함수의 시작점이다. ❹번에서 전달받은 3을 number가 받는다.

❻ 반복 변수 i가 2부터 1씩 증가하면서 number보다 작은 동안 ❼번을 반복 수행한다.

❼ number를 i로 나눈 나머지가 0이면 0을 반환하고 함수를 호출했던 ❾번으로 이동한다.

    ❻~❼번 반복문 실행에 따른 변수들의 변화는 다음과 같다.

number	i
3	2
	3

❽ 1을 반환하고 함수를 호출했던 ❾번으로 이동한다.

❾ ❽번에서 돌려받은 값은 1이지만, number의 값 13195를 i의 값 3으로 나눈 나머지는 1이므로 max_div = i를 수행하지 않고 ❸번으로 돌아가 i의 값을 1 증가시킨다.

세 번째 반복

❹ i의 값 4를 인수로 하여 isPrime을 호출한 결과가 1이고 number를 i로 나눈 나머지가 0이면 max_div에 i의 값을 저장한다.

❺ 정수를 반환하는 isPrime( ) 함수의 시작점이다. ❹번에서 전달받은 4를 number기 받는다.

❻ 반복 변수 i가 2부터 1씩 증가하면서 number보다 작은 동안 ❼번을 반복 수행한다.

❼ number를 i로 나눈 나머지가 0이면 0을 반환하고 함수를 호출했던 ❾번으로 이동한다.

　❻~❼번 반복문 실행에 따른 변수들의 변화는 다음과 같다.

number	i
4	2

❾ ❽번에서 돌려받은 값이 0이고, number의 값 13195를 i의 값 4로 나눈 나머지는 3이므로 max_div = i를 수행하지 않고 ❸번으로 돌아가 i의 값을 1 증가시킨다.

네 번째 반복

❹ i의 값 5를 인수로 하여 isPrime을 호출한 결과가 1이고 number를 i로 나눈 나머지가 0이면 max_div에 i의 값을 저장한다.

❺ 정수를 반환하는 isPrime( ) 함수의 시작점이다. ❹번에서 전달받은 5를 number가 받는다.

❻ 반복 변수 i가 2부터 1씩 증가하면서 number보다 작은 동안 ❼번을 반복 수행한다.

❼ number를 i로 나눈 나머지가 0이면 0을 반환하고 함수를 호출했던 ❾번으로 이동한다.

　❻~❼번 반복문 실행에 따른 변수들의 변화는 다음과 같다.

number	i
5	2
	3
	4
	5

❽ 1을 반환하고 함수를 호출했던 ❾번으로 이동한다.

❾ ❽번에서 돌려받은 값이 1이고, number의 값 13195를 i의 값 5로 나눈 나머지도 0이므로 max_div에 5를 저장한 후 ❸번으로 돌아가 i의 값을 1 증가시킨다.

위의 과정을 통해 다음 사항들을 알 수 있다.

- isPrime( ) 함수는 인수를 2부터 시작하여 전달받은 수보다 1 작을 때까지 나눴을 때 나머지가 0이 아니면 1을 반환하는 것으로 보아 소수를 찾는 함수임을 알 수 있다.
- ❾번에서 isPrime(i)가 1이라는 것은 i가 소수임을 의미하고, number를 i로 나눈 나머지가 0이라는 것은 i가 number의 약수라는 의미이므로, max_div에는 소수이자 number의 약수인 수가 저장된다.
- i의 값이 1씩 증가하면서 number보다 1 작을 때까지 위 과정을 수행하므로 number의 약수 중 가장 큰 소수에 해당하는 값이 max_div에 저장된다.
- 13195의 약수는 5 × 7 × 13 × 29로 표현할 수 있으므로, 이 중 가장 큰 소수인 29가 최종적으로 max_div에 저장된다.
- 자세한 값의 변화는 다음 표를 통해 확인하자.

main( ) 함수			isPrime( ) 함수		
number	i	max_div	number	i	반환값
13195	2	0	2	2	1
⋮	3		3	2	1
⋮				3	
	4		4	2	0
	5	5	5	2	1
				3	
				4	
				5	
	⋮	⋮	⋮	⋮	⋮
	29	29	29	2	1
				3	
				4	
				⋮	
				28	
				29	
	⋮	⋮	⋮	⋮	⋮
	13194		13194	2	0
	13195				

❿ max_div의 값 29를 정수로 출력한다.

결과 `29`

[문제 18]

※ 각 문항별로 다음 중 하나를 쓰면 됩니다.

① 유일성, Unique

② 최소성, Minimality

[문제 19]

Watering Hole

[문제 20]

※ 각 문항별로 다음 중 하나를 쓰면 됩니다.

① 단위 테스트, Unit Test

② 통합 테스트, Integration Test

③ 시스템 테스트, System Test

④ 인수 테스트, Acceptance Test

2021년 3회 정보처리기사 실기

수험자 유의사항

1. 시험 문제지를 받는 즉시 응시하고자 하는 종목의 문제지가 맞는지를 확인하여야 합니다.

2. 시험 문제지 총면수·문제번호 순서·인쇄상태 등을 확인하고, 수험번호 및 성명을 답안지에 기재하여야 합니다.

3. 문제 및 답안(지), 채점기준은 일절 공개하지 않으며 자신이 작성한 답안, 문제 내용 등을 수험표 등에 이기(옮겨 적는 행위) 등은 관련 법 등에 의거 불이익 조치 될 수 있으니 유의하시기 바랍니다.

4. 수험자 인적사항 및 답안작성(계산식 포함)은 흑색 필기구만 사용하되, 흑색을 제외한 유색 필기구 또는 연필류를 사용하였을 경우 그 문항은 0점 처리됩니다.

5. 답란(답안 기재란)에는 문제와 관련 없는 불필요한 낙서나 특이한 기록사항 등을 기재하여서는 안되며 부정의 목적으로 특이한 표식을 하였다고 판단될 경우에는 모든 문항이 0점 처리됩니다.

6. 답안을 정정할 때에는 반드시 정정부분을 두 줄(=)로 그어 표시하여야 하며, 두 줄로 긋지 않은 답안은 정정하지 않은 것으로 간주합니다. (수정테이프, 수정액 사용불가)

7. 답안의 한글 또는 영문의 오탈자는 오답으로 처리됩니다. 단, 답안에서 영문의 대·소문자 구분, 띄어쓰기는 여부에 관계 없이 채점합니다.

8. 계산 또는 디버깅 등 계산 연습이 필요한 경우는 〈문제〉 아래의 연습란을 사용하시기 바라며, 연습란은 채점대상이 아닙니다.

9. 문제에서 요구한 가지 수(항수) 이상을 답란에 표기한 경우에는 답안기재 순으로 요구한 가지 수(항수)만 채점하고 한 항에 여러 가지를 기재하더라도 한 가지로 보며 그 중 정답과 오답이 함께 기재란에 있을 경우 오답으로 처리됩니다.

10. 한 문제에서 소문제로 파생되는 문제나, 가지수를 요구하는 문제는 대부분의 경우 부분채점을 적용합니다. 그러나 소문제로 파생되는 문제 내에서의 부분 배점은 적용하지 않습니다.

11. 답안은 문제의 마지막에 있는 답란에 작성하여야 합니다.

12. 부정 또는 불공정한 방법(시험문제 내용과 관련된 메모지 사용 등)으로 시험을 치른 자는 부정행위자로 처리되어 당해 시험을 중지 또는 무효로 하고, 2년간 국가기술자격검정의 응시자격이 정지됩니다.

13. 시험위원이 시험 중 신분확인을 위하여 신분증과 수험표를 요구할 경우 반드시 제시하여야 합니다.

14. 시험 중에는 통신기기 및 전자기기(휴대용 전화기 등)를 지참하거나 사용할 수 없습니다.

15. 국가기술자격 시험문제는 일부 또는 전부가 저작권법상 보호되는 저작물이고, 저작권자는 한국산업인력공단입니다. 문제의 일부 또는 전부를 무단 복제, 배포, 출판, 전자출판 하는 등 저작권을 침해하는 일체의 행위를 금합니다.

※ 수험자 유의사항 미준수로 인한 채점상의 불이익은 수험자 본인에게 전적으로 책임이 있음

▶1450701

```java
class Connection {
    private static Connection _inst = null;
    private int count = 0;
    public static Connection get() {
        if(_inst == null) {
            _inst = new Connection();
            return _inst;
        }
        return _inst;
    }
    public void count() { count++; }
    public int getCount() { return count; }
}


public class Test {
    public static void main(String[] args) {
        Connection conn1 = Connection.get();
        conn1.count();
        Connection conn2 = Connection.get();
        conn2.count();
        Connection conn3 = Connection.get();
        conn3.count();
        System.out.print(conn1.getCount());
    }
}
```

답 :

문제 02 보안 위협에 관한 다음 설명에서 괄호에 공통으로 들어갈 알맞은 답을 쓰시오. (5점)

(   ) 스푸핑은 로컬 네트워크(LAN)에서 사용하는 (   ) 프로토콜의 취약점을 이용한 공격 기법으로, 자신의 물리적 주소(MAC)를 변조하여 다른 PC에게 도달해야 하는 데이터 패킷을 가로채거나 방해한다.

답 :

문제 03 데이터를 제어하는 DCL의 하나인 GRANT의 기능에 대해 간략히 서술하시오. (5점)

답 :

문제 04 AAA 서버에 관한 다음 설명에서 각 번호(①~③)에 들어갈 알맞는 용어를 〈보기〉에서 찾아 쓰시오. (5점)

AAA 서버는 사용자의 컴퓨터 자원 접근 처리와 서비스 제공에 있어서의 다음 3가지 기능을 제공하는 서버이다.

① – 접근하는 사용자의 신원을 검증하는 기능

② – 신원이 검증된 사용자에게 특정된 권한과 서비스를 허용하는 기능

③ – 사용자가 어떤 종류의 서비스를 이용했고, 얼마만큼의 자원을 사용했는지 기록 및 보관하는 기능

〈보기〉

• Application	• Authentication	• Avalanche	• Authorization	• Accounting	• Ascii

답

• ①   • ②   • ③

문제 05 디자인 패턴에 관한 다음 설명에서 괄호에 들어갈 알맞은 답을 〈보기〉에서 찾아 쓰시오. (5점)

(   ) 패턴은 객체 생성을 서브 클래스에서 처리하도록 분리하여 캡슐화한 패턴으로, 상위 클래스에서 인터페이스만 정의하고 실제 생성은 서브 클래스가 담당한다. 다른 이름으로 가상 생성자(Virtual Constructor) 패턴이라고도 불린다.

〈보기〉

• Singleton	• Abstract Factory	• Factory Method	• Prototype
• Facade	• Composite	• Template Method	• Builder

답 :

문제 06 1450706

문제 06 결합도(Coupling)의 종류 중 단순 처리 대상인 데이터만 전달되는 것이 아니라 어떻게 처리해야 하는지를 결정하는 제어 요소가 전달되는 경우의 결합도를 영문으로 쓰시오. (5점)

답 :

문제 07 1450707

문제 07 다음 C 언어로 구현된 프로그램을 분석하여 그 실행 결과를 쓰시오. (단, 출력문의 출력 서식을 준수하시오.) (5점)

```c
#include <stdio.h>
struct jsu {
    char nae[12];
    int os, db, hab, hhab;
};

int main() {
    struct jsu st[3] = { {"데이터1", 95, 88}, {"데이터2", 84, 91}, {"데이터3", 86,
    75} };
    struct jsu* p;
    p = &st[0];
    (p + 1)->hab = (p + 1)->os + (p + 2)->db;
    (p + 1)->hhab = (p + 1)->hab + p->os + p->db;
    printf("%d", (p + 1)->hab + (p + 1)->hhab);
}
```

답 :

문제 08 1450708

문제 08 애플리케이션 테스트에 관한 다음 설명에서 괄호(①, ②)에 들어갈 알맞은 답을 쓰시오. (5점)

- (①)는 소프트웨어의 하위 모듈에서 상위 모듈 방향으로 통합하면서 테스트하는 기법이다.
- 하나의 주요 제어 모듈과 관련된 종속 모듈의 그룹인 클러스터(Cluster)가 필요하다.
- 데이터의 입 · 출력을 확인하기 위해 더미 모듈인 (②)를 생성한다.

답
- ①
- ②

■ 1450709

문제 09 다음 Python으로 구현된 프로그램을 분석하여 그 실행 결과를 쓰시오. (단, 출력문의 출력 서식을 준수하시오.) (5점)

```
x, y = 100, 200
print(x==y)
```

답:

■ 1450710

문제 10 〈A〉 테이블과 〈B〉 테이블을 참고하여 〈SQL문〉의 실행 결과를 쓰시오. (5점)

〈A〉

NAME
Smith
Allen
Scott

〈B〉

RULE
S%
%t%

〈SQL문〉

```
SELECT COUNT(*) CNT FROM A CROSS JOIN B WHERE A.NAME LIKE B.RULE;
```

답:

■ 1450711

문제 11 다음 설명에서 괄호에 공통으로 들어갈 알맞은 답을 쓰시오. (5점)

파일의 구조는 파일을 구성하는 레코드들이 보조기억장치에 편성되는 방식을 의미하는 것으로, 크게 순차, (   ), 해싱으로 구분한다. (   ) 파일 구조는 〈값, 주소〉 쌍으로 구성되는 데이터 구조를 활용하여 데이터에 접근하는 방식으로, 자기 디스크에서 주로 활용된다.

답:

문제 12 다음 테스트 케이스를 참조하여 괄호에 들어갈 테스트 케이스의 구성 요소를 〈보기〉에서 찾아 쓰시오. (5점)

식별자_ID	테스트 항목	(①)	(②)	(③)
LS_W10_35	로그인 기능	사용자 초기 화면	아이디(test_a01) 비밀번호(203a!d5%ffa1)	로그인 성공
LS_W10_36	로그인 기능	사용자 초기 화면	아이디(test_a01) 비밀번호(1234)	로그인 실패(1) – 비밀번호 비일치
LS_W10_37	로그인 기능	사용자 초기 화면	아이디(" ") 비밀번호(" ")	로그인 실패(2) – 미입력

〈보기〉

- 요구 절차
- 의존성 여부
- 테스트 데이터
- 테스트 조건
- 하드웨어 환경
- 예상 결과
- 소프트웨어 환경
- 성공/실패 기준

답
- ①
- ②
- ③

문제 13 UML(Unified Modeling Language)에 관한 다음 설명에서 괄호에 공통으로 들어갈 알맞은 답을 쓰시오. (5점)

( ) 다이어그램은 UML 다이어그램 중 객체(Object)들을 ( )로 추상화하여 표현하는 다이어그램으로 대표적인 구조적 다이어그램이다. ( )는 각각의 객체들이 갖는 속성과 메소드를 표현한 것으로 3개의 구획으로 나눠 이름, 속성, 메소드를 표기한다.

답 :

문제 14 OSI 7 Layer에 대한 다음 설명에서 각 번호(①~③)에 들어갈 알맞은 계층(Layer)을 쓰시오. (5점)

OSI 7 Layer는 다른 시스템 간의 원활한 통신을 위해 ISO(국제표준화기구)에서 제안한 통신 규약(Protocol)이다.

① – 물리적으로 연결된 두 개의 인접한 개방 시스템들 간에 신뢰성 있고 효율적인 정보 전송을 할 수 있도록 연결 설정, 데이터 전송, 오류 제어 등의 기능을 수행한다.

② – 개방 시스템들 간의 네트워크 연결을 관리하며, 경로 제어, 패킷 교환, 트래픽 제어 등의 기능을 수행한다.

③ – 서로 다른 데이터 표현 형태를 갖는 시스템 간의 상호 접속을 위해 필요한 계층으로, 코드 변환, 데이터 암호화, 데이터 압축, 구문 검색 등의 기능을 수행한다.

답
- ①
- ②
- ③

문제 15 보안과 관련된 다음 설명에 해당하는 용어를 쓰시오. (5점)

1974년 IBM이 개발하고 1975년 NBS에 의해 미국의 국가 표준으로 발표된 암호화 알고리즘으로, 블록 크기는 64비트, 키 길이는 56비트이며, 16회의 라운드를 수행한다. 컴퓨터 기술이 발달함에 따라 해독이 쉬워지면서 미국의 국가 표준이 2001년 AES로 대체되었다.

답 :

문제 16 다음 C 언어로 구현된 프로그램을 분석하여 그 실행 결과를 쓰시오. (단, 출력문의 출력 서식을 준수하시오.) (5점)

```c
#include <stdio.h>
int main() {
    int* array[3];
    int a = 12, b = 24, c = 36;
    array[0] = &a;
    array[1] = &b;
    array[2] = &c;
    printf("%d", *array[1] + **array + 1);
}
```

답 :

문제 17
다음 Java로 구현된 프로그램을 분석하여 그 실행 결과를 쓰시오. (단, 출력문의 출력 서식을 준수하시오.) (5점)

```java
public class Test {
    public static void main(String[] args) {
        int w = 3, x = 4, y = 3, z = 5;
        if((w == 2 | w == y) & !(y > z) & (1 == x ^ y != z)) {
            w = x + y;
            if(7 == x ^ y != w)
                System.out.println(w);
            else
                System.out.println(x);
        }
        else {
            w = y + z;
            if(7 == y ^ z != w)
                System.out.println(w);
            else
                System.out.println(z);
        }
    }
}
```

답 :

문제 18
테스트 기법 중 그래프를 활용하여 입력 데이터 간의 관계와 출력에 영향을 미치는 상황을 체계적으로 분석한 다음 효용성이 높은 테스트 케이스를 선정하여 검사하는 기법을 〈보기〉에서 찾아 쓰시오. (5점)

〈보기〉

• Equivalence Partition	• Boundary Value Analysis	• Condition Test
• Cause-Effect Graph	• Error Guess	• Comparison Test
• Base Path Test	• Loop Test	• Data Flow Test

답 :

문제 19 Windows, MacOS 등에서 사용하는 인터페이스로, 사용자가 명령어를 직접 입력하지 않고 키보드와 마우스 등을 이용하여 아이콘이나 메뉴를 선택하여 모든 작업을 수행하는 사용자 인터페이스를 쓰시오. (5점)

답 :

문제 20 UML의 관계(Relationships)에 관한 다음 설명에서 각 번호(①, ②)에 들어갈 알맞는 용어를 〈보기〉에서 찾아 쓰시오. (5점)

관계(Relationships)는 사물과 사물 사이의 연관성을 표현하는 것이다.

① – 하나의 사물이 다른 사물에 포함되어 있는 관계로, 전체와 부분으로 구분되어지며 서로 독립적이다.

② – 상위 모듈이 하위 모듈보다 더 일반적인 개념을 가지고 있으며, 하위 모듈이 상위 모듈보다 더 구체적인 개념을 가진다.

〈보기〉

• Association	• Aggregation	• Composition	• Generalization
• Dependency	• Realization		

답
- ①
- ②

[문제 01]

3

해설

```
class Connection {                                          클래스 Connection을 정의한다.
Ⓐ      private static Connection _inst = null;
Ⓑ      private int count = 0;
❷❿⓱  public static Connection get( ) {
❸⓫⓲      if(_inst == null) {
❹              _inst = new Connection( );
❺              return _inst;
            }
⓬⓳      return _inst;
        }
❽⓯㉒  public void count( ) { count++; }
㉔      public int getCount( ) { return count; }
}

public class Test {
        public static void main(String[] args) {
❶❻          Connection conn1 = Connection.get();
❼          conn1.count( );
❾⓭          Connection conn2 = Connection.get();
⓮          conn2.count( );
⓰⓴          Connection conn3 = Connection.get();
㉑          conn3.count( );
㉓㉕          System.out.print(conn1.getCount());
        }
}
```

Ⓐ Connection 클래스의 객체 변수 _inst를 선언하고 null로 초기화한다.

※ 객체 변수를 생성한다는 것은 Connection _inst = new Connection( );과 같이 객체 생성 예약어인 new를 통해 heap 영역에 공간을 확보하여 Connection 클래스의 내용을 저장한 후 그 주소를 객체 변수에 저장하는 것인데, Ⓐ에서는 객체 생성 예약어인 new가 생략되었으므로 생성이 아닌 선언만 합니다. 객체 변수를 선언만 하게 되면 heap이 아닌 stack 영역에 내용 없이 저장되어 사용이 불가능합니다. 이후 ❹번과 같이 객체 생성 예약어인 new가 사용되어야만 heap 영역에 내용이 저장되고 그 주소도 객체 변수에 전달되면서 사용 가능한 객체 변수가 됩니다.

Ⓑ 정수형 변수 count를 선언하고, 0으로 초기화한다.

stack 영역		heap 영역	
변수	값	주소	내용
_inst	null		
count	0		

모든 Java 프로그램은 반드시 main( ) 메소드에서 시작한다.

❶ Connection 클래스의 객체 변수 conn1을 선언하고, get( ) 메소드를 호출한 결과를 저장한다.

※ Ⓐ에서와 같이 개체 변수를 선언만 하였으므로 객체 변수 conn1은 stack 영역에 생성됩니다.

stack 영역		heap 영역	
변수	값	주소	내용
_inst	null		
count	0		
conn1			

❷ Connection 형을 반환하는 get( ) 메소드의 시작점이다.

❸ _inst가 null이면 ❹, ❺번을 수행하고, 아니면 ⓬번으로 이동한다. _inst가 null이므로 ❹번으로 이동한다.

❹ Connection 클래스의 내용을 heap 영역에 저장하고 그 주소를 _inst에 저장한다.

※ Ⓐ에서 객체 변수 _inst는 이미 선언되었으므로, Connection _inst = new Connection( );과 같이 작성하지 않고 앞쪽의 클래스명을 생략하여 _inst = new Connection( );과 같이 작성합니다. 생성 예약어인 new를 통해 heap 영역에 공간을 확보하고 Connection 클래스의 내용을 저장한 후 그 주소를 객체 변수 _inst에 저장합니다. 이제 객체 변수 _inst는 Connection( ) 클래스의 내용이 저장된 heap 영역을 가리키게 됩니다.

stack 영역		heap 영역	
변수	값	주소	내용
_inst	100	0	
count	0	100	private static Connection _inst private int count = 0 static public Connection get() { ... } public void count() { ... } public int getCount() { ... }
conn1		200	
		300	

❺ _inst에 저장된 값을 메소드를 호출했던 ❻번으로 반환한다.

❻ ❺번에서 돌려받은 _inst의 값을 conn1에 저장한다. _inst에는 Connection( ) 클래스의 내용이 저장된 heap 영역의 주소가 저장되어 있으며, conn1에도 동일한 주소가 저장되므로 이후 _inst와 conn1은 같은 heap 영역의 주소를 가리키게 된다.

stack 영역		heap 영역	
변수	값	주소	내용
_inst	100	0	
count	0	100	private static Connection _inst private int count = 0 static public Connection get() { ... } public void count() { ... } public int getCount() { ... }
conn1	100	200	
		300	

❼ conn1의 count( ) 메소드를 호출한다. conn1은 Connection( ) 클래스의 객체 변수이므로 Connection 클래스의 count( ) 메소드를 호출한다는 의미이다.

❽ 반환값이 없는 count( ) 메소드의 시작점이다. count의 값에 1을 더한 후 count( ) 메소드를 호출했던 ❼번으로 돌아가 다음 문장인 ❾번을 수행한다.

stack 영역	
변수	값
_inst	100
count	1
conn1	100

heap 영역	
주소	내용
0	
100	private static Connection _inst private int count = 0 static public Connection get() { ... } public void count() { ... } public int getCount() { ... }
200	
300	

❾ Connection 클래스의 객체 변수 conn2를 선언하고, get( ) 메소드를 호출한 결과를 저장한다.

stack 영역	
변수	값
_inst	100
count	1
conn1	100
conn2	

heap 영역	
주소	내용
0	
100	private static Connection _inst private int count = 0 static public Connection get() { ... } public void count() { ... } public int getCount() { ... }
200	
300	

❿ Connection 형을 반환하는 get( ) 메소드의 시작점이다.

⓫ _inst가 null이면 ❹, ❺번을 수행하고, 아니면 ⓬번으로 이동한다. _inst에는 ❹번에서 저장한 heap 영역의 주소가 저장되어 있어 null이 아니므로 ⓬번으로 이동한다.

⓬ _inst에 저장된 값을 메소드를 호출했던 ⓭번으로 반환한다.

⓭ ⓬번에서 돌려받은 _inst의 값을 conn2에 저장한다.

stack 영역	
변수	값
_inst	100
count	1
conn1	100
conn2	100

heap 영역	
주소	내용
0	
100	private static Connection _inst private int count = 0 static public Connection get() { ... } public void count() { ... } public int getCount() { ... }
200	
300	

⓮ conn2의 count( ) 메소드를 호출한다.

⓯ 반환값이 없는 count( ) 메소드의 시작점이다. count의 값에 1을 더한 후 count( ) 메소드를 호출했던 ⓮번으로 돌아가 다음 문장인 ⓰번을 수행한다.

stack 영역	
변수	값
_inst	100
count	2
conn1	100
conn2	100

heap 영역	
주소	내용
0	
100	private static Connection _inst private int count = 0 static public Connection get() { ... } public void count() { ... } public int getCount() { ... }
200	
300	

⑯ Connection 클래스의 객체 변수 conn3을 선언하고, get( ) 메소드를 호출한 결과를 저장한다.

stack 영역		heap 영역	
변수	값	주소	내용
_inst	100	0	
count	2	100	private static Connection _inst private int count = 0 static public Connection get() { … } public void count() { … } public int getCount() { … }
conn1	100		
conn2	100		
conn3		200	
		300	

⑰ Connection 형을 반환하는 get( ) 메소드의 시작점이다.

⑱ _inst가 null이면 ❹, ❺번을 수행하고, 아니면 ⑲번으로 이동한다. _inst가 null이 아니므로 ⑲번으로 이동한다.

⑲ _inst에 저장된 값을 메소드를 호출했던 ⑳번으로 반환한다.

⑳ ⑲번에서 돌려받은 _inst의 값을 conn3에 저장한다.

stack 영역		heap 영역	
변수	값	주소	내용
_inst	100	0	
count	2	100	private static Connection _inst private int count = 0 static public Connection get() { … } public void count() { … } public int getCount() { … }
conn1	100		
conn2	100		
conn3	100	200	
		300	

㉑ conn3 객체 변수의 count( ) 메소드를 호출한다.

㉒ 반환값이 없는 count( ) 메소드의 시작점이다. count의 값에 1을 더한 후 count( ) 메소드를 호출했던 ㉑번으로 돌아가 다음 문장인 ㉓번을 수행한다.

stack 영역		heap 영역	
변수	값	주소	내용
_inst	100	0	
count	3	100	private static Connection _inst private int count = 0 static public Connection get() { … } public void count() { … } public int getCount() { … }
conn1	100		
conn2	100		
conn3	100	200	
		300	

㉓ conn1의 getCount( ) 메소드를 호출하고 돌려받은 값을 출력한다.

㉔ 정수를 반환하는 getCount( ) 메소드의 시작점이다. count의 값 3을 메소드를 호출했던 ㉕번으로 반환한다.

 ※ 객체 변수 _inst, conn1, conn2, conn3은 모두 같은 heap 영역의 주소를 가리키고 있으므로 해당 heap 영역에 저장된 내용을 공유하게 됩니다.

㉕ ㉔번에서 돌려 받은 값 3을 출력한다.

결과 3

[문제 02]

※ 다음 중 하나를 쓰면 됩니다.

ARP, Address Resolution Protocol

※ 답안 작성 시 주의 사항 : 한글 또는 영문을 Full-name이나 약어로 쓰라는 지시사항이 없을 경우 한글이나 영문 약어로 쓰는 것이 유리합니다. 영문을 Full-name으로 풀어쓰다가 스펠링을 틀리면 오답으로 처리되니까요.

[문제 03]

※ 다음 중 밑줄이 표시된 내용은 반드시 포함되어야 합니다.

GRANT는 데이터베이스 관리자가 데이터베이스 사용자에게 <u>권한을 부여</u>하는 데 사용하는 명령어이다.

[문제 04]

① Authentication   ② Authorization   ③ Accounting

[문제 05]

Factory Method

[문제 06]

※ 다음 중 하나를 쓰면 됩니다.

Control, Control Coupling

※ **답안 작성 시 주의 사항** : 영문으로 쓰라는 지시사항이 있으므로 한글로 쓰면 오답이 됩니다.

[문제 07]

501

해설

```
#include <stdio.h>
Ⓐ struct jsu {



      char nae[12];
      int os, db, hab, hhab;
};

int main( ) {
❶    struct jsu st[3] = { {"데이터1", 95, 88}, {"데이터2", 84, 91}, {"데이터3", 86, 75} };
❷    struct jsu* p;
❸    p = &st[0];
❹    (p + 1)->hab = (p + 1)->os + (p + 2)->db;
❺    (p + 1)->hhab = (p + 1)->hab + p->os + p->db;
❻    printf("%d", (p + 1)->hab + (p + 1)->hhab);
}
```

구조체 jsu를 정의한다. 구조체를 정의한다는 것은 int나 char 같은 자료형을 하나 만든다는 의미다. 구조체의 멤버를 지정할 때는 [변수명].[멤버이름]으로 지정하지만, 포인터 변수를 이용해 구조체의 멤버를 지정할 때는 [변수명]->[멤버이름]으로 지정한다.
- **구조체(struct)** : 배열이 자료의 형과 크기가 동일한 변수의 모임이라면, 구조체는 자료의 종류가 다른 변수의 모임임
- **멤버(member)** : 일반 변수를 선언하는 것과 동일하게 필요한 변수들을 임의로 선언하면 됨

12개의 요소를 갖는 문자 배열 **nae**를 선언한다.
정수형 변수 **os, db, hab, hhab**를 선언한다.

Ⓐ 구조체 jsu의 구조

	nae[0]	nae[1]	nae[2]	...	nae[11]
char nae[12]					
int os					
int db					
int hab					
int hhab					

※ 앞의 구조체는 다음과 같이 메모리의 연속된 공간에 저장된 후 사용된다.

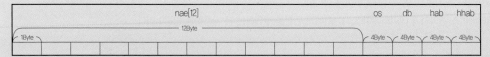

모든 C 프로그램은 반드시 main( ) 함수에서 시작한다.

❶ 구조체 jsu 자료형으로 3개짜리 배열 st를 선언하고 초기화한다.

	char nae[12]	int os	int db	int hab	int hhab
st[0]	st[0].nae[0]~st[0].nae[11]	st[0].os	st[0].db	st[0].hab	st[0].hhab
st[1]	st[1].nae[0]~st[1].nae[11]	st[1].os	st[1].db	st[1].hab	st[1].hhab
st[2]	st[2].nae[0]~st[2].nae[11]	st[2].os	st[2].db	st[2].hab	st[2].hhab

↓

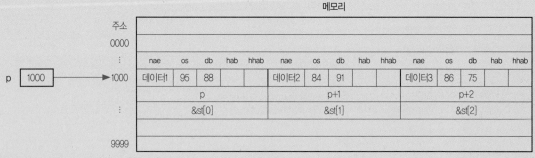

※ 문자열을 저장하는 경우 문자열의 끝을 의미하는 널 문자(\0)가 추가로 저장되며, 출력 시 널 문자는 표시되지 않습니다. 또한 영문, 숫자는 1Byte, 한글은 2Byte를 차지합니다.

❷ 구조체 jsu의 포인터 변수 p를 선언한다.

❸ p에 st 배열의 첫 번째 요소의 주소를 저장한다. 주소는 임의로 정한 것이다.

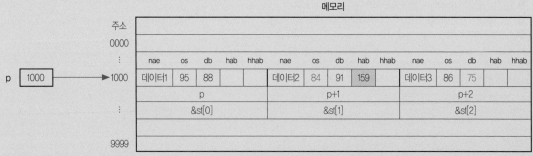

❹ p+1이 가리키는 곳의 멤버 hab에 p+1이 가리키는 곳의 멤버 os 값과 p+2가 가리키는 곳의 멤버 db 값을 더한 후 저장한다. p가 st[0]을 가리키므로 p+1은 st[1]을, p+2는 st[2]를 가리킨다. 따라서 st[1]의 os 값 84와 st[2]의 db 값 75를 더한 값 **159**를 st[1]의 hab에 저장한다.

메모리

주소																
0000																
⋮	nae	os	db	hab	hhab		nae	os	db	hab	hhab		nae	os	db	hab	hhab
1000	데이터1	95	88				데이터2	84	91	159			데이터3	86	75		
	p						p+1						p+2				
⋮	&st[0]						&st[1]						&st[2]				
9999																

❺ p+1이 가리키는 곳의 멤버 hhab에 p+1이 가리키는 곳의 멤버 hab 값과 p가 가리키는 곳의 멤버 os와 db 값을 모두 더한 후 저장한다. st[1]의 hab 값 159, st[0]의 os와 db 값 95와 88을 모두 더한 값 **342**를 st[1]의 hhab에 저장한다.

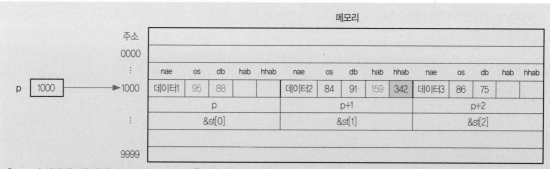

❻ p+1이 가리키는 곳의 멤버 hab와 hhab의 값을 더한 후 정수로 출력한다. **159**와 **342**를 더한 **501**이 출력된다.

결과　501

[문제 08]

① 상향식 통합 테스트

※ 다음 중 하나를 쓰면 됩니다.

② 드라이버, 테스트 드라이버, Driver, Test Driver

[문제 09]

False

※ **답안 작성 시 주의 사항** : C, Java, Python 등의 프로그래밍 언어에서는 대소문자를 구분하기 때문에 출력 결과도 대소문자를 구분하여 정확하게 작성해야 합니다. 예를 들어, 소문자로 false로 썼을 경우 부분 점수 없이 완전히 틀린 것으로 간주됩니다.

> **해설**
>
> ❶ x, y = 100, 200
> ❷ print(x==y)

❶ 변수 x, y를 선언하고 각각 100, 200으로 초기화한다.
❷ x의 값 100과 y의 값 200이 같으면 참(True)을, 같지 않으면 거짓(False)을 출력한다.

결과　False

[문제 10]

4

> **해설**
>
> ```
> SELECT COUNT(*) CNT
> FROM A CROSS JOIN B
> WHERE A.NAME LIKE B.RULE;
> ```

질의문은 각 절을 분리하여 이해하면 쉽습니다.

- SELECT COUNT(*) CNT : 튜플의 개수를 표시하되, 필드명은 'CNT'로 표시합니다.
  ※ 'SELECT COUNT(*) AS CNT'에서 AS가 생략된 형태입니다.

- **FROM A CROSS JOIN B** : 〈A〉와 〈B〉를 교차 조인(CROSS JOIN)한 결과를 대상으로 검색합니다.

A.NAME	B.RULE
Smith	S%
Smith	%T%
Allen	S%
Allen	%T%
Scott	S%
Scott	%T%

- **WHERE A.NAME LIKE B.RULE** : 〈A〉 테이블의 'NAME' 필드 값이 〈B〉 테이블의 'RULE' 필드에 저장된 문자열 패턴과 일치하는 튜플만을 대상으로 합니다.

  ※ 〈B〉 테이블의 'RULE' 필드에 저장된 값은 'S%'와 '%T%'와 같이 문자 패턴인 '%' 기호가 포함되어 있으므로, 조건문의 LIKE 연산자와 결합되면 다음과 같이 적용됩니다.

  – A.NAME LIKE S% : 'A.NAME'이 "S"로 시작하는 레코드를 검색

A.NAME	B.RULE
Smith	S%
Smith	%T%
Allen	S%
Allen	%T%
Scott	S%
Scott	%T%

  – A.NAME LIKE %T% : 'A.NAME'이 "T"를 포함하는 레코드를 검색

A.NAME	B.RULE
Smith	S%
Smith	%T%
Allen	S%
Allen	%T%
Scott	S%
Scott	%T%

  ※ CROSS JOIN된 결과에서 조건을 만족하는 튜플은 다음과 같습니다. 그러므로 검색된 튜플의 개수는 4입니다.

A.NAME	B.RULE
Smith	S%
Smith	%T%
Scott	S%
Scott	%T%

[문제 11]

※ 다음 중 하나를 쓰면 됩니다.

색인, Index

[문제 12]

① 테스트 조건　　② 테스트 데이터　　③ 예상 결과

[문제 13]

※ 다음 중 하나를 쓰면 됩니다.

클래스, Class

[문제 14]

※ 각 문항별로 다음 중 하나를 쓰면 됩니다.

① 데이터 링크 계층, Data Link Layer

② 네트워크 계층, 망 계층, Network Layer

③ 표현 계층, Presentation Layer

[문제 15]

※ 다음 중 하나를 쓰면 됩니다.

DES, Data Encryption Standard

[문제 16]

37

> **해설**

```
#include <stdio.h>
int main( ) {
❶     int* array[3];
❷     int a = 12, b = 24, c = 36;
❸     array[0] = &a;
❹     array[1] = &b;
❺     array[2] = &c;
❻     printf("%d", *array[1] + **array + 1);
}
```

❶ 3개의 요소를 갖는 정수형 포인터 배열 array를 선언한다. 주소는 임의로 정한 것이다.

메모리

주소			
0000			
⋮	첫 번째	두 번째	세 번째
array 0500			
	array[0]	array[1]	array[2]
⋮			
1000			
⋮			
2000			
⋮			
3000			
⋮			
9999			

❷ 정수형 변수 a, b, c에 각각 12, 24, 36을 저장한다.

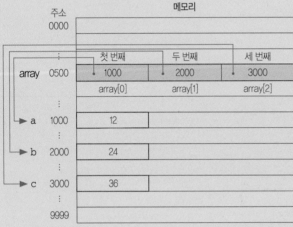

❸ array[0]에 a의 주소를 저장한다.
❹ array[1]에 b의 주소를 저장한다.
❺ array[2]에 c의 주소를 저장한다.

❻ array[1]이 가리키는 곳의 값과 *array가 가리키는 곳의 값과 1을 더한 후 정수로 출력한다.
- *array[1] : array[1]에는 2000이 저장되어 있고 2000이 가리키는 곳의 값은 24이다.
- **array
  - array : 배열의 이름만 지정하면 배열의 첫 번째 요소의 주소인 &array[0], 즉 500을 의미한다.
  - *array : array는 500이고 500이 가리키는 곳의 값은 1000이다.
  - **array : *array는 1000이고 1000이 가리키는 곳의 값은 12이다.
  ∴ 24 + 12 + 1 = 37

결과 **37**

[문제 17]

7

> **해설**
>
> ```
> public class Test {
>    public static void main(String[ ] args) {
> ❶     int w = 3, x = 4, y = 3, z = 5;
> ❷     if((w == 2 | w == y) & !(y > z) & (1 == x ^ y != z)) {
> ❸        w = x + y;
> ❹        if(7 == x ^ y != w)
> ❺           System.out.println(w);
>          else
>             System.out.println(x);
>       } ❻
>       else {
>          w = y + z;
>          if(7 == y ^ z != w)
>             System.out.println(w);
>          else
>             System.out.println(z);
>       } ❼
>    }
> }
> ```

❶ 정수형 변수 w, x, y, z를 선언하고 각각 3, 4, 3, 5로 초기화한다.

❷ 조건이 참이면 ❸번부터 ❻번 이전까지의 문장을, 거짓이면 ❻번 아래 else의 다음 문장부터 ❼번 이전까지의 문장을 수행한다. 연산자 우선순위에 따라 다음의 순서로 조건의 참/거짓을 확인한다.

- $(w == 2 | w == y) \& !(y > z) \& (1 == x ^ y != z)$

  ```
        ①       ②         ③         ④        ⑤
           ⑥                   ⑦
                 ⑧
                      ⑨
  ```

- ① : w의 값 3과 2는 같지 않으므로 거짓(0)이다.
- ② : w의 값 3과 y의 값 3은 같으므로 참(1)이다.
- ③ : y의 값 3은 z의 값 5보다 크지 않으므로 거짓(0)이지만, 앞에 !(논리 not)가 있으므로 참(1)이다.
- ④ : 1과 x의 값 4는 같지 않으므로 거짓(0)이다.
- ⑤ : y의 값 3과 z의 값 5는 같지 않으므로 참(1)이다.

- ⑥ ① | ② : ①의 결과 0과 ②의 결과 1을 |(비트 or) 연산하면
  ```
        0 0 0 0 (0)
  |     0 0 0 1 (1)
        0 0 0 1 (1)
  ```
  이므로 결과는 1이다.

- ⑦ ④ ^ ⑤ : ④의 결과 0과 ⑤의 결과 1을 ^(비트 xor) 연산하면
  ```
        0 0 0 0 (0)
  ^     0 0 0 1 (1)
        0 0 0 1 (1)
  ```
  이므로 결과는 1이다.

- ⑧ ⑥ & ③ : ⑥의 결과 1과 ③의 결과 1을 &(비트 and) 연산하면
  ```
        0 0 0 1 (1)
  &     0 0 0 1 (1)
        0 0 0 1 (1)
  ```
  이므로 결과는 1이다.

- ⑨ ⑧ & ⑦ : ⑧의 결과 1과 ⑦의 결과 1을 &(비트 and) 연산하면 결과는 1이다.

∴ 최종 결과는 1이며, 1은 조건에서 참을 의미하므로 ❸번으로 이동한다.

❸ w에 x와 y의 합을 저장한다. (w=7)

❹ 조건이 참이면 ❺번 문장을, 거짓이면 ❺번 아래 else 다음 문장을 수행한다. 연산자 우선순위에 따라 다음의 순서로 조건의 참/거짓을 확인한다.

- $7 == x \wedge y \mathrel{!}= w$

$$\underbrace{\;}_{①} \quad \underbrace{\;}_{②}$$
$$\underbrace{\qquad\qquad}_{③}$$

- ① : 7과 x의 값 4는 같지 않으므로 결과는 거짓(0)이다.
- ② : y의 값 3과 w의 값 7은 같지 않으므로 결과는 참(1)이다.
- ③ ① ^ ② : ①의 결과 0과 ②의 결과 1을 ^(비트 xor) 연산하면 결과는 1이다.
- ∴ 최종 결과는 1이며, 1은 조건에서 참을 의미하므로 ❺번 문장을 수행한다.

❺ w의 값 7을 출력하고 커서를 다음 줄의 처음으로 옮긴다. 모든 if문이 종료되었으므로 ❼번으로 이동하여 프로그램을 종료한다.

결과	7

[문제 18]

Cause-Effect Graph

[문제 19]

※ 다음 중 하나를 쓰면 됩니다.

GUI, Graphical User Interface, Graphic User Interface, 그래픽 사용자 인터페이스

[문제 20]

① Aggregation　　② Generalization

수험자 유의사항

1. 시험 문제지를 받는 즉시 응시하고자 하는 종목의 문제지가 맞는지를 확인하여야 합니다.

2. 시험 문제지 총면수 · 문제번호 순서 · 인쇄상태 등을 확인하고, 수험번호 및 성명을 답안지에 기재하여야 합니다.

3. 문제 및 답안(지), 채점기준은 일절 공개하지 않으며 자신이 작성한 답안, 문제 내용 등을 수험표 등에 이기(옮겨 적는 행위) 등은 관련 법 등에 의거 불이익 조치 될 수 있으니 유의하시기 바랍니다.

4. 수험자 인적사항 및 답안작성(계산식 포함)은 흑색 필기구만 사용하되, 흑색을 제외한 유색 필기구 또는 연필류를 사용하였을 경우 그 문항은 0점 처리됩니다.

5. 답란(답안 기재란)에는 문제와 관련 없는 불필요한 낙서나 특이한 기록사항 등을 기재하여서는 안되며 부정의 목적으로 특이한 표식을 하였다고 판단될 경우에는 모든 문항이 0점 처리됩니다.

6. 답안을 정정할 때에는 반드시 정정부분을 두 줄(=)로 그어 표시하여야 하며, 두 줄로 긋지 않은 답안은 정정하지 않은 것으로 간주합니다. (수정테이프, 수정액 사용불가)

7. 답안의 한글 또는 영문의 오탈자는 오답으로 처리됩니다. 단, 답안에서 영문의 대 · 소문자 구분, 띄어쓰기는 여부에 관계 없이 채점합니다.

8. 계산 또는 디버깅 등 계산 연습이 필요한 경우는 〈문제〉 아래의 연습란을 사용하시기 바라며, 연습란은 채점대상이 아닙니다.

9. 문제에서 요구한 가지 수(항수) 이상을 답란에 표기한 경우에는 답안기재 순으로 요구한 가지 수(항수)만 채점하고 한 항에 여러 가지를 기재하더라도 한 가지로 보며 그 중 정답과 오답이 함께 기재란에 있을 경우 오답으로 처리됩니다.

10. 한 문제에서 소문제로 파생되는 문제나, 가지수를 요구하는 문제는 대부분의 경우 부분채점을 적용합니다. 그러나 소문제로 파생되는 문제 내에서의 부분 배점은 적용하지 않습니다.

11. 답안은 문제의 마지막에 있는 답란에 작성하여야 합니다.

12. 부정 또는 불공정한 방법(시험문제 내용과 관련된 메모지 사용 등)으로 시험을 치른 자는 부정행위자로 처리되어 당해 시험을 중지 또는 무효로 하고, 2년간 국가기술자격검정의 응시자격이 정지됩니다.

13. 시험위원이 시험 중 신분확인을 위하여 신분증과 수험표를 요구할 경우 반드시 제시하여야 합니다.

14. 시험 중에는 통신기기 및 전자기기(휴대용 전화기 등)를 지참하거나 사용할 수 없습니다.

15. 국가기술자격 시험문제는 일부 또는 전부가 저작권법상 보호되는 저작물이고, 저작권자는 한국산업인력공단입니다. 문제의 일부 또는 전부를 무단 복제, 배포, 출판, 전자출판 하는 등 저작권을 침해하는 일체의 행위를 금합니다.

※ 수험자 유의사항 미준수로 인한 채점상의 불이익은 수험자 본인에게 전적으로 책임이 있음

■ 1450601

문제 01 네트워크 및 인터넷과 관련된 다음 설명에 해당하는 용어를 쓰시오. (5점)

- 재난 및 군사 현장과 같이 별도의 고정된 유선망을 구축할 수 없는 장소에서 모바일 호스트(Mobile Host)만을 이용하여 구성한 네트워크이다.
- 망을 구성한 후 단기간 사용되는 경우나 유선망을 구성하기 어려운 경우에 적합하다.
- 멀티 홉 라우팅 기능을 지원한다.

답 :

■ 1450602

문제 02 인터페이스에 관련된 다음 설명에서 괄호(①, ②)에 들어갈 알맞은 용어를 쓰시오. (5점)

- (①) : 사용자가 시스템이나 서비스를 이용하면서 느끼고 생각하게 되는 총체적인 감정 및 경험
- (②) : 사용자와 시스템 간의 상호작용이 원활하게 이뤄지도록 도와주는 장치나 소프트웨어
  예 CLI, GUI 등

답
- ①
- ②

■ 1450603

문제 03 데이터베이스의 상태 변화를 일으키는 트랙잭션(Transaction)의 특성 중 원자성(Atomicity)에 대해 간략히 서술하시오. (5점)

답 :

문제 04 데이터베이스에 대한 다음 설명에서 괄호에 공통으로 들어갈 알맞은 답을 쓰시오. (5점)

테이블을 만들 때는 이상(Anomaly)을 방지하기 위해 데이터들의 중복성 및 종속성을 배제하는 정규화를 수행한다. 아래 그림은 부분 함수적 종속을 제거하여 제 (　　　) 정규형을 만드는 과정이다.

〈Table R〉

A(key)	B(key)	C	D
A345	1001	Seoul	Pmre
D347	1001	Busan	Preo
A210	1007	Gwangju	Ciqen
A345	1007	Seoul	Esto
B230	1007	Daegu	Loid
D347	1201	Busan	Drag

〈Table R〉의 함수적 종속 관계

A, B → C, D
A → C

⬇

〈Table R1〉

A(key)	B(key)	D
A345	1001	Pmre
D347	1001	Preo
A210	1007	Ciqen
A345	1007	Esto
B230	1007	Loid
D347	1201	Drag

〈Table R2〉

A(key)	C
A345	Seoul
D347	Busan
A210	Gwangju
B230	Daegu

〈Table R〉의 경우, C는 key에 해당하는 A와 B중 A에만 종속되는 부분 함수적 종속이다. 이 문제 해결을 위해 〈Table R〉에서 C를 분리하여 〈Table R1〉과 〈Table R2〉로 만들면 제 (　　　) 정규형에 해당하는 테이블이 완성된다.

📋 **답:**

문제 05 SQL과 관련한 다음 설명에서 괄호(①, ②)에 들어갈 알맞은 답을 쓰시오. (5점)

UPDATE문은 테이블에 있는 튜플의 내용을 갱신할 때 사용하는 명령문으로, DML에 해당한다. 다른 DML로는 INSERT, DELETE가 있으며, 각각 새로운 튜플을 삽입하거나 삭제할 때 사용한다.

〈학부생〉 테이블

학부	학과번호	입학생수	담당관
정경대학	110	300	김해율
공과대학	310	250	이성관
인문대학	120	400	김해율
정경대학	120	300	김성수
인문대학	420	180	이율해

다음은 〈학부생〉 테이블에서 '입학생수'가 300이상인 튜플의 '학과번호'를 999로 갱신하는 SQL문이다.

(①) 학부생 (②) 학과번호 = 999 WHERE 입학생수 >= 300;

답

- ①
- ②

문제 06 다음 〈사원〉 테이블과 〈동아리〉 테이블을 조인(Join)한 〈결과〉를 확인하여 〈SQL문〉의 괄호(①, ②)에 들어갈 알맞은 답을 쓰시오. (5점)

〈사원〉

코드	이름	부서
1601	김명해	인사
1602	이진성	경영지원
1731	박영광	개발
2001	이수진	

〈동아리〉

코드	동아리명
1601	테니스
1731	탁구
2001	볼링

〈결과〉

코드	이름	동아리명
1601	김명해	테니스
1602	이진성	
1731	박영광	탁구
2001	이수진	볼링

〈SQL문〉

SELECT a.코드, 이름, 동아리명 FROM 사원 a LEFT JOIN 동아리 b (①) a.코드 = b.(②);

답

- ①
- ②

1450607

문제 07 다음 Python으로 구현된 프로그램을 분석하여 그 실행 결과를 쓰시오. (단, 출력문의 출력 서식을 준수하시오.) (5점)

```
a = 100
result = 0
for i in range(1,3):
    result = a >> i
    result = result + 1
print(result)
```

답 :

1450608

문제 08 보안 및 암호화와 관련된 다음 설명에 해당하는 용어를 쓰시오. (5점)

• 2001년 미국 표준 기술 연구소(NIST)에서 발표한 대칭키 암호화 알고리즘이다.
• DES의 한계를 느낀 NIST에서 공모한 후 발표하였다.
• 블록 크기는 128비트이며, 키 길이에 따라 128, 192, 256으로 분류된다.

답 :

1450609

문제 09 테스트에 대한 다음 설명에서 각 지문(①~③)에 해당하는 커버리지(Coverage)를 〈보기〉에서 찾아 기호(㉠~㉯)로 쓰시오. (5점)

① 최소 한번은 모든 문장이 수행되도록 구성하는 검증 기준
② 조건식이 참(True)/거짓(False)일 때 수행되도록 구성하는 검증 기준
③ ②번과 달리 조건식에 상관없이 개별 조건이 참(True)/거짓(False)일 때 수행되도록 구성하는 검증 기준

〈보기〉

㉠ 다중 조건 검증 기준	㉡ 선택 검증 기준	㉢ 조건 검증 기준
㉣ 결정(분기) 검증 기준	㉤ 결정(분기)/조건 검증 기준	㉯ 구문(문장) 검증 기준

답
• ①
• ②
• ③

▶ 1450610

문제 10 다음은 〈회원〉 테이블에서 '이름'이 "이"로 시작하는 회원들을 '가입일' 순으로 내림차순 정렬하는 〈SQL문〉이다. 괄호(①, ②)에 들어갈 알맞은 답을 쓰시오. (5점)

〈회원〉 테이블

회원번호	이름	성별	가입일
1001	이진성	남	2021-06-23
1002	조이령	여	2021-06-24
1003	최민수	남	2021-06-28
1004	김차희	여	2021-07-03
1005	이미경	여	2021-07-10

〈SQL문〉

```
SELECT * FROM 회원 WHERE 이름 LIKE '(        )' ORDER BY 가입일 (        );
```

답
- ①
- ②

▶ 1450611

문제 11 모듈에 대한 다음 설명에서 각 지문(①~③)에 해당하는 응집도(Cohesion)를 〈보기〉에서 찾아 기호(㉠~㉇)로 쓰시오. (5점)

① 내부의 요소들이 기능적으로 연관성은 없으나, 순차적으로 실행될 때의 응집도
② 서로 다른 기능을 수행하지만 동일한 입력과 출력을 사용할 때의 응집도
③ 하나의 기능에 밀접하게 관련되어 있거나 연관되어 있을 때의 응집도

〈보기〉

㉠ 기능적 응집도	㉡ 순차적 응집도	㉢ 교환적 응집도	㉣ 절차적 응집도
㉤ 시간적 응집도	㉥ 논리적 응집도	㉦ 우연적 응집도	

답
- ①
- ②
- ③

문제 12 네트워크에 관련된 다음 설명에서 괄호(①, ②)에 들어갈 알맞은 용어를 쓰시오. (5점)

- (①) : 연결형 통신에서 주로 사용되는 방식으로, 출발지와 목적지의 전송 경로를 미리 연결하여 논리적으로 고정한 후 통신하는 방식
- (②) : 비연결형 통신에서 주로 사용되는 방식으로, 사전에 접속 절차를 수행하지 않고 헤더에 출발지에서 목적지까지의 경로 지정을 위한 충분한 정보를 붙여서 개별적으로 전달하는 방식

답
- ①
- ②

문제 13 디자인 패턴에 관련된 다음 설명에서 괄호에 들어갈 알맞은 답을 쓰시오. (5점)

디자인 패턴은 모듈 간의 관계 및 인터페이스를 설계할 때 참조할 수 있는 전형적인 해결 방식 또는 예제를 의미한다. 그 중 ( ) 패턴은 클래스나 객체들이 서로 상호작용하는 방법이나 책임 분배 방법을 정의하는 패턴으로, Interpreter, Observer, Command 등이 그 예에 해당한다.

답 :

문제 14 데이터베이스의 병행제어(Concurrency Control) 기법 중 하나로, 접근한 데이터에 대한 연산을 모두 마칠 때까지 추가적인 접근을 제한함으로써 상호 배타적으로 접근하여 작업을 수행하도록 하는 기법을 쓰시오. (5점)

답 :

문제 15 럼바우(Rumbaugh) 데이터 모델링에 대한 다음 설명에서 각 지문(①~③)에 해당하는 모델링을 〈보기〉에서 찾아 기호(㉠~◎)로 쓰시오. (5점)

① 다수의 프로세스들 간의 자료 흐름을 중심으로 처리 과정을 표현한 모델링

　예 자료흐름도(DFD)

② 시간의 흐름에 따른 객체들 간의 제어 흐름, 상호 작용, 동작 순서 등의 동적인 행위를 표현하는 모델링

　예 상태 변화도(STD), 사건 추적도

③ 시스템에서 요구되는 객체를 찾아내어 속성과 연산 식별 및 객체들 간의 관계를 규정하여 표시하는 모델링

　예 ER 다이어그램(ERD)

〈보기〉

㉠ Operation	㉡ Sequence	㉢ Information	㉣ Transaction
㉤ Function	㉥ I/O	㉦ Dynamic	◎ Cause−Effect

답

• ①

• ②

• ③

문제 16 다음 C언어로 구현된 프로그램을 분석하여 그 실행 결과를 쓰시오. (단, 출력문의 출력 서식을 준수하시오.) (5점)

```c
#include <stdio.h>
main() {
    int res = mp(2, 10);
    printf("%d", res);
}
int mp(int base, int exp) {
    int res = 1;
    for (int i = 0; i < exp; i++)
        res *= base;
    return res;
}
```

답 :

문제 17 다음 Java로 구현된 프로그램을 분석하여 괄호에 들어갈 알맞은 예약어를 쓰시오. (5점)

```java
public class Test {
    public static void main(String[] args) {
        System.out.print(Test.check(1));
    }
    (     ) String check(int num){
        return (num >= 0) ? "positive" : "negative";
    }
}
```

답 :

문제 18 다음 C언어로 구현된 프로그램을 분석하여 그 실행 결과를 쓰시오. (단, 출력문의 출력 서식을 준수하시오.) (5점)

```c
#include <stdio.h>
int main() {
    int ary[3];
    int s = 0;
    *(ary + 0) = 1;
    ary[1] = *(ary + 0) + 2;
    ary[2] = *ary + 3;
    for (int i = 0; i < 3; i++)
        s = s + ary[i];
    printf("%d", s);
}
```

답 :

문제 19 다음 Java로 구현된 프로그램을 분석하여 그 실행 결과를 쓰시오. (단, 출력문의 출력 서식을 준수하시오.) (5점)

```java
public class ovr1 {
    public static void main(String[] args) {
        ovr1 a1 = new ovr1();
        ovr2 a2 = new ovr2();
        System.out.println(a1.sun(3,2) + a2.sun(3,2));
    }
    int sun(int x, int y) {
        return x + y;
    }
}
class ovr2 extends ovr1 {
    int sun(int x, int y) {
        return x - y + super.sun(x, y);
    }
}
```

답:

문제 20 통합 테스트에 관련된 다음 설명에서 괄호에 들어갈 알맞은 답을 쓰시오. (5점)

통합 테스트는 단위 테스트가 끝난 모듈을 통합하는 과정에서 발생하는 오류 및 결함을 찾는 테스트 기법으로, 하위 모듈에서 상위 모듈 방향으로 통합하는 상향식 통합 테스트와 상위 모듈에서 하위 모듈 방향으로 통합하는 하향식 통합 테스트가 있다. 상향식 통합 테스트는 미완성이거나 문제가 있는 상위 모듈을 대체할 수 있는 테스트 드라이버가, 하향식 통합 테스트는 미완성이거나 문제가 있는 하위 모듈을 대체할 수 있는 테스트 (   )이 (가) 있어야 원활한 테스트가 가능하다.

답:

[문제 01]

※ 다음 중 하나를 쓰면 됩니다.

애드 혹 네트워크, Ad-hoc Network

※ **답안 작성 시 주의 사항** : 한글 또는 영문을 Full-name이나 약어로 쓰라는 지시사항이 없을 경우 한글이나 영문 약어로 쓰는 것이 유리합니다. 영문을 Full-name으로 풀어쓰다가 스펠링을 틀리면 오답으로 처리되니까요.

[문제 02]

※ 각 문항별로 다음 중 하나를 쓰면 됩니다.

① UX, 사용자 경험, User Experience   ② UI, 사용자 인터페이스, User Interface

[문제 03]

※ 다음 중 밑줄이 표시된 내용은 반드시 포함되어야 합니다.

원자성(Atomicity)은 트랜잭션의 연산은 <u>데이터베이스에 모두 반영되도록</u> 완료(Commit)되든지 아니면 <u>전혀 반영되지 않도록</u> 복구(Rollback)되어야 한다는 특성을 의미한다.

[문제 04]

2

[문제 05]

① UPDATE   ② SET

※ **답안 작성 시 주의 사항** : SQL에 사용되는 예약어, 필드명, 변수명 등은 대소문자를 구분하지 않기 때문에 소문자로 작성해도 정답으로 인정됩니다.

해설

• SQL문

UPDATE 학부생	'학부생' 테이블을 갱신하라.
SET 학과번호 = 999	'학과번호'를 999로 갱신하라.
WHERE 입학생수 >= 300;	'입학생수'가 300이상인 튜플만을 대상으로 하라.

• SQL 실행 결과

학부	학과번호	입학생수	담당관
정경대학	999	300	김해율
공과대학	310	250	이성관
인문대학	999	400	김해율
정경대학	999	300	김성수
인문대학	420	180	이율해

[문제 06]

① ON ② 코드

`SELECT a.코드, 이름, 동아리명`
`FROM 사원 a LEFT JOIN 동아리 b`
 	
`ON a.코드 = b.코드;`
	a가 가리키는 〈사원〉 테이블의 '코드'와 '이름', '동아리명'을 표시한다.
	• LEFT JOIN이므로, 좌측의 〈사원〉 테이블이 기준이 되어 〈사원〉 테이블에 있는 튜플은 모두 표시하고, 우측의 〈동아리〉 테이블에서는 관련이 있는 튜플만 표시한다.
	• 〈사원〉, 〈동아리〉 테이블의 별칭으로 〈a〉, 〈b〉를 지정한다. 〈a〉는 〈사원〉 테이블을, 〈b〉는 〈동아리〉 테이블을 가리키게 된다.
	〈사원〉 테이블의 '코드'와 〈동아리〉 테이블의 '코드'를 기준으로 서로 JOIN한다.

[문제 07]

26

for문을 반복 수행할 때마다 result의 값이 누적되는 것이 아니라 새로운 값으로 치환되며, 그 값에 1을 더한다는 것을 염두에 두고 해설을 참고하세요.

```
❶ a = 100
❷ result = 0
❸ for i in range(1,3):
❹     result = a >> i
❺     result = result + 1
❻ print(result)
```

❶ 변수 a에 100을 저장한다.
❷ 변수 result에 0을 저장한다.
❸ 반복 변수 i가 1에서 시작하여 1씩 증가하면서 3보다 작은 동안 ❹, ❺번을 반복 수행한다.
❹ 〉〉는 오른쪽 시프트 연산자이므로, a에 저장된 값을 오른쪽으로 i비트 이동시킨 다음 그 값을 result에 저장한다. 정수는 4Byte이므로 100을 4Byte 2진수로 변환하여 계산하면 된다.
❺ result의 값에 1을 누적시킨다.
※ ❸~❺ 반복 과정은 다음과 같다.

반복문 1회 수행(i = 1)

• result = a 〉〉 i

　– a의 값 100을 4Byte 2진수로 표현하면 다음과 같다.

　– i는 1이므로 부호를 제외한 전체 비트를 오른쪽으로 1비트 이동시킨다. 양수이므로 패딩 비트(빈 자리)에는 0이 채워진다.

　– 이동된 값을 10진수로 변환하면 50이다. result에는 50이 저장된다.

- result = result + 1
  - result의 값 50에 1을 더하면 result는 51이 된다.

반복문 2회 수행(i = 2)

- result = a >> i
  - i는 2이므로 a의 값 100을 오른쪽으로 2비트 이동시킨다. 양수이므로 패딩 비트(빈 자리)에는 0이 채워진다.

  - 이동된 값을 10진수로 변환하면 25다. result에는 25가 저장된다.
- result = result + 1
  - result의 값 25에 1을 더하면 result는 26이 된다.

❻ result의 값 **26**을 출력한다.

결과 | 26

[문제 08]

※ 다음 중 하나를 쓰면 됩니다.

AES, Advanced Encryption Standard

[문제 09]

① ㅂ ② ㄹ ③ ㄷ

[문제 10]

① 이% ② DESC

해설

- SQL문

SELECT *	모든 속성을 표시한다.
FROM 회원	〈회원〉 테이블에서 검색한다.
WHERE 이름 LIKE '이%'	'이름'이 '이'로 시작하는 튜플만을 대상으로 한다.
ORDER BY 가입일 DESC;	'가입일'을 기준으로 내림차순 정렬한다.

- SQL 실행 결과

회원번호	이름	성별	가입일
1005	이미경	여	2021-07-10
1001	이진성	남	2021-06-23

[문제 11]

① ㄹ ② ㄷ ③ ㄱ

[문제 12]

※ 각 문항별로 다음 중 하나를 쓰면 됩니다.

① 가상 회선, 가상 회선 방식, VC, Virtual Circuit ② 데이터그램, 데이터그램 방식, Datagram

[문제 13]

※ 다음 중 하나를 쓰면 됩니다.

행위, Behavioral

[문제 14]

※ 다음 중 하나를 쓰면 됩니다.

로킹, Locking

[문제 15]

① ⓜ   ② ⓢ   ③ ⓒ

[문제 16]

1024

해설

```
   #include <stdio.h>
   main() {
❶❼    int res = mp(2, 10);
❽     printf("%d", res);
   }
❷ int mp(int base, int exp) {
❸    int res = 1;
❹    for (int i = 0; i < exp; i++)
❺       res *= base;
❻    return res;
   }
```

모든 C언어 프로그램은 반드시 main( ) 함수에서 시작한다.

❶ 정수형 변수 res를 선언하고, 2와 10을 인수로 mp( ) 함수를 호출한 후 돌려받은 값을 res에 저장한다.

❷ 정수를 반환하는 mp( ) 함수의 시작점이다. ❶번에서 전달받은 2와 10을 base와 exp가 받는다.

❸ 정수형 변수 res를 선언하고 1로 초기화한다.

❹ 반복 변수 i가 0에서 시작하여 1씩 증가하면서 exp보다 작은 동안 ❺번을 반복 수행한다.

❺ 'res = res * base;'와 동일하다. res와 base를 곱한 값을 res에 저장한다.

반복문 실행에 따른 변수들의 변화는 다음과 같다.

base	exp	i	res
2	10		1
		0	2
		1	4
		2	8
		3	16
		4	32
		5	64
		6	128
		7	256
		8	512
		9	1024
		10	

❻ res의 값 1024를 mp( )를 호출했던 **❼**번으로 반환한다.
❼ **❻**번으로부터 반환받은 값 1024를 res에 저장한다.
❽ res의 값을 출력한다.

결과 `1024`

[문제 17]

static

※ **답안 작성 시 주의 사항** : C, Java, Python 등의 프로그래밍 언어에서 사용하는 변수명과 예약어는 대소문자를 구분하기 때문에 작성할 때 대소문자를 구분해서 정확히 작성해야 합니다.

> **해설**
>
> static은 클래스 이름으로 메소드에 접근하기 위해 사용하는 예약어로, 메소드를 사용하기 위해서는 메소드가 포함된 클래스의 객체 변수를 선언한 후 [객체 변수].[메소드]의 방식으로 접근해야 하지만 static을 이용하면 객체 변수 없이 [클래스 이름].[메소드]의 방식으로 접근하는 것이 가능해집니다.

```
public class Test {
    public static void main(String[] args) {
❶❹       System.out.print(Test.check(1));
    }
❷   static String check(int num){
❸       return (num >= 0) ? "positive" : "negative";
    }
}
```

모든 Java 프로그램은 반드시 main( ) 메소드에서 시작한다.
❶ 1을 인수로 Test 클래스의 check( ) 메소드를 호출한 후 돌려받은 값을 출력한다.
❷ 문자열을 반환하는 check( ) 메소드의 시작점이다. **❶**번에서 전달받은 1을 num이 받는다.
❸ num이 0보다 크거나 같으면 "positive"를 반환하고, 아니면 "negative"를 반환한다. num의 값 1은 0보다 크므로 "positive"를 **❹**번으로 반환한다.
❹ **❸**번에서 돌려받은 **positive**를 출력한다.

결과 `positive`

[문제 18]

8

> **해설**

```
#include <stdio.h>
int main() {
❶ int ary[3];
❷ int s = 0;
❸ *(ary + 0) = 1;
❹ ary[1] = *(ary + 0) + 2;
❺ ary[2] = *ary + 3;
❻ for (int i = 0; i < 3; i++)
❼    s = s + ary[i];
❽ printf("%d", s);
}
```

❶ 3개의 요소를 갖는 정수형 배열 ary를 선언한다. 메모리 주소는 임의로 정한 것이다.

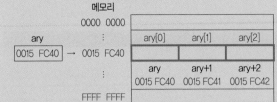

❷ 정수형 변수 s를 선언하고 0으로 초기화한다.
❸ ary+0이 가리키는 곳에 1을 저장한다.

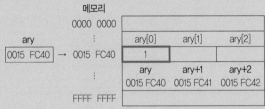

❹ ary[1]에 ary+0이 가리키는 곳의 값 1에 2를 더한 값을 저장한다.

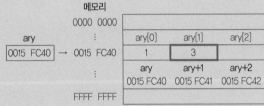

❺ ary[2]에 ary가 가리키는 곳의 값 1에 3을 더한 값을 저장한다.

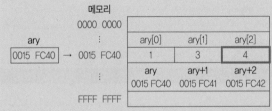

❻ 반복 변수 i가 0에서 시작하여 1씩 증가하면서 3보다 작은 동안 ❼번을 반복 수행한다.
❼ s에 ary[i]의 값을 누적한다.
반복문 실행에 따른 변수들의 변화는 다음과 같다.

i	ary[i]	s
0	1	1
1	3	4
2	4	8
3		

❽ s의 값을 출력한다.

결과 8

[문제 19]
11

> **해설**
>
> ```
> public class ovr1 {
>     public static void main(String[] args) {
> ❶       ovr1 a1 = new ovr1();
> ❷       ovr2 a2 = new ovr2();
> ❸❻⓬     System.out.println(a1.sun(3,2) + a2.sun(3,2));
>     }
> ❹❾  int sun(int x, int y) {
> ❺❿      return x + y;
>     }
> }
> class ovr2 extends ovr1 {    클래스 ovr2를 정의하고 부모 클래스로 ovr1을 지정하면서 ovr1에 속한 변수와 메소드를 상속받는다.
> ❼    int sun(int x, int y) {
> ❽⓫      return x - y + super.sun(x, y);
>     }
> }
> ```
>
> 모든 Java 프로그램은 반드시 main( ) 메소드에서 시작한다.
> ❶ 클래스 ovr1의 객체변수 a1을 선언한다.
> ❷ 클래스 ovr2의 객체변수 a2를 선언한다.
> ❸ 3과 2를 인수로 a1의 sun( ) 메소드를 호출한 결과와, 3과 2를 인수로 a2의 sun( ) 메소드를 호출한 결과를 합하여 출력한 후 커서를 다음 줄로 옮긴다. 먼저 a1의 sun( ) 메소드를 호출한다.
> ❹ 정수를 반환하는 a1의 sun( ) 메소드의 시작점이다. ❸번에서 전달받은 3과 2를 x와 y가 받는다.
> ❺ x와 y를 더한 값 5를 함수를 호출했던 ❻번으로 반환한다.
> ❻ ❺번으로부터 a1의 sun( ) 메소드를 호출한 결과로 5를 전달받았으므로, 이번에는 3과 2를 인수로 a2의 sun( ) 메소드를 호출한다.
> ❼ 정수를 반환하는 a2의 sun( ) 메소드의 시작점이다. ❻번에서 전달받은 3과 2를 x와 y가 받는다.
> ❽ x에서 y를 뺀 값에 3과 2를 인수로 부모 클래스인 ovr1의 sun( ) 메소드를 호출한 결과를 더하여 함수를 호출했던 ⓬번으로 반환한다.
> ❾~⓫ 3과 2를 인수로 ovr1의 sun( ) 메소드를 수행한 결과를 ❹~❺번에서 구했으므로 그 결과를 그대로 사용하면 된다. ❿번에서 5를 돌려받아 계산한 값 6(3-2+5)을 함수를 호출했던 ⓬번으로 반환한다.
> ⓬ ❺번으로부터 돌려받은 5와 ⓫번으로부터 돌려받은 6을 더한 값 **11**을 출력하고 커서를 다음 줄로 옮긴다.
>
> **결과**   11

[문제 20]
※ 다음 중 하나를 쓰면 됩니다.
스텁, Stub

수험자 유의사항

1. 시험 문제지를 받는 즉시 응시하고자 하는 종목의 문제지가 맞는지를 확인하여야 합니다.

2. 시험 문제지 총면수·문제번호 순서·인쇄상태 등을 확인하고, 수험번호 및 성명을 답안지에 기재하여야 합니다.

3. 문제 및 답안(지), 채점기준은 일절 공개하지 않으며 자신이 작성한 답안, 문제 내용 등을 수험표 등에 이기(옮겨 적는 행위) 등은 관련 법 등에 의거 불이익 조치 될 수 있으니 유의하시기 바랍니다.

4. 수험자 인적사항 및 답안작성(계산식 포함)은 흑색 필기구만 사용하되, 흑색을 제외한 유색 필기구 또는 연필류를 사용하였을 경우 그 문항은 0점 처리됩니다.

5. 답란(답안 기재란)에는 문제와 관련 없는 불필요한 낙서나 특이한 기록사항 등을 기재하여서는 안되며 부정의 목적으로 특이한 표식을 하였다고 판단될 경우에는 모든 문항이 0점 처리됩니다.

6. 답안을 정정할 때에는 반드시 정정부분을 두 줄(=)로 그어 표시하여야 하며, 두 줄로 긋지 않은 답안은 정정하지 않은 것으로 간주합니다. (수정테이프, 수정액 사용불가)

7. 답안의 한글 또는 영문의 오탈자는 오답으로 처리됩니다. 단, 답안에서 영문의 대·소문자 구분, 띄어쓰기는 여부에 관계 없이 채점합니다.

8. 계산 또는 디버깅 등 계산 연습이 필요한 경우는 〈문제〉 아래의 연습란을 사용하시기 바라며, 연습란은 채점대상이 아닙니다.

9. 문제에서 요구한 가지 수(항수) 이상을 답란에 표기한 경우에는 답안기재 순으로 요구한 가지 수(항수)만 채점하고 한 항에 여러 가지를 기재하더라도 한 가지로 보며 그 중 정답과 오답이 함께 기재란에 있을 경우 오답으로 처리됩니다.

10. 한 문제에서 소문제로 파생되는 문제나, 가지수를 요구하는 문제는 대부분의 경우 부분채점을 적용합니다. 그러나 소문제로 파생되는 문제 내에서의 부분 배점은 적용하지 않습니다.

11. 답안은 문제의 마지막에 있는 답란에 작성하여야 합니다.

12. 부정 또는 불공정한 방법(시험문제 내용과 관련된 메모지 사용 등)으로 시험을 치른 자는 부정행위자로 처리되어 당해 시험을 중지 또는 무효로 하고, 2년간 국가기술자격검정의 응시자격이 정지됩니다.

13. 시험위원이 시험 중 신분확인을 위하여 신분증과 수험표를 요구할 경우 반드시 제시하여야 합니다.

14. 시험 중에는 통신기기 및 전자기기(휴대용 전화기 등)를 지참하거나 사용할 수 없습니다.

15. 국가기술자격 시험문제는 일부 또는 전부가 저작권법상 보호되는 저작물이고, 저작권자는 한국산업인력공단입니다. 문제의 일부 또는 전부를 무단 복제, 배포, 출판, 전자출판 하는 등 저작권을 침해하는 일체의 행위를 금합니다.

※ 수험자 유의사항 미준수로 인한 채점상의 불이익은 수험자 본인에게 전적으로 책임이 있음

문제 01 네트워크 및 인터넷과 관련된 다음 설명에 해당하는 용어를 쓰시오. (5점)

인터넷 환경에서의 호스트 상호 간 통신에서 연결된 네트워크 접속 장치의 물리적 주소인 MAC 주소를 이용하여 IP 주소를 찾는 인터넷 계층의 프로토콜로, 역순 주소 결정 프로토콜이라 불린다.

目 :

문제 02 데이터베이스 설계에 대한 다음 설명에서 괄호(①~③)에 들어갈 알맞은 답을 쓰시오. (5점)

1. (①) : 논리적 구조로 표현된 데이터를 디스크 등의 저장장치에 저장할 수 있는 데이터로 변환하는 과정으로, 파일의 저장 구조 및 액세스 경로를 결정하며, 테이블 정의서 및 명세서가 산출된다.
2. (②) : 현실 세계에 대한 인식을 추상적 개념으로 표현하는 과정으로, 개념 스키마 모델링과 트랜잭션 모델링을 수행하며, 요구 조건 명세를 E-R 다이어그램으로 작성한다.
3. (③) : 현실의 자료를 특정 DBMS가 지원하는 자료구조로 변환하는 과정으로, 트랜잭션의 인터페이스를 설계하고, 정규화를 통해 스키마를 평가 및 정제한다.

目
- ①
- ②
- ③

문제 03 웹 서비스(Web Service)와 관련된 다음 설명에 해당하는 용어를 쓰시오. (5점)

웹 서비스와 관련된 서식이나 프로토콜 등을 표준적인 방법으로 기술하고 게시하기 위한 언어로, XML로 작성되며 UDDI의 기초가 된다. SOAP, XML 스키마와 결합하여 인터넷에서 웹 서비스를 제공하기 위해 사용되며, 클라이언트는 이것을 통해 서버에서 어떠한 조작이 가능한지를 파악할 수 있다.

目 :

문제 04 요구사항 확인에 대한 다음 설명에서 괄호(①, ②)에 들어갈 알맞은 답을 쓰시오. (5점)

(①) 요구사항은 시스템이 무엇을 하는지, 어떤 기능을 하는지 등 사용자가 시스템을 통해 제공받기를 원하는 기능이나 시스템이 반드시 수행해야 하는 기능을 의미한다.
(②) 요구사항은 품질이나 제약사항과 관련된 요구사항으로, 시스템의 장비 구성, 성능, 인터페이스, 테스트, 보안 등의 요구사항을 말한다.

目
- ①
- ②

문제 05 다음 Python으로 구현된 프로그램을 분석하여 그 실행 결과를 쓰시오. (단, 출력문의 출력 서식을 준수하시오.) (5점)

```python
class CharClass:
    a = ['Seoul', 'Kyeongi', 'Inchon', 'Daejeon', 'Daegu', 'Pusan'];
myVar = CharClass()
str01 = ' '
for i in myVar.a:
    str01 = str01 + i[0]
print(str01)
```

답 :

문제 06 ⟨EMP_TBL⟩ 테이블을 참고하여 ⟨SQL문⟩의 실행 결과를 쓰시오. (5점)

⟨EMP_TBL⟩

EMPNO	SAL
100	1500
200	3000
300	2000

⟨처리 조건⟩

SELECT COUNT(*) FROM EMP_TBL WHERE EMPNO > 100 AND SAL >= 3000 OR EMPNO = 200;

답 :

▶ 1450507

문제 07 다음 Java로 구현된 프로그램을 분석하여 그 실행 결과를 쓰시오. (단, 출력문의 출력 서식을 준수하시오.) (5점)

```java
public class Test {
    public static void main(String[] args) {
        int aa[][] = { {45, 50, 75},
                        {89} };
        System.out.println(aa[0].length);
        System.out.println(aa[1].length);
        System.out.println(aa[0][0]);
        System.out.println(aa[0][1]);
        System.out.println(aa[1][0]);
    }
}
```

답 :

▶ 1450508

문제 08 시스템의 성능을 향상시키고 개발 및 운영의 편의성 등을 높이기 위해 정규화된 데이터 모델을 의도적으로 통합, 중복, 분리하여 정규화 원칙을 위배하는 행위를 가리키는 용어를 쓰시오. (5점)

답 :

▶ 1450509

문제 09 애플리케이션 테스트에 대한 다음 설명에서 괄호(①, ②)에 공통으로 들어갈 알맞은 답을 쓰시오. (5점)

(①)은 입력 조건의 중간값보다 경계값에서 오류가 발생될 확률이 높다는 점을 이용한 검사 기법이고, (②)는 입력 조건이 유효한 경우와 그렇지 않은 경우의 입력 자료의 개수를 균등하게 정하는 검사 기법이다. 예를 들어 0 <= x <= 10과 같은 조건이 있을 때, (①)은 -1, 0, 10, 11을 입력값으로, (②)는 0이상 10이하의 수 n개와 0미만 10초과의 수 n개를 입력값으로 정한다.

답
• ①
• ②

문제 10 애플리케이션 테스트에 대한 다음 설명에서 각 지문(①, ②)에 해당하는 용어를 〈보기〉에서 찾아 기호(㉠~㉤)로 쓰시오. (5점)

① 코딩 직후 소프트웨어 설계의 최소 단위인 모듈이나 컴포넌트에 초점을 맞춰 수행하는 테스트로, 모듈 테스트라고도 불린다. 사용자의 요구사항을 기반으로 한 기능성 테스트를 최우선으로 인터페이스, 외부적 I/O, 자료구조, 독립적 기초 경로, 오류 처리 경로, 경계 조건 등을 검사한다.

② 모듈들을 결합하여 하나의 시스템으로 완성시키는 과정에서의 테스트를 의미하며, 모듈 간 또는 컴포넌트 간의 인터페이스가 정상적으로 실행되는지 검사한다.

〈보기〉

㉠ 시스템 테스트	㉡ 인수 테스트	㉢ 알파 테스트
㉣ 단위 테스트	㉤ 통합 테스트	㉥ 회귀 테스트

답
- ①
- ②

문제 11 인터넷에 대한 다음 설명에서 괄호(①, ②)에 들어갈 알맞은 답을 쓰시오. (5점)

1. IPv6는 (①) 비트의 주소를 가지며, 인증성, 기밀성, 데이터 무결성의 지원으로 보안 문제를 해결할 수 있고, 주소의 확장성, 융통성, 연동성이 뛰어나다.
2. IPv4는 32 비트의 주소를 가지며 (②) 비트씩 4부분, 총 32비트로 구성되어 있다. IPv4는 네트워크 부분의 길이에 따라 A 클래스에서 E 클래스까지 총 5단계로 구성되어 있다.

답 :

문제 12 네트워크에 관련된 다음 설명에 해당하는 용어를 쓰시오. (5점)

모듈 간 통신 방식을 구현하기 위해 사용되는 대표적인 프로그래밍 인터페이스 집합으로, 복수의 프로세스를 수행하며 이뤄지는 프로세스 간 통신까지 구현이 가능하다. 대표적인 메소드에는 공유 메모리(Shared Memory), 소켓(Socket), 세마포어(Semaphores), 파이프와 네임드 파이프(Pipes&named Pipes), 메시지 큐잉(Message Queueing)이 있다.

답 :

문제 13 기업 내 각종 애플리케이션 및 플랫폼 간의 정보 전달, 연계, 통합 등 상호 연동이 가능하게 해주는 솔루션으로, Point-to-Point, Hub&Spoke, Message Bus, Hybrid 등의 다양한 방식으로 구축이 가능한 모듈 연계 방법을 쓰시오. (5점)

답 :

문제 14 다음 테이블에서 카디널리티(Cardinality)와 디그리(Degree)를 구하시오. (5점)

〈회원〉

ID	이름	거주지	신청강의
191-SR05	백영헌	마포구	E01
024-RU09	차수인	관악구	S03
181-SQ03	허채빈	서대문구	E02
059-RL08	윤지호	광진구	S03
029-SX07	배서희	서대문구	E02

답
- ① 카디널리티(Cardinality) :
- ② 디그리(Degree) :

문제 15 다음 C 언어로 구현된 프로그램을 분석하여 그 실행 결과를 쓰시오. (단, 출력문의 출력 서식을 준수하시오.) (5점)

```c
#include <stdio.h>
main() {
    struct insa {
        char name[10];
        int age;
    } a[] = { "Kim", 28, "Lee", 38, "Park", 42, "Choi", 31 };
    struct insa* p;
    p = a;
    p++;
    printf("%s\n", p->name);
    printf("%d\n", p->age);
}
```

답 :

문제 16 데이터 모델의 구성 요소에 대한 다음 설명에서 괄호(①, ②)에 들어갈 알맞은 답을 쓰시오. (5점)

1. (①)은 데이터베이스에 저장된 실제 데이터를 처리하는 작업에 대한 명세로서 데이터베이스를 조작하는 기본 도구에 해당한다.
2. (②)는 논리적으로 표현된 객체 타입들 간의 관계로서 데이터의 구성 및 정적 성질을 표현한다.
3. 제약 조건은 데이터베이스에 저장될 수 있는 실제 데이터의 논리적인 제약 조건을 의미한다.

답

- ①   • ②

문제 17 데이터베이스 보안에 관련된 다음 설명에 해당하는 용어를 쓰시오. (5점)

접근통제는 데이터가 저장된 객체와 이를 사용하려는 주체 사이의 정보 흐름을 제한하는 것이다. 이러한 접근통제에 관한 기술 중 ( )는 데이터에 접근하는 사용자의 신원에 따라 접근 권한을 부여하여 제어하는 방식으로, 데이터의 소유자가 접근통제 권한을 지정하고 제어한다. 객체를 생성한 사용자가 생성된 객체에 대한 모든 권한을 부여받고, 부여된 권한을 다른 사용자에게 허가할 수도 있다.

답 :

문제 18 다음 Java로 구현된 프로그램을 분석하여 그 실행 결과를 쓰시오. (단, 출력문의 출력 서식을 준수하시오.) (5점)

```java
public class Test {
    public static void main(String[] args) {
        int j, i;
        for (j = 0, i = 0; i <= 5; i++) {
            j += i;
            System.out.print(i);
            if (i == 5) {
                System.out.print("=");
                System.out.print(j);
            }
            else
                System.out.print("+");
        }
    }
}
```

답 :

문제 19 데이터 모델의 구성 요소에 대한 다음 설명에서 괄호(①~③)에 들어갈 알맞은 답을 〈보기〉에서 찾아 기호(㉠~㉺)로 쓰시오. (5점)

1. (①)는 모듈 간의 인터페이스로 데이터, 지역 변수 등을 직접 참조하거나 수정할 때의 결합도다.
2. (②)는 모듈 간의 인터페이스로 배열이나 레코드 등의 자료 구조가 전달될 때의 결합도다.
3. (③)는 모듈 간의 인터페이스로 파라미터가 아닌 모듈 밖에 선언된 전역 변수를 사용하여 전역 변수를 갱신하는 방식으로 상호작용하는 때의 결합도다.

〈보기〉

㉠ 자료 결합도	㉡ 스탬프 결합도	㉢ 제어 결합도
㉣ 공통 결합도	㉤ 내용 결합도	㉥ 외부 결합도

답
- ①
- ②
- ③

문제 20 네트워크 및 인터넷 보안에 관련된 다음 설명에서 괄호에 공통으로 들어갈 알맞은 답을 쓰시오. (5점)

- ( )은 '세션을 가로채다'라는 의미로, 정상적인 연결을 RST 패킷을 통해 종료시킨 후 재연결 시 희생자가 아닌 공격자에게 연결하는 공격 기법이다.
- TCP ( )은 공격자가 TCP 3-Way-Handshake 과정에 끼어듦으로써 서버와 상호 간의 동기화된 시퀀스 번호를 갖고 인가되지 않은 시스템의 기능을 이용하거나 중요한 정보에 접근할 수 있게 된다.

답 :

[문제 01]

※ 다음 중 하나를 쓰면 됩니다.

RARP, Reverse Address Resolution Protocol

※ **답안 작성 시 주의 사항** : 한글 또는 영문을 Full-name이나 약어로 쓰라는 지시사항이 없을 경우 한글이나 영문 약어로 쓰는 것이 유리합니다. 영문을 Full-name으로 풀어쓰다가 스펠링을 틀리면 오답으로 처리되니까요.

[문제 02]

① 물리적 설계   ② 개념적 설계   ③ 논리적 설계

[문제 03]

※ 다음 중 하나를 쓰면 됩니다.

WSDL, Web Services Description Language

[문제 04]

① 기능   ② 비기능

[문제 05]

SKIDDP

※ **답안 작성 시 주의 사항** : C, Java, Python 등의 프로그래밍 언어에서는 대소문자를 구분하기 때문에 출력 결과도 대소문자를 구분하여 정확하게 작성해야 합니다. 예를 들어, 소문자로 skiddp로 썼을 경우 부분 점수 없이 완전히 틀린 것으로 간주됩니다.

해설

```
   class CharClass:                        클래스 CharClass를 정의한다.
      a = ['Seoul', 'Kyeongi', 'Inchon', 'Daejeon', 'Daegu', 'Pusan'];
                                            클래스의 속성(변수) a에 6개의 요소를 리스트로 저장한다.
❶ myVar = CharClass( )
❷ str01 = ' '
❸ for i in myVar.a:
❹    str01 = str01 + i[0]
❺ print(str01)
```

❶ CharClass의 객체 변수 myVar를 선언한다.

	myVar.a[0]	myVar.a[1]	myVar.a[2]	myVar.a[3]	myVar.a[4]	myVar.a[5]
myVar.a	Seoul	Kyeongi	Inchon	Daejeon	Daegu	Pusan

❷ 변수 str01을 선언하고, 작은 따옴표 두 개를 이어붙인 빈 문자열을 저장한다.

※ Python은 자료형을 별도로 선언하지 않으므로, 이와 같은 방식으로 해당 변수가 어떤 형식으로 사용될 것인지 지정할 수 있다. 여기서는 ❹번의 연산에서 + 기호로 문자 더하기 연산을 수행하기 위해 지정하였다.

❸ 객체 변수 myVar의 리스트 a의 요소 수만큼 ❹번 문장을 반복 수행한다. 리스트 a는 6개의 요소를 가지므로 각 요소를 i에 할당하면서 ❹번을 6회 수행한다.

❹ str01과 i에 저장된 문자열의 첫 번째 글자(i[0])를 더하여 str01에 저장한다. 즉 str01에 저장된 문자 뒤에 i에 저장된 문자열의 첫 번째 글자가 덧붙여진다.

• 1회 : i에 myVar.a[0]이 저장되고 i의 0번째 글자 S가 str01에 저장된다.

str01		i[0]	i[1]	i[2]	i[3]	i[4]		i
S	←	S	e	o	u	l	←	Seoul

• 2회 : i에 myVar.a[1]이 저장되고 i의 0번째 글자 K가 str01에 더해진다.

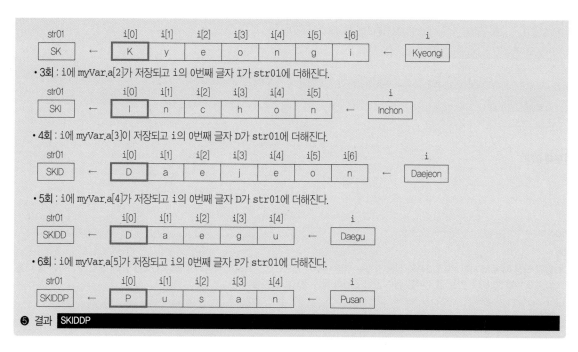

str01		i[0]	i[1]	i[2]	i[3]	i[4]	i[5]	i[6]		i
SK	←	K	y	e	o	n	g	i	←	Kyeongi

- 3회 : i에 myVar.a[2]가 저장되고 i의 0번째 글자 I가 str01에 더해진다.

str01		i[0]	i[1]	i[2]	i[3]	i[4]	i[5]		i
SKI	←	I	n	c	h	o	n	←	Inchon

- 4회 : i에 myVar.a[3]이 저장되고 i의 0번째 글자 D가 str01에 더해진다.

str01		i[0]	i[1]	i[2]	i[3]	i[4]	i[5]	i[6]		i
SKID	←	D	a	e	j	e	o	n	←	Daejeon

- 5회 : i에 myVar.a[4]가 저장되고 i의 0번째 글자 D가 str01에 더해진다.

str01		i[0]	i[1]	i[2]	i[3]	i[4]		i
SKIDD	←	D	a	e	g	u	←	Daegu

- 6회 : i에 myVar.a[5]가 저장되고 i의 0번째 글자 P가 str01에 더해진다.

str01		i[0]	i[1]	i[2]	i[3]	i[4]		i
SKIDDP	←	P	u	s	a	n	←	Pusan

❺ 결과   **SKIDDP**

[문제 06]

1

해설

SQL도 프로그래밍 언어와 마찬가지로 OR 연산자에 비해 AND 연산자의 우선순위가 높다. 즉 식1 AND 식2 OR 식3과 같이 조건이 제시된 경우 식1 AND 식2의 조건을 먼저 확인한 후 그 결과와 식3의 OR 조건을 확인해야 한다.

`SELECT COUNT(*)`	튜플의 개수를 표시한다.
`FROM EMP_TBL`	〈EMP_TBL〉 테이블에서 검색한다.
`WHERE EMPNO > 100`	'EMPNO'가 100보다 크고
`    AND SAL >= 3000`	'SAL'이 3000 이상이거나,
`    OR EMPNO = 200;`	'EMPNO'가 200인 튜플만을 대상으로 한다.

〈과정〉

① 'EMPNO'가 100보다 큰 튜플은 다음과 같다.

EMPNO	SAL
200	3000
300	2000

② 'SAL'이 3000 이상인 튜플은 다음과 같다.

EMPNO	SAL
200	3000

③ ①, ②의 조건을 동시에 만족(AND)하는 튜플은 다음과 같다.

EMPNO	SAL
200	3000

④ 'EMPNO'가 200인 튜플은 다음과 같다.

EMPNO	SAL
200	3000

⑤ ③번 또는 ④번의 튜플 중 한 번이라도 포함된(OR) 튜플은 다음과 같다.

EMPNO	SAL
200	3000

⑥ COUNT(*) 함수에 따라 ⑤번 튜플의 개수를 표시하면 다음과 같다.

COUNT(*)
1

[문제 07]

3

1

45

50

89

※ **답안 작성 시 주의 사항** : 프로그램의 실행 결과는 부분 점수가 없으므로 정확하게 작성해야 합니다. 예를 들어, 출력값 사이에 줄 나눔 없이 3 1 45 50 89로 썼을 경우 부분 점수 없이 완전히 틀린 것으로 간주됩니다.

해설

```
public class Test {
   public static void main(String[] args) {
❶    int aa[][] = { {45, 50, 75},
                     {89} };
❷    System.out.println(aa[0].length);
❸    System.out.println(aa[1].length);
❹    System.out.println(aa[0][0]);
❺    System.out.println(aa[0][1]);
❻    System.out.println(aa[1][0]);
   }
}
```

❶ 4개의 요소를 갖는 정수형 2차원 배열 aa를 선언한다.

	aa[0][0]	aa[0][1]	aa[0][2]
aa	45	50	75
	89		
	aa[1][0]		

❷ aa[0] 배열의 길이 **3**을 출력하고 커서를 다음 줄의 처음으로 옮긴다.
  • length : length는 배열 클래스의 속성으로, 배열 요소의 개수가 저장되어 있다. aa[0] 배열은 2차원 배열 aa의 첫 번째 행을 가리키는 것이므로, aa[0].length는 첫 번째 행의 요소 수 3을 가지고 있다.

  결과 3

❸ aa[1] 배열의 길이 **1**을 출력하고 커서를 다음 줄의 처음으로 옮긴다.
  • aa[1] 배열은 2차원 배열 aa의 두 번째 행을 가리키는 것이므로, aa[1].length는 두 번째 행의 요소 수 1을 가지고 있다.

  결과 3
        1

❹ aa[0][0]의 값 **45**를 출력하고 커서를 다음 줄의 처음으로 옮긴다.

  결과 3
        1
        45

❺ aa[0][1]의 값 50을 출력하고 커서를 다음 줄의 처음으로 옮긴다.

```
3
1
45
50
```
결과

❻ aa[1][0]의 값 89를 출력하고 커서를 다음 줄의 처음으로 옮긴다.

```
3
1
45
50
89
```
결과

[문제 08]

※ 다음 중 하나를 쓰면 됩니다.

반정규화, Denormalization

[문제 09]

※ 각 문항별로 다음 중 하나를 쓰면 됩니다.

① 경계값 분석, Boundary Value Analysis

② 동치 분할 검사, 동치 클래스 분해, Equivalence Partitioning Testing

[문제 10]

① ㄹ   ② ㅁ

[문제 11]

① 128   ② 8

[문제 12]

※ 다음 중 하나를 쓰면 됩니다.

IPC, Inter-Process Communication

[문제 13]

※ 다음 중 하나를 쓰면 됩니다.

EAI, Enterprise Application Integration

[문제 14]

① 5   ② 4

[문제 15]

Lee

38

※ **답안 작성 시 주의 사항** : 프로그램의 실행 결과는 부분 점수가 없으므로 정확하게 작성해야 합니다. 예를 들어, 출력값 사이에 줄 나눔 없이 Lee 38로 썼을 경우 부분 점수 없이 완전히 틀린 것으로 간주됩니다.

```
#include <stdio.h>
main() {
❶ struct insa {
❷    char name[10];
❸    int age;
❹ } a[] = { "Kim", 28, "Lee", 38, "Park", 42, "Choi", 31 };
❺ struct insa* p;
❻ p = a;
❼ p++;
❽ printf("%s\n", p->name);
❾ printf("%d\n", p->age);
}
```

❶ 구조체 insa를 정의한다.
- **구조체(struct)** : 배열이 같은 자료형과 이름을 가진 변수의 모임이라면, 구조체는 서로 다른 자료형과 이름을 가진 변수의 모임이다.

❷ insa의 멤버로 10개의 요소를 갖는 문자형 배열 name을 선언한다.

❸ insa의 멤버로 정수형 변수 age를 선언한다.
- **멤버(member)** : 구조체에 속한 변수

❹ insa 구조체의 형태로 a 배열을 선언하고 초기화한다.

	a[0]	a[1]	a[2]	a[3]
name[10]	Kim	Lee	Park	Choi
age	28	38	42	31

- 구조체의 멤버에 접근하기 위한 형식은 **[구조체변수].[멤버]**이다.
  예 printf("%s", a[0].name); → Kim, printf("%d", a[2].age); → 42
- 구조체의 포인터를 이용하여 멤버에 접근하기 위한 형식은 **[포인터]→[멤버]** 또는 **(*[포인터]).[멤버]**이다.
  예 p가 a[1]를 가리키는 포인터 변수인 경우
  printf("%s", p→)name); → Lee, printf("%d", (*p).age); → 38

❺ insa 구조체를 가리키는 포인터 변수 p를 선언한다.

❻ p에 a를 저장한다. a는 배열명이므로 배열의 시작위치인 a[0]의 위치가 p에 저장된다.

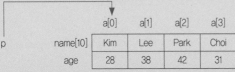

		a[0]	a[1]	a[2]	a[3]
p	name[10]	Kim	Lee	Park	Choi
	age	28	38	42	31

❼ 'p = p + 1;'과 동일하다. p의 값을 1 증가시킨다. 주소에 1을 더하는 것은 다음 자료를 가리키라는 것을 의미하므로, p는 a[1]의 위치를 가리키게 된다.

		a[0]	a[1]	a[2]	a[3]
p	name[10]	Kim	Lee	Park	Choi
	age	28	38	42	31

❽ p가 가리키는 곳의 멤버 **name**을 출력한다. 이어서 커서를 다음 줄의 처음으로 옮긴다.

결과   LEE

❾ p가 가리키는 곳의 멤버 **age**를 출력한다. 이어서 커서를 다음 줄의 처음으로 옮긴다.

결과   LEE
       38

[문제 16]

※ 각 문항별로 다음 중 하나를 쓰면 됩니다.

① 연산, Operation　　② 구조, Structure

[문제 17]

※ 다음 중 하나를 쓰면 됩니다.

임의 접근통제, DAC, Discretionary Access Control

[문제 18]

0＋1＋2＋3＋4＋5＝15

해설

```
public class Test {
  public static void main(String[] args) {
❶    int j, i;
❷    for (j = 0, i = 0; i <= 5; i++) {
❸      j += i;
❹      System.out.print(i);
❺      if (i == 5) {
❻        System.out.print("=");
❼        System.out.print(j);
      }
      else
❽        System.out.print("+");
    }
  }
}
```

❶ 정수형 변수 j, i를 선언한다.

❷ 반복 변수 i가 0부터 1씩 증가하면서 5보다 작거나 같은 동안 ❸~❽번을 반복 수행한다. i가 0으로 초기화될 때 j도 0으로 초기화된다.

❸ 'j = j + i;'와 동일하다. j에 i의 값을 누적시킨다.

❹ i의 값을 출력한다.

❺ i가 5와 같으면 ❻, ❼번을 수행하고, 아니면 ❽번을 수행한다.

❻ ＝을 출력한다.

❼ j의 값을 출력한다.

❽ ＋를 출력한다.

반복문 실행에 따른 변수들의 변화는 다음과 같다.

i	j	출력
0	0	0＋
1	1	0＋1＋
2	3	0＋1＋2＋
3	6	0＋1＋2＋3＋
4	10	0＋1＋2＋3＋4＋
5	15	0＋1＋2＋3＋4＋5＝15
6		

[문제 19]

① ㉢   ② ㉡   ③ ㉣

[문제 20]

※ 다음 중 하나를 쓰면 됩니다.

세션 하이재킹, Session Hijacking

수험자 유의사항

1. 시험 문제지를 받는 즉시 응시하고자 하는 종목의 문제지가 맞는지를 확인하여야 합니다.

2. 시험 문제지 총면수·문제번호 순서·인쇄상태 등을 확인하고, 수험번호 및 성명을 답안지에 기재하여야 합니다.

3. 문제 및 답안(지), 채점기준은 일절 공개하지 않으며 자신이 작성한 답안, 문제 내용 등을 수험표 등에 이기(옮겨 적는 행위) 등은 관련 법 등에 의거 불이익 조치 될 수 있으니 유의하시기 바랍니다.

4. 수험자 인적사항 및 답안작성(계산식 포함)은 흑색 필기구만 사용하되, 흑색을 제외한 유색 필기구 또는 연필류를 사용하였을 경우 그 문항은 0점 처리됩니다.

5. 답란(답안 기재란)에는 문제와 관련 없는 불필요한 낙서나 특이한 기록사항 등을 기재하여서는 안되며 부정의 목적으로 특이한 표식을 하였다고 판단될 경우에는 모든 문항이 0점 처리됩니다.

6. 답안을 정정할 때에는 반드시 정정부분을 두 줄(=)로 그어 표시하여야 하며, 두 줄로 긋지 않은 답안은 정정하지 않은 것으로 간주합니다. (수정테이프, 수정액 사용불가)

7. 답안의 한글 또는 영문의 오탈자는 오답으로 처리됩니다. 단, 답안에서 영문의 대·소문자 구분, 띄어쓰기는 여부에 관계 없이 채점합니다.

8. 계산 또는 디버깅 등 계산 연습이 필요한 경우는 〈문제〉 아래의 연습란을 사용하시기 바라며, 연습란은 채점대상이 아닙니다.

9. 문제에서 요구한 가지 수(항수) 이상을 답란에 표기한 경우에는 답안기재 순으로 요구한 가지 수(항수)만 채점하고 한 항에 여러 가지를 기재하더라도 한 가지로 보며 그 중 정답과 오답이 함께 기재란에 있을 경우 오답으로 처리됩니다.

10. 한 문제에서 소문제로 파생되는 문제나, 가지수를 요구하는 문제는 대부분의 경우 부분채점을 적용합니다. 그러나 소문제로 파생되는 문제 내에서의 부분 배점은 적용하지 않습니다.

11. 답안은 문제의 마지막에 있는 답란에 작성하여야 합니다.

12. 부정 또는 불공정한 방법(시험문제 내용과 관련된 메모지 사용 등)으로 시험을 치른 자는 부정행위자로 처리되어 당해 시험을 중지 또는 무효로 하고, 2년간 국가기술자격검정의 응시자격이 정지됩니다.

13. 시험위원이 시험 중 신분확인을 위하여 신분증과 수험표를 요구할 경우 반드시 제시하여야 합니다.

14. 시험 중에는 통신기기 및 전자기기(휴대용 전화기 등)를 지참하거나 사용할 수 없습니다.

15. 국가기술자격 시험문제는 일부 또는 전부가 저작권법상 보호되는 저작물이고, 저작권자는 한국산업인력공단입니다. 문제의 일부 또는 전부를 무단 복제, 배포, 출판, 전자출판 하는 등 저작권을 침해하는 일체의 행위를 금합니다.

※ 수험자 유의사항 미준수로 인한 채점상의 불이익은 수험자 본인에게 전적으로 책임이 있음

문제 01 네트워크 및 인터넷과 관련된 다음 설명에 해당하는 용어를 영문(Full name 또는 약어)으로 쓰시오. (5점)

- 현재 사용하고 있는 IP 주소 체계인 IPv4의 주소 부족 문제를 해결하기 위해 개발되었다.
- 16비트씩 8부분, 총 128비트로 구성되어 있다.
- 각 부분을 16진수로 표현하고, 콜론(:)으로 구분한다.
- 인증성, 기밀성, 데이터 무결성의 지원으로 보안 문제를 해결할 수 있다.
- 주소의 확장성, 융통성, 연동성이 뛰어나며, 실시간 흐름 제어로 향상된 멀티미디어 기능을 지원한다.

답 :

문제 02 소프트웨어 공학의 디자인 패턴(Design Pattern)에 대한 다음 설명에서 괄호에 들어갈 알맞은 답을 쓰시오. (5점)

- 디자인 패턴은 1995년 GoF(Gang of Four)라고 불리는 에릭 감마(Erich Gamma), 리차드 헬름(Richard Helm), 랄프 존슨(Ralph Johnson), 존 블리시디스(John Vissides)가 처음으로 구체화 및 체계화하였다.
- 디자인 패턴은 수많은 디자인 패턴들 중 가장 일반적인 사례에 적용될 수 있는 패턴들을 분류하여 정리함으로 써, 지금까지도 소프트웨어 공학이나 현업에서 가장 많이 사용되고 있다.
- 디자인 패턴은 총 23가지이며, 생성, 구조, (   )의 3가지로 분류한다.

답 :

문제 03 UML을 이용한 다이어그램 중 다음 그림에 해당하는 다이어그램을 쓰시오. (5점)

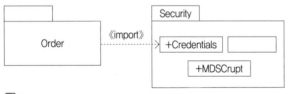

답 :

문제 04 데이터베이스 회복(Recovery) 기법에 관련된 다음 설명에서 괄호에 공통적으로 들어갈 가장 알맞은 답을 쓰시오. (5점)

(   )은 트랜잭션이 데이터를 변경하면 트랜잭션이 부분 완료되기 전이라도 즉시 실제 DB에 그 내용을 반영하는 기법으로, 장애가 발생하여 회복 작업할 경우를 대비하여 갱신된 내용들을 로그(Log)에 보관시킨다. (   )에서 회복 작업을 수행할 경우 Redo와 Undo 모두 수행이 가능하다.

답 :

문제 05 다음 Python으로 구현된 프로그램을 분석하여 그 실행 결과를 쓰시오. (단, 출력문의 출력 서식을 준수하시오.) (5점)

```python
lol = [[1, 2, 3], [4, 5], [6, 7, 8, 9]]
print(lol[0])
print(lol[2][1])
for sub in lol:
    for item in sub:
        print(item, end=' ')
    print()
```

답 :

문제 06 스니핑(Sniffing)은 사전적 의미로 '코를 킁킁 거리다, 냄새를 맡다'이다. 네트워크 보안에서 스니핑에 대한 개념을 간략히 한 문장(1 문장)으로 쓰시오. (5점)

답 :

문제 07 다음은 변수 n에 저장된 10진수를 2진수로 변환하여 출력하는 Java 프로그램이다. 프로그램을 분석하여 괄호(①, ②)에 들어갈 알맞은 답을 쓰시오. (5점)

```java
public class Test {
    public static void main(String[] args) {
        int a[] = new int[8];
        int i = 0;
        int n = 10;
        while( (  ①  ) ) {
            a[i++] = (  ②  );
            n /= 2;
        }
        for(i = 7; i >= 0; i--)
            System.out.print(a[i]);
    }
}
```

답

• ①   • ②

문제 08 다음 Java로 구현된 프로그램을 분석하여 괄호(①, ②)에 들어갈 알맞은 답을 쓰시오. (5점)

```java
public class Test {
    public static void main(String[] args) {
        int ary[][] = new int[( ① )][( ② )];
        int n = 1;
        for(int i = 0; i < 3; i++) {
            for(int j = 0; j < 5; j++) {
                ary[i][j] = j * 3 + i + 1;
                System.out.print(ary[i][j] + " ");
            }
            System.out.println();
        }
    }
}
```

답

• ①

• ②

문제 09 다음 질의 내용에 대한 SQL문을 작성하시오. (5점)

질의	학생 테이블에서 학과별 튜플의 개수를 검색하시오. (단, 아래의 실행 결과가 되도록 한다.)

〈학생〉

학번	이름	학년	학과	주소
20160011	김영란	2	전기	서울
19210113	이재우	3	컴퓨터	대구
21168007	함소진	1	전자	부산
19168002	우혜정	3	전자	광주
18120073	김진수	4	컴퓨터	울산

〈실행 결과〉

학과	학과별튜플수
전기	1
전자	2
컴퓨터	2

〈처리조건〉

- WHERE 조건절은 사용할 수 없다.
- GROUP BY는 반드시 포함한다.
- 집계함수(Aggregation Function)를 적용한다.
- 학과별튜플수 컬럼이름 출력에 Alias(AS)를 활용한다.
- 문장 끝의 세미콜론(;)은 생략해도 무방하다.
- 인용부호 사용이 필요한 경우 단일 따옴표(' ' : Single Quotation)를 사용한다.

답 :

문제 10 다음 C 언어로 구현된 프로그램을 분석하여 그 실행 결과를 쓰시오. (단, 출력문의 출력 서식을 준수하시오.) (5점)

```c
#include <stdio.h>
main() {
    char* p = "KOREA";
    printf("%s\n", p);
    printf("%s\n", p + 3);
    printf("%c\n", *p);
    printf("%c\n", *(p + 3));
    printf("%c\n", *p + 2);
}
```

답 :

1450411

문제 11 네트워크에 대한 다음 설명에 해당하는 용어를 쓰시오. (5점)

- 우리말로 번역하면 '네트워크 주소 변환'이라는 의미의 영문 3글자 약자이다.
- 1개의 정식 IP 주소에 다량의 가상 사설 IP 주소를 할당 및 연결하는 방식이다.
- 1개의 IP 주소를 사용해서 외부에 접속할 수 있는 노드는 어느 시점에서 1개만으로 제한되는 문제가 있으나, 이 때에는 IP 마스커레이드(Masquerade)를 이용하면 된다.

답 :

1450412

문제 12 분산 컴퓨팅에 대한 다음 설명에 해당하는 용어를 쓰시오. (5점)

- 오픈 소스 기반 분산 컴퓨팅 플랫폼이다.
- 분산 저장된 데이터들은 클러스터 환경에서 병렬 처리된다.
- 일반 PC급 컴퓨터들로 가상화된 대형 스토리지를 형성하고 그 안에 보관된 거대한 데이터 세트를 병렬로 처리할 수 있도록 개발되었다.
- 더그 커팅과 마이크 캐퍼렐라가 개발했으며, 구글의 맵리듀스(MapReduce) 엔진을 사용하고 있다.

답 :

1450413

문제 13 특정한 몇몇 테스트 케이스의 입력 값들에 대해서만 기대하는 결과를 제공하는 오라클로, 전수 테스트가 불가능한 경우 사용하고, 경계값 및 구간별 예상값 결과 작성시 사용하는 오라클을 쓰시오. (5점)

답 :

1450414

문제 14 데이터베이스의 이상(Anomaly)의 종류 3가지를 쓰시오. (5점)

답 :

문제 15 테스트 기법 중 다음과 같이 '평가 점수표'를 미리 정해 놓은 후 각 영역에 해당하는 입력값을 넣고, 예상되는 출력값이 나오는지 실제 값과 비교하는 명세 기반 테스트 기법을 쓰시오. (5점)

〈평가 점수표〉

평가점수	성적등급
90~100	A
80~89	B
70~79	C
0~69	D

〈케이스〉

테스트 케이스	1	2	3	4
점수범위	0~69	70~79	80~89	90~100
입력값	60	75	82	96
예상 결과값	D	C	B	A
실제 결과값	D	C	B	A

답 :

문제 16 다음 설명에 해당하는 운영체제(OS)를 쓰시오. (5점)

- 1960년대 AT&T 벨(Bell) 연구소가 MIT, General Electric 사와 함께 공동 개발한 운영체제이다.
- 시분할 시스템(Time Sharing System)을 위해 설계된 대화식 운영체제이다.
- 대부분 C 언어로 작성되어 있어 이식성이 높으며 장치, 프로세스 간의 호환성이 높다.
- 트리 구조의 파일 시스템을 갖는다.

답 :

문제 17 피투피(P2P) 네트워크를 이용하여 온라인 금융 거래 정보를 온라인 네트워크 참여자(Peer)의 디지털 장비에 분산 저장하는 기술을 쓰시오. (5점)

답 :

문제 18 다음은 프로세스 상태 전이도이다. 괄호(①~③)에 들어갈 알맞은 상태를 쓰시오. (5점)

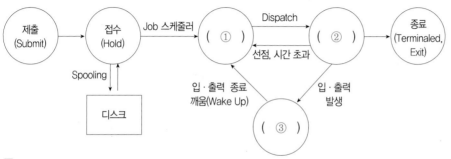

답

- ①   • ②   • ③

문제 19 다음 Java로 구현된 프로그램을 분석하여 그 실행 결과를 쓰시오. (단, 출력문의 출력 서식을 준수하시오.) (5점)

```java
class Parent {
    int compute(int num) {
        if(num <= 1) return num;
        return compute(num - 1) + compute(num - 2);
    }
}
class Child extends Parent {
    int compute(int num) {
        if(num <= 1) return num;
        return compute(num - 1) + compute(num - 3);
    }
}


public class Test {
    public static void main(String[] args) {
        Parent obj = new Child();
        System.out.print(obj.compute(4));
    }
}
```

답 :

문제 20 데이터베이스 보안에서 가용성(Availablity)에 대해 간략히 서술하시오. (5점)

답 :

[문제 01]

※ 다음 중 하나를 쓰면 됩니다.

IPv6, Internet Protocol version 6

※ **답안 작성 시 주의 사항** : 영문 Full-name이나 약어로 쓰라는 지시사항이 있으므로 한글로 쓰면 오답이 됩니다. 영문을 Full-name으로 풀어쓰다가 스펠링을 틀리면 오답으로 처리되니 Full-name 보다는 영문 약어로 쓰는 것이 유리합니다.

[문제 02]

행위

[문제 03]

※ 다음 중 하나를 쓰면 됩니다.

패키지 다이어그램, Package Diagram

※ **답안 작성 시 주의 사항** : 한글 또는 영문을 Full-name이나 약어로 쓰라는 지시사항이 없을 경우 한글이나 영문 약어로 쓰는 것이 유리합니다. 영문을 Full-name으로 풀어쓰다가 스펠링을 틀리면 오답으로 처리되니까요.

[문제 04]

※ 다음 중 하나를 쓰면 됩니다.

즉각 갱신 기법, Immediate Update

[문제 05]

[1, 2, 3]

7

1 2 3

4 5

6 7 8 9

※ **답안 작성 시 주의 사항** : 프로그램의 실행 결과는 부분 점수가 없으므로 정확하게 작성해야 합니다. 예를 들어, 출력값 사이에 줄 나눔 없이 [1, 2, 3] 7 1 2 3 4 5 6 7 8 9로 썼을 경우 부분 점수 없이 완전히 틀린 것으로 간주됩니다.

해설

```
❶ lol = [[1, 2, 3], [4, 5], [6, 7, 8, 9]]
❷ print(lol[0])
❸ print(lol[2][1])
❹ for sub in lol:
❺     for item in sub:
❻         print(item, end=' ')
❼     print()
```

❶ 다음과 같은 행과 열을 갖는 2차원 리스트 lol이 선언되고

리스트 lol	[0][0]	[0][1]	[0][2]	
	[1][0]	[1][1]		
	[2][0]	[2][1]	[2][2]	[2][3]

다음과 같이 초기화된다.

리스트 lol	1	2	3	
	4	5		
	6	7	8	9

❷ 리스트 lol의 0번째 행을 출력한다. 2차원 리스트에서 각각의 행은 1차원 리스트이므로 0번째 행의 요소들을 리스트 형태로 출력한다. 이어서 커서를 다음 줄의 처음으로 옮긴다.

결과	[1, 2, 3]

❸ lol[2][1]의 값을 출력한 후 커서를 다음 줄의 처음으로 옮긴다.

결과	[1, 2, 3] 7

❹ 리스트 lol의 행 수만큼 ❺~❼번을 반복 수행한다.
- sub : 리스트 lol의 각 행이 일시적으로 저장될 변수를 선언한다. sub는 1차원 리스트로 선언된다.
- lol : 리스트의 이름을 입력한다. lol 리스트가 3행이므로 각 행을 sub에 저장하면서 ❺~❼번을 3회 수행한다.

❺ 리스트 sub의 요소 수만큼 ❻번을 반복 수행한다.
- item : 리스트 sub의 각 요소가 일시적으로 저장될 변수를 선언한다.
- sub : 리스트의 이름을 입력한다. sub 리스트가 차례로 3개, 2개, 4개의 요소를 가지므로 각 요소를 item에 저장하면서 ❻번을 3회, 2회, 4회 수행한다.

❻ item의 값을 출력하고 공백을 한 칸 띄운다.

❼ 커서를 다음 줄의 처음으로 옮긴다.

반복문 실행에 따른 변수들의 변화는 다음과 같다.

sub[ ]	item	출력
[1, 2, 3]	1 2 3	1 2 3
[4, 5]	4 5	1 2 3 4 5
[6, 7, 8, 9]	6 7 8 9	1 2 3 4 5 6 7 8 9

[문제 06]

※ 다음 중 밑줄이 표시된 내용은 반드시 포함되어야 합니다.

스니핑은 네트워크의 중간에서 남의 패킷 정보를 도청하는 해킹 유형의 하나로 수동적 공격에 해당한다.

[문제 07]

① n > 0   ② n % 2

※ 답안 작성 시 주의 사항 : C, Java, Python 등의 프로그래밍 언어에서 사용하는 변수명은 대소문자를 구분하기 때문에 변수명을 작성할 때는 대소문자를 구분해서 정확히 작성해야 합니다.

```
public class Test {
    public static void main(String[ ] args) {
❶      int a[ ] = new int[8];
❷      int i = 0;
❸      int n = 10;
❹      while(n > 0) {
❺          a[i++] = n % 2;
❻          n /= 2;
        }
❼      for(i = 7; i >= 0; i--)
❽          System.out.print(a[i]);
    }
}
```

모든 Java 프로그램은 반드시 main( ) 메소드부터 시작해야 한다.
❶ 8개의 요소를 갖는 정수형 배열 a를 선언한다.

배열a	0	0	0	0	0	0	0	0

　※ Java는 배열 선언 시 초기화를 하지 않아도 자동으로 0으로 초기화된다.
❷ 정수형 변수 i를 선언하고 0으로 초기화한다.
❸ 정수형 변수 n을 선언하고 10으로 초기화한다.
❹ n이 0보다 큰 동안 ❺~❻번을 반복 수행한다.
❺ i++은 후치 증가 연산자이므로, a[i]에 n을 2로 나눈 나머지를 저장한 후, i의 값에 1을 더한다.
❻ 'n = n / 2;'와 동일하다. n을 2로 나눈 값을 n에 저장한다.
　while 반복문 실행에 따른 변수들의 변화는 다음과 같다.

i	n	n % 2	a[8]							
0	10									
1	5	0	0	0	0	0	0	0	0	0
2	2	1	0	1	0	0	0	0	0	0
3	1	0	0	0	0	0	0	0	0	0
4	0	1	0	1	0	1	0	0	0	0

❼ 반복 변수 i가 7에서 시작하여 1씩 감소하면서 0보다 크거나 같은 동안 ❽번을 반복 수행한다.
❽ a[i]의 값을 출력한다.
　for 반복문 실행에 따른 변수들의 변화는 다음과 같다.

배열a	0	1	0	1	0	0	0	0

i	출력
7	0
6	00
5	000
4	0000
3	00001
2	000010
1	0000101
0	00001010
−1	

① 3   ② 5

※ 배열 ary의 행을 의미하는 변수 i가 반복문 for에 의해 0~2까지 반복하고 열을 의미하는 변수 j가 반복문 for에 의해 0~4까지 반복하는 것으로 볼 때 배열 ary는 3행 5열의 크기임을 유추할 수 있습니다. 그러므로 ①번과 ②번에는 각각 3과 5가 들어가야 합니다.

해설

```
public class Test {
    public static void main(String[ ] args) {
❶      int ary[ ][ ] = new int[3][5];
❷      int n = 1;
❸      for(int i = 0; i < 3; i++) {
❹          for(int j = 0; j < 5; j++) {
❺              ary[i][j] = j * 3 + i + 1;
❻              System.out.print(ary[i][j] + " ");
            }
❼          System.out.println( );
        }
    }
}
```

모든 Java 프로그램은 반드시 main( ) 메소드부터 시작해야 한다.

❶ 3행 5열의 요소를 갖는 정수형 2차원 배열 ary를 선언한다.

❷ 정수형 변수 n을 선언하고 1로 초기화한다.

❸ 반복 변수 i가 0에서 시작하여 1씩 증가하면서 3보다 작은 동안 ❹~❼번을 반복 수행한다.

❹ 반복 변수 j가 0에서 시작하여 1씩 증가하면서 5보다 작은 동안 ❺~❻번을 반복 수행한다.

❺ ary[i][j]에 j * 3 + i + 1을 연산한 값을 저장한다.

❻ ary[i][j]의 값을 출력하고 공백을 한 칸 띄운다.

❼ 커서를 다음 줄의 처음으로 옮긴다.

반복문 실행에 따른 변수들의 변화는 다음과 같다.

n	i	j	ary[3][5]					출력
1	0	0 1 2 3 4 5	1	4	7	10	13	1 4 7 10 13
	1	0 1 2 3 4 5	1 2	4 5	7 8	10 11	13 14	1 4 7 10 13 2 5 8 11 14
	2	0 1 2 3 4 5	1 2 3	4 5 6	7 8 9	10 11 12	13 14 15	1 4 7 10 13 2 5 8 11 14 3 6 9 12 15
	3							

[문제 09]

SELECT 학과, COUNT(*) AS 학과별튜플수 FROM 학생 GROUP BY 학과;

※ **답안 작성 시 주의 사항** : SQL에 사용되는 예약어, 필드명, 변수명 등은 대소문자를 구분하지 않기 때문에 소문자로 작성해도 정답으로 인정됩니다.

> **해설**
>
> | SELECT 학과, COUNT(*) AS 학과별튜플수 | '학과'와 개수를 표시하되, 개수의 필드명을 '학과별튜플수'로 표시한다. |
> |---|---|
> | FROM 학생 | 〈학생〉 테이블을 대상으로 검색한다. |
> | GROUP BY 학과; | '학과'를 기준으로 그룹을 지정한다. |

[문제 10]

KOREA

EA

K

E

M

※ **답안 작성 시 주의 사항** : 프로그램의 실행 결과는 부분 점수가 없으므로 정확하게 작성해야 합니다. 예를 들어, 출력값 사이에 줄 나눔 없이 KOREA EA K E M으로 썼을 경우 부분 점수 없이 완전히 틀린 것으로 간주됩니다.

> **해설**
>
> ```
> #include <stdio.h>
> main( ) {
> ❶     char* p = "KOREA";
> ❷     printf("%s\n", p);
> ❸     printf("%s\n", p + 3);
> ❹     printf("%c\n", *p);
> ❺     printf("%c\n", *(p + 3));
> ❻     printf("%c\n", *p + 2);
> }
> ```
>
> 모든 C언어 프로그램은 반드시 main( ) 함수부터 시작해야 한다.
> ❶ 문자형 포인터 변수 p를 선언하고, 문자열 "KOREA"가 저장된 곳의 주소를 저장한다. 메모리의 주소는 임의로 정한 것이다.

메모리

		0000 0000						
		⋮	1Byte	1Byte	1Byte	1Byte	1Byte	1Byte
P	0015 FC40 →	0015 FC40	'K'	'O'	'R'	'E'	'A'	'\0'
		⋮	p	p+1	p+2	p+3	p+4	p+5
			0015 FC40	0015 FC41	0015 FC42	0015 FC43	0015 FC44	0015 FC45
		FFFF FFFF						

※ 문자열을 저장하는 경우 문자열의 끝을 의미하는 널 문자('\0')가 추가로 저장되며, 출력 시 널 문자는 표시되지 않습니다.
❷ p의 위치부터 문자열의 끝('\0')까지 모든 문자를 하나의 문자열로 출력하고 커서를 다음 줄의 처음으로 옮긴다.

결과　**KOREA**

❸ p+3의 위치부터 문자열의 끝('\0')까지 모든 문자를 하나의 문자열로 출력하고 커서를 다음 줄의 처음으로 옮긴다.

결과
```
KOREA
EA
```

❹ p가 가리키는 곳의 문자를 출력하고 커서를 다음 줄의 처음으로 옮긴다.

결과
```
KOREA
EA
K
```

❺ p+3이 가리키는 곳의 문자를 출력하고 커서를 다음 줄의 처음으로 옮긴다.

결과
```
KOREA
EA
K
E
```

❻ p가 가리키는 곳의 문자에 2를 더한 값을 출력하고 커서를 다음 줄의 처음으로 옮긴다.

※ "KOREA"라는 문자열이 메모리에 저장될 때 문자로 저장되는 것이 아니라 해당 문자의 아스키 코드 값이 저장됩니다. 즉 'K'는 'K'에 해당하는 아스키 코드 값인 75가 저장됩니다. 그러므로 p가 가리키는 곳의 값인 75에 2를 더한 77을 문자로 출력한다는 것은 알파벳 순서상 'K'의 다다음 문자인 'M'을 출력한다는 의미입니다.

결과
```
KOREA
EA
K
E
M
```

[문제 11]
※ 다음 중 하나를 쓰면 됩니다.
NAT, Network Address Translation

[문제 12]
※ 다음 중 하나를 쓰면 됩니다.
하둡, Hadoop

[문제 13]
※ 다음 중 하나를 쓰면 됩니다.
샘플링 오라클, Sampling Oracle

[문제 14]
※ 한글과 영문 중 한 가지만 쓰면 됩니다.
삽입 이상(Insertion Anomaly), 삭제 이상(Deletion Anomaly), 갱신 이상(Update Anomaly)

[문제 15]
※ 다음 중 하나를 쓰면 됩니다.
동치 분할 검사, 동치 클래스 분해, Equivalence Partitioning Testing

[문제 16]
※ 다음 중 하나를 쓰면 됩니다.
유닉스, UNIX

[문제 17]
※ 다음 중 하나를 쓰면 됩니다.
블록체인, Blockchain

[문제 18]

※ 각 문항별로 제시된 답안 중 한 가지만 쓰면 됩니다.

① 준비, Ready　　　② 실행, Run　　　③ 대기, 보류, 블록, Wait, Block

[문제 19]

1

> **해설**
>
> ```
> class Parent {                              클래스 Parent를 정의한다.
>     int compute(int num) {
>         if(num <= 1) return num;
>         return compute(num - 1) + compute(num - 2);
>     }
> }
>
> class Child extends Parent {                 클래스 Child를 정의하고 부모 클래스로 Parent을 지정하면서
> ❸    int compute(int num) {                   Parent에 속한 변수와 메소드를 상속받는다.
> ❹        if(num <= 1) return num;
> ❺        return compute(num - 1) + compute(num - 3);
>     }
> }
>
> public class Test {
>     public static void main(String[ ] args) {
> ❶        Parent obj = new Child( );
> ❷        System.out.print(obj.compute(4));
>     }
> }
> ```

모든 Java 프로그램은 반드시 main( ) 메소드부터 시작해야 한다.

❶ Parent obj = new Child( );

　클래스 Child로 형 변환이 수행된 클래스 Parent의 객체 변수 obj를 선언한다.

❷ System.out.print(obj.compute(4));

　obj.compute( )는 obj 객체의 자료형이 Parent이므로 Parent.compute( )라고 생각할 수 있지만 ❶번에서 클래스 형 변환이 발생하였고, compute( ) 메소드가 자식 클래스에서 재정의되었으므로 자식 클래스인 Child의 compute( ) 메소드가 수행된다. 4를 인수로 하여 Child의 compute( )를 호출하고 돌려받은 값을 출력한다.

❸ compute( ) 메소드의 시작점이다. ❷번에서 전달한 값을 정수형 변수 num이 받는다.

❹ num이 1보다 작거나 같으면 num의 값을 반환하고 메소드를 종료한다. num의 값이 4이므로 ❺번으로 이동한다.

❺ compute(3)을 호출하여 돌려받은 값과 compute(1)을 호출하여 돌려받은 값을 더한 후 반환해야 하므로 먼저 compute(3)을 호출한다.

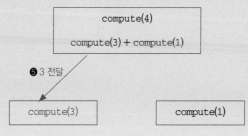

```
class Child extends Parent {
    int compute(int num) {
❻        if(num <= 1) return num;
❼        return compute(num − 1) + compute(num − 3);
    }
}
```

❺번에서 인수로 3이 전달되었으므로 num은 3이다. ❻번에서 num이 1보다 작거나 같지 않으므로 num을 반환하지 않고, ❼번을 수행한다. compute(2)와 compute(0)을 호출하여 돌려받은 값을 더한 후 반환해야 하므로 먼저 compute(2)를 호출한다.

compute(4)

compute(3) + compute(1)

compute(3)   compute(1)

❼ 2 전달

compute(2)   compute(0)

```
class Child extends Parent {
    int compute(int num) {
❽        if(num <= 1) return num;
❾        return compute(num − 1) + compute(num − 3);
    }
}
```

❼번에서 인수로 2가 전달되었으므로 num은 2이다. ❽번에서 num이 1보다 작거나 같지 않으므로 num을 반환하지 않고, ❾번을 수행한다. compute(1)와 compute(−1)을 호출하여 돌려받은 값을 더한 후 반환해야 하므로 먼저 compute(1)을 호출한다.

compute(4)

compute(3) + compute(1)

compute(3)   compute(1)

compute(2)   compute(0)

❾ 1 전달

compute(1)   compute(−1)

```
class Child extends Parent {
    int compute(int num) {
❿      if(num <= 1) return num;
        return compute(num − 1) + compute(num − 3);
    }
}
```

❾번에서 인수로 1이 전달되었으므로 num은 1이다. ❿번에서 num은 1보다 작거나 같으므로 num의 값을 compute(1)을 호출했던 곳으로 반환한다.

※ compute( ) 메소드를 호출할 때 전달되는 인수가 1보다 작거나 같으면 인수의 값(num)을 그대로 반환한다는 것을 알 수 있습니다. 그러면 1보다 작은 값을 인수로 받아 호출되는 모든 compute( ) 메소드의 반환값을 다음과 같이 유추할 수 있습니다.

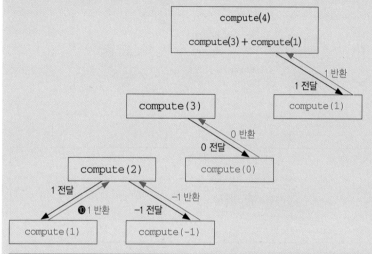

```
class Child extends Parent {
    int compute(int num) {
❽      if(num <= 1) return num;
❾⓫     return compute(num − 1) + compute(num − 3);
    }
}
```

⓫ compute(1)를 호출했던 곳으로 돌아와 compute(1)의 반환값 1과 compute(−1)의 반환값 −1을 더한 0을 compute(2)를 호출했던 곳으로 반환한다.

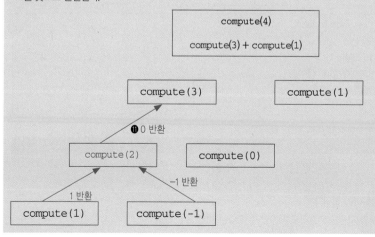

```
class Child extends Parent {
      int compute(int num) {
❻          if(num <= 1) return num;
❼⓬          return compute(num - 1) + compute(num - 3);
      }
}
```

⓬ compute(2)를 호출했던 곳으로 돌아와 compute(2)의 반환값 0과 compute(0)의 반환값 0을 더한 0을 compute(3)을 호출했던 곳
   으로 반환한다.

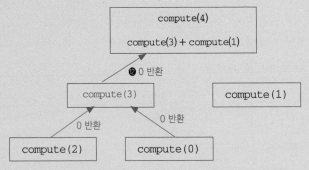

```
class Child extends Parent {
❸      int compute(int num) {
❹          if(num <= 1) return num;
❺⓭          return compute(num - 1) + compute(num - 3);
      }
}
```

⓭ compute(3)을 호출했던 곳으로 돌아와 compute(3)의 반환값 0과 compute(1)의 반환값 1을 더한 1을 가지고 compute(4)를 처음
   호출했던 main( ) 메소드로 돌아간다.

compute(4)

compute(3) + compute(1)

1 반환   1 반환

compute(3)   compute(1)

```
public class Test {
      public static void main(String[ ] args) {
❶          Parent obj = new Child( );
❷⓮          System.out.print(obj.compute(4));
      }
}
```

⓮ compute(4)를 호출하고 반환받은 값인 1을 출력하고 프로그램을 종료한다.

결과 1

[문제 20]

※ 다음 중 밑줄이 표시된 내용은 반드시 포함되어야 합니다.

가용성은 <u>인가받은 사용자는</u> 시스템 내의 정보와 자원을 <u>언제라도 사용할 수 있다</u>는 보안 요건이다.

2020년 3회 정보처리기사 실기

수험자 유의사항

1. 시험 문제지를 받는 즉시 응시하고자 하는 종목의 문제지가 맞는지를 확인하여야 합니다.

2. 시험 문제지 총면수·문제번호 순서·인쇄상태 등을 확인하고, 수험번호 및 성명을 답안지에 기재하여야 합니다.

3. 문제 및 답안(지), 채점기준은 일절 공개하지 않으며 자신이 작성한 답안, 문제 내용 등을 수험표 등에 이기(옮겨 적는 행위) 등은 관련 법 등에 의거 불이익 조치 될 수 있으니 유의하시기 바랍니다.

4. 수험자 인적사항 및 답안작성(계산식 포함)은 흑색 필기구만 사용하되, 흑색을 제외한 유색 필기구 또는 연필류를 사용하였을 경우 그 문항은 0점 처리됩니다.

5. 답란(답안 기재란)에는 문제와 관련 없는 불필요한 낙서나 특이한 기록사항 등을 기재하여서는 안되며 부정의 목적으로 특이한 표식을 하였다고 판단될 경우에는 모든 문항이 0점 처리됩니다.

6. 답안을 정정할 때에는 반드시 정정부분을 두 줄(=)로 그어 표시하여야 하며, 두 줄로 긋지 않은 답안은 정정하지 않은 것으로 간주합니다. (수정테이프, 수정액 사용불가)

7. 답안의 한글 또는 영문의 오탈자는 오답으로 처리됩니다. 단, 답안에서 영문의 대·소문자 구분, 띄어쓰기는 여부에 관계 없이 채점합니다.

8. 계산 또는 디버깅 등 계산 연습이 필요한 경우는 〈문제〉 아래의 연습란을 사용하시기 바라며, 연습란은 채점대상이 아닙니다.

9. 문제에서 요구한 가지 수(항수) 이상을 답란에 표기한 경우에는 답안기재 순으로 요구한 가지 수(항수)만 채점하고 한 항에 여러 가지를 기재하더라도 한 가지로 보며 그 중 정답과 오답이 함께 기재란에 있을 경우 오답으로 처리됩니다.

10. 한 문제에서 소문제로 파생되는 문제나, 가지수를 요구하는 문제는 대부분의 경우 부분채점을 적용합니다. 그러나 소문제로 파생되는 문제 내에서의 부분 배점은 적용하지 않습니다.

11. 답안은 문제의 마지막에 있는 답란에 작성하여야 합니다.

12. 부정 또는 불공정한 방법(시험문제 내용과 관련된 메모지 사용 등)으로 시험을 치른 자는 부정행위자로 처리되어 당해 시험을 중지 또는 무효로 하고, 2년간 국가기술자격검정의 응시자격이 정지됩니다.

13. 시험위원이 시험 중 신분확인을 위하여 신분증과 수험표를 요구할 경우 반드시 제시하여야 합니다.

14. 시험 중에는 통신기기 및 전자기기(휴대용 전화기 등)를 지참하거나 사용할 수 없습니다.

15. 국가기술자격 시험문제는 일부 또는 전부가 저작권법상 보호되는 저작물이고, 저작권자는 한국산업인력공단입니다. 문제의 일부 또는 전부를 무단 복제, 배포, 출판, 전자출판 하는 등 저작권을 침해하는 일체의 행위를 금합니다.

※ 수험자 유의사항 미준수로 인한 채점상의 불이익은 수험자 본인에게 전적으로 책임이 있음

1450301

문제 01 소프트웨어 공학에서 리팩토링(Refactoring)을 하는 목적에 대해 간략히 서술하시오. (5점)

답 :

1450302

문제 02 다음 Java로 구현된 프로그램을 분석하여 그 실행 결과를 쓰시오. (단, 출력문의 출력 서식을 준수하시오.) (5점)

```
public class Test {
    public static void main(String[] args) {
        int i = 0, c = 0;
        while (i < 10) {
            i++;
            c *= i;
        }
        System.out.println(c);
    }
}
```

답 :

1450303

문제 03 〈학생〉 테이블에서 '이름'이 "민수"인 튜플을 삭제하고자 한다. 다음 〈처리조건〉을 참고하여 SQL문을 작성하시오. (5점)

〈처리조건〉

- 명령문 마지막의 세미콜론(;)은 생략이 가능하다.
- 인용 부호가 필요한 경우 작은 따옴표(' ')를 사용한다.

답 :

1450304

문제 04 다음 네트워크 관련 설명에서 괄호에 들어갈 알맞은 용어를 영문(Full name 또는 약어)으로 쓰시오. (5점)

( )는 TCP/IP 기반의 인터넷 통신 서비스에서 인터넷 프로토콜(IP)과 조합하여 통신 중에 발생하는 오류 의 처리와 전송 경로의 변경 등을 위한 제어 메시지를 취급하는 무연결 전송용 프로토콜로, OSI 기본 참조 모델 의 네트워크 계층에 속한다.

답 :

문제 05 데이터베이스의 스키마(Schema)에 대해 간략히 서술하시오. (5점)

답 :

문제 06 다음 네트워크 관련 설명에서 괄호에 들어갈 알맞은 용어를 쓰시오. (5점)

심리학자 톰 마릴은 컴퓨터가 메시지를 전달하고, 메시지가 제대로 도착했는지 확인하며, 도착하지 않았을 경우 메시지를 재전송하는 일련의 방법을 '기술적 은어'를 뜻하는 (   )이라는 용어로 정의하였다.

답 :

문제 07 다음이 설명하고 있는 관계대수 연산자의 기호를 쓰시오. (5점)

릴레이션 A, B가 있을 때 릴레이션 B의 조건에 맞는 것들만 릴레이션 A에서 분리하여 프로젝션을 하는 연산이다.

답 :

문제 08 다음은 화이트박스 테스트의 프로그램 제어흐름이다. 다음의 순서도를 참고하여 분기 커버리지로 구성할 테스트 케이스를 작성하시오. (5점)

〈순서도〉

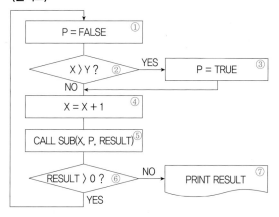

〈작성예시〉

(①) → (②) → (④)

답

( ) → ( ) → ( ) → ( ) → ( ) → ( ) → ( )
( ) → ( ) → ( ) → ( ) → ( ) → ( )

문제 09 다음의 〈성적〉 테이블에서 과목별 점수의 평균이 90점 이상인 '과목이름', '최소점수', '최대점수'를 검색하고자 한다. 〈처리조건〉을 참고하여 적합한 SQL문을 작성하시오. (5점)

〈성적〉

학번	과목번호	과목이름	학점	점수
a2001	101	컴퓨터구조	6	95
a2002	101	컴퓨터구조	6	84
a2003	302	데이터베이스	5	89
a2004	201	인공지능	5	92
a2005	302	데이터베이스	5	100
a2006	302	데이터베이스	5	88
a2007	201	인공지능	5	93

〈결과〉

과목이름	최소점수	최대점수
데이터베이스	88	100
인공지능	92	93

〈처리조건〉

- WHERE문은 사용하지 않는다.
- GROUP BY와 HAVING을 이용한다.
- 집계함수(Aggregation Function)를 사용하여 명령문을 구성한다.
- '최소점수', '최대점수'는 별칭(Alias)을 위한 AS문을 이용한다.
- 명령문 마지막의 세미콜론(;)은 생략이 가능하다.
- 인용 부호가 필요한 경우 작은 따옴표(' ')를 사용한다.

답 :

문제 10 다음 C언어로 구현된 프로그램을 분석하여 그 실행 결과를 쓰시오. (단, 출력문의 출력 서식을 준수하시오.) (5점)

```c
#include <stdio.h>
int r1() {
        return 4;
}
int r10() {
        return (30 + r1());
}
int r100() {
        return (200 + r10());
}
int main() {
        printf("%d\n", r100());
        return 0;
}
```

답 :

```java
abstract class Vehicle {
    String name;
    abstract public String getName(String val);
    public String getName() {
        return "Vehicle name : " + name;
    }
}
class Car extends Vehicle {
    private String name;
    public Car(String val) {
        name = super.name = val;
    }
    public String getName(String val) {
        return "Car name : " + val;
    }
    public String getName(byte[] val) {
        return "Car name : " + val;
    }
}
public class Test {
    public static void main(String[] args) {
        Vehicle obj = new Car("Spark");
        System.out.print(obj.getName());
    }
}
```

답 :

문제 12 소프트웨어 개발에서의 작업 중 형상 통제에 대해 간략히 서술하시오. (5점)

답 :

문제 13 소프트웨어가 수행할 특정 기능을 알기 위해서 각 기능이 완전히 작동되는 것을 입증하는 테스트로, 동치 클래스 분해 및 경계값 분석을 이용하는 테스트 기법을 쓰시오. (5점)

답 :

문제 14 헝가리안 표기법(Hungarian Notation)에 대해 간략히 서술하시오. (5점)

답 :

문제 15 다음 Java로 구현된 프로그램을 분석하여 그 실행 결과를 쓰시오. (단, 출력문의 출력 서식을 준수하시오.) (5점)

```java
public class Test{
    public static void main(String[] args){
        int a = 0, sum = 0;
        while (a < 10) {
            a++;
            if (a%2 == 1)
                continue;
            sum +=a;
        }
        System.out.println(sum);
    }
}
```

답 :

문제 16 다음 설명에 해당하는 라우팅 프로토콜(Routing Protocol)을 쓰시오. (5점)

- RIP의 단점을 해결하여 새로운 기능을 지원하는 인터넷 프로토콜이다.
- 인터넷 망에서 이용자가 최단 경로를 선정할 수 있도록 라우팅 정보에 노드 간의 거리 정보, 링크 상태 정보를 실시간으로 반영하여 최단 경로로 라우팅을 지원한다.
- 대규모 네트워크에서 많이 사용된다.
- 최단 경로 탐색에 Dijkstra 알고리즘을 사용한다.
- 라우팅 정보에 변화가 생길 경우 변화된 정보만 네트워크 내의 모든 라우터에 알린다.
- 링크 스테이트 라우팅 알고리즘을 사용하며, 하나의 자율 시스템(AS)에서 동작하면서 내부 라우팅 프로토콜의 그룹에 도달한다.

답 :

문제 17 다음은 EAI(Enterprise Application Integration)의 구축 유형에 대한 설명이다. 괄호(①, ②) 안에 각각 들어갈 알맞은 유형을 쓰시오. (5점)

EAI(Enterprise Application Integration)는 기업 내 각종 애플리케이션 및 플랫폼 간의 정보 전달, 연계, 통합 등 상호 연동이 가능하게 해주는 솔루션이다. 비즈니스 간 통합 및 연계성을 증대시켜 효율성 및 각 시스템 간의 확정성(Determinacy)을 높여 준다. EAI의 구축 유형은 다음과 같다.

(①)	• 가장 기본적인 애플리케이션 통합 방식으로, 애플리케이션을 1 : 1로 연결한다. • 변경 및 재사용이 어렵다.	
(②)	• 단일 접점인 허브 시스템을 통해 데이터를 전송하는 중앙 집중형 방식이다. • 확장 및 유지 보수가 용이하다. • 허브 장애 발생 시 시스템 전체에 영향을 미친다.	
Message Bus	• 애플리케이션 사이에 미들웨어를 두어 처리하는 방식이다. • 확장성이 뛰어나며 대용량 처리가 가능하다.	
Hybrid	• 그룹 내에서는 (②) 방식을, 그룹 간에는 Message Bus 방식을 사용한다. • 필요한 경우 한 가지 방식으로 EAI 구현이 가능하다. • 데이터 병목 현상을 최소화할 수 있다.	

답

- ①
- ②

문제 18 UI(User Interface)의 설계 원칙 중 직관성에 대해 간략히 서술하시오. (5점)

답 :

문제 19 C++에서 생성자(Constructor)에 대해 간략히 서술하시오. (5점)

답 :

문제 20 다음 〈속성 정의서〉를 참고하여 〈학생〉 테이블에 대해 20자의 가변 길이를 가진 '주소' 속성을 추가하는 〈SQL문〉을 완성하시오. (단, SQL문은 ISO/IEC 9075 표준을 기반으로 작성하시오.) (5점)

〈속성 정의서〉

속성명	데이터타입	제약조건	테이블명
학번	CHAR(10)	UNIQUE	학생
이름	VARCAHR(8)	NOT NULL	학생
주민번호	CHAR(13)		학생
학과	VARCAHR(16)	FOREIGN KEY	학생
학년	INT		학생

〈SQL문〉

(①) TABLE 학생 (②) 주소 VARCHAR(20);

답
- ①
- ②

[문제 01]

※ 다음 중 밑줄이 표시된 내용은 반드시 포함되어야 합니다.

리팩토링의 목적은 <u>프로그램을 쉽게 이해하고 수정</u>하여 빠르게 개발할 수 있도록 하기 위함이다.

[문제 02]

0

해설

```java
public class Test {
    public static void main(String[] args) {
❶        int i = 0, c = 0;
❷        while (i < 10) {
❸            i++;
❹            c *= i;
         }
❺        System.out.println(c);
    }
}
```

모든 Java 프로그램은 반드시 main( ) 메소드부터 시작해야 한다.

❶ 정수형 변수 i와 c를 선언하고 각각 0으로 초기화한다.

❷ i가 10보다 작은 동안 ❸, ❹번을 반복 수행한다.

❸ 'i = i + 1'과 동일하다. i의 값에 1을 누적시킨다.

❹ 'c = c * i'와 동일하다. c * i의 값을 c에 저장한다.

❺ c의 값을 화면에 출력하고 커서를 다음 줄 처음으로 옮긴다.

결과 `0`

반복문 실행에 따른 변수들의 변화는 다음과 같다.

i	c
0	0
1	0
2	0
3	0
4	0
5	0
6	0
7	0
8	0
9	0
10	0

[문제 03]

DELETE FROM 학생 WHERE 이름 = '민수';

해설

DELETE	삭제하라.
FROM 학생	〈학생〉 테이블을 대상으로 하라.
WHERE 이름 = '민수';	'이름'이 "민수"인 자료만을 대상으로 한다.

[문제 04]

※ 다음 중 하나를 쓰면 됩니다.

ICMP, Internet Control Message Protocol

※ **답안 작성 시 주의 사항** : 영문 Full-name이나 약어로 쓰라는 지시사항이 있으므로 한글로 쓰면 오답이 됩니다. 영문을 Full-name으로 풀어쓰다가 스펠링을 틀리면 오답으로 처리되니 Full-name 보다는 영문 약어로 쓰는 것이 유리합니다.

[문제 05]

※ 다음 중 밑줄이 표시된 내용은 반드시 포함되어야 합니다.

스키마는 <u>데이터베이스의 구조와 제약 조건에 관한</u> 전반적인 명세를 기술한 것이다.

[문제 06]

※ 다음 중 하나를 쓰면 됩니다.

프로토콜, Protocol

[문제 07]

÷

[문제 08]

(①) → (②) → (③) → (④) → (⑤) → (⑥) → (⑦)

(①) → (②) → (④) → (⑤) → (⑥) → (①)

또는

(①) → (②) → (③) → (④) → (⑤) → (⑥) → (①)

(①) → (②) → (④) → (⑤) → (⑥) → (⑦)

> **해설**
>
> - 화이트박스 테스트의 검증 기준(Coverage) 중 분기 검증 기준(Branch Coverage)은 소스 코드의 모든 조건문이 한 번 이상 수행되도록 테스트 케이스를 설계하는 방법입니다.

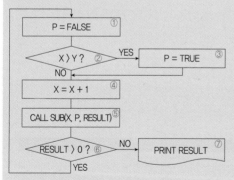

> - 위의 순서도를 기반으로 한 테스트 케이스는 ①번에서 시작한 프로세스가 조건문인 ②번과 ⑥번에 도달했을 때 반드시 한 번은 Yes로 한 번은 No로 신행되노록 실세되이아 합니다. 또한 문제지의 답란에 7칸의 괄호와 6칸의 괄호가 제시되어 있으므로, 두 번의 프로세스로 모든 코드가 수행되도록 설계해야 합니다.
>
> **[첫 번째 테스트 케이스 설계 방안]**
> - 7칸 괄호 : ①②③④⑤⑥⑦
> - 6칸 괄호 : ①②④⑤⑥①
>
> ※ 7칸 괄호에 맞는 테스트 케이스를 설계할 때 ②번 조건문에서 Yes로, ⑥번 조건문에서 No로 진행되도록 설계했으므로, 6칸 괄호에 맞는 테스트 케이스는 ②번 조건문에서 No로, ⑥번 조건문에서 Yes로 진행되도록 설계해야 합니다.

[문제 09]

SELECT 과목이름, MIN(점수) AS 최소점수, MAX(점수) AS 최대점수 FROM 성적 GROUP BY 과목이름 HAVING AVG(점수) >= 90;

해설

```
❶ SELECT 과목이름, MIN(점수) AS 최소점수, MAX(점수) AS 최대점수
❷ FROM 성적
❸ GROUP BY 과목이름
❹ HAVING AVG(점수) >= 90;
```

❶ '과목이름', '점수'의 최소값, '점수'의 최대값을 표시하되, '점수'의 최소값은 '최소점수'로, '점수'의 최대값은 '최대점수'로 표시한다.
❷ 〈성적〉 테이블을 대상으로 검색한다.
❸ '과목이름'을 기준으로 그룹을 지정한다.
❹ 각 그룹별 '점수'의 평균이 90보다 크거나 같은 그룹만을 표시한다.

[문제 10]

234

해설

```
#include <stdio.h>
int r1( ) {
❹       return 4;                4 반환
}
int r10( ) {
❸❺     return (30 + r1( ));
}                                34(30 + 4) 반환
int r100( ) {
❷❻     return (200 + r10( ));
}                                234(200 + 34) 반환
int main( ) {
❶❼     printf("%d\n", r100( ));   결과  234
❽      return 0;                 main( ) 함수에서의 return 0은 프로그램의 종료를 의미한다.
}
```

모든 C언어 프로그램은 반드시 main( ) 함수부터 시작해야 한다.
❶ 인수 없이 r100( ) 함수를 호출한 다음 반환받은 값을 화면에 출력한다. ❷번으로 이동한다.
❷ r10( ) 함수를 호출하여 반환받은 값에 200을 더한 후 r100( ) 함수를 호출한 ❶번으로 반환한다. r10( ) 함수를 호출하기 위해 ❸번으로 이동한다.
❸ r1( ) 함수를 호출하여 반환받은 값에 30을 더한 후 r10( ) 함수를 호출한 ❷번으로 반환한다. r1( ) 함수를 호출하기 위해 ❹번으로 이동한다.
❹ 반환값 4를 가지고 r1( ) 함수를 호출했던 ❺번으로 이동한다.
❺ ❹번에서 반환받은 값 4에 30을 더한 34를 가지고 r10( ) 함수를 호출했던 ❻번으로 이동한다.

[문제 11]

Vehicle name : Spark

※ **답안 작성 시 주의 사항** : 프로그램의 실행 결과는 부분 점수가 없으므로 정확하게 작성해야 합니다. 예를 들어, 출력값들을 줄을 나눠 아래와 같이 썼을 경우 부분 점수 없이 완전히 틀린 것으로 간주됩니다.

Vehicle name

:

Spark

해설

```
abstract class Vehicle {
        String name;
        abstract public String getName(String val);
❺       public String getName( ) {
❻               return "Vehicle name : " + name;
        }
}
class Car extends Vehicle {
        private String name;
❷       public Car(String val) {
❸               name = super.name = val;
        }
        public String getName(String val) {
                return "Car name : " + val;
        }
        public String getName(byte[ ] val) {
                return "Car name : " + val;
        }
}
public class Test {
        public static void main(String[ ] args) {
❶               Vehicle obj = new Car("Spark");
❹❼              System.out.print(obj.getName());
        }
}
```

추상 클래스 Vehicle을 정의한다.

추상 메소드 getName(String val)을 정의한다.

클래스 Car를 정의하고 부모 클래스로 Vehicle 을 지정하면서 Vehicle에 속한 변수와 메소드 를 상속받는다.

모든 Java 프로그램은 반드시 main( ) 메소드부터 시작해야 한다.

❶ Vehicle obj = new Car("Spark");

　Car 클래스의 생성자를 이용하여 Vehicle 클래스의 객체 변수 obj를 선언하고, "Spark"를 인수로 Car 클래스의 생성자를 호출한다.

　• [부모클래스명] [객체변수명] = new [자식클래스생성자( )] : 부모 클래스의 객체 변수를 선언하면서 자식 클래스의 생성자를 사용하면 형 변환이 발생한다.

　• 이렇게 형 변환이 발생했을 때 부모 클래스와 자식 클래스에 동일한 속성이나 메소드가 있으면 자식 클래스의 속성이나 메소드로 재정 의된다.

❷클래스 Car의 생성자 Car( )의 시작점이다. ❶번에서 전달받은 "Spark"를 val에 저장한다.

❸ name = super.name = val;

　val의 값 "Spark"를 부모 클래스인 Vehicle 클래스의 변수 name과 Car 클래스의 변수 name에 저장한다. 이어서 Car( )를 호출했던 다음 줄인 ❹번으로 이동한다.

　※ super : 상속 관계에 있는 부모 클래스를 가리키는 예약어로, 여기서는 Vehicle 클래스를 가리킨다.

❹객체 변수 obj의 getName( ) 메소드를 호출한다.

　※ 형 변환으로 인해 호출되는 메소드가 Car 클래스의 getName( )이라고 생각할 수 있지만, 메소드의 이름이 동일해도 '인수의 자료형과 개수'가 다르면 서로 다른 메소드이다. 때문에 getName( ) 메소드는 Vehicle 클래스와 Car 클래스의 getName(String val)이나 Car 클래스의 getName(Byte[ ] val) 메소드가 아닌 Vehicle 클래스의 getName( ) 메소드이다.

❺getName( ) 메소드의 시작점이다.

❻문자열 "Vehicle name : "에 변수 name에 저장된 값 "Spark"를 붙여 메소드를 호출했던 ❼번으로 반환한다.

❼❻번에서 반환받은 값을 출력하고 프로그램을 종료한다.

결과　| Vehicle name : Spark |

[문제 12]

※ 다음 중 밑줄이 표시된 내용은 반드시 포함되어야 합니다.

형상 통제는 식별된 형상 항목에 대한 변경 요구를 검토하여 현재의 기준선이 잘 반영될 수 있도록 조정하는 작업이다.

[문제 13]

※ 다음 중 하나를 쓰면 됩니다.

블랙박스 테스트, Black Box Test

[문제 14]

※ 다음 중 밑줄이 표시된 내용은 반드시 포함되어야 합니다.

헝가리안 표기법은 변수명 작성시 변수의 자료형을 알 수 있도록 자료형을 의미하는 문자를 포함하여 작성하는 방법이다.

[문제 15]

30

해설

```
public class Test{
      public static void main(String[ ] args){
❶            int a = 0, sum = 0;
❷            while (a < 10) {
❸                  a++;
❹                  if (a%2 == 1)
❺                        continue;
❻                  sum +=a;
            }
❼            System.out.println(sum);
      }
}
```

모든 Java 프로그램은 반드시 main( ) 메소드부터 시작해야 한다.

❶ 정수형 변수 a와 sum을 선언하고 각각 0으로 초기화한다.

❷ a가 10보다 작은 동안 ❸~❻번을 반복 수행한다.

❸ 'a = a + 1;'과 동일하다. a의 값에 1을 누적시킨다.

❹ a%2, 즉 a를 2로 나눈 나머지가 1이면 ❻번을 수행하고, 아니면 ❺번으로 이동한다.

❺ while문의 시작점인 ❷번으로 제어를 이동시킨다.

❻ 'sum = sum + a;'와 동일하다. sum에 a의 값을 누적시킨다.

반복문 실행에 따른 변수들의 변화는 다음과 같다.

a	sum
0	0
1	
2	2
3	
4	6
5	
6	12
7	
8	20
9	
10	30

❼ sum의 값을 출력하고 커서를 다음 줄의 처음으로 옮긴다.

결과   30

[문제 16]

※ 다음 중 하나를 쓰면 됩니다.

OSPF, Open Shortest Path First Protocol

[문제 17]

① Point to Point   ② Hub & Spoke

[문제 18]

※ 다음 중 밑줄이 표시된 내용은 반드시 포함되어야 합니다.

직관성은 누구나 쉽게 이해하고 사용할 수 있어야 한다는 설계 원칙이다.

[문제 19]

※ 다음 중 밑줄이 표시된 내용은 반드시 포함되어야 합니다.

생성자는 객체 변수 생성에 사용되는 메소드로, 객체 변수를 생성하면서 초기화를 수행한다.

[문제 20]

① ALTER   ② ADD

해설

ALTER TABLE 학생 ADD 주소 VARCHAR(20);	수정할 테이블의 이름은 〈학생〉이다. 가변 길이의 문자 20자리인 '주소' 속성을 추가한다.

2020년 2회 정보처리기사 실기

수험자 유의사항

1. 시험 문제지를 받는 즉시 응시하고자 하는 종목의 문제지가 맞는지를 확인하여야 합니다.
2. 시험 문제지 총면수·문제번호 순서·인쇄상태 등을 확인하고, 수험번호 및 성명을 답안지에 기재하여야 합니다.
3. 문제 및 답안(지), 채점기준은 일절 공개하지 않으며 자신이 작성한 답안, 문제 내용 등을 수험표 등에 이기(옮겨 적는 행위) 등은 관련 법 등에 의거 불이익 조치 될 수 있으니 유의하시기 바랍니다.
4. 수험자 인적사항 및 답안작성(계산식 포함)은 흑색 필기구만 사용하되, 흑색을 제외한 유색 필기구 또는 연필류를 사용하였을 경우 그 문항은 0점 처리됩니다.
5. 답란(답안 기재란)에는 문제와 관련 없는 불필요한 낙서나 특이한 기록사항 등을 기재하여서는 안되며 부정의 목적으로 특이한 표식을 하였다고 판단될 경우에는 모든 문항이 0점 처리됩니다.
6. 답안을 정정할 때에는 반드시 정정부분을 두 줄(=)로 그어 표시하여야 하며, 두 줄로 긋지 않은 답안은 정정하지 않은 것으로 간주합니다. (수정테이프, 수정액 사용불가)
7. 답안의 한글 또는 영문의 오탈자는 오답으로 처리됩니다. 단, 답안에서 영문의 대·소문자 구분, 띄어쓰기는 여부에 관계 없이 채점합니다.
8. 계산 또는 디버깅 등 계산 연습이 필요한 경우는 〈문제〉 아래의 연습란을 사용하시기 바라며, 연습란은 채점대상이 아닙니다.
9. 문제에서 요구한 가지 수(항수) 이상을 답란에 표기한 경우에는 답안기재 순으로 요구한 가지 수(항수)만 채점하고 한 항에 여러 가지를 기재하더라도 한 가지로 보며 그 중 정답과 오답이 함께 기재란에 있을 경우 오답으로 처리됩니다.
10. 한 문제에서 소문제로 파생되는 문제나, 가지수를 요구하는 문제는 대부분의 경우 부분채점을 적용합니다. 그러나 소문제로 파생되는 문제 내에서의 부분 배점은 적용하지 않습니다.
11. 답안은 문제의 마지막에 있는 답란에 작성하여야 합니다.
12. 부정 또는 불공정한 방법(시험문제 내용과 관련된 메모지 사용 등)으로 시험을 치른 자는 부정행위자로 처리되어 당해 시험을 중지 또는 무효로 하고, 2년간 국가기술자격검정의 응시자격이 정지됩니다.
13. 시험위원이 시험 중 신분확인을 위하여 신분증과 수험표를 요구할 경우 반드시 제시하여야 합니다.
14. 시험 중에는 통신기기 및 전자기기(휴대용 전화기 등)를 지참하거나 사용할 수 없습니다.
15. 국가기술자격 시험문제는 일부 또는 전부가 저작권법상 보호되는 저작물이고, 저작권자는 한국산업인력공단입니다. 문제의 일부 또는 전부를 무단 복제, 배포, 출판, 전자출판 하는 등 저작권을 침해하는 일체의 행위를 금합니다.
※ 수험자 유의사항 미준수로 인한 채점상의 불이익은 수험자 본인에게 전적으로 책임이 있음

문제 01 시스템 관리와 관련하여 다음의 설명이 의미하는 용어를 쓰시오. (5점)

A는 한국IT 보안관제실에서 근무하게 되었다. A는 서비스 운용 중 외부 공격으로 인한 서버다운, 자연재해, 시스템 장애 등의 비상 상황에도 고객 응대 서비스를 정상적으로 수행하기 위해 구축한 시스템을 관리하는 업무를 수행한다. 이 용어는 위와 같은 비상 상황이 발생한 경우 "비상사태 또는 업무중단 시점부터 업무가 복구되어 다시 정상 가동 될 때까지의 시간"을 의미한다.

답 :

문제 02 다음 Python으로 구현된 프로그램을 분석하여 그 실행 결과를 쓰시오. (단, 출력문의 출력 서식을 준수하시오.) (5점)

```
asia = {'한국', '중국', '일본'}
asia.add('베트남')
asia.add('중국')
asia.remove('일본')
asia.update({'한국', '홍콩', '태국'})
print(asia)
```

답 :

문제 03 클라이언트와 서버 간 자바스크립트 및 XML을 비동기 방식으로 처리하며, 전체 페이지를 새로 고치지 않고도 웹페이지 일부 영역만을 업데이트할 수 있도록 하는 기술을 의미하는 용어를 쓰시오. (5점)

답 :

문제 04 시제품을 끊임없이 제작하며 사이클을 반복하는 개발 방법론으로, 워터폴과 대조적이며, 소프트웨어 개발을 넘어 기업 경영 전반에서 사용되고 있다. 고객의 변화하는 요구사항과 환경 변화에 능동적인 이 소프트웨어 개발 방법론을 쓰시오. (5점)

답 :

문제 05 다음 Java로 구현된 프로그램을 분석하여 괄호에 들어갈 알맞은 답을 쓰시오. (5점)

```java
class Parent {
    void show() { System.out.println("parent"); }
}
class Child extends Parent {
    void show() { System.out.println("child"); }
}
public class Test {
    public static void main(String[] args) {
        Parent pa = (    ) Child();
        pa.show();
    }
}
```

답 :

문제 06 다음 〈학생〉 테이블을 참고하여 〈처리 조건〉에서 요구하는 SQL문을 작성하시오. (5점)

〈학생〉

학번 (varchar)	이름 (varchar)	학년 (number)	수강과목 (varchar)	점수 (number)	연락처 (varchar)
20E0232	김인영	3	세무행정	4.5	010-5412-4544
19D0024	이성화	2	토목개론	3	010-1548-4796
20E0135	성유수	4	실용법학	3.5	010-9945-7411
20E0511	우인혁	1	데이터론	2	010-3451-4972

〈처리 조건〉

- 3, 4학년의 학번, 이름을 조회한다.
- IN 예약어를 사용해야 한다.
- 속성명 아래의 괄호는 속성의 자료형을 의미한다.

답 :

문제 07 데이터를 제어하는 DCL의 하나인 ROLLBACK에 대해 간략히 서술하시오. (5점)

답 :

문제 08 네트워크 트래픽에 대해 IP(Internet Protocol) 계층에서 IP 패킷 단위의 데이터 변조 방지 및 은닉 기능을 제공하는 네트워크 계층에서의 보안 통신 규약을 쓰시오. (5점)

답 :

문제 09 애플리케이션을 실행하지 않고, 소스 코드에 대한 코딩 표준, 코딩 스타일, 코드 복잡도 및 남은 결함을 발견하기 위하여 사용하는 테스트를 쓰시오. (5점)

답 :

문제 10 한 객체의 상태가 바뀌면 그 객체에 의존하는 다른 객체들에게 연락이 가서 자동으로 내용이 갱신되는 방식으로, 일대다의 의존성을 정의하는 패턴이다. 상호 작용을 하는 객체 사이에서는 가능하면 느슨하게 결합하는 이 패턴을 영문으로 쓰시오. (5점)

답 :

문제 11 리눅스의 커널 위에서 동작하며, 자바와 코틀린으로 애플리케이션을 작성하는 운영체제로, 휴대용 장치에서 주로 사용되는 이 운영체제의 이름을 쓰시오. (5점)

답 :

문제 12 다음 〈student〉 테이블을 참고하여 'name' 속성으로 'idx_name'이라는 인덱스를 생성하는 SQL문을 작성하시오. (5점)

〈student〉

stid	name	score	deptid
2001	brown	85	PE01
2002	white	45	EF03
2003	black	67	UW11

답 :

▶ 1450213

문제 13 통합 구현과 관련하여 다음 설명의 괄호에 공통으로 들어갈 알맞은 답을 쓰시오. (5점)

( )는 HTTP, HTTPS, SMTP 등을 사용하여 xml 기반의 메시지를 네트워크 상에서 교환하는 프로토콜로, ( ) envelope, 헤더(header), 바디(body) 등이 추가된 xml 문서이다. ( )는 복잡하고 무거운 구조로 구성되어 있어 ( ) 보다는 restful 프로토콜을 이용하기도 한다.

답 :

▶ 1450214

문제 14 보안 위협의 하나인 SQL Injection에 대해 간략히 서술하시오. (5점)

답 :

▶ 1450215

문제 15 사용자 인터페이스에 대한 다음 설명에서 괄호에 들어갈 알맞은 답을 쓰시오. (5점)

직관성	누구나 쉽게 이해하고 사용할 수 있어야 한다.
( )	사용자의 목적을 정확하고 완벽하게 달성해야 한다.
학습성	누구나 쉽게 배우고 익힐 수 있어야 한다.
유연성	사용자의 요구사항을 최대한 수용하고 실수를 최소화해야 한다.

답 :

▶ 1450216

문제 16 리눅스 또는 유닉스에서 'a.txt' 파일에 대해 다음 〈처리 조건〉과 같이 권한을 부여하고자 한다. 〈처리조건〉을 준수하여 적합한 명령문을 작성하시오. (5점)

〈처리조건〉

- 사용자에게 읽기, 쓰기, 실행 권한을 부여한다.
- 그룹에게 읽기, 실행 권한을 부여한다.
- 기타 사용자에게 실행 권한을 부여한다.
- 한 줄로 작성하고, 8진법 숫자를 이용한 명령문을 이용한다.

답 :

문제 17 다음 설명에서 가리키는 용어를 쓰시오. (5점)

가. 정의

웹상에 존재하는 데이터를 개별 URI(Uniform Resource Identifier)로 식별하고, 각 URI에 링크 정보를 부여함으로써 상호 연결된 웹을 지향하는 모형이다. 링크 기능이 강조된 시맨틱웹의 모형에 속한다고 볼 수 있으며 팀 버너스 리의 W3C를 중심으로 발전하고 있다.

나. 주요 기능

1. 공개된 데이터를 이용하면 내가 원하는 데이터가 이미 존재하는지, 어디에 존재하는지 알 수 있다.
2. URI로 구별되는 데이터 리소스의 자유로운 접근 및 이용이 가능하므로 큰 노력 없이 데이터의 매쉬업이 가능하다.
3. 내가 만든 데이터가 아니라도 URI를 이용하여 링크만 해주면 이용할 수 있다.

다. 4대 원칙

1. 통합 자원 식별자(URI)를 사용한다.
2. URI는 HTTP 프로토콜을 통해 접근할 수 있어야 한다.
3. RDF나 스파클 같은 표준을 사용한다.
4. 풍부한 링크 정보가 있어야 한다.

라. Linked Data와 Open Data를 결합한 용어이다.

답:

문제 18 다음은 데이터베이스 구축까지의 과정을 나열한 것이다. 괄호에 들어갈 알맞은 답을 쓰시오. (5점)

| 요구 분석 | → | ( ) | → | ( ) | → | ( ) | → | 구현 |

답:

문제 19 다음 Java로 구현된 프로그램을 분석하여 그 실행 결과를 쓰시오. (단, 출력문의 출력 서식을 준수하시오.) (5점)

```java
class A {
    int a;
    public A(int a) { this.a = a; }
    void display() { System.out.println("a=" + a); }
}
class B extends A {
    public B(int a) {
        super(a);
        super.display();
    }
}
public class Test {
    public static void main(String[] args) {
        B obj = new B(10);
    }
}
```

답:

문제 20 다음 설명에서 괄호에 들어갈 알맞은 답을 쓰시오. (5점)

소프트웨어 (   )는 소프트웨어 개발 단계의 각 과정에서 만들어지는 프로그램, 프로그램을 설명하는 문서, 데이터 등을 관리하는 것을 말한다. 소프트웨어의 개발 과정에서 만들어지는 여러 버전들의 변경 사항을 관리하는 일련의 활동이며 이를 지원하는 도구로 Git, SVN 등이 있다.

답:

[문제 01]

※ 다음 중 하나를 쓰면 됩니다.

목표복구시간, RTO, Recovery Time Objective

※ **답안 작성 시 주의 사항** : 한글 또는 영문을 Full-name이나 약어로 쓰라는 지시사항이 없으면 한글이나 영문 약어로 쓰는 것이 유리합니다. 영문을 Full-name으로 풀어쓰다가 스펠링을 틀리면 오답으로 처리되니까요.

[문제 02]

{'한국', '중국', '베트남', '홍콩', '태국'}

※ **답안 작성 시 주의 사항** : 프로그램의 실행 결과는 부분 점수가 없으므로 정확하게 작성해야 합니다. 결과는 반드시 중괄호{ }로 묶어야 하고, 중괄호 안의 문자들은 각각 작은따옴표로 묶어줘야 합니다. 단 출력 순서는 실행할 때마다 변경되므로 관계없으며, 5개의 요소만 정확하게 포함되어 있으면 됩니다.

> **해설**
>
> 세트는 수학에서 배우는 집합(set)과 동일한 역할을 하는 Python의 자료형으로, 중괄호{ }를 이용하여 리스트와 같이 다양한 요소들을 저장할 수 있습니다. 세트는 순서가 정해져 있지 않으며(unordered), 중복된 요소는 저장되지 않는다는 특징이 있습니다.
>
> ```
> ❶ asia = {'한국', '중국', '일본'}
> ❷ asia.add('베트남')
> ❸ asia.add('중국')
> ❹ asia.remove('일본')
> ❺ asia.update({'한국', '홍콩', '태국'})
> ❻ print(asia)
> ```
>
> ❶ 세트 asia에 '한국', '중국', '일본'의 3개 요소를 저장한다.
>
> | asia | 한국 | 중국 | 일본 |
> | --- | --- | --- | --- |
>
> ❷ 세트 asia에 '베트남'을 추가한다.
>
> | asia | 한국 | 중국 | 일본 | 베트남 |
> | --- | --- | --- | --- | --- |
>
> ❸ 세트 asia에 '중국'을 추가한다. asia에는 이미 '중국' 요소가 있으므로 무시된다.
>
> ❹ 세트 asia에서 '일본'을 제거한다.
>
> | asia | 한국 | 중국 | 베트남 |
> | --- | --- | --- | --- |
>
> ❺ 세트 asia에 새로운 세트를 추가하여 확장한다. 새로운 세트 {'한국', '홍콩', '태국'}의 요소 중 '한국'은 이미 asia에 있으므로 무시된다.
>
> | asia | 한국 | 중국 | 베트남 | 홍콩 | 태국 |
> | --- | --- | --- | --- | --- | --- |
>
> ❻ 세트 asia를 출력한다. 세트는 순서가 정해져 있지 않으므로 출력되는 요소들의 순서는 바뀔 수 있다.
>
> | 결과 | {'한국', '중국', '베트남', '홍콩', '태국'} |
> | --- | --- |

[문제 03]

※ 다음 중 하나를 쓰면 됩니다.

AJAX, Asynchronous JavaScript and XML

[문제 04]

※ 다음 중 하나를 쓰면 됩니다.

애자일, Agile

[문제 05]

new

해설

```
    class Parent {                                          클래스 Parent를 정의한다.
        void show( ) { System.out.println("parent"); }
    }
    class Child extends Parent {          클래스 Child를 정의하고 부모 클래스로 Parent를 지정하면서 Parent
                                          에 속한 변수와 메소드를 상속받는다.
❸       void show( ) { ❹ System.out.println("child"); }
    }
    public class Test {
        public static void main(String[ ] args) {
❶           Parent pa = new Child( );
❷           pa.show( );
        } ❺
    }
```

모든 Java 프로그램은 반드시 main( ) 메소드부터 시작해야 한다.

❶ Parent pa = new Child( );

   Child 클래스의 생성자를 이용하여 Parent 클래스의 객체 변수 pa를 선언한다.

- • [부모클래스명] [객체변수명] = new [자식클래스생성자( )] : 부모 클래스의 객체 변수를 선언하면서 자식 클래스의 생성자를 사용하면 형 변환이 발생한다.
- • 이렇게 형 변환이 발생했을 때 부모 클래스와 자식 클래스에 동일한 속성이나 메소드가 있으면 자식 클래스의 속성이나 메소드로 재정의된다.

❷ Pa의 show( ) 메소드를 호출한다. ❸번으로 이동한다.

   pa.show( )는 pa 객체의 자료형이 Parent이므로 Parent.show( )라고 생각할 수 있지만 ❶번에서 클래스 형 변환이 발생하였고, show( ) 메소드가 자식 클래스에서 재정의되었으므로 Child 클래스의 show( ) 메소드가 수행된다.

❸ Child 클래스의 show( ) 메소드의 시작점이다.

❹ 화면에 문자열 **child**를 출력하고, 다음 줄의 처음으로 커서를 이동시킨다. show( ) 메소드가 종료되었으므로 메소드를 호출했던 ❷번의 다음 줄인 ❺번으로 이동하여 프로그램을 종료한다.

결과   child

[문제 06]

SELECT 학번, 이름 FROM 학생 WHERE 학년 IN (3, 4);

해설

SELECT 학번, 이름	'학번', '이름'을 표시한다.
FROM 학생	〈학생〉 테이블에서 검색한다.
WHERE 학년 IN (3, 4);	'학년'의 값이 3 또는 4인 자료만을 대상으로 한다.

〈결과〉

학번	이름
20E0232	김인영
20E0135	성유수

[문제 07]

※ 다음 중 밑줄이 표시된 내용은 반드시 포함되어야 합니다.

ROLLBACK는 트랜잭션이 실패한 경우 <u>작업을 취소하고 이전 상태로 되돌리기 위한 명령어</u>이다.

[문제 08]

※ 다음 중 하나를 쓰면 됩니다.

IPSec, Internet Protocol Security

[문제 09]

※ 다음 중 하나를 쓰면 됩니다.

정적 분석, 정적 테스트

[문제 10]

Observer

[문제 11]

※ 다음 중 하나를 쓰면 됩니다.

안드로이드, Android

[문제 12]

CREATE INDEX idx_name ON student(name);

> **해설**
>
> | `CREATE INDEX idx_name`
`ON student(name);` | 'idx_name'이라는 이름의 인덱스를 생성한다.
〈student〉 테이블의 'name' 속성을 사용한다. |
> | --- | --- |

[문제 13]

※ 다음 중 하나를 쓰면 됩니다.

SOAP, Simple Object Access Protocol

[문제 14]

※ 다음 중 밑줄이 표시된 내용은 반드시 포함되어야 합니다.

SQL Injection은 웹 응용 프로그램에 SQL 구문을 삽입하여 <u>내부 데이터베이스(DB) 서버의 데이터를 유출 및 변조하고 관리자 인증을 우회</u>하는 공격 기법이다.

[문제 15]

유효성

[문제 16]

chmod 751 a.txt

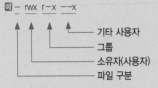
[문제 17]

※ 다음 중 하나를 쓰면 됩니다.

개방형 링크드 데이터, LOD, Linked Open Data

[문제 18]

개념적 설계, 논리적 설계, 물리적 설계

[문제 19]

a=10

```
    class A {                              클래스 A를 정의한다.
        int a;
❹      public A(int a) { ❺ this.a = a; }
❼      void display( ) { ❽ System.out.println("a=" + a); }
    }
    class B extends A {                    클래스 B를 정의하고 부모 클래스로 A를 지정하면서 A에 속한 변수와 메소드를
❷      public B(int a) {                   상속받는다.
❸          super(a);
❻          super.display( );
        } ❾
    }
    public class Test {
        public static void main(String[ ] args) {
❶          B obj = new B(10);
        } ❿
    }
```

모든 Java 프로그램은 반드시 main( ) 메소드부터 시작해야 한다.

❶ B obj = new B(10);
　클래스 B의 객체 변수 obj를 선언하고 생성자에 인수 10을 전달한다.

❷ B 클래스 생성자 B( )의 시작점이다. ❶번에서 전달받은 10을 정수형 변수 a가 받는다.

❸ 부모 클래스의 생성자를 호출하며 인수로 a의 값 10을 전달한다.
　※ super : 상속한 부모 클래스를 가리키는 예약어

❹ 생성자 A( )의 시작점이다. ❸번에서 전달받은 10을 생성자 A( )의 변수 a가 받는다.

❺ 메소드가 속한 A 클래스의 a에 A( ) 생성자의 변수 a의 값 10을 저장한다. 생성자가 종료되면 호출했던 ❸번의 다음 줄인 ❻번으로 간다.
　※ this : 현재의 실행중인 메소드가 속한 클래스를 가리키는 예약어, 즉 'A.a'와 같은 의미이다.

❻ 부모 클래스의 메소드 display( )를 호출한다.

❼ A 클래스의 메소드 display( )의 시작점이다.

❽ a=를 출력한 후 a의 값을 출력해야 하지만, 메소드에서 별도로 생성한 'a'라는 변수가 없으므로 클래스의 변수 a의 값 10을 출력하고, 다음 줄의 처음으로 커서를 이동시킨다.
　※ 생성자나 메소드 안에서 생성된 변수는 생성자나 메소드를 벗어나서 사용하지 못하기 때문에 여기서는 생성자 A( )에 속한 a가 아닌 클래스 A에 속한 a를 출력한다.

결과 `a=10`

메소드를 호출했던 ❻번의 다음 줄인 ❾번으로 이동하고 이어서 B 클래스를 호출했던 ❶번의 다음 줄인 ❿번으로 이동하여 프로그램을 종료한다.

[문제 20]

※ 다음 중 하나를 쓰면 됩니다.

형상관리, SCM, Software Configuration Management

MEMO

핵심요약

 ▶340002 　　　　　필기 23.7, 23.5, 23.2, 22.7, 21.8, 21.3, 20.9, 20.8, 20.6

001 나선형 모형 [B]

- 나선형 모형(Spiral Model, 점진적 모형)은 나선을 따라 돌듯이 **여러 번의 소프트웨어 개발 과정을 거쳐 점진적으로 완벽한 최종 소프트웨어를 개발하는 모형**이다.
- 보헴(Boehm)이 제안하였다.
- 4가지 주요 활동

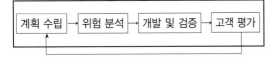

계획 수립 → 위험 분석 → 개발 및 검증 → 고객 평가

 ▶340003 　　　　　　　　필기 21.8, 20.9, 20.8, 20.6

002 폭포수 모형 [B]

- 폭포수 모형(Waterfall Model)은 이전 단계로 돌아갈 수 없다는 전제하에 **각 단계를 확실히 매듭짓고 그 결과를 철저하게 검토하여 승인 과정을 거친 후에 다음 단계를 진행하는 개발 방법론**이다.
- 가장 오래되고 가장 폭넓게 사용된 전통적인 소프트웨어 생명 주기 모형이다.
- 고전적 생명 주기 모형이라고도 한다.

궁금해요❓ 😊

Q 실기 책에 왜 필기의 기출 년월이 표시되어 있나요?

A 정보처리기사 시험은 필기와 실기가 시험 범위가 같습니다. 동일한 내용이 객관식으로 필기시험에 나올 수도 있고, 단답형이나 서술식으로 실기시험에 나올 수도 있습니다. 공부하다 보면 알겠지만 필기시험과 실기시험에 중복해서 나온 내용이 많습니다. 자격 시험에는 나온 문제가 또 나온다는 걸 명심하세요.

▶340005 　　　　　　20.7, 필기 23.7, 22.4, 22.3, 21.8, 21.5, 20.8

003 애자일 모형 [A]

- 애자일(Agile)은 '민첩한', '기민한'이라는 의미로, 고객의 **요구사항 변화에 유연하게 대응할 수 있도록 일정한 주기를 반복하면서 개발하는 모형**이다.
- 어느 특정 개발 방법론이 아니라 좋은 것을 빠르고 낭비 없게 만들기 위해 고객과의 소통에 초점을 맞춘 방법론을 통칭한다.
- 대표적인 개발 모형
  - 스크럼(Scrum)
  - XP(eXtreme Programming)
  - 칸반(Kanban)
  - Lean
  - 기능 중심 개발(FDD; Feature Driven Development)

▶340006 　　　　　　　　필기 23.2, 22.3, 21.3, 20.8

004 애자일 개발 4가지 핵심 가치 [B]

- 프로세스와 도구보다는 개인과 상호작용에 더 가치를 둔다.
- 방대한 문서보다는 실행되는 SW에 더 가치를 둔다.
- 계약 협상보다는 고객과 협업에 더 가치를 둔다.
- 계획을 따르기 보다는 변화에 반응하는 것에 더 가치를 둔다.

▶ 340010 필기 23.7, 23.5, 23.2, 22.7, 22.4, 20.9, 20.6

005　XP　**B**

- XP(eXtreme Programming)는 수시로 발생하는 고객의 **요구사항에 유연하게 대응하기 위해 고객의 참여와 개발 과정의 반복을 극대화하여 개발 생산성을 향상시키는 방법**이다.
- 짧고 반복적인 개발 주기, 단순한 설계, 고객의 적극적인 참여를 통해 소프트웨어를 빠르게 개발하는 것을 목적으로 한다.
- XP의 5가지 핵심 가치
  - 의사소통(Communication)
  - 단순성(Simplicity)
  - 용기(Courage)
  - 존중(Respect)
  - 피드백(Feedback)

▶ 440009 20.10, 필기 22.4, 20.9

006　XP의 주요 실천 방법(Practice)　**A**

필기 20.9
Pair Programming(짝 프로그래밍)

다른 사람과 함께 프로그래밍을 수행함으로써 개발에 대한 책임을 공동으로 나눠 갖는 환경을 조성한다.

필기 20.9
Collective Ownership(공동 코드 소유)

개발 코드에 대한 권한과 책임을 공동으로 소유한다.

Test-Driven Development(테스트 주도 개발)

- 개발자가 실제 코드를 작성하기 전에 테스트 케이스를 먼저 작성하므로 자신이 무엇을 해야할지를 정확히 파악한다.
- 테스트가 지속적으로 진행될 수 있도록 자동화된 테스팅 도구(구조, 프레임워크)를 사용한다.

Whole Team(전체 팀)

개발에 참여하는 모든 구성원(고객 포함)들은 각자 자신의 역할이 있고 그 역할에 대한 책임을 가져야 한다.

필기 20.9
Continuous Integration(계속적인 통합)

모듈 단위로 나눠서 개발된 코드들은 하나의 작업이 마무리될 때마다 지속적으로 통합된다.

20.10, 필기 22.4
Refactoring(리팩토링)

- 프로그램 기능의 변경 없이 시스템을 재구성한다.
- **목적** : 프로그램을 쉽게 이해하고 쉽게 수정하여 빠르게 개발할 수 있도록 하기 위함임

Small Releases(소규모 릴리즈)

릴리즈 기간을 짧게 반복함으로써 고객의 요구 변화에 신속히 대응할 수 있다.

▶ 340016 21.4, 필기 22.4

007　기능 요구사항　

- 기능 요구사항(Functional Requirements)은 시스템이 무엇을 하는지, 어떤 기능을 하는지 등의 기능이나 수행과 관련된 요구사항이다.
- 시스템의 입력이나 출력으로 무엇이 포함되어야 하는지에 대한 사항
- 시스템이 어떤 데이터를 저장하거나 연산을 수행해야 하는지에 대한 사항
- 시스템이 반드시 수행해야 하는 기능
- 사용자가 시스템을 통해 제공받기를 원하는 기능

▶ 340017 21.4, 필기 23.2, 22.4, 21.8

008　비기능 요구사항　

- 비기능 요구사항(Non-functional Requirements)은 품질이나 제약사항과 관련된 요구사항이다.
- 시스템 장비 구성 요구사항
- 성능 요구사항
- 인터페이스 요구사항
- 데이터를 구축하기 위해 필요한 요구사항
- 테스트 요구사항
- 보안 요구사항
- **품질 요구사항** : 가용성, 정합성, 상호 호환성, 대응성, 이식성, 확장성, 보안성 등

▶440015

009 요구사항 분석 **C**

필기 22.3, 20.6

- 요구사항 분석(Requirement Analysis)은 소프트웨어 개발의 실제적인 첫 단계로, **개발 대상에 대한 사용자의 요구사항을 이해하고 문서화하는 활동**을 의미한다.
- 사용자 요구의 타당성을 조사하고 비용과 일정에 대한 제약을 설정한다.
- 사용자의 요구를 정확하게 추출하여 목표를 정한다.

▶340023

010 자료 흐름도의 구성 요소 **A**

필기 23.2, 22.7, 22.3, 20.9, 20.8, 20.6

기호	의미
필기 23.2, 22.7, 22.3, 20.9, 20.8, 20.6 프로세스(Process)	자료를 변환시키는 시스템의 한 부분(처리 과정)을 나타내며 처리, 기능, 변환, 버블이라고도함
필기 23.2, 22.7, 22.3, 20.9, 20.8, 20.6 자료 흐름(Data Flow)	자료의 이동(흐름)이나 연관관계를 나타냄
필기 23.2, 22.7, 22.3, 20.9, 20.8, 20.6 자료 저장소(Data Store)	시스템에서의 자료 저장소(파일, 데이터베이스)를 나타냄
필기 23.2, 22.7, 22.3, 20.9, 20.8, 20.6 단말(Terminator)	시스템과 교신하는 외부 개체로, 입력 데이터가 만들어지고 출력 데이터를 받음

▶340024

011 자료 사전 **B**

필기 20.9, 20.8, 20.6

- 자료 사전(DD; Data Dictionary)은 **자료 흐름도에 있는 자료를 더 자세히 정의하고 기록한 것**이다.
- 데이터를 설명하는 데이터로, 데이터의 데이터 또는 메타 데이터(Meta Data)라고도 한다.

- 자료 사전에서 사용되는 표기 기호

기호	의미
필기 20.9, 20.8, 20.6 =	**자료의 정의** : ~로 구성되어 있다(is composed of)
필기 20.9 +	**자료의 연결** : 그리고(and)
필기 20.8, 20.6 ( )	**자료의 생략** : 생략 가능한 자료(Optional)
필기 20.9, 20.8 [ ]	**자료의 선택** : 또는(or)
필기 20.9, 20.8, 20.6 { }	**자료의 반복** : Iteration of
필기 20.6 * *	**자료의 설명** : 주석(Comment)

▶340027

012 HIPO **B**

필기 23.7, 23.2, 22.7, 20.9

- HIPO(Hierarchy Input Process Output)는 시스템의 분석 및 설계, 또는 문서화에 사용되는 기법으로, **시스템 실행 과정인 입력 · 처리 · 출력의 기능을 표현한 것**이다.
- 하향식 소프트웨어 개발을 위한 문서화 도구이다.
- 시스템의 기능을 여러 개의 고유 모듈로 분할하여 이들 간의 인터페이스를 계층 구조로 표현한 것을 HIPO Chart라고 한다.

▶340031

013 집합 관계 **A**

21.10

- 집합(Aggregation) 관계는 **하나의 사물이 다른 사물에 포함되어 있는 관계**이다.
- 포함하는 쪽(전체, Whole)과 포함되는 쪽(부분, Part)은 서로 독립적이다.
- 포함되는 쪽(부분, Part)에서 포함하는 쪽(전체, Whole)으로 속이 빈 마름모를 연결하여 표현한다.

예제 프린터는 컴퓨터에 연결해서 사용할 수 있으며, 다른 컴퓨터에 연결해서 사용할 수도 있다.

21,10, 필기 20.8

014 일반화 관계 [A]

- 일반화(Generalization) 관계는 **하나의 사물이 다른 사물에 비해 더 일반적이거나 구체적인 관계**이다.
- 보다 일반적인 개념을 상위(부모), 보다 구체적인 개념을 하위(자식)라고 부른다.
- 구체적(하위)인 사물에서 일반적(상위)인 사물 쪽으로 속이 빈 화살표를 연결하여 표현한다.

예제 아메리카노와 에스프레소는 커피이다. 다시 말하면, 커피에는 아메리카노와 에스프레소가 있다.

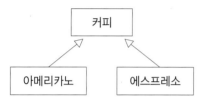

필기 23.5, 22.7, 21.8

015 의존 관계 [B]

- 의존(Dependency) 관계는 연관 관계와 같이 사물 사이에 서로 연관은 있으나 필요에 의해 **서로에게 영향을 주는 짧은 시간 동안만 연관을 유지하는 관계**이다.
- 하나의 사물과 다른 사물이 소유 관계는 아니지만 사물의 변화가 다른 사물에도 영향을 미치는 관계이다.
- 일반적으로 한 클래스가 다른 클래스를 오퍼레이션의 매개 변수로 사용하는 경우에 나타나는 관계이다.
- 영향을 주는 사물(이용자)이 영향을 받는 사물(제공자) 쪽으로 점선 화살표를 연결하여 표현한다.

예제 등급이 높으면 할인율을 적용하고, 등급이 낮으면 할인율을 적용하지 않는다.

| 등급 | ----------> | 할인율 |

필기 23.5, 23.2, 22.3, 21.5, 21.3, 20.6

016 구조적 다이어그램의 종류 [B]

필기 23.2, 21.5, 21.3, 20.6

클래스 다이어그램(Class Diagram)
클래스와 클래스가 가지는 속성, 클래스 사이의 관계를 표현한다.

필기 20.6

객체 다이어그램(Object Diagram)
- 클래스에 속한 사물(객체)들, 즉 인스턴스(Instance)를 특정 시점의 객체와 객체 사이의 관계로 표현한다.
- 럼바우(Rumbaugh) 객체지향 분석 기법에서 객체 모델링에 활용된다.

필기 23.5, 22.3, 20.6

컴포넌트 다이어그램(Component Diagram)
- 실제 구현 모듈인 컴포넌트 간의 관계나 컴포넌트 간의 인터페이스를 표현한다.
- 구현 단계에서 사용된다.

필기 22.3

배치 다이어그램(Deployment Diagram)
- 결과물, 프로세스, 컴포넌트 등 물리적 요소들의 위치를 표현한다.
- 구현 단계에서 사용된다.

복합체 구조 다이어그램(Composite Structure Diagram)
클래스나 컴포넌트가 복합 구조를 갖는 경우 그 내부 구조를 표현한다.

필기 22.3

패키지 다이어그램(Package Diagram)
유스케이스나 클래스 등의 모델 요소들을 그룹화한 패키지들의 관계를 표현한다.

017 행위 다이어그램의 종류

유스케이스 다이어그램(Use Case Diagram)

- 사용자의 요구를 분석하는 것으로, 기능 모델링 작업에 사용한다.
- 사용자(Actor)와 사용 사례(Use Case)로 구성된다.

순차 다이어그램(Sequence Diagram)

상호작용하는 시스템이나 객체들이 주고받는 메시지를 표현한다.

커뮤니케이션 다이어그램(Communication Diagram)

동작에 참여하는 객체들이 주고받는 메시지와 객체들 간의 연관 관계를 표현한다.

상태 다이어그램(State Diagram)

- 하나의 객체가 자신이 속한 클래스의 상태 변화 혹은 다른 객체와의 상호작용에 따라 상태가 어떻게 변화하는지를 표현한다.
- 럼바우(Rumbaugh) 객체지향 분석 기법에서 동적 모델링에 활용된다.

활동 다이어그램(Activity Diagram)

시스템이 어떤 기능을 수행하는지 객체의 처리 로직이나 조건에 따른 처리의 흐름을 순서에 따라 표현한다.

상호작용 개요 다이어그램(Interaction Overview Diagram)

상호작용 다이어그램 간의 제어 흐름을 표현한다.

타이밍 다이어그램(Timing Diagram)

객체 상태 변화와 시간 제약을 명시적으로 표현한다.

[018] 유스케이스 다이어그램 Ⓑ

- 유스케이스(Use Case) 다이어그램은 사용자와 다른 외부 시스템들이 **개발될 시스템을 이용해 수행할 수 있는 기능을 사용자의 관점에서 표현한 것**이다.
- 유스케이스 다이어그램의 구성 요소

구성 요소	표현 방법	내용
시스템(System) / 시스템 범위(System Scope)	상품주문	시스템 내부의 유스케이스들을 사각형으로 묶어 시스템의 범위를 표현한 것
필기 21.5 액터(Actor)	• 주액터 🧍 고객 • 부액터 《Actor》 재고 시스템	• 시스템과 상호작용을 하는 모든 외부 요소 • 주로 사람이나 외부 시스템을 의미함 • **주액터** : 시스템을 사용함으로써 이득을 얻는 대상으로, 주로 사람이 해당됨 • **부액터** : 주액터의 목적 달성을 위해 시스템에 서비스를 제공하는 외부 시스템으로, 조직이나 기관 등이 될 수 있음
유스케이스(Use Case)	상품조회	사용자가 보는 관점에서 시스템이 액터에게 제공하는 서비스나 기능을 표현한 것
관계(Relationship)	• 포함 《include》 • 확장 《extends》 • 일반화	• 유스케이스 다이어그램에서 관계는 액터와 유스케이스, 유스케이스와 유스케이스 사이에서 나타날 수 있음 • **유스케이스에서 나타날 수 있는 관계** : 포함(Include) 관계, 확장(Extends) 관계, 일반화(Generalization) 관계

예제 다음은 회원과 비회원으로 구분되는 회원이 상품주문 과정에서 수행할 수 있는 기능을 표현한 유스케이스 다이어그램이다.

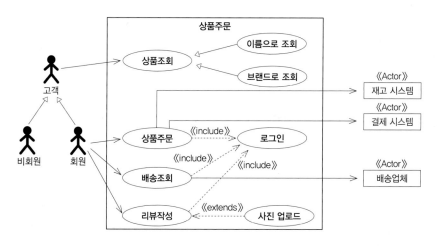

019 클래스 다이어그램 Ⓐ

* 클래스(Class) 다이어그램은 클래스와 클래스가 가지는 속성, 클래스 사이의 관계를 표현한 것이다.
* 클래스 다이어그램의 구성 요소

구성 요소	표현 방법	내용
21.10, 필기 21.8 클래스(Class)	클래스명 속성1 속성2 오퍼레이션1 오퍼레이션2	• 각각의 객체들이 갖는 속성과 오퍼레이션(동작)을 표현한 것 • 일반적으로 3개의 구획(Compartment)으로 나눠 클래스의 이름, 속성, 오퍼레이션을 표기함 • **속성(Attribute)** : 클래스의 상태나 정보를 표현함 • **오퍼레이션(Operation)** : 클래스가 수행할 수 있는 동작으로, 함수(메소드, Method)라고도 함
제약조건		• 속성에 입력될 값에 대한 제약조건이나 오퍼레이션 수행 전후에 지정해야 할 조건이 있다면 이를 적음 • 클래스 안에 제약조건을 기술할 때는 중괄호 { }를 이용함
관계(Relationships)		• 관계는 클래스와 클래스 사이의 연관성을 표현함 • 클래스 다이어그램에 표현하는 관계에는 연관 관계, 집합 관계, 포함 관계, 일반화 관계, 의존 관계가 있음

예제 다음은 프로야구 리그에 필요한 정보의 일부를 표현한 클래스 다이어그램이다.

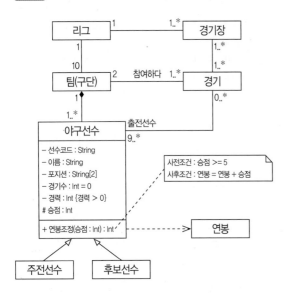

[020] 순차 다이어그램

- 순차(Sequence) 다이어그램은 **시스템이나 객체들이 메시지를 주고받으며 상호작용하는 과정을 그림으로 표현한 것이다.**
- 순차 다이어그램의 구성 요소

구성 요소	표현 방법	의미
액터(Actor)	🧍 회원	시스템으로부터 서비스를 요청하는 외부 요소로, 사람이나 외부 시스템을 의미함
객체(Object)	: 로그인화면	메시지를 주고받는 주체
필기 22.7, 20.8 생명선(Lifeline)		• 객체가 메모리에 존재하는 기간으로, 객체 아래쪽에 점선을 그어 표현함 • 객체 소멸(✖)이 표시된 기간까지 존재함
필기 22.7, 20.8 실행 상자 (Active Box, 활성 상자)	▯	객체가 메시지를 주고받으며 구동되고 있음을 표현함
필기 22.7, 20.8 메시지(Message)	1 : 로그인 버튼 클릭 ⟶	객체가 상호 작용을 위해 주고받는 메시지
객체 소멸	✖	해당 객체가 더 이상 메모리에 존재하지 않음을 표현한 것
프레임(Frame)	SD 상품주문	다이어그램의 전체 또는 일부를 묶어 표현한 것

예제 다음은 회원의 상품 주문 과정에 재고 시스템과 결제 시스템이 관계되어 상호 작용하는 과정을 표현한 순차 다이어그램이다.

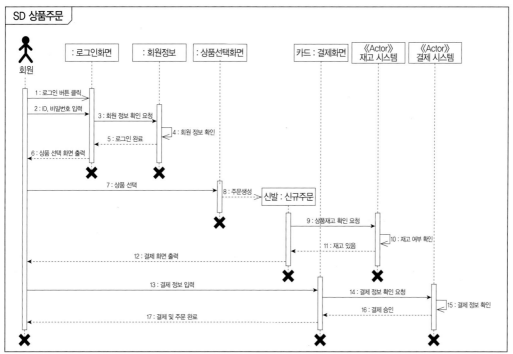

▶340048

021 패키지 다이어그램 Ⓐ

- 패키지(Package) 다이어그램은 유스케이스나 클래스 등의 **요소들을 그룹화한 패키지 간의 의존 관계를 표현한 것**이다.
- 패키지 다이어그램의 구성 요소

구성 요소	표현 방법	의미
패키지(Package)		• 객체들을 그룹화한 것 • **단순 표기법** : 패키지 안에 패키지 이름만 표현 • **확장 표기법** : 패키지 안에 요소까지 표현
객체(Object)		유스케이스, 클래스, 인터페이스, 테이블 등 패키지에 포함될 수 있는 다양한 요소들
의존 관계 (Dependency)	---------->	• 패키지와 패키지, 패키지와 객체 간을 점선 화살표로 연결하여 표현함 • 스테레오 타입을 이용해 의존 관계를 구체적으로 표현할 수 있음 • 의존 관계의 표현 형태는 사용자가 임의로 작성할 수 있으며, 대표적으로 import와 access가 사용됨 　 – 《import》 : 패키지에 포함된 객체들을 직접 가져와서 이용하는 관계 　 – 《access》 : 인터페이스를 통해 패키지 내의 객체에 접근하여 이용하는 관계

[예제] 다음은 회원이 상품 주문 시 사용하는 〈회원〉, 〈로그인〉, 〈상품 주문〉, 〈결제〉 패키지들 간의 의존 관계를 표현한 패키지 다이어그램이다.

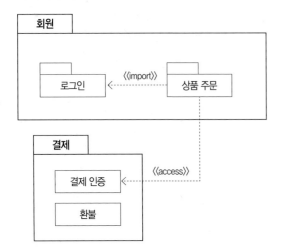

022 컴포넌트 기반 방법론 **C**

340051 　　　　　　　　　　　　　　　필기 21.3, 20.9

- 컴포넌트 기반 방법론(CBD; Component Based Design)은 기존의 시스템이나 소프트웨어를 구성하는 컴포넌트를 조합하여 하나의 **새로운 애플리케이션을 만드는 방법론**이다.
- 컴포넌트의 재사용(Reusability)이 가능하여 시간과 노력을 절감할 수 있다.
- 컴포넌트 기반 방법론의 개발 절차

개발 준비 단계 → 분석 단계 → 설계 단계 → 구현 단계 → 테스트 단계 → 전개 단계 → 인도 단계

023 CASE **B**

340054 　　　　　　　　필기 23.7, 23.5, 21.3, 20.9, 20.8, 20.6

- CASE(Computer Aided Software Engineering)는 **소프트웨어 개발 과정에서 사용되는** 요구 분석, 설계, 구현, 검사 및 디버깅 **과정 전체 또는 일부를 컴퓨터와 전용 소프트웨어 도구를 사용하여 자동화하는 것**이다.
- CASE의 주요 기능
  - 소프트웨어 생명 주기 전 단계의 연결
  - 다양한 소프트웨어 개발 모형 지원
  - 그래픽 지원

024 LOC 기법 **A**

340057 　　　　　　20.5, 필기 23.2, 22.7, 22.4, 22.3, 21.8, 21.3, 20.6

- LOC(source Line Of Code, 원시 코드 라인 수) 기법은 소프트웨어 각 기능의 원시 코드 라인 수의 비관치, 낙관치, 기대치를 측정하여 예측치를 구하고 이를 이용하여 비용을 산정하는 기법이다.
- 산정 공식
  - 노력(인월) = 개발 기간 × 투입 인원
    　　　　　 = LOC / 1인당 월평균 생산 코드 라인 수
  - 개발 비용
    = 노력(인월) × 단위 비용(1인당 월평균 인건비)
  - 개발 기간 = 노력(인월) / 투입 인원
  - 생산성 = LOC / 노력(인월)

025 수학적 산정 기법 **C**

340058 　　　　　　　　　　　　　　　필기 21.5, 20.9

- 수학적 산정 기법은 상향식 비용 산정 기법으로, 경험적 추정 모형, 실험적 추정 모형이라고도 한다.
- 수학적 산정 기법은 개발 비용 산정의 자동화를 목표로 한다.
- 주요 수학적 산정 기법
  - COCOMO 모형
  - Putnam 모형
  - 기능 점수(FP) 모형

026 COCOMO 모형 **C**

440047 　　　　　　　　　　　　　　　필기 22.7, 22.4

- COCOMO(COnstructive COst MOdel) 모형은 원시 프로그램의 규모인 LOC(원시 코드 라인 수)에 의한 비용 산정 기법이다.
- 개발할 소프트웨어의 규모(LOC)를 예측한 후 이를 소프트웨어 종류에 따라 다르게 책정되는 비용 산정 방정식에 대입하여 비용을 산정한다.
- 비용 산정 결과는 프로젝트를 완성하는 데 필요한 노력(Man-Month)으로 나타난다.
- 보헴(Boehm)이 제안하였다.

027 COCOMO의 소프트웨어 개발 유형 **B**

340060 　　　　필기 23.5, 23.2, 22.4, 21.8, 21.5, 21.3, 20.8, 20.6

필기 23.5, 23.2, 22.4, 21.8, 21.5, 21.3, 20.8, 20.6
조직형(Organic Mode)

- 기관 내부에서 개발된 중 · 소 규모의 소프트웨어이다.
- 일괄 자료 처리나 과학기술 계산용, 비즈니스 자료 처리용 등의 5만(50KDSI) 라인 이하의 소프트웨어를 개발하는 유형이다.
- 사무 처리용, 업무용, 과학용 응용 소프트웨어 개발에 적합하다.

반분리형(Semi-Detached Mode)

- 조직형과 내장형의 중간형 소프트웨어이다.
- 트랜잭션 처리 시스템이나 운영체제, 데이터베이스 관리 시스템 등의 30만(300KDSI) 라인 이하의 소프트웨어를 개발하는 유형이다.
- 컴파일러, 인터프리터와 같은 유틸리티 개발에 적합하다.

필기 22.4, 21.5, 21.3, 20.8
내장형(Embedded Mode)

- 초대형 규모의 소프트웨어이다.
- 트랜잭션 처리 시스템이나 운영체제 등의 30만(300KDSI) 라인 이상의 소프트웨어를 개발하는 유형이다.
- 신호기 제어 시스템, 미사일 유도 시스템, 실시간 처리 시스템 등의 시스템 프로그램 개발에 적합하다.

▶340061

필기 21.5, 20.6
028 Putnam 모형 C

- Putnam 모형은 **소프트웨어 생명 주기의 전 과정 동안에 사용될 노력의 분포를 예상하는 모형**이다.
- 푸트남(Putnam)이 제안한 것으로, 생명 주기 예측 모형이라고도 한다.
- 시간에 따른 함수로 표현되는 Rayleigh-Norden 곡선의 노력 분포도를 기초로 한다.

▶340065

필기 23.7, 23.2, 22.7, 20.8
029 CPM B

- CPM(Critical Path Method, 임계 경로 기법))은 프로젝트 완성에 필요한 **작업을 나열하고 작업에 필요한 소요 기간을 예측하는데 사용하는 기법**이다.
- CPM은 노드와 간선으로 구성된 네트워크로 노드는 작업을, 간선은 작업 사이의 전후 의존 관계를 나타낸다.

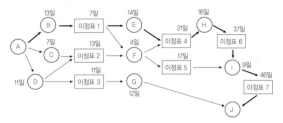

※ 그림에서 굵은선이 임계 경로, 즉 최장 경로입니다.

▶340068

필기 23.2, 20.9, 20.6
030 CMMI B

- CMMI(Capability Maturity Model Integration)는 **소프트웨어 개발 조직의 업무 능력 및 조직의 성숙도를 평가하는 모델**이다.
- CMMI의 소프트웨어 프로세스 성숙도

단계	특징
초기(Initial)	작업자 능력에 따라 성공 여부 결정
필기 23.2, 20.9, 20.6 관리(Managed)	특정한 프로젝트 내의 프로세스 정의 및 수행
필기 23.2, 20.9, 20.6 정의(Defined)	조직의 표준 프로세스를 활용하여 업무 수행
정량적 관리 (Quantitatively Managed)	프로젝트를 정량적으로 관리 및 통제
필기 20.9, 20.6 최적화 (Optimizing)	프로세스 역량 향상을 위해 지속적인 프로세스 개선

340069

031 SPICE C
필기 20.9, 20.8

- SPICE(Software Process Improvement and Capability dEtermination)는 정보 시스템 분야에서 **소프트웨어의 품질 및 생산성 향상을 위해 소프트웨어 프로세스를 평가 및 개선하는 국제 표준**이다.
- 공식 명칭은 ISO/IEC 15504이다.

 340072

032 소프트웨어 개발 프레임워크 B
필기 23.7, 21.8, 20.9

- 소프트웨어 개발 프레임워크(Framework)는 **소프트웨어 개발에 공통적으로 사용되는 구성 요소와 아키텍처를 일반화하여** 손쉽게 구현할 수 있도록 여러 가지 기능들을 **제공해주는 반제품 형태의 소프트웨어 시스템**이다.
- 선행 사업자의 기술에 의존하지 않는 표준화된 개발 기반으로 인해 사업자 종속성이 해소된다.

 340074

033 소프트웨어 개발 프레임워크의 특성 C
필기 22.7, 21.5,, 20.9, 20.6

필기 22.7, 21.5, 20.9, 20.6
모듈화(Modularity)

- 프레임워크는 캡슐화를 통해 모듈화를 강화하고 설계 및 구현의 변경에 따른 영향을 최소화함으로써 소프트웨어의 품질을 향상시킨다.
- 프레임워크는 개발 표준에 의한 모듈화로 인해 유지 보수가 용이하다.

필기 22.7, 21.5, 20.9, 20.6
재사용성(Reusability)

프레임워크는 재사용 가능한 모듈들을 제공함으로써 예산 절감, 생산성 향상, 품질 보증이 가능하다.

필기 22.7, 21.5
확장성(Extensibility)

프레임워크는 다형성(Polymorphism)을 통한 인터페이스 확장이 가능하여 다양한 형태와 기능을 가진 애플리케이션 개발이 가능하다.

제어의 역흐름(Inversion of Control)

개발자가 관리하고 통제해야 하는 객체들의 제어를 프레임워크에 넘김으로써 생산성을 향상시킨다.

440063   23.4, 20.10, 필기 21.3, 20.9

034 스키마 **B**

스키마(Schema)는 **데이터베이스의 구조와 제약조건에 관한 전반적인 명세를 기술**한 것이다.

종류	내용
23.4 외부 스키마	사용자나 응용 프로그래머가 각 개인의 입장에서 필요로 하는 데이터베이스의 논리적 구조를 정의한 것
23.4, 필기 21.3 개념 스키마	• 데이터베이스의 전체적인 논리적 구조 • 모든 응용 프로그램이나 사용자들이 필요로 하는 데이터를 종합한 조직 전체의 데이터베이스로, 하나만 존재함
23.4, 필기 20.9 내부 스키마	• 물리적 저장장치의 입장에서 본 데이터베이스 구조 • 실제로 저장될 레코드의 형식, 저장 데이터 항목의 표현 방법, 내부 레코드의 물리적 순서 등을 나타냄

340081   23.7, 20.7

035 데이터베이스 설계 순서 **A**

| 요구 조건 분석 | 요구 조건 명세서 작성 |

↓

| 개념적 설계 | 개념 스키마, 트랜잭션 모델링, E-R 모델 |

↓

| 논리적 설계 | 목표 DBMS에 맞는 논리 스키마 설계, 트랜잭션 인터페이스 설계 |

↓

| 물리적 설계 | 목표 DBMS에 맞는 물리적 구조의 데이터로 변환 |

↓

| 구현 | 목표 DBMS의 DDL(데이터 정의어)로 데이터베이스 생성, 트랜잭션 작성 |

340082   21.4, 필기 23.2, 22.4

036 개념적 설계 **A**

• 개념적 설계(정보 모델링, 개념화)는 정보의 구조를 얻기 위하여 현실 세계의 무한성과 계속성을 이해하고, 다른 사람과 통신하기 위하여 **현실 세계에 대한 인식을 추상적 개념으로 표현하는 과정**이다.

• 개념적 설계에서는 개념 스키마 모델링과 트랜잭션 모델링을 병행 수행한다.

• 개념적 설계에서는 요구 분석에서 나온 결과인 요구 조건 명세를 DBMS에 독립적인 E-R 다이어그램으로 작성한다.

340083   21.4, 필기 22.7, 20.6

037 논리적 설계 **A**

• 논리적 설계(데이터 모델링)는 **현실 세계에서 발생하는 자료를 컴퓨터가 이해하고 처리할 수 있는 물리적 저장장치에 저장할 수 있도록 변환하기 위해 특정 DBMS가 지원하는 논리적 자료 구조로 변환(mapping)시키는 과정**이다.

• 개념 세계의 데이터를 필드로 기술된 데이터 타입과 이 데이터 타입들 간의 관계로 표현되는 논리적 구조의 데이터로 모델화한다.

• 개념적 설계가 개념 스키마를 설계하는 단계라면, 논리적 설계에서는 개념 스키마를 평가 및 정제하고 DBMS에 따라 서로 다른 논리적 스키마를 설계하는 단계이다.

▶340084

21.4, 필기 22.4, 22.3, 21.8, 21.5, 21.3, 20.9

038 물리적 설계 A

- 물리적 설계(데이터 구조화)는 **논리적 설계에서 논리적 구조로 표현된 데이터**를 디스크 등의 물리적 저장장치에 저장할 수 있는 **물리적 구조의 데이터로 변환하는 과정**이다.
- 물리적 설계에서는 다양한 데이터베이스 응용에 대해 처리 성능을 얻기 위해 데이터베이스 파일의 저장 구조 및 액세스 경로를 결정한다.
- 저장 레코드의 형식, 순서, 접근 경로, 조회 집중 레코드 등의 정보를 사용하여 데이터가 컴퓨터에 저장되는 방법을 묘사한다.

▶340085

21.4, 필기 23.2, 22.4, 20.9

039 데이터 모델 A

- 데이터 모델은 **현실 세계의 정보들을** 컴퓨터에 표현하기 위해서 단순화, 추상화하여 **체계적으로 표현한 개념적 모형**이다.
- 데이터 모델에 표시할 요소

요소	내용
21.4, 필기 23.2, 20.9 구조(Structure)	논리적으로 표현된 개체 타입들 간의 관계로서 데이터 구조 및 정적 성질 표현
21.4, 필기 23.2, 22.4, 20.9 연산(Operation)	데이터베이스에 저장된 실제 데이터를 처리하는 작업에 대한 명세로서 데이터베이스를 조작하는 기본 도구
21.4, 필기 23.2, 20.9 제약 조건(Constraint)	데이터베이스에 저장될 수 있는 실제 데이터의 논리적인 제약 조건

▶340089

필기 23.7, 22.7, 22.3, 21.5, 21.3, 20.9, 20.6

040 E-R 다이어그램 B

기호	기호 이름	의미
필기 23.7, 22.7, 21.5, 21.3, 20.9, 20.6 ▭	사각형	개체(Entity) 타입
필기 23.7, 21.5, 21.3, 20.9, 20.6 ◇	마름모	관계(Relationship) 타입
필기 23.7, 21.5, 21.3, 20.9, 20.6 ◯	타원	속성(Attribute)
필기 22.3 ◎	이중 타원	다중값 속성(복합 속성)
◯	밑줄 타원	기본키 속성
	복수 타원	복합 속성 예 성명은 성과 이름으로 구성
N◇M	관계	1:1, 1:N, N:M 등의 개체 간 관계에 대한 대응수를 선 위에 기술함
필기 21.5, 21.3, 20.9, 20.6 —	선, 링크	개체 타입과 속성을 연결

▶440070

23.4, 21.4, 필기 23.2, 22.3, 21.3, 20.9, 20.8, 20.6

041 관계형 데이터베이스의 릴레이션 구조 A

릴레이션(Relation)은 데이터들을 표(Table)의 형태로 표현한 것으로, 구조를 나타내는 릴레이션 스키마와 실제 값들인 릴레이션 인스턴스로 구성된다.

〈학생〉 릴레이션

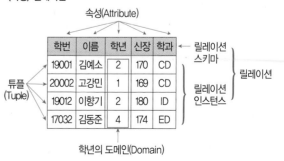

- 릴레이션 인스턴스 : 데이터 개체를 구성하고 있는 속성들에 데이터 타입이 정의되어 구체적인 데이터 값을 가진 것을 의미함

042 튜플 [A]

- 튜플(Tuple)은 **릴레이션을 구성하는 각각의 행**을 말한다.
- 튜플은 속성의 모임으로 구성된다.
- 파일 구조에서 레코드와 같은 의미이다.
- 튜플의 수를 카디널리티(Cardinality) 또는 기수, 대응수라고 한다.

043 속성 [A]

- 속성(Attribute)은 **데이터베이스를 구성하는 가장 작은 논리적 단위**이다.
- 파일 구조상의 데이터 항목 또는 데이터 필드에 해당된다.
- 속성은 개체의 특성을 기술한다.
- 속성의 수를 디그리(Degree) 또는 차수라고 한다.

044 도메인 [C]

- 도메인(Domain)은 **하나의 애트리뷰트가 취할 수 있는 같은 타입의 원자(Atomic)값들의 집합**이다.
- 도메인은 실제 애트리뷰트 값이 나타날 때 그 값의 합법 여부를 시스템이 검사하는 데에도 이용된다.
- **에** '성별' 애트리뷰트의 도메인은 "남"과 "여"로, 그 외의 값은 입력될 수 없다.

045 후보키 [A]

- 후보키(Candidate Key)는 **릴레이션을 구성하는 속성들 중에서 튜플을 유일하게 식별하기 위해 사용되는 속성들의 부분집합**이다.
- 기본키로 사용할 수 있는 속성들을 말한다.
- 후보키는 유일성(Unique)과 최소성(Minimality)을 모두 만족시켜야 한다.

유일성 (Unique) _{22.5, 필기 20.6}	하나의 키 값으로 하나의 튜플만을 유일하게 식별할 수 있어야 함
최소성 (Minimality) _{22.5, 필기 20.6}	키를 구성하는 속성 하나를 제거하면 유일하게 식별할 수 없도록 꼭 필요한 최소의 속성으로 구성되어야 함

046 기본키 [C]

- 기본키(Primary Key)는 **후보키 중에서 특별히 선정된 주키(Main Key)**이다.
- 기본키는 중복된 값을 가질 수 없다.
- 기본키는 한 릴레이션에서 특정 튜플을 유일하게 구별할 수 있는 속성이다.
- 기본키는 NULL 값을 가질 수 없다. 즉 튜플에서 기본키로 설정된 속성에는 NULL 값이 있어서는 안 된다.

047 슈퍼키 [A]

- 슈퍼키(Super Key)는 **한 릴레이션 내에 있는 속성들의 집합으로 구성된 키**를 말한다.
- 릴레이션을 구성하는 모든 튜플 중 슈퍼키로 구성된 속성의 집합과 동일한 값은 나타나지 않는다.
- 슈퍼키는 릴레이션을 구성하는 모든 튜플에 대해 유일성은 만족하지만, 최소성은 만족하지 못한다.

340098
필기 23.5, 22.7, 22.3, 20.6

[048] 외래키 **B**

- 외래키(Foreign Key)는 **다른 릴레이션의 기본키를 참조하는 속성 또는 속성들의 집합**을 의미한다.
- 한 릴레이션에 속한 속성 A와 참조 릴레이션의 기본키인 B가 동일한 도메인 상에서 정의되었을 때의 속성 A를 외래키라고 한다.
- 외래키로 지정되면 참조 릴레이션의 기본키에 없는 값은 입력할 수 없다.

440079
23.10, 필기 23.2, 22.7, 22.4, 21.8, 21.5, 21.3, 20.8, 20.6

[049] 무결성 **A**

- 무결성(Integrity)은 **데이터베이스에 저장된 데이터 값과 그것이 표현하는 현실 세계의 실제값이 일치하는 정확성**을 의미한다.
- **개체 무결성** : 기본 테이블의 기본키를 구성하는 어떤 속성도 Null 값이나 중복값을 가질 수 없다는 규정
- **참조 무결성** : 외래키 값은 Null이거나 참조 릴레이션의 기본키 값과 동일해야 함. 즉 릴레이션은 참조할 수 없는 외래키 값을 가질 수 없다는 규정

필기 22.7, 21.8, 20.9

[050] 관계대수 **B**

- 관계대수는 관계형 데이터베이스에서 **원하는 정보와 그 정보를 검색하기 위해서 어떻게 유도하는가를 기술하는 절차적인 언어**이다.
- 관계대수는 릴레이션을 처리하기 위해 연산자와 연산규칙을 제공하며, 피연산자와 연산 결과가 모두 릴레이션이다.
- 관계대수는 질의에 대한 해를 구하기 위해 수행해야 할 연산의 순서를 명시한다.

440081
23.10, 22.10, 22.7, 20.10, 필기 23.7, 23.2, 21.8, 21.5, 21.3, 20.8, 20.6

[051] 순수 관계 연산자 **A**

23.10, 필기 23.7, 23.2, 21.3, 20.8
Select

- 릴레이션에 존재하는 튜플 중에서 선택 조건을 만족하는 튜플의 부분집합을 구하여 새로운 릴레이션을 만드는 연산이다.
- 릴레이션의 행에 해당하는 튜플(Tuple)을 구하는 것이므로 수평 연산이라고도 한다.
- 기호 : σ(시그마)

23.10, 22.10, 22.7, 필기 23.7, 23.2, 21.8, 21.5, 20.8
Project

- 주어진 릴레이션에서 속성 리스트(Attribute List)에 제시된 속성 값만을 추출하여 새로운 릴레이션을 만드는 연산이다.
- 릴레이션의 열에 해당하는 속성을 추출하는 것이므로 수직 연산자라고도 한다.
- 기호 : π(파이)

23.10, 22.10, 필기 21.8, 21.5, 20.8
Join

- 공통 속성을 중심으로 두 개의 릴레이션을 하나로 합쳐서 새로운 릴레이션을 만드는 연산이다.
- Join의 결과는 Cartesian Product(교차곱)를 수행한 다음 Select를 수행한 것과 같다.
- 기호 : ⋈

23.10, 20.10, 필기 21.8, 21.5, 20.8
Division

- X⊃Y인 두 개의 릴레이션 R(X)와 S(Y)가 있을 때, R의 속성이 S의 속성값을 모두 가진 튜플에서 S가 가진 속성을 제외한 속성만을 구하는 연산이다.
- 기호 : ÷

[052] 일반 집합 연산자 [A]

합집합(UNION)

- 두 릴레이션에 존재하는 튜플의 합집합을 구하되, 결과로 생성된 릴레이션에서 중복되는 튜플은 제거되는 연산이다.
- 합집합의 카디널리티는 두 릴레이션 카디널리티의 합보다 크지 않다.
- 기호 : ∪

교집합(INTERSECTION)

- 두 릴레이션에 존재하는 튜플의 교집합을 구하는 연산이다.
- 교집합의 카디널리티는 두 릴레이션 중 카디널리티가 적은 릴레이션의 카디널리티보다 크지 않다.
- 기호 : ∩

차집합(DIFFERENCE)

- 두 릴레이션에 존재하는 튜플의 차집합을 구하는 연산이다.
- 차집합의 카디널리티는 릴레이션 R의 카디널리티보다 크지 않다.
- 기호 : ―

교차곱(CARTESIAN PRODUCT)

- 두 릴레이션에 있는 튜플들의 순서쌍을 구하는 연산이다.
- 교차곱의 디그리(Degree)는 두 릴레이션의 디그리를 더한 것과 같고, 카디널리티(Cardinality)는 두 릴레이션의 카디널리티를 곱한 것과 같다.
- 기호 : ×

[053] 관계해석 [A]

- 관계해석(Relational Calculus)은 **관계 데이터의 연산을 표현하는 방법**이다.
- 관계 데이터 모델의 제안자인 코드(E. F. Codd)가 수학의 Predicate Calculus(술어 해석)에 기반을 두고 관계 데이터베이스를 위해 제안했다.
- 관계해석은 원하는 정보가 무엇이라는 것만 정의하는 비절차적 특성을 지닌다.
- 원하는 정보를 정의할 때는 계산 수식을 사용한다.

[054] 이상 [A]

- 이상(Anomaly)이란 데이터베이스 내에 **데이터들이 불필요하게 중복되어 릴레이션 조작 시 예기치 않게 발생하는 곤란한 현상**을 의미한다.
- 삽입 이상(Insertion Anomaly) : 테이블에 데이터를 삽입할 때 의도와는 상관없이 원하지 않은 값들로 인해 삽입할 수 없게 되는 현상
- 삭제 이상(Deletion Anomaly) : 테이블에서 튜플을 삭제할 때 의도와는 상관없는 값들도 함께 삭제되는, 즉 연쇄 삭제가 발생하는 현상
- 갱신 이상(Update Anomaly) : 테이블에서 튜플에 있는 속성 값을 갱신할 때 일부 튜플의 정보만 갱신되어 정보에 불일치성(Inconsistency)이 생기는 현상

055 함수적 종속 **A**

필기 21.8
함수적 종속(Functional Dependency)

어떤 테이블 R에서 X와 Y를 각각 R의 속성 집합의 부분 집합이라 하자. 속성 X의 값 각각에 대해 시간에 관계없이 항상 속성 Y의 값이 오직 하나만 연관되어 있을 때 Y는 X에 함수적 종속 또는 X가 Y를 함수적으로 결정한다고 하고, X → Y로 표기한다.

22.7
완전 함수적 종속(Full Functional Dependency)

어떤 테이블 R에서 속성 Y가 다른 속성 집합 X 전체에 대해 함수적 종속이면서 속성 집합 X의 어떠한 진부분 집합 Z(즉, Z ⊂ X)에도 함수적 종속이 아닐 때 속성 Y는 속성 집합 X에 완전 함수적 종속이라고 한다.

22.7
부분 함수적 종속(Partial Functional Dependency)

어떤 테이블 R에서 속성 Y가 다른 속성 집합 X 전체에 대해 함수적 종속이면서 속성 집합 X의 임의의 진부분 집합에 대해 함수적 종속일 때, 속성 Y는 속성 집합 X에 부분 함수적 종속이라고 한다.

22.7, 필기 20.6
이행적 함수적 종속(Transitive Functional Dependency)

X → Y이고 Y → Z일 때 X → Z를 만족하는 관계를 의미한다.

056 정규화 **C**

- 정규화(Normalization)는 **테이블의 속성들이 상호 종속적인 관계를 갖는 특성을 이용하여 테이블을 무손실 분해하는 과정**이다.
- 정규화의 목적은 가능한 한 중복을 제거하여 삽입, 삭제, 갱신 이상의 발생 가능성을 줄이는 것이다.
- 정규형에는 제 1정규형(1NF), 제 2정규형(2NF), 제 3정규형(3NF), BCNF, 제 4정규형(4NF), 제 5정규형(5NF)이 있으며, 순서대로 정규화의 정도가 높아진다.

▶440087

057 정규화 과정

A

아래의 〈주문목록〉 테이블을 가지고 정규화 과정을 살펴보자. 〈주문목록〉 테이블의 기본키(Primary Key)는 제품번호이다.

〈주문목록〉

제품번호	제품명	재고수량	주문번호	고객번호	주소	주문수량
1001	모니터	2000	A345 D347	100 200	서울 부산	150 300
1007	마우스	9000	A210 A345 B230	300 100 200	광주 서울 부산	600 400 700
1201	키보드	2100	D347	200	부산	300

• 제 1정규형(1NF; First Normal Form)
   – 제 1정규형은 테이블 R에 속한 모든 속성의 도메인(Domain)이 원자 값(Atomic Value)만으로 되어 있는 정규형이다. 즉 테이블의 모든 속성 값이 원자 값으로만 되어 있는 정규형이다.
   – 〈주문목록〉 테이블에서는 하나의 제품에 대해 여러 개의 주문 관련 정보(주문번호, 고객번호, 주소, 주문수량)가 발생하고 있다. 따라서 〈주문목록〉테이블은 제 1정규형이 아니다.

예제1 〈주문목록〉 테이블에서 반복되는 주문 관련 정보를 분리하여 제 1정규형으로 만드시오.

〈주문목록〉

제품번호	제품명	재고수량	주문번호	고객번호	주소	주문수량
1001	모니터	2000	A345 D347	100 ·200	서울 부산	150 300
1007	마우스	9000	A210 A345 B230	300 100 200	광주 서울 부산	600 400 700
1201	키보드	2100	D347	200	부산	300

〈제품〉

제품번호	제품명	재고수량
1001	모니터	2000
1007	마우스	9000
1201	키보드	2100

〈제품주문〉

주문번호	제품번호	고객번호	주소	주문수량
A345	1001	100	서울	150
D347	1001	200	부산	300
A210	1007	300	광주	600
A345	1007	100	서울	400
B230	1007	200	부산	700
D347	1201	200	부산	300

해설 〈주문목록〉 테이블에서 반복되는 주문 관련 정보인 주문번호, 고객번호, 주소, 주문수량을 분리하면 위와 같이 제 1정규형인 〈제품〉 테이블과 〈제품주문〉 테이블이 만들어진다.

- 1차 정규화 과정으로 생성된 〈제품주문〉 테이블의 기본키는 (주문번호, 제품번호)이고, 다음과 같은 함수적 종속이 존재한다.

> 주문번호, 제품번호 → 고객번호, 주소, 주문수량
>
> 주문번호 → 고객번호, 주소
>
> 고객번호 → 주소

• 제 2정규형(2NF; Second Normal Form)
- 제 2정규형은 테이블 R이 제 1정규형이고, 기본키가 아닌 모든 속성이 기본키에 대하여 완전 함수적 종속을 만족하는 정규형이다.
- 〈주문목록〉 테이블이 〈제품〉 테이블과 〈제품주문〉 테이블로 무손실 분해되면서 모두 제 1정규형이 되었지만 그 중 〈제품주문〉 테이블에는 기본키인 (주문번호, 제품번호)에 완전 함수적 종속이 되지 않는 속성이 존재한다. 즉 주문수량은 기본키에 대해 완전 함수적 종속이지만 고객번호와 주소는 주문번호에 의해서도 결정될 수 있으므로, 기본키에 대해 완전 함수적 종속이 아니다. 따라서 〈제품주문〉 테이블은 제 2정규형이 아니다.

예제 2 〈제품주문〉 테이블에서 주문번호에 함수적 종속이 되는 속성들을 분리하여 제 2정규형을 만드시오.

〈제품주문〉

주문번호	제품번호	고객번호	주소	주문수량
A345	1001	100	서울	150
D347	1001	200	부산	300
A210	1007	300	광주	600
A345	1007	100	서울	400
B230	1007	200	부산	700
D347	1201	200	부산	300

➡

〈주문목록〉

주문번호	제품번호	주문수량
A345	1001	150
D347	1001	300
A210	1007	600
A345	1007	400
B230	1007	700
D347	1201	300

〈주문〉

주문번호	고객번호	주소
A345	100	서울
D347	200	부산
A210	300	광주
B230	200	부산

해설 〈제품주문〉 테이블에서 주문번호에 함수적 종속이 되는 속성인 고객번호와 주소를 분리(즉 부분 함수적 종속을 제거)해 내면 위와 같이 제 2정규형인 〈주문목록〉 테이블과 〈주문〉 테이블로 무손실 분해된다.

- 제 2정규화 과정을 거쳐 생성된 〈주문〉 테이블의 기본키는 주문번호이다. 그리고 〈주문〉 테이블에는 아직도 다음과 같은 함수적 종속들이 존재한다.

> 주문번호 → 고객번호, 주소
>
> 고객번호 → 주소

• 제 3정규형(3NF; Third Normal Form)
- 제 3정규형은 테이블 R이 제 2정규형이고 기본키가 아닌 모든 속성이 기본키에 대해 이행적 함수적 종속 (Transitive Functional Dependency)을 만족하지 않는 정규형이다.
- 〈제품주문〉 테이블이 〈주문목록〉 테이블과 〈주문〉 테이블로 무손실 분해되면서 모두 제 2정규형이 되었다. 그러나 〈주문〉 테이블에서 고객번호가 주문번호에 함수적 종속이고, 주소가 고객번호에 함수적 종속이므로 주소는 기본키인 주문번호에 대해 이행적 함수적 종속을 만족한다. 즉 주문번호 → 고객번호이고, 고객번호 → 주소이므로 주문번호 → 주소는 이행적 함수적 종속이 된다. 따라서 〈주문〉 테이블은 제 3정규형이 아니다.

예제 3 〈주문〉 테이블에서 이행적 함수적 종속을 제거하여 제 3정규형을 만드시오.

〈주문〉

주문번호	고객번호	주소
A345	100	서울
D347	200	부산
A210	300	광주
B230	200	부산

➡

〈주문〉

주문번호	고객번호
A345	100
D347	200
A210	300
B230	200

〈고객〉

고객번호	주소
100	서울
200	부산
300	광주

해설 〈주문〉 테이블에서 이행적 함수적 종속(즉 주문번호 → 주소)을 제거하여 무손실 분해함으로써 위와 같이 제 3정규형인 〈주문〉 테이블과 〈고객〉 테이블이 생성된다.

- BCNF(Boyce–Codd Normal Form)
  - BCNF는 테이블 R에서 모든 결정자가 후보키(Candidate Key)인 정규형이다.
  - 일반적으로 제 3정규형에 후보키가 여러 개 존재하고, 이러한 후보키들이 서로 중첩되어 나타나는 경우에 적용 가능하다.
  - 아래의 〈수강_교수〉 테이블(제 3정규형)은 함수적 종속{(학번, 과목명) → 담당교수, (학번, 담당교수) → 과목명, 담당교수 → 과목명}을 만족하고 있다. 〈수강_교수〉 테이블의 후보키는 (학번, 과목명)과 (학번, 담당교수)이다.

〈수강_교수〉

학번	과목명	담당교수
211746	데이터베이스	홍길동
211747	네트워크	유관순
211748	인공지능	윤봉길
211749	데이터베이스	홍길동
211747	데이터베이스	이순신
211749	네트워크	유관순

- 〈수강_교수〉 테이블에서 결정자 중 후보키가 아닌 속성이 존재한다. 즉 함수적 종속 담당교수 → 과목명이 존재하는데, 담당교수가 〈수강_교수〉 테이블에서 후보키가 아니기 때문에 〈수강_교수〉 테이블은 BCNF가 아니다.

예제 4 〈수강_교수〉 테이블에서 결정자가 후보키가 아닌 속성을 분리하여 BCNF를 만드시오.

〈수강〉

학번	담당교수
211746	홍길동
211747	유관순
211748	윤봉길
211749	홍길동
211747	이순신
211749	유관순

〈교수〉

담당교수	과목명
홍길동	데이터베이스
이순신	데이터베이스
윤봉길	인공지능
유관순	네트워크

해설 〈수강_교수〉 테이블에서 BCNF를 만족하지 못하게 하는 속성(즉 담당교수 → 과목명)을 분리해내면 위와 같이 BCNF인 〈수강〉 테이블과 〈교수〉 테이블로 무손실 분해된다.

- 제 4정규형(4NF; Fourth Normal Form)

  제 4정규형은 테이블 R에 다중 값 종속(MVD; Multi Valued Dependency) A →→ B가 존재할 경우 R의 모든 속성이 A에 함수적 종속 관계를 만족하는 정규형이다.

  ※ 다중 값 종속(다치 종속) : A, B, C 3개의 속성을 가진 테이블 R에서 어떤 복합 속성(A, C)에 대응하는 B 값의 집합이 A 값에만 종속되고 C 값에는 무관하면, B는 A에 다중 값 종속이라 하고, A →→ B로 표기함

- 제 5정규형(5NF; Fifth Normal Form)

  제 5정규형은 테이블 R의 모든 조인 종속(JD; Join Dependency)이 R의 후보키를 통해서만 성립되는 정규형이다.

  ※ 조인 종속 : 어떤 테이블 R의 속성에 대한 부분 집합 X, Y, …, Z가 있다고 하자. 이때 만일 테이블 R이 자신의 프로젝션(Projection) X, Y, …, Z를 모두 조인한 결과와 동일한 경우 테이블 R은 조인 종속 JD(X, Y, …, Z)를 만족한다고 함

058 정규화 과정 정리 B

```
┌─────────────┐
│ 비정규 릴레이션 │
└─────────────┘
      ↓ 도메인이 원자값
┌─────────────┐
│     1NF     │
└─────────────┘
      ↓ 부분적 함수 종속 제거
┌─────────────┐
│     2NF     │
└─────────────┘
      ↓ 이행적 함수 종속 제거
┌─────────────┐
│     3NF     │
└─────────────┘
      ↓ 결정자이면서 후보키가
        아닌 것 제거
┌─────────────┐
│    BCNF     │
└─────────────┘
      ↓ 다치 종속 제거
┌─────────────┐
│     4NF     │
└─────────────┘
      ↓ 조인 종속성 이용
┌─────────────┐
│     5NF     │
└─────────────┘
```

정규화 단계 암기 요령

두부를 좋아하는 정규화가 두부 가게에 가서 가게에 있는 두부를 다 달라고 말하니 주인이 깜짝 놀라며 말했다.

두부이걸다줘? ≒ 도부이결다조

도메인이 원자값
부분적 함수 종속 제거
이행적 함수 종속 제거
결정자이면서 후보키가 아닌 것 제거
다치 종속 제거
조인 종속성 이용

059 반정규화 A

- 반정규화(Denormalization)는 시스템의 성능을 향상하고 개발 및 운영의 편의성 등을 높이기 위해 **정규화된 데이터 모델을 의도적으로 통합, 중복, 분리하여 정규화 원칙을 위배하는 행위이다.**

- 반정규화를 수행하면 시스템의 성능이 향상되고 관리 효율성은 증가하지만 데이터의 일관성 및 정합성이 저하될 수 있다.

- 과도한 반정규화는 오히려 성능을 저하시킬 수 있다.

060 시스템 카탈로그 B

- 시스템 카탈로그(System Catalog)는 시스템 그 자체에 관련이 있는 **다양한 객체에 관한 정보를 포함하는 시스템 데이터베이스이다.**

- 시스템 카탈로그 내의 각 테이블은 사용자를 포함하여 DBMS에서 지원하는 모든 데이터 객체에 대한 정의나 명세에 관한 정보를 유지 관리하는 시스템 테이블이다.

- 카탈로그들이 생성되면 데이터 사전(Data Dictionary)에 저장되기 때문에 좁은 의미로는 카탈로그를 데이터 사전이라고도 한다.

340113 · 21.7, 20.5, 필기 23.7, 23.5, 23.2, 22.7, 22.4, 21.8, 21.3, 20.9, 20.8, 20.6

061 트랜잭션의 특성 A

특성	의미
21.7, 20.5, 필기 23.5, 23.2, … Atomicity(원자성)	트랜잭션의 연산은 데이터베이스에 모두 반영되도록 완료(Commit)되든지 아니면 전혀 반영되지 않도록 복구(Rollback)되어야 함
20.5, 필기 23.5, 22.7, 21.3 Consistency (일관성)	트랜잭션이 그 실행을 성공적으로 완료하면 언제나 일관성 있는 데이터베이스 상태로 변환함
20.5, 필기 23.7, 23.5, 22.7, … Isolation (독립성, 격리성, 순차성)	둘 이상의 트랜잭션이 동시에 병행 실행되는 경우 어느 하나의 트랜잭션 실행중에 다른 트랜잭션의 연산이 끼어들 수 없음
20.5, 필기 23.5 Durability (영속성, 지속성)	성공적으로 완료된 트랜잭션의 결과는 시스템이 고장나더라도 영구적으로 반영되어야 함

340114

필기 22.7, 20.9

062 CRUD 분석 C

- CRUD 분석은 **프로세스와 테이블 간에 CRUD 매트릭스를 만들어서 트랜잭션을 분석하는 것**이다.
- CRUD 분석을 통해 많은 트랜잭션이 몰리는 테이블을 파악할 수 있으므로 디스크 구성 시 유용한 자료로 활용할 수 있다.
- CRUD 매트릭스의 각 셀에는 Create(생성), Read(읽기), Update(갱신), Delete(삭제)의 앞 글자가 들어간다.

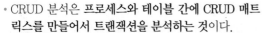

340115

필기 21.8, 21.3

063 인덱스 C

- 인덱스(Index, 색인)는 **데이터 레코드를 빠르게 접근하기 위해 〈키 값, 포인터〉 쌍으로 구성되는 데이터 구조**이다.
- 인덱스는 레코드가 저장된 물리적 구조에 접근하는 방법을 제공한다.
- 인덱스를 통해서 파일의 레코드에 빠르게 액세스 할 수 있다.

340117

필기 23.7, 22.4, 20.9, 20.6

064 뷰 B

- 뷰(View)는 사용자에게 접근이 허용된 자료만을 제한적으로 보여주기 위해 **하나 이상의 기본 테이블로부터 유도된, 이름을 가지는 가상 테이블**이다.
- 뷰가 정의된 기본 테이블이나 뷰를 삭제하면 그 테이블이나 뷰를 기초로 정의된 다른 뷰도 자동으로 삭제된다.
- 뷰를 정의할 때는 CREATE문, 제거할 때는 DROP문을 사용한다.

340119

필기 23.2, 22.7, 21.5, 20.8

065 파티션의 종류 B

필기 22.7, 21.5, 20.8 **범위 분할** (Range Partitioning)	지정한 열의 값을 기준으로 분할함 예 일별, 월별, 분기별 등
필기 23.2, 21.5, 20.8 **해시 분할** (Hash Partitioning)	- 해시 함수를 적용한 결과 값에 따라 데이터를 분할함 - 특정 파티션에 데이터가 집중되는 범위 분할의 단점을 보완한 것으로, 데이터를 고르게 분산할 때 유용함 - 특정 데이터가 어디에 있는지 판단할 수 없음 - 고객번호, 주민번호 등과 같이 데이터가 고른 컬럼에 효과적임
필기 20.8 **조합 분할** (Composite Partitioning)	- 범위 분할로 분할한 다음 해시 함수를 적용하여 다시 분할하는 방식 - 범위 분할한 파티션이 너무 커서 관리가 어려울 때 유용함

066 분산 데이터베이스의 목표 [B]

필기 23.5, 20.8, 20.6

- 위치 투명성(Location Transparency) : 액세스하려는 데이터베이스의 실제 위치를 알 필요 없이 단지 데이터베이스의 논리적인 명칭만으로 액세스할 수 있음
- 중복 투명성(Replication Transparency) : 동일 데이터가 여러 곳에 중복되어 있더라도 사용자는 마치 하나의 데이터만 존재하는 것처럼 사용하고, 시스템은 자동으로 여러 자료에 대한 작업을 수행함
- 병행 투명성(Concurrency Transparency) : 분산 데이터베이스와 관련된 다수의 트랜잭션들이 동시에 실현되더라도 그 트랜잭션의 결과는 영향을 받지 않음
- 장애 투명성(Failure Transparency) : 트랜잭션, DBMS, 네트워크, 컴퓨터 장애에도 불구하고 트랜잭션을 정확하게 처리함

067 RTO/RPO [A]

20.7

20.7 RTO(Recovery Time Objective, 목표 복구 시간)	비상사태 또는 업무 중단 시점으로부터 복구되어 가동될 때까지의 소요 시간을 의미함 예 장애 발생 후 6시간 내 복구 가능
RPO(Recovery Point Objective, 목표 복구 시점)	비상사태 또는 업무 중단 시점으로부터 데이터를 복구할 수 있는 기준점을 의미함 예 장애 발생 전인 지난 주 금요일에 백업시켜 둔 복원 시점으로 복구 가능

068 임의 접근통제 [A]

23.10, 21.4, 필기 23.5, 21.3, 20.9

- 임의 접근통제(DAC; Discretionary Access Control)는 데이터에 접근하는 사용자의 신원에 따라 접근 권한을 부여하는 방식이다.
- 데이터 소유자가 접근통제 권한을 지정하고 제어한다.
- 객체를 생성한 사용자가 생성된 객체에 대한 모든 권한을 부여받고, 부여된 권한을 다른 사용자에게 허가할 수도 있다.

069 강제 접근통제 [A]

23.10, 필기 23.5, 21.8, 21.3, 20.9

- 강제 접근통제(MAC; Mandatory Access Control)는 주체와 객체의 등급을 비교하여 접근 권한을 부여하는 방식이다.
- 시스템이 접근통제 권한을 지정한다.
- 데이터베이스 객체별로 보안 등급을 부여할 수 있다.
- 사용자별로 인가 등급을 부여할 수 있다.

070 역할기반 접근통제 [A]

23.10, 필기 23.5, 22.4, 21.3

- 역할기반 접근통제(RBAC; Role Based Access Control)는 사용자의 역할에 따라 접근 권한을 부여하는 방식이다.
- 중앙관리자가 접근통제 권한을 지정한다.
- 임의 접근통제와 강제 접근통제의 단점을 보완하였다.
- 다중 프로그래밍 환경에 최적화된 방식이다.

071 DAS [B]

필기 23.7, 23.5, 23.2, 22.3, 20.9

- DAS(Direct Attached Storage)는 서버와 저장장치를 전용 케이블로 직접 연결하는 방식이다.
- 일반 가정에서 컴퓨터에 외장하드를 연결하는 것이 여기에 해당된다.
- 직접 연결 방식이므로 다른 서버에서 접근할 수 없고 파일을 공유할 수 없다.

▶ 340129 　　　　　　　　　　　　　　　　　　필기 22.7, 21.5

[072] SAN　　　C

- SAN(Storage Area Network)은 DAS의 빠른 처리와 NAS의 파일 공유 장점을 혼합한 방식으로, **서버와 저장장치를 연결하는 전용 네트워크를 별도로 구성하는 방식**이다.
- 파이버 채널(Fibre Channel, 광 채널) 스위치를 이용하여 네트워크를 구성한다.
- 파이버 채널 스위치는 서버와 저장장치를 광케이블로 연결하므로 처리 속도가 빠르다.
- 서버들이 저장장치 및 파일을 공유할 수 있다.

▶ 340130 　　　　　　　　　　　　　　　　　　필기 23.7, 22.3, 21.8

[073] 자료 구조의 분류　　　B

- 선형 구조 : 배열, 선형 리스트(연속 리스트, 연결 리스트), 스택, 큐, 데크
- 비선형 구조 : 트리, 그래프

▶ 340132 　　　　　　　　　　　　필기 23.7, 23.2, 22.4, 22.3, 21.8, 21.3

[074] 스택　　　B

- 스택(Stack)은 **리스트의 한쪽 끝으로만 자료의 삽입, 삭제 작업이 이루어지는 자료구조**이다.
- 후입선출(LIFO; Last In First Out) 방식으로 자료를 처리한다.
- 저장할 기억 공간이 없는 상태에서 데이터가 삽입되면 오버플로(Overflow)가 발생한다.
- 삭제할 데이터가 없는 상태에서 데이터를 삭제하면 언더플로(Underflow)가 발생한다.

▶ 340135 　　　　　　　　　　　　　　　　　　필기 23.2, 20.9

[075] 방향/무방향 그래프의 최대 간선 수　　　C

- 방향 그래프의 최대 간선 수 : $n(n-1)$
- 무방향 그래프에서 최대 간선 수 : $n(n-1)/2$

　※ n은 정점의 개수이다.

예제 정점이 4개인 경우 무방향 그래프와 방향 그래프의 최대 간선 수를 구하시오.

- 무방향 그래프의 최대 간선 수 : $4(4-1)/2 = 6$

- 방향 그래프의 최대 간선 수 : $4(4-1) = 12$

▶ 340137 　　　　　　　　　　　　필기 23.7, 23.2, 20.8, 20.6

[076] 트리 관련 용어　　　B

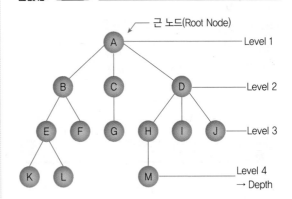

- 노드(Node) : 트리의 기본 요소로서 자료 항목과 다른 항목에 대한 가지(Branch)를 합친 것
　예 A, B, C, D, E, F, G, H, I, J, K, L, M
- 근 노드(Root Node) : 트리의 맨 위에 있는 노드 예 A
- 디그리(Degree, 차수) : 각 노드에서 뻗어나온 가지의 수
　예 A=3, B=2, C=1, D=3

- 단말 노드(Terminal Node) = 잎 노드(Leaf Node) : 자식이 하나도 없는 노드, 즉 Degree가 0인 노드
  - 예 K, L, F, G, M, I, J
- Level : 근 노드의 Level을 1로 가정한 후 어떤 Level이 L이면 자식 노드는 L+1
  - 예 H의 레벨은 3
- 깊이(Depth, Height) : Tree에서 노드가 가질 수 있는 최대의 레벨
  - 예 위 트리의 깊이는 4
- 숲(Forest) : 여러 개의 트리가 모여 있는 것
  - 예 위 트리에서 근 노드 A를 제거하면 B, C, D를 근 노드로 하는 세 개의 트리가 있는 숲이 생긴다.
- 트리의 디그리 : 노드들의 디그리 중에서 가장 많은 수
  - 예 노드 A나 D가 세 개의 디그리를 가지므로 위 트리의 디그리는 3이다.

▶340138

077 Preorder 운행법 **B**

필기 21.3, 20.8, 20.6

Preorder 운행법은 이진 트리를 Root → Left → Right 순으로 운행하며 노드들을 찾아가는 방법이다.

Preorder 운행법의 방문 순서

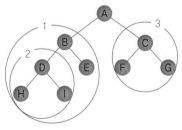

※ 서브트리를 하나의 노드로 생각할 수 있도록 그림과 같이 서브트리 단위로 묶는다. 다른 운행법 모두 공통으로 사용한다.

❶ Preorder는 Root → Left → Right이므로 A13이 된다.

❷ 1은 B2E이므로 AB2E3이 된다.

❸ 2는 DHI이므로 ABDHIE3이 된다.

❹ 3은 CFG이므로 ABDHIECFG가 된다.

- 방문 순서 : ABDHIECFG

▶340139

078 Inorder 운행법 **B**

필기 23.5, 21.8, 20.9

Inorder 운행법은 이진 트리를 Left → Root → Right 순으로 운행하며 노드들을 찾아가는 방법이다.

Inorder 운행법의 방문 순서

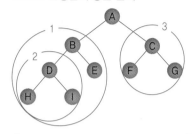

❶ Inorder는 Left → Root → Right이므로 1A3이 된다.

❷ 1은 2BE이므로 2BEA3이 된다.

❸ 2는 HDI이므로 HDIBEA3이 된다.

❹ 3은 FCG이므로 HDIBEAFCG가 된다.

- 방문 순서 : HDIBEAFCG

▶440115

079 Postorder 운행법 **C**

필기 22.7, 22.4

Postorder 운행법은 이진 트리를 Left → Right → Root 순으로 운행하며 노드들을 찾아가는 방법이다.

Postorder 운행법의 방문 순서

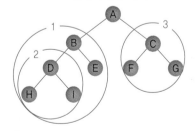

❶ Postorder는 Left → Right → Root이므로 13A가 된다.

❷ 1은 2EB이므로 2EB3A가 된다.

❸ 2는 HID이므로 HIDEB3A가 된다.

❹ 3은 FGC이므로 HIDEBFGCA가 된다.

- 방문 순서 : HIDEBFGCA

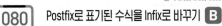

필기 21.5, 21.3, 20.9

080 Postfix로 표기된 수식을 Infix로 바꾸기 B

Postfix는 Infix 표기법에서 연산자를 해당 피연산자 두 개의 뒤로 이동한 것이므로 연산자를 다시 해당 피연산자 두 개의 가운데로 옮기면 된다.

$$A B C - / D E F + * + \Rightarrow A/(B-C)+D*(E+F)$$

❶ 먼저 인접한 피연산자 두 개와 오른쪽의 연산자를 괄호로 묶는다.

$$((A(BC-)/)(D(EF+)*)+)$$

❷ 연산자를 해당 피연산자의 가운데로 이동시킨다.

$$((A(BC-)/)(D(EF+)*)+)$$

$$\downarrow$$

$$((A/(B-C))+(D*(E+F)))$$

❸ 필요 없는 괄호를 제거한다.

$$A/(B-C)+D*(E+F)$$

필기 20.9

081 삽입 정렬 C

- 삽입 정렬(Insertion Sort)은 가장 간단한 정렬 방식으로, **이미 순서화된 파일에 새로운 하나의 레코드를 순서에 맞게 삽입시켜 정렬하는 방식**이다.
- 평균과 최악 모두 수행 시간 복잡도는 $O(n^2)$이다.

[예제] 8, 5, 6, 2, 4를 삽입 정렬로 정렬하시오.

- **초기 상태 :** | 8 | 5 | 6 | 2 | 4 |

- **1회전 :** | 8 | 5 | 6 | 2 | 4 | → | 5 | 8 | 6 | 2 | 4 |

  두 번째 값을 첫 번째 값과 비교하여 5를 첫 번째 자리에 삽입하고 8을 한 칸 뒤로 이동시킨다.

- **2회전 :** | 5 | 8 | 6 | 2 | 4 | → | 5 | 6 | 8 | 2 | 4 |

  세 번째 값을 첫 번째, 두 번째 값과 비교하여 6을 8자리에 삽입하고 8은 한 칸 뒤로 이동시킨다.

- **3회전 :** | 5 | 6 | 8 | 2 | 4 | → | 2 | 5 | 6 | 8 | 4 |

  네 번째 값 2를 처음부터 비교하여 맨 처음에 삽입하고 나머지를 한 칸씩 뒤로 이동시킨다.

- **4회전 :** | 2 | 5 | 6 | 8 | 4 | → | 2 | 4 | 5 | 6 | 8 |

  다섯 번째 값 4를 처음부터 비교하여 5자리에 삽입하고 나머지를 한 칸씩 뒤로 이동시킨다.

340145 필기 22.7, 21.3, 20.8

082 선택 정렬 B

- 선택 정렬(Selection Sort)은 n개의 레코드 중에서 **최소값을 찾아 첫 번째 레코드 위치에 놓고**, 나머지 (n−1)개 중에서 **다시 최소값을 찾아 두 번째 레코드 위치에 놓는 방식을 반복**하여 정렬하는 방식이다.
- 평균과 최악 모두 수행 시간 복잡도는 $O(n^2)$이다.

예제 8, 5, 6, 2, 4를 선택 정렬로 정렬하시오.

- 초기 상태 : | 8 | 5 | 6 | 2 | 4 |

- 1회전 : | 5 | 8 | 6 | 2 | 4 | → | 5 | 8 | 6 | 2 | 4 | → | 2 | 8 | 6 | 5 | 4 |

  → | 2 | 8 | 6 | 5 | 4 |

- 2회전 : | 2 | 6 | 8 | 5 | 4 | → | 2 | 5 | 8 | 6 | 4 | → | 2 | 4 | 8 | 6 | 5 |

- 3회전 : | 2 | 4 | 6 | 8 | 5 | → | 2 | 4 | 5 | 8 | 6 |

- 4회전 : | 2 | 4 | 5 | 6 | 8 |

340146 필기 23.2, 22.4, 21.8, 21.5

083 버블 정렬 B

- 버블 정렬(Bubble Sort)은 주어진 파일에서 **인접한 두 개의 레코드 키 값을 비교하여 그 크기에 따라 레코드 위치를 서로 교환하는** 정렬 방식이다.
- 평균과 최악 모두 수행 시간 복잡도는 $O(n^2)$이다.

예제 8, 5, 6, 2, 4를 버블 정렬로 정렬하시오.

- 초기 상태 : | 8 | 5 | 6 | 2 | 4 |

- 1회전 : | 5 | 8 | 6 | 2 | 4 | → | 5 | 6 | 8 | 2 | 4 | → | 5 | 6 | 2 | 8 | 4 |

  → | 5 | 6 | 2 | 4 | 8 |

- 2회전 : | 5 | 6 | 2 | 4 | 8 | → | 5 | 2 | 6 | 4 | 8 | → | 5 | 2 | 4 | 6 | 8 |

- 3회전 : | 2 | 5 | 4 | 6 | 8 | → | 2 | 4 | 5 | 6 | 8 |

- 4회전 : | 2 | 4 | 5 | 6 | 8 |

340147 필기 23.5, 23.2, 22.3, 21.3

084 퀵 정렬 B

- 퀵 정렬(Quick Sort)은 키를 기준으로 **작은 값은 왼쪽, 큰 값은 오른쪽 서브 파일에 분해시키는** 과정을 반복하는 **정렬 방식**이다.
- 레코드의 많은 자료 이동을 없애고 하나의 파일을 부분적으로 나누어 가면서 정렬한다.
- 평균 수행 시간 복잡도는 $O(n\log_2 n)$이고, 최악의 수행 시간 복잡도는 $O(n^2)$이다.

3장 통합 구현

 340153 · 필기 21.5

[085] 연계 서버 / 송·수신 시스템 C

- **연계 서버** : 데이터를 전송 형식에 맞게 변환하고 송·수신을 수행하는 등 송·수신과 관련된 모든 처리 수행
- **송신 시스템** : 인터페이스 테이블 또는 파일의 데이터를 전송 형식에 맞도록 변환 및 송신을 수행하는 시스템
- **수신 시스템** : 수신 데이터를 인터페이스 테이블이나 파일로 생성하는 시스템

340156 · 20.5

[086] XML A

- **XML(eXtensible Markup Language)**은 **특수한 목적을 갖는 마크업 언어를 만드는 데 사용되는 다목적 마크업 언어**이다.
- 웹브라우저 간 HTML 문법이 호환되지 않는 문제와 SGML의 복잡함을 해결하기 위하여 개발되었다.
- 사용자가 직접 문서의 태그(Tag)를 정의할 수 있으며, 다른 사용자가 정의한 태그를 사용할 수 있다.
- 트리 구조로 구성되어 있어 상위 태그는 여러 개의 하위 태그를 가질 수 있다.

 340157 · 20.7

[087] SOAP A

- **SOAP(Simple Object Access Protocol)**는 컴퓨터 **네트워크 상에서 HTTP/HTTPS, SMTP 등을 이용하여 XML을 교환하기 위한 통신 규약**이다.
- 웹 서비스에서 사용되는 메시지의 형식과 처리 방법을 지정한다.
- 기본적으로 HTTP 기반에서 동작하기 때문에 프록시와 방화벽의 영향 없이 통신할 수 있다.
- 최근에는 무거운 구조의 SOAP 대신 RESTful 프로토콜을 이용하기도 한다.

 340158 · 21.4

[088] WSDL A

- **WSDL(Web Services Description Language)**은 **웹 서비스와 관련된 서식이나 프로토콜 등을 표준적인 방법으로 기술하고 게시하기 위한 언어**이다.
- XML로 작성되며, UDDI의 기초가 된다.
- SOAP, XML 스키마와 결합하여 인터넷에서 웹 서비스를 제공하기 위해 사용된다.
- 클라이언트는 WSDL 파일을 읽어 서버에서 어떠한 조작이 가능한지를 파악할 수 있다.

▶340165   20.5

089 모듈화   A

- 모듈화(Modularity)는 소프트웨어의 성능 향상, 시스템의 수정 및 재사용, 유지 관리 등이 용이하도록 **시스템의 기능들을 모듈 단위로 나누는 것**을 의미한다.
- 모듈화는 모듈 간 결합도(Coupling)의 최소화와 모듈 내 요소들의 응집도(Cohesion)를 최대화하는 것이 목표이다.

▶340166   필기 21.8

090 추상화   C

- 추상화(Abstraction)는 문제의 **전체적이고 포괄적인 개념을 설계**한 후 차례로 세분화하여 **구체화시켜 나가는 것**이다.
- 추상화의 유형

과정 추상화	자세한 수행 과정을 정의하지 않고, 전반적인 흐름만 파악할 수 있게 설계하는 방법
자료 추상화	데이터의 세부적인 속성이나 용도를 정의하지 않고, 데이터 구조를 대표할 수 있는 표현으로 대체하는 방법
제어 추상화	이벤트 발생의 정확한 절차나 방법을 정의하지 않고, 대표할 수 있는 표현으로 대체하는 방법

 ▶340168   필기 21.8, 21.5

091 정보 은닉   C

- 정보 은닉(Information Hiding)은 **한 모듈 내부에 포함된 절차와 자료들의 정보가 감추어져 다른 모듈이 접근하거나 변경하지 못하도록 하는 기법**이다.
- 정보 은닉을 통해 모듈을 독립적으로 수행할 수 있다.
- 하나의 모듈이 변경되더라도 다른 모듈에 영향을 주지 않으므로 수정, 시험, 유지보수가 용이하다.

 ▶340171   필기 23.2, 20.8

092 협약(Contract)에 의한 설계   C

- 협약에 의한 설계는 컴포넌트를 설계할 때 클래스에 대한 여러 가정을 공유할 수 있도록 명세한 것이다.
- 컴포넌트에 대한 정확한 인터페이스를 명세한다.
- 명세에 포함될 조건

선행 조건 (Precondition)	오퍼레이션이 호출되기 전에 참이 되어야 할 조건
결과 조건 (Postcondition)	오퍼레이션이 수행된 후 만족되어야 할 조건
불변 조건 (Invariant)	오퍼레이션이 실행되는 동안 항상 만족되어야 할 조건

 ▶340175   필기 23.7, 23.2, 22.7, 21.8, 21.5, 20.9

093 파이프-필터 패턴   B

- 파이프-필터 패턴(Pipe-Filter Pattern)은 **데이터 스트림 절차의 각 단계를 필터로 캡슐화하여 파이프를 통해 전송**하는 패턴이다.
- 앞 시스템의 처리 결과물을 파이프를 통해 전달받아 처리한 후 그 결과물을 다시 파이프를 통해 다음 시스템으로 넘겨주는 패턴을 반복한다.
- 데이터 변환, 버퍼링, 동기화 등에 주로 사용된다.
- 대표적으로 UNIX의 쉘(Shell)이 있다.

▶340177   필기 23.5, 23.2, 21.8

094 기타 패턴   B

필기 23.5, 23.2, 21.8

마스터-슬레이브 패턴(Master-Slave Pattern)

슬레이브 컴포넌트에서 처리된 결과물을 다시 돌려받는 방식으로 작업을 수행하는 패턴이다.

에 장애 허용 시스템, 병렬 컴퓨팅 시스템

브로커 패턴(Broker Pattern)

사용자가 원하는 서비스와 특성을 브로커 컴포넌트에 요청하면 브로커 컴포넌트가 요청에 맞는 컴포넌트와 사용자를 연결해주는 패턴이다.

예 분산 환경 시스템

피어-투-피어 패턴(Peer-To-Peer Pattern)

피어(Peer)라 불리는 하나의 컴포넌트가 클라이언트가 될수도, 서버가 될 수도 있는 패턴이다.

예 파일 공유 네트워크

이벤트-버스 패턴(Event-Bus Pattern)

소스가 특정 채널에 이벤트 메시지를 발행(Publish)하면, 해당 채널을 구독(Subscribe)한 리스너(Listener)들이 메시지를 받아 이벤트를 처리하는 패턴이다.

예 알림 서비스

블랙보드 패턴(Blackboard Pattern)

모든 컴포넌트들이 공유 데이터 저장소와 블랙보드 컴포넌트에 접근이 가능한 패턴이다.

예 음성 인식, 차량 식별, 신호 해석

필기 21.8
인터프리터 패턴(Interpreter Pattern)

프로그램 코드의 각 라인을 수행하는 방법을 지정하고, 기호마다 클래스를 갖도록 구성된 패턴이다.

예 번역기, 컴파일러, 인터프리터

▶440149　　　　　　　　　　필기 23.2, 22.7, 21.5
096 메시지 B

- 메시지(Message)는 객체들 간의 상호작용에 사용되는 수단으로, **객체의 동작이나 연산을 일으키는 외부의 요구 사항**이다.
- 메시지를 받은 객체는 대응하는 연산을 수행하여 예상된 결과를 반환한다.

▶340182　　　　　　　　　필기 23.5, 21.8, 21.3, 20.9, 20.8
097 캡슐화 B

- 캡슐화(Encapsulation)는 **외부에서의 접근을 제한하기 위해 인터페이스를 제외한 세부 내용을 은닉**하는 것이다.
- 캡슐화된 객체는 외부 모듈의 변경으로 인한 파급효과가 적다.
- 객체들 간에 메시지를 주고받을 때 상대 객체의 세부 내용은 알 필요가 없으므로 인터페이스가 단순해지고, 객체 간의 결합도가 낮아진다.

▶340186　　　　　　　　　　필기 23.7, 21.8, 21.3
098 객체지향 분석 B

- 객체지향 분석(OOA; Object Oriented Analysis)은 사용자의 요구사항과 관련된 **객체, 속성, 연산, 관계 등을 정의하여 모델링**하는 작업이다.
- 개발을 위한 업무를 객체와 속성, 클래스와 멤버, 전체와 부분 등으로 나누어서 분석한다.
- 클래스를 식별하는 것이 객체지향 분석의 주요 목적이다.

▶340180　　　　　　　　필기 23.5, 22.3, 21.8, 21.5, 20.8, 20.6
095 클래스 B

- 클래스(Class)는 **공통된 속성과 연산을 갖는 객체의 집합**이다.
- 각각의 객체들이 갖는 속성과 연산을 정의하고 있는 틀이다.
- 클래스에 속한 각각의 객체를 인스턴스(Instance)라고 한다.

099 객체지향 분석의 방법론 C

- Rumbaugh(럼바우) 방법 : 분석 활동을 객체 모델, 동적 모델, 기능 모델로 나누어 수행함
- Booch(부치) 방법 : 미시적(Micro) 개발 프로세스와 거시적(Macro) 개발 프로세스를 모두 사용하며, 클래스와 객체들을 분석 및 식별하고 클래스의 속성과 연산을 정의함
- Jacobson 방법 : 유스케이스(Use Case)를 강조하여 사용함
- Coad와 Yourdon 방법 : E-R 다이어그램을 사용하여 객체의 행위를 모델링하며, 객체 식별, 구조 식별, 주제 정의, 속성과 인스턴스 연결 정의, 연산과 메시지 연결 정의 등의 과정으로 구성함
- Wirfs-Brock 방법 : 분석과 설계 간의 구분이 없고, 고객 명세서를 평가해서 설계 작업까지 연속적으로 수행함

100 럼바우의 분석 기법 A

- 럼바우(Rumbaugh)의 분석 기법은 **모든 소프트웨어 구성 요소를 그래픽 표기법을 이용하여 모델링**하는 기법이다.
- 객체 모델링 기법(OMT, Object-Modeling Technique)이라고도 한다.
- 분석 활동은 '객체 모델링 → 동적 모델링 → 기능 모델링' 순으로 이루어 진다.
  - 객체 모델링(Object Modeling) : 정보 모델링(Information Modeling)이라고도 하며, 시스템에서 요구되는 객체를 찾아내어 속성과 연산 식별 및 객체들 간의 관계를 규정하여 객체 다이어그램으로 표시하는 모델링
  - 동적 모델링(Dynamic Modeling) : 상태 다이어그램을 이용하여 시간의 흐름에 따른 객체들 간의 제어 흐름, 상호 작용, 동작 순서 등의 동적인 행위를 표현하는 모델링
  - 기능 모델링(Functional Modeling) : 자료 흐름도(DFD)를 이용하여 다수의 프로세스들 간의 자료 흐름을 중심으로 처리 과정을 표현한 모델링

101 객체지향 설계 원칙(SOLID 원칙) A

- 단일 책임 원칙(SRP) : 객체는 단 하나의 책임만 가져야 한다는 원칙
- 개방-폐쇄 원칙(OCP) : 기존의 코드를 변경하지 않고 기능을 추가할 수 있도록 설계해야 한다는 원칙
- 리스코프 치환 원칙(LSP) : 자식 클래스는 최소한 부모 클래스의 기능은 수행할 수 있어야 한다는 원칙
- 인터페이스 분리 원칙(ISP) : 자신이 사용하지 않는 인터페이스와 의존 관계를 맺거나 영향을 받지 않아야 한다는 원칙
- 의존 역전 원칙(DIP) : 의존 관계 성립 시 추상성이 높은 클래스와 의존 관계를 맺어야 한다는 원칙

102 모듈 B

- 모듈(Module)은 **모듈화를 통해 분리된 시스템의 각 기능**으로, 서브루틴, 서브시스템, 소프트웨어 내의 프로그램, 작업 단위 등을 의미한다.
- 모듈의 기능적 독립성은 소프트웨어를 구성하는 각 모듈의 기능이 서로 독립됨을 의미한다.
- 하나 또는 몇 개의 논리적인 기능을 수행하기 위한 명령어들의 집합이라고도 할 수 있다.
- 모듈의 독립성은 결합도(Coupling)와 응집도(Cohesion)에 의해 측정된다.

103 결합도 [B]

340191
필기 23.2, 21.8, 21.5, 21.3, 20.8, 20.6

- 결합도(Coupling)는 **모듈 간에 상호 의존하는 정도** 또는 두 모듈 사이의 연관 관계이다.
- 결합도가 약할수록 품질이 높고, 강할수록 품질이 낮다.
- 결합도의 종류와 강도

내용 결합도	공통 결합도	외부 결합도	제어 결합도	스탬프 결합도	자료 결합도

결합도 강함 ◄───────────────────► 결합도 약함

104 결합도의 종류 [A]

340192
21.10, 21.4, 필기 23.7, 23.2, 22.7, 22.4, 20.9, 20.8

내용 결합도(Content Coupling)
21.4, 필기 23.7, 23.2, 22.7, 22.4, 20.9

한 모듈이 다른 모듈의 내부 기능 및 그 내부 자료를 직접 참조하거나 수정할 때의 결합도이다.

공통(공유) 결합도(Common Coupling)
21.4, 필기 23.7, 23.2, 20.9

- 공유되는 공통 데이터 영역을 여러 모듈이 사용할 때의 결합도이다.
- 파라미터가 아닌 모듈 밖에 선언된 전역 변수를 사용하여 전역 변수를 갱신하는 방식으로 상호작용하는 때의 결합도이다.

외부 결합도(External Coupling)
필기 22.7

어떤 모듈에서 선언한 데이터(변수)를 외부의 다른 모듈에서 참조할 때의 결합도이다.

제어 결합도(Control Coupling)
21.10, 필기 20.8

- 어떤 모듈이 다른 모듈 내부의 논리적인 흐름을 제어하기 위해 제어 신호나 제어 요소를 전달하는 결합도이다.
- 하위 모듈에서 상위 모듈로 제어 신호가 이동하여 하위 모듈이 상위 모듈에게 처리 명령을 내리는 권리 전도 현상이 발생하게 된다.

스탬프(검인) 결합도(Stamp Coupling)
21.4, 필기 22.2, 22.7, 22.4, 20.9

모듈 간의 인터페이스로 배열이나 레코드 등의 자료 구조가 전달될 때의 결합도이다.

자료 결합도(Data Coupling)
필기 23.7, 23.2, 22.7, 20.9

모듈 간의 인터페이스가 자료 요소로만 구성될 때의 결합도이다.

105 응집도 [B]

340193
필기 23.5, 23.2, 22.4, 21.5, 21.3, 20.6

- 응집도(Cohesion)는 **모듈의 내부 요소들이 서로 관련되어 있는 정도**이다.
- 응집도가 강할수록 품질이 높고, 약할수록 품질이 낮다.
- 응집도의 종류와 강도

기능적 응집도	순차적 응집도	교환적 응집도	절차적 응집도	시간적 응집도	논리적 응집도	우연적 응집도

응집도 강함 ◄───────────────────► 응집도 약함

106 응집도의 종류 [A]

340194
21.7, 필기 21.8, 20.9, 20.8

기능적 응집도(Functional Cohesion)
21.7

모듈 내부의 모든 기능 요소들이 단일 문제와 연관되어 수행될 경우의 응집도이다.

순차적 응집도(Sequential Cohesion)

모듈 내 하나의 활동으로부터 나온 출력 데이터를 그 다음 활동의 입력 데이터로 사용할 경우의 응집도이다.

교환(통신)적 응집도(Communication Cohesion)
21.7

동일한 입력과 출력을 사용하여 서로 다른 기능을 수행하는 구성 요소들이 모였을 경우의 응집도이다.

21.7, 필기 20.8

절차적 응집도(Procedural Cohesion)

모듈이 다수의 관련 기능을 가질 때 모듈 안의 구성 요소들이 그 기능을 순차적으로 수행할 경우의 응집도이다.

필기 21.8

시간적 응집도(Temporal Cohesion)

특정 시간에 처리되는 몇 개의 기능을 모아 하나의 모듈로 작성할 경우의 응집도이다.

논리적 응집도(Logical Cohesion)

유사한 성격을 갖거나 특정 형태로 분류되는 처리 요소들로 하나의 모듈이 형성되는 경우의 응집도이다.

필기 20.9

우연적 응집도(Coincidental Cohesion)

모듈 내부의 각 구성 요소들이 서로 관련 없는 요소로만 구성된 경우의 응집도이다.

 340195

22.7, 20.5, 필기 22.7, 21.3

107 팬인 / 팬아웃 [A]

- 팬인(Fan-In)은 **어떤 모듈을 제어하는 모듈의 수**이다.
- 팬아웃(Fan-Out)은 **어떤 모듈에 의해 제어되는 모듈의 수**를 의미한다.

[예제] 다음의 시스템 구조도에서 각 모듈의 팬인(Fan-In)과 팬아웃(Fan-Out)을 구하시오.

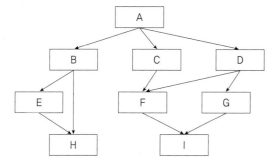

[해설]
- 팬인(Fan-In) : A는 0, B·C·D·E·G는 1, F·H·I는 2
- 팬아웃(Fan-Out) : H·I는 0, C·E·F·G는 1, B·D는 2, A는 3

 340196

필기 22.3, 20.9

108 N-S 차트 [C]

- N-S 차트(Nassi-Schneiderman Chart)는 **논리의 기술에 중점을 두고 도형을 이용해 표현**하는 방법이다.
- GOTO나 화살표를 사용하지 않는다.
- 연속, 선택 및 다중 선택, 반복의 3가지 제어 논리 구조로 표현한다.
- 조건이 복합되어 있는 곳의 처리를 시각적으로 명확히 식별하는 데 적합하다.

340198

21.4

109 IPC [A]

- IPC(Inter-Process Communication)는 **모듈 간 통신 방식을 구현하기 위해 사용되는 대표적인 프로그래밍 인터페이스 집합**이다.
- 복수의 프로세스를 수행하며 이뤄지는 프로세스 간 통신까지 구현이 가능하다.
- IPC의 대표 메소드 5가지
  - 공유 메모리(Shared Memory)
  - 소켓(Socket)
  - 세마포어(Semaphores)
  - 파이프와 네임드 파이프(Pipes & named Pipes)
  - 메시지 큐잉(Message Queueing)

110   테스트 케이스   A

- 테스트 케이스(Test Case)는 구현된 **소프트웨어가 사용자의 요구사항을 정확하게 준수했는지를 확인하기 위한 테스트 항목에 대한 명세서**이다.
- ISO/IEC/IEEE 29119-3 표준에 따른 테스트 케이스의 구성 요소
  - 식별자 : 항목 식별자, 일련번호
  - 테스트 항목 : 테스트 대상(모듈 또는 기능)
  - 입력 명세 : 테스트 데이터 또는 테스트 조건
  - 출력 명세 : 테스트 케이스 수행 시 예상되는 출력 결과
  - 환경 설정 : 필요한 하드웨어나 소프트웨어의 환경
  - 특수 절차 요구 : 테스트 케이스 수행 시 특별히 요구되는 절차
  - 의존성 기술 : 테스트 케이스 간의 의존성

 ▶340201

111   재사용   필기 22.4, 21.3, 20.9   B

- 재사용(Reuse)은 **이미 개발된 기능들을 새로운 시스템이나 기능 개발에 사용하기 적합하도록 최적화**하는 작업이다.
- 새로 개발하는데 필요한 비용과 시간을 절약할 수 있다.
- 누구나 이해할 수 있고 사용이 가능하도록 사용법을 공개해야 한다.
- 재사용 규모에 따른 분류

필기 20.9 **함수와 객체**	클래스나 메소드 단위의 소스 코드를 재사용함
필기 20.9 **컴포넌트**	컴포넌트 자체에 대한 수정 없이 인터페이스를 통해 통신하는 방식으로 재사용함
필기 20.9 **애플리케이션**	공통된 기능들을 제공하는 애플리케이션을 공유하는 방식으로 재사용함

112   코드의 종류   B

필기 23.7, 23.2, 20.6
순차 코드(Sequence Code)

자료의 발생 순서, 크기 순서 등 일정 기준에 따라서 최초의 자료부터 차례로 일련번호를 부여하는 방법으로, 순서 코드 또는 일련번호 코드라고도 한다.

 예 1, 2, 3, 4, …

블록 코드(Block Code)

코드화 대상 항목 중에서 공통성이 있는 것끼리 블록으로 구분하고, 각 블록 내에서 일련번호를 부여하는 방법으로, 구분 코드라고도 한다.

예 1001~1100 : 총무부, 1101~1200 : 영업부

10진 코드(Decimal Code)

코드화 대상 항목을 0~9까지 10진 분할하고, 다시 그 각각에 대하여 10진 분할하는 방법을 필요한 만큼 반복하는 방법으로, 도서 분류식 코드라고도 한다.

예 1000 : 공학, 1100 : 소프트웨어 공학, 1110 : 소프트웨어 설계

그룹 분류 코드(Group Classification Code)

코드화 대상 항목을 일정 기준에 따라 대분류, 중분류, 소분류 등으로 구분하고, 각 그룹 안에서 일련번호를 부여하는 방법이다.

예 1-01-001 : 본사-총무부-인사계, 2-01-001 : 지사-총무부-인사계

연상 코드(Mnemonic Code)

코드화 대상 항목의 명칭이나 약호와 관계있는 숫자나 문자, 기호를 이용하여 코드를 부여하는 방법이다.

예 TV-40 : 40인치 TV, L-15-220 : 15W 220V의 램프

필기 23.2, 20.9
표의 숫자 코드(Significant Digit Code)

코드화 대상 항목의 성질, 즉 길이, 넓이, 부피, 지름, 높이 등의 물리적 수치를 그대로 코드에 적용시키는 방법으로, 유효 숫자 코드라고도 한다.

예 120-720-1500 : 두께×폭×길이가 120×720×1500인 강판

합성 코드(Combined Code)

필요한 기능을 하나의 코드로 수행하기 어려운 경우 2개 이상의 코드를 조합하여 만드는 방법이다.

예 연상 코드 + 순차 코드

KE-711 : 대한항공 711기, AC-253 : 에어캐나다 253기

▶340204

113 디자인 패턴 [A]

- 디자인 패턴(Design Pattern)은 **모듈 간의 관계 및 인터페이스를 설계할 때 참조할 수 있는 전형적인 해결 방식 또는 예제**를 의미한다.
- 문제 및 배경, 실제 적용된 사례, 재사용이 가능한 샘플 코드 등으로 구성되어 있다.
- GOF의 디자인 패턴은 생성 패턴, 구조 패턴, 행위 패턴으로 구분된다.

▶340205

114 생성 패턴 [A]

생성 패턴(Creational Pattern)은 클래스나 객체의 생성과 참조 과정을 정의하는 패턴이다.

추상 팩토리(Abstract Factory)

- 구체적인 클래스에 의존하지 않고, 인터페이스를 통해 서로 연관·의존하는 객체들의 그룹으로 생성하여 추상적으로 표현하는 패턴이다.
- 연관된 서브 클래스를 묶어 한 번에 교체하는 것이 가능하다.

빌더(Builder)

- 작게 분리된 인스턴스를 건축 하듯이 조합하여 객체를 생성하는 패턴이다.

- 객체의 생성 과정과 표현 방법을 분리하고 있어, 동일한 객체 생성에서도 서로 다른 결과를 만들어 낼 수 있다.

팩토리 메소드(Factory Method)

- 객체 생성을 서브 클래스에서 처리하도록 분리하여 캡슐화한 패턴이다.
- 상위 클래스에서 인터페이스만 정의하고 실제 생성은 서브 클래스가 담당한다.
- 가상 생성자(Virtual Constructor) 패턴이라고도 한다.

프로토타입(Prototype)

- 원본 객체를 복제하는 방법으로 객체를 생성하는 패턴이다.
- 일반적인 방법으로 객체를 생성하며, 비용이 큰 경우 주로 이용한다.

싱글톤(Singleton)

- 하나의 객체를 생성하면 생성된 객체를 어디서든 참조할 수 있지만, 여러 프로세스가 동시에 참조할 수는 없는 패턴이다.
- 클래스 내에서 인스턴스가 하나뿐임을 보장하며, 불필요한 메모리 낭비를 최소화 할 수 있다.

▶440174

115 구조 패턴 [A]

구조 패턴(Structural Pattern)은 구조가 복잡한 시스템을 개발하기 쉽도록 클래스나 객체들을 조합하여 더 큰 구조로 만드는 패턴이다.

어댑터(Adapter)

- 호환성이 없는 클래스들의 인터페이스를 다른 클래스가 이용할 수 있도록 변환해주는 패턴이다.
- 기존의 클래스를 이용하고 싶지만 인터페이스가 일치하지 않을 때 이용한다.

브리지(Bridge)

- 구현부에서 추상층을 분리하여 서로가 독립적으로 확장할 수 있도록 구성한 패턴이다.
- 기능과 구현을 두 개의 별도 클래스로 구현한다.

컴포지트(Composite)

- 여러 객체를 가진 복합 객체와 단일 객체를 구분 없이 다루고자 할 때 사용하는 패턴이다.
- 객체들을 트리 구조로 구성하여 디렉터리 안에 디렉터리가 있듯이 복합 객체 안에 복합 객체가 포함되는 구조를 구현할 수 있다.

데코레이터(Decorator)

- 객체 간의 결합을 통해 능동적으로 기능들을 확장할 수 있는 패턴이다.
- 임의의 객체에 부가적인 기능을 추가하기 위해 다른 객체들을 덧붙이는 방식으로 구현한다.

퍼싸드(Facade)

- 복잡한 서브 클래스들을 피해 더 상위에 인터페이스를 구성함으로써 서브 클래스들의 기능을 간편하게 사용할 수 있도록 하는 패턴이다.
- 서브 클래스들 사이의 통합 인터페이스를 제공하는 Wrapper 객체가 필요하다.

플라이웨이트(Flyweight)

- 인스턴스가 필요할 때마다 매번 생성하는 것이 아니고 가능한 한 공유해서 사용함으로써 메모리를 절약하는 패턴이다.
- 다수의 유사 객체를 생성하거나 조작할 때 유용하게 사용할 수 있다.

프록시(Proxy)

- 복잡한 시스템을 개발하기 쉽도록 클래스나 객체들을 조합하는 패턴으로, 대리자라고도 불린다.
- 내부에서는 객체 간의 복잡한 관계를 단순하게 정리해 주고, 외부에서는 객체의 세부적인 내용을 숨겨 주는 역할을 수행한다.

116 행위 패턴

행위 패턴(Behavioral Pattern)은 클래스나 객체들이 서로 상호작용하는 방법이나 책임 분배 방법을 정의하는 패턴이다.

책임 연쇄(Chain of Responsibility)

- 요청을 처리할 수 있는 객체가 둘 이상 존재하여 한 객체가 처리하지 못하면 다음 객체로 넘어가는 형태의 패턴이다.
- 요청을 처리할 수 있는 각 객체들이 고리(Chain)로 묶여 있어 요청이 해결될 때까지 고리를 따라 책임이 넘어간다.

커맨드(Command)

- 요청을 객체의 형태로 캡슐화하여 재이용하거나 취소할 수 있도록 요청에 필요한 정보를 저장하거나 로그에 남기는 패턴이다.
- 요청에 사용되는 각종 명령어들을 추상 클래스와 구체 클래스로 분리하여 단순화한다.

인터프리터(Interpreter)

- 언어에 문법 표현을 정의하는 패턴이다.
- SQL이나 통신 프로토콜과 같은 것을 개발할 때 사한다.

반복자(Iterator)

- 자료 구조와 같이 접근이 잦은 객체에 대해 동일한 인터페이스를 사용하도록 하는 패턴이다.
- 내부 표현 방법의 노출 없이 순차적인 접근이 가능하다.

중재자(Mediator)

- 수많은 객체들 간의 복잡한 상호작용(Interface)을 캡슐화하여 객체로 정의하는 패턴이다.
- 객체 사이의 의존성을 줄여 결합도를 감소시킬 수 있다.

메멘토(Memento)

- 특정 시점에서의 객체 내부 상태를 객체화함으로써 이후 요청에 따라 객체를 해당 시점의 상태로 돌릴 수 있는 기능을 제공하는 패턴이다.
- Ctrl+Z와 같은 되돌리기 기능을 개발할 때 주로 이용한다.

22.10, 20.7, 필기 20.8
옵서버(Observer)

- 한 객체의 상태가 변화하면 객체에 상속되어 있는 다른 객체들에게 변화된 상태를 전달하는 패턴이다.
- 일대다의 의존성을 정의한다.
- 주로 분산된 시스템 간에 이벤트를 생성 · 발행(Publish)하고, 이를 수신(Subscribe)해야 할 때 이용한다.

필기 20.8
상태(State)

- 객체의 상태에 따라 동일한 동작을 다르게 처리해야 할 때 사용하는 패턴이다.
- 객체 상태를 캡슐화하고 이를 참조하는 방식으로 처리한다.

필기 21.8
전략(Strategy)

- 동일한 계열의 알고리즘들을 개별적으로 캡슐화하여 상호 교환할 수 있게 정의하는 패턴이다.
- 클라이언트는 독립적으로 원하는 알고리즘을 선택하여 사용할 수 있으며, 클라이언트에 영향 없이 알고리즘의 변경이 가능하다.

필기 23.2
템플릿 메소드(Template Method)

- 상위 클래스에서 골격을 정의하고, 하위 클래스에서 세부 처리를 구체화하는 구조의 패턴이다.
- 유사한 서브 클래스를 묶어 공통된 내용을 상위 클래스에서 정의함으로써 코드의 양을 줄이고 유지보수를 용이하게 해준다.

필기 20.6
방문자(Visitor)

- 각 클래스들의 데이터 구조에서 처리 기능을 분리하여 별도의 클래스로 구성하는 패턴이다.
- 분리된 처리 기능은 각 클래스를 방문(Visit)하여 수행한다.

5장 인터페이스 구현

340216   필기 20.8, 20.6

117 요구사항 검증 방법 **C**

필기 20.8, 20.6

요구사항 검토(Requirements Review)

- 요구사항 명세서의 오류 확인 및 표준 준수 여부 등의 결함 여부를 검토 담당자들이 수작업으로 분석하는 방법이다.
- 동료검토(Peer Review) : 요구사항 명세서 작성자가 명세서 내용을 직접 설명하고 동료들이 이를 들으면서 결함을 발견하는 형태의 검토 방법
- 워크스루(Walk Through) : 검토 회의 전에 요구사항 명세서를 미리 배포하여 사전 검토한 후에 짧은 검토 회의를 통해 결함을 발견하는 형태의 검토 방법
- 인스펙션(Inspection) : 요구사항 명세서 작성자를 제외한 다른 검토 전문가들이 요구사항 명세서를 확인하면서 결함을 발견하는 형태의 검토 방법

프로토타이핑(Prototyping)

사용자의 요구사항을 정확히 파악하기 위해 실제 개발될 소프트웨어에 대한 견본품(Prototype)을 만들어 최종 결과물을 예측한다.

테스트 설계

요구사항은 테스트할 수 있도록 작성되어야 하며, 이를 위해 테스트 케이스를 생성하여 요구사항이 현실적으로 테스트 가능한지를 검토한다.

CASE 도구 활용

일관성 분석(Consistency Analysis)을 통해 요구사항 변경사항의 추적, 분석, 관리, 표준 준수 여부를 확인한다.

340222   필기 22.7, 21.8, 21.3, 20.9, 20.8

118 미들웨어 **B**

- 미들웨어(Middleware)는 운영체제와 응용 프로그램, 또는 서버와 클라이언트 사이에서 다양한 서비스를 제공하는 소프트웨어이다.
- 미들웨어는 표준화된 인터페이스를 제공함으로써 시스템 간의 데이터 교환에 일관성을 보장한다.
- 미들웨어의 종류 : DB, RPC, MOM, TP-Monitor, ORB, WAS

340223   필기 23.7, 23.5, 23.2, 22.4, 21.3, 20.6

119 미들웨어의 종류 **B**

필기 23.2

DB(DataBase)

- 데이터베이스 벤더에서 제공하는 클라이언트에서 원격의 데이터베이스와 연결하는 미들웨어이다.
- DB를 사용하여 시스템을 구축하는 경우 보통 2-Tier 아키텍처라고 한다.

필기 23.7, 21.3

RPC(Remote Procedure Call, 원격 프로시저 호출)

응용 프로그램의 프로시저를 사용하여 원격 프로시저를 마치 로컬 프로시저처럼 호출하는 미들웨어이다.

필기 23.7, 23.2, 22.4

MOM(Message Oriented Middleware, 메시지 지향 미들웨어)

- 메시지 기반의 비동기형 메시지를 전달하는 미들웨어이다.
- 온라인 업무보다는 이기종 분산 데이터 시스템의 데이터 동기를 위해 많이 사용된다.

필기 23.5, 20.6

TP-Monitor(Transaction Processing Monitor, 트랜잭션 처리 모니터)

- 온라인 트랜잭션 업무에서 트랜잭션을 처리 및 감시하는 미들웨어이다.

- 항공기나 철도 예약 업무 등 사용자 수가 증가해도 빠른 응답 속도를 유지해야 하는 업무에 주로 사용된다.

필기 23.2
ORB(Object Request Broker, 객체 요청 브로커)

- 코바(CORBA) 표준 스펙을 구현한 객체 지향 미들웨어이다.
- 최근에는 TP-Monitor의 장점인 트랜잭션 처리와 모니터링 등을 추가로 구현한 제품도 있다.

필기 23.7, 23.2
WAS(Web Application Server)

- 사용자의 요구에 따라 변하는 동적인 콘텐츠를 처리하기 위한 미들웨어이다.
- 클라이언트/서버 환경보다는 웹 환경을 구현하기 위한 미들웨어이다.
- HTTP 세션 처리를 위한 웹 서버 기능뿐만 아니라 미션-크리티컬한 기업 업무까지 JAVA, EJB 컴포넌트 기반으로 구현이 가능하다.

20.10, 필기 23.2, 22.7, 21.8, 20.6
Message Bus(ESB 방식)

- 애플리케이션 사이에 미들웨어를 두어 처리하는 방식이다.
- 확장성이 뛰어나며 대용량 처리가 가능하다.

20.10, 필기 20.9
Bus Hybrid

- Hub & Spoke와 Message Bus의 혼합 방식이다.
- 그룹 내에서는 Hub & Spoke 방식을, 그룹 간에는 Message Bus 방식을 사용한다.
- 필요한 경우 한 가지 방식으로 EAI 구현이 가능하다.
- 데이터 병목 현상을 최소화할 수 있다.

Point-to-Point   Hub & Spoke   Message Bus

Bus Hybrid

▶ 340225

21.4, 20.10, 필기 23.2, 22.7, 21.8, 20.9, 6

120   EAI   **A**

EAI(Enterprise Application Integration)는 **기업 내 각종 애플리케이션 및 플랫폼 간의 정보 전달, 연계, 통합 등 상호 연동이 가능하게 해주는 솔루션**이다.

20.10, 필기 23.2, 22.7, 20.6
Point-to-Point

- 가장 기본적인 애플리케이션 통합 방식이다.
- 애플리케이션을 1:1로 연결한다.
- 변경 및 재사용이 어렵다.

20.10, 필기 23.2, 22.7, 20.6
Hub & Spoke

- 단일 접점인 허브 시스템을 통해 데이터를 전송하는 중앙 집중형 방식이다.
- 확장 및 유지 보수가 용이하다.
- 허브 장애 발생 시 시스템 전체에 영향을 미친다.

▶ 340229

20.5, 필기 23.5, 22.4, 20.6

121   JSON   **A**

- JSON(JavaScript Object Notation)은 웹과 컴퓨터 프로그램에서 용량이 적은 데이터를 교환하기 위해 **데이터 객체를 속성·값의 쌍(Attribute-Value Pairs) 형태로 표현하는 개방형 표준 포맷**이다.
- 비동기 처리에 사용되는 AJAX에서 XML을 대체하여 사용되고 있다.

▶340230   23.4, 20.7, 필기 20.8

122 AJAX   A

- AJAX(Asynchronous JavaScript and XML)는 자바 스크립트(JavaScript)를 사용하여 **클라이언트와 서버 간에 XML 데이터를 주고 받는 비동기 통신 기술**이다.
- 전체 페이지를 새로 고치지 않고도 웹 페이지 일부 영역만을 업데이트할 수 있다.

▶340231   필기 20.9, 20.8, 20.6

123 인터페이스 보안 기능 적용   B

- 인터페이스 보안은 인터페이스의 보안성 향상을 위해 **인터페이스의 보안 취약점을 분석한 후 적절한 보안 기능을 적용**하는 것이다.
- 인터페이스 보안 기능은 일반적으로 네트워크, 애플리케이션, 데이터베이스 영역에 적용한다.

필기 20.9, 20.8, 20.6 **네트워크 영역**	• 인터페이스 송·수신 간 스니핑(Sniffing) 등을 이용한 데이터 탈취 및 변조 위협을 방지하기 위해 네트워크 트래픽에 대한 암호화를 설정함 • 암호화는 인터페이스 아키텍처에 따라 IPSec, SSL, S-HTTP 등의 다양한 방식으로 적용함
애플리케이션 영역	소프트웨어 개발 보안 가이드를 참조하여 애플리케이션 코드 상의 보안 취약점을 보완하는 방향으로 애플리케이션 보안 기능을 적용함
데이터베이스 영역	데이터베이스, 스키마, 엔티티의 접근 권한과 프로시저(Procedure), 트리거(Trigger) 등 데이터베이스 동작 객체의 보안 취약점에 보안 기능을 적용함

▶340232   20.7

124 IPsec / SSL / S-HTTP   A

- IPsec(IP Security) : 네트워크 계층에서 IP 패킷 단위의 데이터 변조 방지 및 은닉 기능을 제공하는 프로토콜
- SSL(Secure Sockets Layer) : TCP/IP 계층과 애플리케이션 계층 사이에서 인증, 암호화, 무결성을 보장하는 프로토콜
- S-HTTP(Secure Hypertext Transfer Protocol) : 클라이언트와 서버 간에 전송되는 모든 메시지를 암호화하는 프로토콜

▶340233   필기 21.3, 20.6

125 데이터 무결성 검사 도구   C

- 데이터 무결성 검사 도구는 인터페이스 보안 취약점을 분석하는데 사용되는 도구이다.
- 데이터 무결성 검사 도구는 시스템 파일의 변경 유무를 확인하고, 파일이 변경되었을 경우 이를 관리자에게 알려준다.
- 종류 : Tripwire, AIDE, Samhain, Claymore, Slipwire, Fcheck 등

▶340234   22.5, 필기 23.7, 23.2, 22.7, 22.4, 21.5, 20.9, 20.6

126 인터페이스 구현 검증 도구   A

인터페이스 구현을 검증하기 위해서는 인터페이스 단위 기능과 시나리오 등을 기반으로 하는 통합 테스트가 필요하며, 통합 테스트를 수행하기 위해 사용하는 테스트 자동화 도구는 다음과 같다.

22.5, 필기 23.7, 23.2, 22.7, 21.5, 20.9

xUnit

- 같은 테스트 코드를 여러 번 작성하지 않게 도와주며, 테스트마다 예상 결과를 기억할 필요가 없게 하는 자동화된 해법을 제공하는 단위 테스트 프레임워크이다.

- Smalltalk에 처음 적용되어 SUnit이라는 이름이었으나, Java용의 JUnit, C++용의 CppUnit, .NET용의 NUnit 등 다양한 언어에 적용되면서 xUnit으로 통칭되고 있다.

필기 23.2, 22.4, 21.5, 20.9, 20.6
STAF

- 서비스 호출 및 컴포넌트 재사용 등 다양한 환경을 지원하는 테스트 프레임워크이다.
- 크로스 플랫폼이나 분산 소프트웨어에서 테스트 환경을 조성할 수 있도록 지원한다.
- 분산 소프트웨어의 경우 각 분산 환경에 설치된 데몬(Daemon)이 프로그램 테스트에 대한 응답을 대신하며, 테스트가 완료되면 이를 통합하고 자동화하여 프로그램을 완성한다.

필기 23.7, 23.2
FitNesse

웹 기반 테스트 케이스 설계, 실행, 결과 확인 등을 지원하는 테스트 프레임워크이다.

필기 23.7, 23.2, 22.4, 20.9
NTAF

FitNesse의 장점인 협업 기능과 STAF의 장점인 재사용 및 확장성을 통합한 NHN(Naver)의 테스트 자동화 프레임워크이다.

Selenium

다양한 브라우저 및 개발 언어를 지원하는 웹 애플리케이션 테스트 프레임워크이다.

필기 23.7, 21.5
watir

인터프리터 방식의 객체 지향 스크립트 언어인 Ruby를 사용하는 애플리케이션 테스트 프레임워크이다.

6장 화면 설계

127 UI / UX **A**

21.7, 필기 21.8, 21.5

UI(User Interface, 사용자 인터페이스)

- UI는 **사용자와 시스템 간의 상호작용**이 원활하게 **이뤄지도록 도와주는 장치나 소프트웨어**를 의미한다.
- UI의 세 가지 분야
  - 정보 제공과 전달을 위한 물리적 제어에 관한 분야
  - 콘텐츠의 상세적인 표현과 전체적인 구성에 관한 분야
  - 모든 사용자가 편리하고 간편하게 사용하도록 하는 기능에 관한 분야

UX(User Experience, 사용자 경험)

- UX는 **사용자가 시스템이나 서비스를 이용하면서 느끼고 생각하게 되는 총체적인 경험**을 의미한다.
- UI가 사용성, 접근성, 편의성을 중시한다면 UX는 이러한 UI를 통해 사용자가 느끼는 만족이나 감정을 중시한다.

128 UI의 구분 **A**

22.5, 21.10, 필기 23.7, 22.7, 22.4, 21.8

- **CLI(Command Line Interface)** : 명령과 출력이 텍스트 형태로 이뤄지는 인터페이스
- **GUI(Graphical User Interface)** : 아이콘이나 메뉴를 마우스로 선택하여 작업을 수행하는 그래픽 환경의 인터페이스
- **NUI(Natural User Interface)** : 사용자의 말이나 행동 등 자연스러운 움직임을 통해 기기를 조작하는 인터페이스

129 UI의 기본 원칙 **A**

20.10, 20.7, 필기 22.7, 20.8, 20.6

- **직관성** : 누구나 쉽게 이해하고 사용할 수 있어야 함
- **유효성** : 사용자의 목적을 정확하고 완벽하게 달성해야 함
- **학습성** : 누구나 쉽게 배우고 익힐 수 있어야 함
- **유연성** : 사용자의 요구사항을 최대한 수용하고 실수를 최소화해야 함

130 ISO/IEC 9126의 소프트웨어 품질 특성 **B**

필기 21.8, 21.3, 20.8, 20.6

필기 20.6

기능성(Functionality)

- 소프트웨어가 사용자의 요구사항을 정확하게 만족하는 기능을 제공하는지 여부를 나타낸다.
- 하위 특성 : 적절성/적합성, 정밀성/정확성, 상호 운용성, 보안성, 준수성

필기 20.8

신뢰성(Reliability)

- 주어진 시간동안 주어진 기능을 오류 없이 수행할 수 있는 정도를 나타낸다.
- 하위 특성 : 성숙성, 고장 허용성, 회복성

필기 21.3

사용성(Usability)

- 사용자와 컴퓨터 사이에 발생하는 어떠한 행위에 대하여 사용자가 정확하게 이해하고 사용하며, 향후 다시 사용하고 싶은 정도를 나타낸다.
- 하위 특성 : 이해성, 학습성, 운용성, 친밀성

효율성(Efficiency)

- 사용자가 요구하는 기능을 얼마나 빠르게 처리할 수 있는지 정도를 나타낸다.
- 하위 특성 : 시간 효율성, 자원 효율성

유지 보수성(Maintainability)

- 환경의 변화 또는 새로운 요구사항이 발생했을 때 소프트웨어를 개선하거나 확장할 수 있는 정도를 나타낸다.
- 하위 특성 : 분석성, 변경성, 안정성, 시험성

필기 21.8

이식성(Portability)

- 소프트웨어가 다른 환경에서도 얼마나 쉽게 적용할 수 있는지 정도를 나타낸다.
- 하위 특성 : 적용성, 설치성, 대체성, 공존성

7장 애플리케이션 테스트 관리

340254   20.5, 필기 22.7, 20.6

131 애플리케이션 테스트의 기본 원리 A

- 파레토 법칙(Pareto Principle) : 애플리케이션의 20%에 해당하는 코드에서 전체 결함의 80%가 발견된다는 법칙
- 살충제 패러독스(Pesticide Paradox) : 동일한 테스트 케이스로 동일한 테스트를 반복하면 더 이상 결함이 발견되지 않는 현상
- 오류-부재의 궤변(Absence of Errors Fallacy) : 소프트웨어의 결함을 모두 제거해도 사용자의 요구사항을 만족시키지 못하면 해당 소프트웨어는 품질이 높다고 말할 수 없는 것

340255   20.7

132 프로그램 실행 여부에 따른 테스트 A

20.7
정적 테스트

- 프로그램을 실행하지 않고 명세서나 소스 코드를 대상으로 분석하는 테스트이다.
- 소스 코드에 대한 코딩 표준, 코딩 스타일, 코드 복잡도, 남은 결함 등을 발견하기 위해 사용한다.
- 종류 : 워크스루, 인스펙션, 코드 검사 등

동적 테스트

- 프로그램을 실행하여 오류를 찾는 테스트이다.
- 소프트웨어 개발의 모든 단계에서 테스트를 수행한다.
- 종류 : 블랙박스 테스트, 화이트박스 테스트

340260   필기 23.7, 22.3, 21.5, 20.8, 20.6

133 화이트박스 테스트의 종류 B

필기 23.7, 22.3, 21.5, 20.8, 20.6
기초 경로 검사(Base Path Testing)

- 테스트 케이스 설계자가 절차적 설계의 논리적 복잡성을 측정할 수 있게 해주는 테스트 기법이다.
- 대표적인 화이트박스 테스트 기법이다.

필기 22.3
제어 구조 검사(Control Structure Testing)

- 조건 검사(Condition Testing) : 프로그램 모듈 내에 있는 논리적 조건을 테스트하는 테스트 케이스 설계 기법
- 루프 검사(Loop Testing) : 프로그램의 반복(Loop) 구조에 초점을 맞춰 실시하는 테스트 케이스 설계 기법
- 데이터 흐름 검사(Data Flow Testing) : 프로그램에서 변수의 정의와 변수 사용의 위치에 초점을 맞춰 실시하는 테스트 케이스 설계 기법

340261   23.7, 23.4, 21.7, 20.10

134 화이트박스 테스트의 검증 기준 A

21.7
문장 검증 기준(Statement Coverage)

소스 코드의 모든 구문이 한 번 이상 수행되도록 테스트 케이스를 설계한다.

23.4, 21.7, 20.10
분기 검증 기준(Branch Coverage)

- 소스 코드의 모든 조건문에 대해 조건식의 결과가 True인 경우와 False인 경우가 한 번 이상 수행되도록 테스트 케이스를 설계한다.
- 결정 검증 기준(Decision Coverage)이라고도 한다.

조건 검증 기준(Condition Coverage)

소스 코드의 조건문에 포함된 개별 조건식의 결과가 True인 경우와 False인 경우가 한 번 이상 수행되도록 테스트 케이스를 설계한다.

분기/조건 기준(Branch/Condition Coverage)

분기 검증 기준과 조건 검증 기준을 모두 만족하는 설계로, 조건문이 True인 경우와 False인 경우에 따라 조건 검증 기준의 입력 데이터를 구분하는 테스트 케이스를 설계한다.

340262

135 블랙박스 테스트 **A**

20.10

- 블랙박스 테스트(Black Box Test)는 소프트웨어가 수행할 특정 기능을 알기 위해서 **각 기능이 완전히 작동되는 것을 입증하는 테스트**로, 기능 테스트라고도 한다.
- 사용자의 요구사항 명세를 보면서 테스트한다.
- 주로 구현된 기능을 테스트한다.
- 소프트웨어 인터페이스를 통해 실시된다.

340263

136 블랙박스 테스트의 종류 **A**

동치 분할 검사(Equivalence Partitioning Testing)

- 프로그램의 입력 조건에 타당한 입력 자료와 타당하지 않은 입력 자료의 개수를 균등하게 하여 테스트 케이스를 정하고, 해당 입력 자료에 맞는 결과가 출력되는지 확인하는 기법이다.
- 동등 분할 기법 또는 동치 클래스 분해라고도 한다.

경계값 분석(Boundary Value Analysis)

입력 조건의 중간값보다 경계값에서 오류가 발생될 확률이 높다는 점을 이용하여 입력 조건의 경계값을 테스트 케이스로 선정하여 검사하는 기법이다.

원인-효과 그래프 검사(Cause-Effect Graphing Testing)

입력 데이터 간의 관계와 출력에 영향을 미치는 상황을 체계적으로 분석한 다음 효용성이 높은 테스트 케이스를 선정하여 검사하는 기법이다.

오류 예측 검사(Error Guessing)

과거의 경험이나 확인자의 감각으로 테스트하는 기법이다.

비교 검사(Comparison Testing)

여러 버전의 프로그램에 동일한 테스트 자료를 제공하여 동일한 결과가 출력되는지 테스트하는 기법이다.

예제 A 애플리케이션에서 평가점수에 따른 성적부여 기준이 다음과 같을 때, 동치 분할 검사와 경계값 분석의 테스트 케이스를 확인하시오.

평가점수	성적
90~100	A
80~89	B
70~79	C
0~69	D

〈동치 분할 검사〉

테스트 케이스	1	2	3	4
입력값	60	75	82	96
예상 결과값	D	C	B	A
실제 결과값	D	C	B	A

해설 동치 분할 검사는 입력 자료에 초점을 맞춰 테스트 케이스를 만들어 검사하므로 평가점수를 입력한 후 점수에 맞는 성적이 출력되는지 확인한다.

〈경계값 분석〉

테스트 케이스	1	2	3	4	5	6	7	8	9	10
입력값	-1	0	69	70	79	80	89	90	100	101
예상 결과값	오류	D	D	C	C	B	B	A	A	오류
실제 결과값	오류	D	D	C	C	B	B	A	A	오류

해설 경계값 분석은 입력 조건의 경계값을 테스트 케이스로 선정하여 검사하므로 평가점수의 경계값에 해당하는 점수를 입력한 후 올바른 성적이 출력되는지 확인한다.

▶340264

137 개발 단계에 따른 애플리케이션 테스트 A

22.5

- 소프트웨어의 개발 단계에 따라 단위 테스트, 통합 테스트, 시스템 테스트, 인수 테스트로 분류된다. 이렇게 분류된 것을 테스트 레벨이라고 한다.
- 애플리케이션 테스트와 소프트웨어 개발 단계를 연결하여 표현한 것을 V-모델이라고 한다.

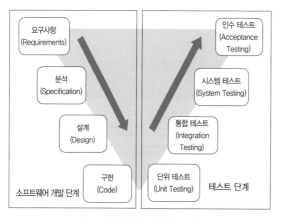

소프트웨어 생명 주기의 V-모델

▶340265

138 단위 테스트 A

21.4, 필기 21.8

- 단위 테스트(Unit Test)는 코딩 직후 소프트웨어 설계의 최소 단위인 모듈이나 컴포넌트에 초점을 맞춰 테스트하는 것이다.
- 인터페이스, 외부적 I/O, 자료 구조, 독립적 기초 경로, 오류 처리 경로, 경계 조건 등을 검사한다.
- 사용자의 요구사항을 기반으로 한 기능성 테스트를 최우선으로 수행한다.
- 구조 기반 테스트와 명세 기반 테스트로 나뉘지만 주로 구조 기반 테스트를 시행한다.

▶340266

139 통합 테스트 A

21.4

- 통합 테스트(Integration Test)는 단위 테스트가 완료된 모듈들을 결합하여 하나의 시스템으로 완성시키는 과정에서의 테스트를 의미한다.
- 모듈 간 또는 통합된 컴포넌트 간의 상호 작용 오류를 검사한다.
- 비점진적 통합 방식
  - 단계적으로 통합하는 절차 없이 모든 모듈이 미리 결합되어 있는 프로그램 전체를 테스트하는 방법
  - 종류 : 빅뱅 통합 테스트 방식
- 점진적 통합 방식
  - 모듈 단위로 단계적으로 통합하면서 테스트하는 방법
  - 종류 : 하향식 통합 테스트, 상향식 통합 테스트, 혼합식 통합 테스트

▶440215

140 인수 테스트 A

22.7, 필기 23.7, 23.5, 22.3, 21.3, 20.9, 20.8, 20.6

- 인수 테스트(Acceptance Test)는 개발한 소프트웨어가 사용자의 요구사항을 충족하는지에 중점을 두고 테스트하는 것이다.
- 인수 테스트는 개발한 소프트웨어를 사용자가 직접 테스트한다.
- 인수 테스트 종류

22.7, 필기 23.7, … **알파 테스트**	• 개발자의 장소에서 사용자가 개발자 앞에서 행하는 테스트 기법 • 테스트는 통제된 환경에서 행해지며, 오류와 사용상의 문제점을 사용자와 개발자가 함께 확인하면서 기록함
22.7, 필기 22.3, … **베타 테스트**	• 선정된 최종 사용자가 여러 명의 사용자 앞에서 행하는 테스트 기법 • 실업무를 가지고 사용자가 직접 테스트

▶340269

21.7, 필기 21.3, 20.8, 20.6

141 하향식 통합 테스트 Ⓐ

- 하향식 통합 테스트(Top Down Integration Test)는 프로그램의 **상위 모듈에서 하위 모듈 방향으로 통합하면서 테스트**하는 기법이다.

- 하향식 통합 테스트 절차

  ❶ 주요 제어 모듈은 작성된 프로그램을 사용하고, 주요 제어 모듈의 종속 모듈들은 스텁(Stub)으로 대체한다.

  ❷ 깊이 우선 또는 넓이 우선 등의 통합 방식에 따라 하위 모듈인 스텁들이 한 번에 하나씩 실제 모듈로 교체된다.

  ❸ 모듈이 통합될 때마다 테스트를 실시한다.

  ❹ 새로운 오류가 발생하지 않음을 보증하기 위해 회귀 테스트를 실시한다.

  ※ 스텁(Stub) : 제어 모듈이 호출하는 타 모듈의 기능을 단순히 수행하는 도구로, 일시적으로 필요한 조건만을 가지고 있는 시험용 모듈임

 ▶340270

21.10, 필기 22.7, 22.4, 21.8

142 상향식 통합 테스트 Ⓐ

- 상향식 통합 테스트(Bottom Up Integration Test)는 프로그램의 **하위 모듈에서 상위 모듈 방향으로 통합하면서 테스트**하는 기법이다.

- 상향식 통합 테스트 절차

  ❶ 하위 모듈들을 클러스터(Cluster)로 결합한다.

  ❷ 상위 모듈에서 데이터의 입·출력을 확인하기 위해 더미 모듈인 드라이버(Driver)를 작성한다.

  ❸ 통합된 클러스터 단위로 테스트한다.

  ❹ 테스트가 완료되면 클러스터는 프로그램 구조의 상위로 이동하여 결합하고 드라이버는 실제 모듈로 대체된다.

  ※ 테스트 드라이버(Test Driver) : 테스트 대상의 하위 모듈을 호출하고, 파라미터를 전달하고, 모듈 테스트 수행 후의 결과를 도출하는 도구임

 ▶440218

22.7

143 회귀 테스트 Ⓐ

- 회귀 테스트(Regression Test)는 **통합 테스트로 인해 변경된 모듈이나 컴포넌트에 새로운 오류가 있는지 확인하는 테스트**이다.

- 이미 테스트된 프로그램의 테스팅을 반복하는 것이다.

- 회귀 테스트는 수정한 모듈이나 컴포넌트가 다른 부분에 영향을 미치는지, 오류가 생기지 않았는지 테스트하여 새로운 오류가 발생하지 않음을 보증하기 위해 반복 테스트한다.

 ▶340275

필기 23.2, 20.9

144 테스트 오라클 Ⓒ

- 테스트 오라클(Test Oracle)은 **테스트 결과가 올바른지 판단하기 위해 사전에 정의된 참값을 대입하여 비교하는 기법** 및 활동을 말한다.

- 결과를 판단하기 위해 테스트 케이스에 대한 예상 결과를 계산하거나 확인한다.

- 테스트 오라클의 특징 : 제한된 검증, 수학적 기법, 자동화 기능

▶340276

20.11, 필기 22.7

145 테스트 오라클의 종류 Ⓐ

- 참(True) 오라클 : 모든 테스트 케이스의 입력 값에 대해 기대하는 결과를 제공하는 오라클로, 발생된 모든 오류를 검출할 수 있음

- 샘플링(Sampling) 오라클 : 특정한 몇몇 테스트 케이스의 입력 값들에 대해서만 기대하는 결과를 제공하는 오라클로 전수 테스트가 불가능한 경우 사용하는 오라클

- 추정(Heuristic) 오라클 : 특정 테스트 케이스의 입력 값에 대해 기대하는 결과를 제공하고, 나머지 입력 값들에 대해서는 추정으로 처리하는 오라클

- 일관성 검사(Consistent) 오라클 : 애플리케이션에 변경이 있을 때, 테스트 케이스의 수행 전과 후의 결과 값이 동일한지를 확인하는 오라클

정보처리기사 실기 **핵심요약**

▶340283

20.5

146 애플리케이션 성능 측정 지표 A

- **처리량(Throughput)** : 일정 시간 내에 애플리케이션이 처리하는 일의 양
- **응답 시간(Response Time)** : 애플리케이션에 요청을 전달한 시간부터 응답이 도착할 때까지 걸린 시간
- **경과 시간(Turn Around Time)** : 애플리케이션에 작업을 의뢰한 시간부터 처리가 완료될 때까지 걸린 시간
- **자원 사용률(Resource Usage)** : 애플리케이션이 의뢰한 작업을 처리하는 동안의 CPU 사용량, 메모리 사용량, 네트워크 사용량 등 자원 사용률

▶340287

필기 23.7, 22.7, 20.6

147 빅오 표기법으로 표현한 최악의 시간 복잡도 B

필기 23.7, 22.7, … O(1)	입력값(n)에 관계 없이 일정하게 문제 해결에 하나의 단계만을 거침 🔟 스택의 삽입(Push), 삭제(Pop)
O(log₂n)	문제 해결에 필요한 단계가 입력값(n) 또는 조건에 의해 감소함 🔟 이진 트리(Binary Tree), 이진 검색(Binary Search)
O(n)	문제 해결에 필요한 단계가 입력값(n)과 1:1의 관계를 가짐 🔟 for문
필기 23.7, 20.6 O(nlog₂n)	문제 해결에 필요한 단계가 n(log₂n)번만큼 수행됨 🔟 힙 정렬(Heap Sort), 2-Way 합병 정렬(Merge Sort)
O(n²)	문제 해결에 필요한 단계가 입력값(n)의 제곱만큼 수행됨 🔟 삽입 정렬(Insertion Sort), 쉘 정렬(Shell Sort), 선택 정렬(Selection Sort), 버블 정렬(Bubble Sort), 퀵 정렬(Quick Sort)
O(2ⁿ)	문제 해결에 필요한 단계가 2의 입력값(n) 제곱만큼 수행됨 🔟 피보나치 수열(Fibonacci Sequence)

▶340288

필기 23.2, 20.8

148 순환 복잡도 C

- **순환 복잡도(Cyclomatic Complexity)**는 한 프로그램의 **논리적인 복잡도를 측정하기 위한 소프트웨어**의 척도이다.
- 맥케이브 순환도(McCabe's Cyclomatic)라고도 한다.
- 제어 흐름도 G에서 순환 복잡도 V(G)는 다음과 같은 방법으로 계산할 수 있다.

> **방법1** 순환 복잡도는 제어 흐름도의 영역 수와 일치하므로 영역 수를 계산한다.
> **방법2** $V(G) = E - N + 2$: E는 화살표 수, N은 노드의 수

예제 제어 흐름도가 다음과 같을 때 순환 복잡도(Cyclomatic Complexity)를 계산하시오.

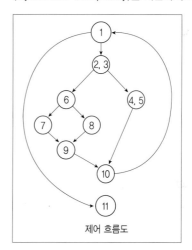

제어 흐름도

해설

순환 복잡도는 다음 두 가지 방법으로 구할 수 있습니다.

방법 1 제어 흐름도에서 화살표로 구분되는 각 영역의 개수를 구하면 4입니다.

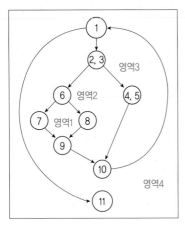

방법 2 순환 복잡도 = 화살표의 수 - 노드의 수 + 2 이므로 11 - 9 + 2 = 4입니다.

▶440227

149 소스 코드 최적화 B
필기 22.3, 21.5, 20.6

- 소스 코드 최적화는 나쁜 코드(Bad Code)를 배제하고, 클린 코드(Clean Code)로 작성하는 것이다.
- 나쁜 코드로 작성된 애플리케이션의 코드를 클린 코드로 수정하면 애플리케이션의 성능이 개선된다.
- 클린 코드(Clean Code) : 누구나 쉽게 이해하고 수정 및 추가할 수 있는 단순, 명료한 코드, 즉 잘 작성된 코드
- 나쁜 코드(Bad Code)
  - 프로그램의 로직(Logic)이 복잡하고 이해하기 어려운 코드
  - 스파게티 코드(Spaghetti Code) : 코드의 로직이 서로 복잡하게 얽혀 있는 코드
  - 외계인 코드(Alien Code) : 아주 오래되거나 참고문서 또는 개발자가 없어 유지보수 작업이 어려운 코드

▶340290

150 클린 코드 작성 원칙 B
필기 22.7, 22.3, 20.9, 20.8

필기 22.7, 22.3
가독성
- 누구든지 코드를 쉽게 읽을 수 있도록 작성한다.
- 코드 작성 시 이해하기 쉬운 용어를 사용하거나 들여쓰기 기능 등을 사용한다.

필기 22.7, 20.9, 20.8
단순성
- 코드를 간단하게 작성한다.
- 한 번에 한 가지를 처리하도록 코드를 작성하고 클래스/메소드/함수 등을 최소 단위로 분리한다.

필기 22.7, 22.3, 20.8
의존성 배제
- 코드가 다른 모듈에 미치는 영향을 최소화한다.
- 코드 변경 시 다른 부분에 영향이 없도록 작성한다.

필기 22.7, 22.3, 20.8
중복성 최소화
- 코드의 중복을 최소화한다.
- 중복된 코드는 삭제하고 공통된 코드를 사용한다.

필기 22.3
추상화
상위 클래스/메소드/함수에서는 간략하게 애플리케이션의 특성을 나타내고, 상세 내용은 하위 클래스/메소드/함수에서 구현한다.

340291

151 소스 코드 품질 분석 도구 A

소스 코드 품질 분석 도구는 소스 코드의 코딩 스타일, 코드에 설정된 코딩 표준, 코드의 복잡도, 코드에 존재하는 메모리 누수 현상, 스레드 결함 등을 발견하기 위해 사용하는 분석 도구이다.

22.5, 필기 23.7, 21.8, 20.9, 20.6

정적 분석(Static Analysis) 도구

- 작성한 소스 코드를 실행하지 않고 코딩 표준이나 코딩 스타일, 결함 등을 확인하는 코드 분석 도구이다.

- 종류 : pmd, cppcheck, SonarQube, checkstyle, ccm, cobertura 등

22.5

동적 분석(Dynamic Analysis) 도구

- 작성한 소스 코드를 실행하여 코드에 존재하는 메모리 누수, 스레드 결함 등을 분석하는 도구이다.

- 종류 : Avalanche, Valgrind 등

340292

필기 23.7, 23.2, 21.8, 21.5, 21.3, 20.6

152 DDL B

- DDL(Data Define Language, 데이터 정의어)은 **DB 구조, 데이터 형식, 접근 방식 등 DB를 구축하거나 수정할 목적으로 사용하는 언어**이다.
- DDL의 3가지 유형

명령어	기능
필기 23.7, 23.2, 21.8, 21.5, … CREATE	SCHEMA, DOMAIN, TABLE, VIEW, INDEX를 정의함
필기 23.7, 23.2, 21.8, 20.6 ALTER	TABLE에 대한 정의를 변경하는 데 사용함
필기 23.7, 23.2, 21.8, 20.6 DROP	SCHEMA, DOMAIN, TABLE, VIEW, INDEX를 삭제함

340296

20.7

153 CREATE INDEX A

CREATE INDEX는 **인덱스를 정의하는 명령문**이다.

표기 형식

```
CREATE [UNIQUE] INDEX 인덱스명
ON 테이블명(속성명 [ASC | DESC] [,속성명 [ASC | DESC]])
[CLUSTER];
```

- UNIQUE
  - 사용된 경우 : 중복 값이 없는 속성으로 인덱스를 생성함
  - 생략된 경우 : 중복 값을 허용하는 속성으로 인덱스를 생성함
- 정렬 여부 지정
  - ASC : 오름차순 정렬
  - DESC : 내림차순 정렬
  - 생략된 경우 : 오름차순으로 정렬됨

- CLUSTER : 사용하면 인덱스가 클러스터드 인덱스로 설정됨

 예제 〈고객〉 테이블에서 UNIQUE한 특성을 갖는 '고객번호' 속성에 대해 내림차순으로 정렬하여 '고객번호_idx'라는 이름으로 인덱스를 정의하시오.

```
CREATE UNIQUE INDEX 고객번호_idx
ON 고객(고객번호 DESC);
```

340297

20.10, 필기 21.3, 20.9

154 ALTER TABLE A

ALTER TABLE은 **테이블에 대한 정의를 변경하는 명령문**이다.

표기 형식

```
ALTER TABLE 테이블명 ADD 속성명 데이터_타입 [DEFAULT '기본값'];
ALTER TABLE 테이블명 ALTER 속성명 [SET DEFAULT '기본값'];
ALTER TABLE 테이블명 DROP COLUMN 속성명 [CASCADE];
```

- ADD : 새로운 속성(열)을 추가할 때 사용함
- ALTER : 특정 속성의 Default 값을 변경할 때 사용함
- DROP COLUMN : 특정 속성을 삭제할 때 사용함

예제 1 〈학생〉 테이블에 최대 3문자로 구성되는 '학년' 속성 추가하시오.

```
ALTER TABLE 학생 ADD 학년 VARCHAR(3);
```

예제 2 〈학생〉 테이블의 '학번' 필드의 데이터 타입과 크기를 VARCHAR(10)으로 하고 NULL 값이 입력되지 않도록 변경하시오.

```
ALTER TABLE 학생 ALTER 학번 VARCHAR(10) NOT NULL;
```

440235

155 DROP

23.7, 필기 23.2, 22.3, 21.5, 20.6

B

DROP은 스키마, 도메인, 기본 테이블, 뷰 테이블, 인덱스, 제약 조건 등을 제거하는 명령문이다.

표기 형식

DROP SCHEMA 스키마명 [CASCADE | RESTRICT];
DROP DOMAIN 도메인명 [CASCADE | RESTRICT];
DROP TABLE 테이블명 [CASCADE | RESTRICT];
DROP VIEW 뷰명 [CASCADE | RESTRICT];
DROP INDEX 인덱스명 [CASCADE | RESTRICT];
DROP CONSTRAINT 제약조건명;

- CASCADE : 제거할 요소를 참조하는 다른 모든 개체를 함께 제거함
- RESTRICT : 다른 개체가 제거할 요소를 참조중일 때는 제거를 취소함

예제 〈학생〉 테이블을 제거하되, 〈학생〉 테이블을 참조하는 모든 데이터를 함께 제거하시오.

DROP TABLE 학생 CASCADE;

340299

156 DCL

필기 23.7, 21.5, 20.8

B

- DCL(Data Control Language, 데이터 제어어)은 데이터의 보안, 무결성, 회복, 병행 제어 등을 정의하는 데 사용하는 언어이다.
- DCL은 데이터베이스 관리자(DBA)가 데이터 관리를 목적으로 사용한다.

- DCL의 종류

명령어	기능
필기 20.8 COMMIT	명령에 의해 수행된 결과를 실제 물리적 디스크로 저장하고, 데이터베이스 조작 작업이 정상적으로 완료되었음을 관리자에게 알려줌
필기 21.5, 20.8 ROLLBACK	데이터베이스 조작 작업이 비정상적으로 종료되었을 때 원래의 상태로 복구함
필기 20.8 GRANT	데이터베이스 사용자에게 사용 권한을 부여함
REVOKE	데이터베이스 사용자의 사용 권한을 취소함

340300

157 GRANT / REVOKE

21.10, 필기 22.4, 20.9

A

- 데이터베이스 관리자가 데이터베이스 사용자에게 권한을 부여하거나 취소하기 위한 명령어이다.
- GRANT : 권한 부여를 위한 명령어
- REVOKE : 권한 취소를 위한 명령어
- 테이블 및 속성에 대한 권한 부여 및 취소

GRANT 권한_리스트 ON 개체 TO 사용자 [WITH GRANT OPTION];
REVOKE [GRANT OPTION FOR] 권한_리스트 ON 개체 FROM 사용자 [CASCADE];

- 권한 종류 : ALL, SELECT, INSERT, DELETE, UPDATE 등
- WITH GRANT OPTION : 부여받은 권한을 다른 사용자에게 다시 부여할 수 있는 권한을 부여함
- GRANT OPTION FOR : 다른 사용자에게 권한을 부여할 수 있는 권한을 취소함
- CASCADE : 권한 취소 시 권한을 부여받았던 사용자가 다른 사용자에게 부여한 권한도 연쇄적으로 취소함

예제1 사용자 ID가 "NABI"인 사람에게 〈고객〉 테이블에 대한 모든 권한과 다른 사람에게 권한을 부여할 수 있는 권한까지 부여하는 SQL문을 작성하시오.

GRANT ALL ON 고객 TO NABI WITH GRANT OPTION;

예제2 사용자 ID가 "STAR"인 사람에게 부여한 〈고객〉 테이블에 대한 권한 중 UPDATE 권한을 다른 사람에게 부여할 수 있는 권한만 취소하는 SQL문을 작성하시오.

```
REVOKE GRANT OPTION FOR UPDATE ON 고객 FROM
STAR;
```

 340301   20.7, 필기 21.5

158   **ROLLBACK**   **A**

- ROLLBACK은 **변경되었으나 아직 COMMIT되지 않은 모든 내용들을 취소하고 데이터베이스를 이전 상태로 되돌리는 명령어**이다.
- 트랜잭션 전체가 성공적으로 끝나지 못하면 일부 변경된 내용만 데이터베이스에 반영되는 비일관성(Inconsistency) 상태가 될 수 있기 때문에 일부분만 완료된 트랜잭션은 롤백(Rollback)되어야 한다.

 340303   필기 23.5, 20.8, 20.6

159   **DML**   **B**

- DML(Data Manipulation Language, 데이터 조작어)은 데이터베이스 사용자가 **저장된 데이터를 실질적으로 관리하는데 사용되는 언어**이다.
- DML은 데이터베이스 사용자와 데이터베이스 관리 시스템 간의 인터페이스를 제공한다.
- DML의 유형

명령어	기능
필기 20.8, 20.6 SELECT	테이블에서 튜플을 검색함
필기 20.8, 20.6 INSERT	테이블에 새로운 튜플을 삽입함
필기 20.8, 20.6 DELETE	테이블에서 튜플을 삭제함
필기 23.5, 20.8, 20.6 UPDATE	테이블에서 튜플의 내용을 갱신함

※ 다음 테이블을 참조하여 핵심 160~161의 예제 결과를 확인하시오.

〈사원〉

이름	부서	생일	주소	기본급
홍길동	기획	04/05/61	망원동	120
임꺽정	인터넷	01/09/69	성산동	80
황진이	편집	07/21/75	연희동	100
김선달	편집	10/22/73	망원동	90
성춘향	기획	02/20/64	망원동	100
장길산	편집	03/11/67	상암동	120
일지매	기획	04/29/78	합정동	110
강호동	인터넷	12/11/80		90

 340305   23.4, 20.10, 필기 23.2

160   **삭제문(DELETE FROM~)**   **A**

삭제문은 기본 테이블에 있는 튜플들 중에서 특정 튜플(행)을 삭제할 때 사용한다.

일반 형식

```
DELETE FROM 테이블명 [WHERE 조건];
```

- 모든 레코드를 삭제할 때는 WHERE절을 생략한다.
- 모든 레코드를 삭제하더라도 테이블 구조는 남아 있기 때문에 디스크에서 테이블을 완전히 제거하는 DROP과는 다르다.

예제1 〈사원〉 테이블에서 "임꺽정"에 대한 튜플을 삭제하시오.

```
DELETE FROM 사원 WHERE 이름 = '임꺽정';
```

예제2 〈사원〉 테이블에서 "인터넷" 부서에 대한 모든 튜플을 삭제하시오.

```
DELETE FROM 사원 WHERE 부서 = '인터넷';
```

예제3 〈사원〉 테이블의 모든 레코드를 삭제하시오.

```
DELETE FROM 사원;
```

161 갱신문[UPDATE~ SET~] A

21.7, 필기 23.7, 21.5, 20.9

갱신문은 기본 테이블에 있는 튜플들 중에서 특정 튜플의 내용을 변경할 때 사용한다.

일반 형식

```
UPDATE 테이블명
SET 속성명 = 데이터[, 속성명=데이터, …]
[WHERE 조건];
```

예제1 〈사원〉 테이블에서 "홍길동"의 '주소'를 "수색동"으로 수정하시오.

```
UPDATE 사원 SET 주소 = '수색동' WHERE 이름 = '홍길동';
```

예제2 〈사원〉 테이블에서 "황진이"의 '부서'를 "기획부"로 변경하고 '기본급'을 5만원 인상시키시오.

```
UPDATE 사원
SET 부서 = '기획', 기본급 = 기본급 + 5
WHERE 이름 = '황진이';
```

162 SELECT A

22.10, 20.5, 필기 23.2, 22.3, 21.5, 20.8, 20.6

일반 형식

```
SELECT [PREDICATE] [테이블명.]속성명 [AS 별칭][, [테이
블명.]속성명, …]
FROM 테이블명[, 테이블명, …]
[WHERE 조건]
[GROUP BY 속성명, 속성명, …]
[HAVING 조건]
[ORDER BY 속성명 [ASC | DESC]];
```

- SELECT절
  - PREDICATE : 검색할 튜플 수를 제한하는 명령어를 기술함
    ▶ DISTINCT : 중복된 튜플이 있으면 그 중 첫 번째 한 개만 표시함
    - 속성명 : 검색하여 불러올 속성(열) 또는 속성을 이용한 수식을 지정함
    - AS : 속성이나 연산의 이름을 다른 이름으로 표시하기 위해 사용함
- FROM절 : 검색할 데이터가 들어있는 테이블 이름을 기술함
- WHERE절 : 검색할 조건을 기술함
- GROUP BY절 : 특정 속성을 기준으로 그룹화하여 검색할 때 사용한다. 일반적으로 GROUP BY절은 그룹 함수와 함께 사용됨
- HAVING절 : GROUP BY와 함께 사용되며, 그룹에 대한 조건을 지정함
- ORDER BY절 : 데이터를 정렬하여 검색할 때 사용함
  - 속성명 : 정렬의 기준이 되는 속성명을 기술함
  - [ASC | DESC] : 정렬 방식으로, 'ASC'는 오름차순, 'DESC'는 내림차순임. 생략하면 오름차순으로 지정됨

※ **다음 테이블을 참조하여 핵심 163~166의 예제 결과를 확인하시오.**

〈사원〉

이름	부서	생일	주소	기본급
홍길동	기획	04/05/61	망원동	120
임꺽정	인터넷	01/09/69	서교동	80
황진이	편집	07/21/75	합정동	100
김선달	편집	10/22/73	망원동	90
성춘향	기획	02/20/64	대흥동	100
장길산	편집	03/11/67	상암동	120
일지매	기획	04/29/78	연남동	110
강건달	인터넷	12/11/80		90

〈여가활동〉

이름	취미	경력
김선달	당구	10
성춘향	나이트댄스	5
일지매	태견	15
임꺽정	씨름	8

163 기본 검색 [A]

SELECT 절에 원하는 속성을 지정하여 검색한다.

예제1 〈사원〉 테이블의 모든 튜플을 검색하시오.

SELECT * FROM 사원;

〈결과〉

이름	부서	생일	주소	기본급
홍길동	기획	04/05/61	망원동	120
임꺽정	인터넷	01/09/69	서교동	80
황진이	편집	07/21/75	합정동	100
김선달	편집	10/22/73	망원동	90
성춘향	기획	02/20/64	대흥동	100
장길산	편집	03/11/67	상암동	120
일지매	기획	04/29/78	연남동	110
강건달	인터넷	12/11/80		90

예제2 〈사원〉 테이블에서 '주소'만 검색하되 같은 '주소' 는 한 번만 출력하시오.

SELECT DISTINCT 주소 FROM 사원;

〈결과〉

주소
망원동
서교동
합정동
대흥동
상암동
연남동

---

164 조건 지정 검색 [A]

- WHERE 절에 다음 연산자들을 이용한 조건을 지정하여 조건에 만족하는 튜플만 검색한다.
- 비교 연산자

연산자	=	〈 〉	〉	〈	〉=	〈=
의미	같다	같지 않다	크다	작다	크거나 같다	작거나 같다

- 논리 연산자 : NOT, AND, OR
- LIKE 연산자 : 대표 문자를 이용해 지정된 속성의 값이 문자 패턴과 일치하는 튜플을 검색하기 위해 사용됨

대표 문자	%	_	#
의미	모든 문자를 대표함	문자 하나를 대표함	숫자 하나를 대표함

- IN 연산자 : 필드의 값이 IN 연산자의 수로 지정된 값과 같은 레코드만 검색하며, OR 연산을 수행한 결과와 같음

예제1 〈사원〉 테이블에서 '기획'부의 모든 튜플을 검색하시오.

SELECT * FROM 사원 WHERE 부서 = '기획';

〈결과〉

이름	부서	생일	주소	기본급
홍길동	기획	04/05/61	망원동	120
성춘향	기획	02/20/64	대흥동	100
일지매	기획	04/29/78	연남동	110

예제2 〈사원〉 테이블에서 "기획" 부서에 근무하면서 "대흥동"에 사는 사람의 튜플을 검색하시오.

```
SELECT *
FROM 사원
WHERE 부서 = '기획' AND 주소 = '대흥동';
```

〈결과〉

이름	부서	생일	주소	기본급
성춘향	기획	02/20/64	대흥동	100

예제3 〈사원〉 테이블에서 성이 '김'인 사람의 튜플을 검색하시오.

```
SELECT *
FROM 사원
WHERE 이름 LIKE "김%";
```

〈결과〉

이름	부서	생일	주소	기본급
김선달	편집	10/22/73	망원동	90

예제4 〈사원〉 테이블에서 '생일'이 '01/01/69'에서 '12/31/73' 사이인 튜플을 검색하시오.

```
SELECT *
FROM 사원
WHERE 생일 BETWEEN #01/01/69# AND #12/31/73#;
```

〈결과〉

이름	부서	생일	주소	기본급
임꺽정	인터넷	01/09/69	서교동	80
김선달	편집	10/22/73	망원동	90

예제5 〈사원〉 테이블에서 '주소'가 NULL인 튜플을 검색하시오.

```
SELECT *
FROM 사원
WHERE 주소 IS NULL;
```

〈결과〉

이름	부서	생일	주소	기본급
강건달	인터넷	12/11/80		90

▶340310

22.5, 21.7, 필기 23.5, 22.4

165 정렬 검색 A

ORDER BY 절에 특정 속성을 지정하여 지정된 속성으로 자료를 정렬하여 검색한다.

예제 〈사원〉 테이블에서 '부서'를 기준으로 오름차순 정렬하고, 같은 '부서'에 대해서는 '이름'을 기준으로 내림차순 정렬시켜서 검색하시오.

```
SELECT *
FROM 사원
ORDER BY 부서 ASC, 이름 DESC;
```

〈결과〉

이름	부서	생일	주소	기본급
홍길동	기획	04/05/61	망원동	120
일지매	기획	04/29/78	연남동	110
성춘향	기획	02/20/64	대흥동	100
임꺽정	인터넷	01/09/69	서교동	80
강건달	인터넷	12/11/80		90
황진이	편집	07/21/75	합정동	100
장길산	편집	03/11/67	상암동	120
김선달	편집	10/22/73	망원동	90

▶440247

22.7, 필기 23.5, 22.4, 21.5, 20.9, 20.6

166 하위 질의 A

하위 질의는 조건절에 주어진 질의를 먼저 수행하여 그 검색 결과를 조건절의 피연산자로 사용한다.

예제1 '취미'가 "나이트댄스"인 사원의 '이름'과 '주소'를 검색하시오.

```
SELECT 이름, 주소
FROM 사원
WHERE 이름 = (SELECT 이름 FROM 여가활동 WHERE 취미 = '나이트댄스');
```

〈결과〉

이름	주소
성춘향	대흥동

예제2 취미활동을 하지 않는 사원들을 검색하시오.

```
SELECT *
FROM 사원
WHERE 이름 NOT IN (SELECT 이름 FROM 여가활동);
```

〈결과〉

이름	부서	생일	주소	기본급
홍길동	기획	04/05/61	망원동	120
황진이	편집	07/21/75	합정동	100
장길산	편집	03/11/67	상암동	120
강건달	인터넷	12/11/80		90

예제3 "망원동"에 거주하는 사원들의 '기본급'보다 적은 '기본급'을 받는 사원의 정보를 검색하시오.

```
SELECT 이름, 기본급, 주소
FROM 사원
WHERE 기본급 〈 ALL (SELECT 기본급 FROM 사원 WHERE
        주소 = "망원동");
```

〈결과〉

이름	기본급	주소
임꺽정	80	서교동

해설

ALL ( )는 하위 질의로 검색된 범위를 기본 질의의 조건으로 사용한다. 즉 〈사원〉 테이블에서 주소가 "망원동"인 사원의 기본급을 모두 추출한 후 추출된 기본급들을 기본 질의의 조건으로 사용한다.

❶ SELECT 기본급 FROM 사원 WHERE 주소 = "망원동"; : 〈사원〉 테이블에서 '주소'가 "망원동"인 사원들의 '기본급'을 추출한다. 결과는 120, 90이다.

❷ SELECT 이름, 기본급, 주소 FROM 사원 WHERE 기본급 〈ALL(❶) : '기본급'이 ❶에서 추출된 '기본급'의 모든(ALL) 범위인 120, 90보다 적은(〈), 즉 범위 안에서 가장 작은 90보다 작은 기본급을 갖는 자료를 대상으로 '이름', '기본급', '주소'를 출력한다. 결과는 "임꺽정", "80", "서교동"이다.

▶340312

23.4, 22.10, 21.4, 필기 20.8

167 그룹 함수 A

그룹 함수는 GROUP BY절에 지정된 그룹별로 속성의 값을 집계할 때 사용된다.

명령어	기능
COUNT(속성명)	그룹별 튜플 수를 구하는 함수
SUM(속성명)	그룹별 합계를 구하는 함수
AVG(속성명)	그룹별 평균을 구하는 함수
MAX(속성명)	그룹별 최대값을 구하는 함수
MIN(속성명)	그룹별 최소값을 구하는 함수
STDDEV(속성명)	그룹별 표준편차를 구하는 함수
VARIANCE(속성명)	그룹별 분산을 구하는 함수

▶440249

23.4, 20.11, 20.10, 필기 21.8

168 그룹 지정 검색 A

GROUP BY절에 지정한 속성을 기준으로 자료를 그룹화하여 검색한다.

〈상여금〉

부서	이름	상여내역	상여금
기획	홍길동	연장근무	100
기획	일지매	연장근무	100
기획	최준호	야간근무	120
기획	장길산	특별근무	90
인터넷	강건달	특별근무	90
인터넷	서국현	특별근무	90
인터넷	박인식	연장근무	30
편집	김선달	특별근무	80
편집	황종근	연장근무	40
편집	성춘향	야간근무	80
편집	임꺽정	야간근무	80
편집	황진이	야간근무	50

예제 1 〈상여금〉 테이블에서 '부서'별 '상여금'의 평균을 구하시오.

```
SELECT 부서, AVG(상여금) AS 평균
FROM 상여금
GROUP BY 부서;
```

〈결과〉

부서	평균
기획	102.5
인터넷	70
편집	66

예제 2 〈상여금〉 테이블에서 '상여금'이 100 이상인 사원이 2명 이상인 '부서'의 튜플 수를 구하시오.

```
SELECT 부서, COUNT(*) AS 사원수
FROM 상여금
WHERE 상여금 >= 100
GROUP BY 부서
HAVING COUNT(*) >= 2;
```

〈결과〉

부서	사원수
기획	3

▶440250

23.10, 필기 23.5, 23.2, 22.3, 21.5

169 집합 연산자를 이용한 통합 질의 A

집합 연산자를 사용하여 2개 이상의 테이블의 데이터를 하나로 통합한다.

표기 형식

```
SELECT 속성명1, 속성명2, …
FROM 테이블명
UNION | UNION ALL | INTERSECT | EXCEPT
SELECT 속성명1, 속성명2, …
FROM 테이블명
[ORDER BY 속성명 [ASC | DESC]];
```

- 두 개의 SELECT문에 기술한 속성들은 개수와 데이터 유형이 서로 동일해야 한다.

- 집합 연산자의 종류(통합 질의의 종류)

집합 연산자	설명	집합 종류
UNION	• 두 SELECT문의 조회 결과를 통합하여 모두 출력함 • 중복된 행은 한 번만 출력함	합집합
UNION ALL	• 두 SELECT문의 조회 결과를 통합하여 모두출력함 • 중복된 행도 그대로 출력함	합집합
INTERSECT	두 SELECT문의 조회 결과 중 공통된 행만 출력함	교집합
EXCEPT	첫 번째 SELECT문의 조회 결과에서 두 번째 SELECT문의 조회 결과를 제외한 행을 출력함	차집합

▶340317

21.7

170 OUTER JOIN A

- LEFT OUTER JOIN : INNER JOIN의 결과를 구한 후, 우측 항 릴레이션의 어떤 튜플과도 맞지 않는 좌측 항의 릴레이션에 있는 튜플들에 NULL 값을 붙여서 INNER JOIN의 결과에 추가함

  – 표기 형식

```
SELECT [테이블명1.]속성명, [테이블명2.]속성명, …
FROM 테이블명1 LEFT OUTER JOIN 테이블명2
ON 테이블명1.속성명 = 테이블명2.속성명;
```

- RIGHT OUTER JOIN : INNER JOIN의 결과를 구한 후, 좌측 항 릴레이션의 어떤 튜플과도 맞지 않는 우측 항의 릴레이션에 있는 튜플들에 NULL 값을 붙여서 INNER JOIN의 결과에 추가함

  – 표기 형식

```
SELECT [테이블명1.]속성명, [테이블명2.]속성명, …
FROM 테이블명1 RIGHT OUTER JOIN 테이블명2
ON 테이블명1.속성명 = 테이블명2.속성명;
```

예제 〈학생〉 테이블과 〈학과〉 테이블에서 '학과코드' 값이 같은 튜플을 JOIN하여 '학번', '이름', '학과코드', '학과명'을 출력하는 SQL문을 작성하시오. 이때, '학과코드'가 입력되지 않은 학생도 출력하시오.

```
SELECT 학번, 이름, 학생.학과코드, 학과명
FROM 학생 LEFT OUTER JOIN 학과
ON 학생.학과코드 = 학과.학과코드;
```

해설 INNER JOIN을 하면 '학과코드'가 입력되지 않은 "박치민"은 출력되지 않는다. 그러므로 JOIN 구문을 기준으로 왼쪽 테이블, 즉 〈학생〉의 자료는 모두 출력되는 LEFT JOIN을 사용한 것이다. 다음과 같이 JOIN 구문을 기준으로 테이블의 위치를 교환하여 RIGHT JOIN을 사용해도 결과는 같다.

```
SELECT 학번, 이름, 학생.학과코드, 학과명
FROM 학과 RIGHT OUTER JOIN 학생
ON 학과.학과코드 = 학생.학과코드;
```

〈결과〉

학번	이름	학과코드	학과명
15	고길동	com	컴퓨터
16	이순신	han	국어
17	김선달	com	컴퓨터
19	아무개	han	국어
37	박치민		

340318
필기 22.7, 20.6

171 트리거 C

- 트리거(Trigger)는 데이터베이스 시스템에서 데이터의 삽입(Insert), 갱신(Update), 삭제(Delete) 등의 **이벤트(Event)가 발생할 때 관련 작업이 자동으로 수행되게 하는 절차형 SQL**이다.
- 트리거는 데이터베이스에 저장되며, 데이터 변경 및 무결성 유지, 로그 메시지 출력 등의 목적으로 사용된다.

9장

소프트웨어 개발 보안 구축

172 소프트웨어 개발 보안 요소 A

20.11, 필기 23.5, 23.2, 22.7, 22.4, 21.3, 20.8, 20.6

소프트웨어 개발 보안 요소는 소프트웨어 개발에 있어 충족시켜야 할 요소 및 요건을 의미하며, 기밀성, 무결성, 가용성을 보안의 3대 요소라 한다.

필기 23.5, 22.7, 22.4, 21.3, 20.8
기밀성(Confidentiality)

• 시스템 내의 정보와 자원은 인가된 사용자에게만 접근이 허용된다.

• 정보가 전송 중에 노출되더라도 데이터를 읽을 수 없다.

필기 23.5, 23.2, 22.7, 22.4, 21.3, 20.8, 20.6
무결성(Integrity)

시스템 내의 정보는 오직 인가된 사용자만 수정할 수 있다.

20.11, 필기 23.5, 22.7, 22.4, 21.3, 20.8
가용성(Availability)

인가받은 사용자는 시스템 내의 정보와 자원을 언제라도 사용할 수 있다.

인증(Authentication)

• 시스템 내의 정보와 자원을 사용하려는 사용자가 합법적인 사용자인지를 확인하는 모든 행위이다.

• 대표적 방법 : 패스워드, 인증용 카드, 지문 검사 등

부인 방지(NonRepudiation)

데이터를 송·수신한 자가 송·수신 사실을 부인할 수 없도록 송·수신 증거를 제공한다.

173 SQL 삽입 A

20.7, 필기 23.7, 21.8

• SQL 삽입(Injection)은 웹 응용 프로그램에 SQL을 삽입하여 내부 데이터베이스(DB) 서버의 데이터를 유출 및 변조하고, 관리자 인증을 우회하는 보안 약점이다.

• 동적 쿼리에 사용되는 입력 데이터에 예약어 및 특수문자가 입력되지 않게 필터링 되도록 설정하여 방지할 수 있다.

174 스택 가드 C

필기 21.5, 20.6

• 스택 가드(Stack Guard)는 널 포인터 역참조와 같이 주소가 저장되는 스택에서 발생하는 보안 약점을 막는 기술 중 하나이다.

• 메모리상에서 프로그램의 복귀 주소와 변수 사이에 특정 값을 저장한 후 그 값이 변경되었을 경우 오버플로우 상태로 판단하여 프로그램 실행을 중단함으로써 잘못된 복귀 주소의 호출을 막는다.

175 접근 제어자 C

필기 20.9, 20.6

• 접근 제어자는 프로그래밍 언어에서 특정 개체를 선언할 때 외부로부터의 접근을 제한하기 위해 사용되는 예약어이다.

• 접근 제어자의 종류(접근 가능 : ○, 접근 불가능 : ×)

접근 제어자	클래스 내부	패키지 내부	하위 클래스	패키지 외부
필기 20.9, 20.6 Public	○	○	○	○
필기 20.6 Protected	○	○	○	×
필기 20.9 Default	○	○	×	×
필기 20.9, 20.6 Private	○	×	×	×

▶340338 23.7, 필기 23.5, 23.2, 21.3, 20.9, 20.6

176 개인키 암호화 기법 A

- 개인키 암호화(Private Key Encryption) 기법은 **동일한 키로 데이터를 암호화하고 복호화하는 암호화 기법**이다.
- 대칭 암호 기법 또는 단일키 암호화 기법이라고도 한다.
- 암호화와 복호화 속도가 빠르다.
- 관리해야 할 키의 수가 많다.
- 개인키 암호화 기법의 종류에는 스트림 암호화 방식과 블록 암호화 방식이 있다.

스트림 암호화 방식	• 평문과 동일한 길이의 스트림을 생성하여 비트 단위로 암호화 하는 방식 • 종류 : LFSR, RC4, TKIP
블록 암호화 방식	• 한 번에 하나의 데이터 블록을 암호화 하는 방식 • 종류 : DES, SEED, AES, ARIA, IDEA, Skipjack

▶440267 22.7

177 IDEA A

- IDEA(International Data Encryption Algorithm)는 스위스의 라이(Lai)와 메시(Messey)가 1990년에 개발한 PES를 개선한 알고리즘이다.
- 블록 크기는 64비트이고, 키 길이는 128비트이다.

▶440268 22.7

178 Skipjack A

- Skipjack은 **국가 안전 보장국(NSA)에서 개발한 암호화 알고리즘**이다.
- 클리퍼 칩(Clipper Chip)이라는 IC 칩에 내장되어 있다.
- 블록 크기는 64비트이고, 키 길이는 80비트이다.
- 주로 음성 통신 장비에 삽입되어 음성 데이터를 암호화한다.

▶340342 21.10

179 DES A

- DES(Data Encryption Standard)는 1975년 미국 NBS에서 발표한 개인키 암호화 알고리즘이다.
- 블록 크기는 64비트, 키 길이는 56비트이며 16회의 라운드를 수행한다.
- DES를 3번 적용하여 보안을 더욱 강화한 3DES(Triple DES)가 있다.

▶340343 21.7, 필기 22.7

180 AES A

- AES(Advanced Encryption Standard)는 2001년 미국 표준 기술 연구소(NIST)에서 발표한 개인키 암호화 알고리즘이다.
- DES의 한계를 느낀 NIST에서 공모한 후 발표하였다.
- 블록 크기는 128비트이며, 키 길이에 따라 AES-128, AES-192, AES-256으로 분류된다.

▶340344 필기 23.7, 21.8, 20.8, 20.6

181 RSA B

- RSA(Rivest Shamir Adleman)는 1978년 MIT의 라이베스트(Rivest), 샤미르(Shamir), 애들먼(Adelman)에 의해 제안된 공개키 암호화 알고리즘이다.
- 큰 숫자를 소인수분해 하기 어렵다는 것에 기반하여 만들어졌다.

▶340350 22.5

182 TKIP A

- TKIP(Temporal Key Integrity Protocol)는 기존의 무선 랜 보안 프로토콜인 **WEP의 취약성을 보완한 데이터 보안 프로토콜**이다.
- 암호 알고리즘의 입력 키 길이를 128비트로 늘리고 패킷당 키 할당, 키값 재설정 등의 키 관리 방식을 개선하였다.

▶340345 필기 21.5, 21.3

183 해시 C

- 해시(Hash)는 임의의 길이의 **입력 데이터나 메시지를 고정된 길이의 값이나 키로 변환하는 것을** 의미한다.
- 해시 알고리즘을 해시 함수라고 부르며, 해시 함수로 변환된 값이나 키를 해시값 또는 해시키라고 부른다.
- 종류 : SHA 시리즈, HAVAL, MD4, MD5, N-NASH, SNEFRU 등

▶340347 20.5

184 MD5 A

- MD5(Message Digest algorithm 5)는 1991년 R.Rivest가 MD4를 대체하기 위해 고안한 암호화 해시 함수이다.
- 블록 크기가 512비트이며, 키 길이는 128비트이다.

▶440278 필기 23.7, 23.5, 23.2, 22.4

185 인증 B

- 인증(Authentication)은 다중 사용자 컴퓨터 시스템이나 네트워크 시스템에서 **로그인을 요청한 사용자의 정보를 확인하고 접근 권한을 검증하는 보안 절차**이다.
- 인증의 종류

종류	유형
지식 기반 인증 (Something You Know)	고정된 패스워드, 패스 프레이즈, 아이핀(i-Pin) 등
소유 기반 인증 (Something You Have)	신분증, 메모리 카드, 스마트 카드, OTP 등
생체 기반 인증 (Something You Are)	지문, 홍채/망막, 얼굴, 음성, 정맥 등
위치 기반 인증 (Somewhere You Are)	GPS, IP, 콜백 등
행위 기반 인증 (Something You Do)	서명, 동작 등

▶340355 필기 21.8

186 침입 탐지 시스템 C

- 침입 탐지 시스템(IDS; Intrusion Detection System)은 **컴퓨터 시스템의 비정상적인 사용, 오용, 남용 등을 실시간으로 탐지하는 시스템**이다.
- 오용 탐지(Misuse Detection) : 미리 입력해 둔 공격 패턴이 감지되면 이를 알려줌
- 이상 탐지(Anomaly Detection) : 평균적인 시스템의 상태를 기준으로 비정상적인 행위나 자원의 사용이 감지되면 이를 알려줌

▶440284 22.7, 필기 20.9

187 VPN A

- VPN(Virtual Private Network, 가상 사설 통신망)은 인터넷 등 통신 사업자의 **공중 네트워크와 암호화 기술을 이용하여 사용자가 마치 자신의 전용 회선을 사용하는 것처럼 해주는 보안 솔루션**이다.
- SSL VPN : PC에 VPN Client 프로그램을 설치하여 VPN 서버에 접속하는 방식으로, 암호화를 위해 SSL 프로토콜을 사용함
- IPSec VPN : VPN 서버가 설치된 각각의 네트워크를 서로 연결하는 방식으로, 암호화를 위해 IPSec 프로토콜을 사용함

▶440286 22.10

188 SIEM A

- SIEM(Security Information and Event Management)은 다양한 장비에서 발생하는 **로그 및 보안 이벤트를 통합하여 관리하는** 빅 데이터 기반의 **보안 솔루션**이다.
- 방화벽, IDS, IPS, 웹 방화벽, VPN 등에서 발생한 로그 및 보안 이벤트를 통합하여 관리함으로써 비용 및 자원을 절약할 수 있다.
- 장기간의 로그 및 보안 이벤트를 수집 및 검색할 수 있는 빅데이터 기반의 통합 로그 수집 시스템이다.

▶440287

189 SSH

23.4 A

- SSH(Secure SHell, 시큐어 셸)는 **다른 컴퓨터에 원격으로 접속하여 작업을 수행할 수 있도록 다양한 기능을 지원하는 프로토콜** 또는 이를 이용한 응용 프로그램이다.
- 데이터 암호화와 강력한 인증 방법으로 보안성이 낮은 네트워크에서도 안전하게 통신할 수 있다.
- 키(key)를 통한 인증 방법을 사용하려면 사전에 클라이언트의 공개키를 서버에 등록해야 한다.
- 기본적으로는 22번 포트를 사용한다.

▶340362

190 AAA(=3A)

21.10 A

- AAA는 다음 3가지 기능을 기반으로 사용자의 컴퓨터 자원 접근에 대한 처리와 서비스를 제공하는 기반 구조(Infrastructure) 또는 규격을 의미한다.
- 인증(Authentication) : 접근하는 사용자의 신원을 검증하는 기능
- 인가(Authorization) : 신원이 검증된 사용자에게 특정된 권한과 서비스를 허용하는 기능
- 과금(Accounting) : 사용자가 어떤 종류의 서비스를 이용했고, 얼마만큼의 자원을 사용했는지 기록 및 보관하는 기능

▶340363

191 정보보호 관리 체계

22.5 A

- 정보보호 관리 체계(ISMS; Information Security Management System)는 **정보 자산을 안전하게 보호하기 위한 보호 절차와 대책**을 의미한다.
- 조직에 맞는 정보보호 정책을 수립하고, 위험에 상시 대응하는 여러 보안 대책을 통합 관리·운용한다.
- 우리나라에서는 정보보호 관리 체계를 평가하고 인증하는 사업을 한국인터넷진흥원(KISA)에서 운영하고 있다.

▶440291

192 Ping of Death

필기 23.2, 22.4 C

- Ping of Death(죽음의 핑)는 Ping 명령을 전송할 때 **패킷의 크기를 인터넷 프로토콜 허용 범위 이상으로 전송하여 공격 대상의 네트워크를 마비시키는 서비스 거부 공격 방법**이다.
- 공격에 사용되는 큰 패킷은 수백 개의 패킷으로 분할되어 전송되는데, 공격 대상은 분할된 대량의 패킷을 수신함으로써 분할되어 전송된 패킷을 재조립해야 하는 부담과 분할되어 전송된 각각의 패킷들의 ICMP Ping 메시지에 대한 응답을 처리하느라 시스템이 다운되게 된다.

▶340366

193 SMURFING

필기 23.5, 20.6 C

- SMURFING(스머핑)은 **IP나 ICMP의 특성을 악용하여 엄청난 양의 데이터를 한 사이트에 집중적으로 보냄으로써 네트워크를 불능 상태로 만드는 공격 방법**이다.
- SMURFING 공격을 무력화하는 방법 중 하나는 각 네트워크 라우터에서 브로드캐스트 주소를 사용할 수 없게 미리 설정해 놓는 것이다.

▶340369

194 LAND Attack

20.5, 필기 23.2 A

LAND Attack(Local Area Network Denial Attack)은 **패킷을 전송할 때 송신 IP 주소와 수신 IP 주소를 모두 공격 대상의 IP 주소로 하여** 공격 대상에게 전송하는 것으로, 이 패킷을 받은 공격 대상은 송신 IP 주소가 자신이므로 자신에게 응답을 수행하게 되는데, 이러한 패킷이 계속해서 전송될 경우 **자신에 대해 무한히 응답하게 하는 공격 방법**이다.

▶ 340371
필기 20.8

195 분산 서비스 공격용 툴 C

에이전트(Agent)의 역할을 수행하도록 설계된 프로그램으로 데몬(Daemon)이라고 부르며, 다음과 같은 종류가 있다.

필기 20.8 Trin00	가장 초기 형태의 데몬으로, 주로 UDP Flooding 공격을 수행함
필기 20.8 TFN(Tribe Flood Network)	UDP Flooding 뿐만 아니라 TCP SYN Flood 공격, ICMP 응답 요청, 스머핑 공격 등을 수행함
필기 20.8 TFN2K	TFN의 확장판임
필기 20.8 Stacheldraht	• 이전 툴들의 기능을 유지하면서, 공격자, 마스터, 에이전트가 쉽게 노출되지 않도록 암호화된 통신을 수행함 • 툴이 자동으로 업데이트됨

▶ 340372
21.4

196 세션 하이재킹 A

• 세션 하이재킹(Session Hijacking)은 **상호 인증 과정을 거친 후 접속해 있는 서버와** 서로 접속되어 **클라이언트 사이의 세션 정보를 가로채는 공격 기법으**로, 접속을 위한 인증 정보 없이도 가로챈 세션을 이용해 공격자가 원래의 클라이언트인 것처럼 위장하여 서버의 자원이나 데이터를 무단으로 사용한다.
• TCP 3-Way-Handshake 과정에 끼어듦으로써 클라이언트와 서버 간의 동기화된 시퀀스 번호를 가로채 서버에 무단으로 접근하는 TCP 세션 하이재킹이 대표적인 예이다.

▶ 340373
21.10

197 ARP 스푸핑 A

ARP 스푸핑(ARP Spoofing)은 ARP의 취약점을 이용한 공격 기법으로, **자신의 물리적 주소(MAC)를 공격 대상의 것으로 변조하여** 공격 대상에게 도달해야 하는 **데이터 패킷을 가로채거나 방해하는 기법**이다.

※ ARP(Address Resolution Protocol) : 호스트의 IP 주소를 호스트와 연결된 네트워크 접속 장치의 물리적 주소(MAC Address)로 변환해주는 프로토콜

▶ 440300
22.10

198 사회 공학 A

사회 공학(Social Engineering)은 컴퓨터 보안에 있어서, **인간 상호 작용의 깊은 신뢰를 바탕으로 사람들을** 속여 정상 보안 절차를 깨트리기 위한 비기술적 **시스템 침입 수단**이다.

▶ 440301
22.10

199 다크 데이터 A

다크 데이터(Dark Data)는 특정 목적을 가지고 데이터를 수집하였으나, 이후 **활용되지 않고 저장만 되어 있는 대량의 데이터**를 의미한다.

▶ 440302
22.10

200 타이포스쿼팅 A

• 타이포스쿼팅(Typosquatting)은 네티즌들이 사이트에 접속할 때 **주소를 잘못 입력하거나 철자를 빠뜨리는 실수를 이용하기 위해 이와 유사한 유명 도메인을 미리 등록하는 것**이다.
• URL 하이재킹(Hijacking)이라고도 한다.

201 스니핑 A

▶340374 20.11, 필기 23.2

스니핑(Sniffing)은 **네트워크의 중간에서 남의 패킷 정보를 도청**하는 해킹 유형의 하나로, 수동적 공격에 해당한다.

202 워터링 홀 A

▶340375 22.5

- 워터링 홀(Watering Hole)은 **목표 대상이 자주 방문하는 웹 사이트를 사전에 감염시켜 대상이 해당 사이트에 방문했을 때 악성 코드에 감염되게 하는 웹 기반 공격**이다.
- 감염된 PC를 기반으로 대상이 속한 조직의 중요 시스템에 접근하거나 불능으로 만드는 등의 영향력을 행사할 수 있다.

203 키로거 공격 C

▶340376 필기 20.6

키로거 공격(Key Logger Attack)은 **컴퓨터 사용자의 키보드 움직임을 탐지**해 ID, 패스워드, 계좌번호, 카드번호 등과 같은 개인의 중요한 **정보를 몰래 빼가는 해킹 공격**이다.

204 랜섬웨어 C

▶340377 필기 21.8, 20.6

랜섬웨어(Ransomware)는 인터넷 사용자의 **컴퓨터에 잠입해 내부 문서나 파일 등을 암호화해 사용자가 열지 못하게 하는 프로그램**으로, 암호 해독용 프로그램의 전달을 조건으로 사용자에게 돈을 요구하기도 한다.

205 백도어 C

▶340378 필기 23.7, 20.6

- 백도어(Back Door, Trap Door)는 **시스템 설계자가 서비스 기술자나 유지 보수 프로그램 작성자의 액세스 편의를 위해 시스템 보안을 제거하여 만들어놓은 비밀 통로**로, 컴퓨터 범죄에 악용되기도 한다.
- 백도어 탐지 방법 : 무결성 검사, 열린 포트 확인, 로그 분석, SetUID 파일 검사 등

206 기타 정보 보안 관련 용어 1 B

▶340379

스미싱(Smishing)

문자 메시지(SMS)를 이용해 사용자의 개인 신용 정보를 빼내는 수법이다.

스피어 피싱(Spear Phishing)

사회 공학의 한 기법으로, 특정 대상을 선정한 후 그 대상에게 일반적인 이메일로 위장한 메일을 지속적으로 발송하여, 발송 메일의 본문 링크나 첨부된 파일을 클릭하도록 유도해 사용자의 개인 정보를 탈취하는 공격이다.

APT(Advanced Persistent Threats, 지능형 지속 위협)

다양한 IT 기술과 방식들을 이용해 조직적으로 특정 기업이나 조직 네트워크에 침투해 활동 거점을 마련한 뒤 때를 기다리면서 보안을 무력화시키고 정보를 수집한 다음 외부로 빼돌리는 형태의 공격이다.

무작위 대입 공격(Brute Force Attack)

암호화된 문서의 암호키를 찾아내기 위해 적용 가능한 모든 값을 대입하여 공격하는 방식이다.

큐싱(Qshing)

QR코드(Quick Response Code)를 통해 악성 앱의 다운로드를 유도하거나 악성 프로그램을 설치하도록 하는 금융사기 기법의 하나로, QR코드와 개인정보 및 금융정보를 낚는다(Fishing)는 의미의 합성 신조어이다.

WEP(Wired Equivalent Privacy, 유선급 프라이버시)

유선 랜(LAN)에서 기대할 수 있는 것과 같은 보안과 프라이버시 수준의 무선 랜(WLAN)의 보안 프로토콜이다.

WPA2(Wi-Fi Protected Access 2)

WEP의 취약성에 대한 대안으로 발표된 무선랜 보안 기술 규격으로, IEEE 802.11i 표준을 수용하지 못했던 WPA를 개선한 버전이다.

EDR(Endpoint Detection & Response)

엔드포인트 영역에 대한 지속적인 모니터링을 통해 행위 기반 위협 탐지 및 분석, 대응 기능을 제공하는 솔루션이다.

※ 엔드포인트 : 요청을 보내는 시작점인 사용자의 PC, 스마트폰이나 서비스의 종착점인 서버 등을 의미함

TMS(Threat Management System)

전사적 IT인프라에 대한 위협정보들을 수집·분석·경보·관리하는 정보보호 통합관리 시스템으로, 실시간으로 공신력 있는 대외 정보보호기관의 위협정보들을 수집·분석하여 정보보호관리자에게 제공한다.

DTLS(Datagram Transport Layer Security)

전송 계층 프로토콜인 UDP 기반으로 통신을 수행하는 경우 SSL/TLS와 유사한 보안 기능을 제공하는 프로토콜이다.

크리덴셜 스터핑(Credential Stuffing)

무차별 대입 공격의 일종으로 공격자가 미리 확보해 놓은 로그인 자격 증명을 다른 계정에 무작위로 대입해 사용자 계정을 탈취하는 공격 방식이다.

POODLE(Padding Oracle On Downgraded Legacy Encryption) 공격

TLS 연결을 SSL 3.0으로 낮춰 SSL 3.0의 취약점을 이용하여 암호문을 해독하는 공격 기법이다.

DDE(Dynamic Data Exchange)

마이크로소프트 오피스와 애플리케이션 사이에서 데이터를 전달하는 프로토콜로, 엑셀 등 오피스 프로그램에서 DDE가 활성화될 시 일반 문서로 위장한 악성코드가 전파될 수 있다.

좀비(Zombie) PC

악성코드에 감염되어 다른 프로그램이나 컴퓨터를 조종하도록 만들어진 컴퓨터로, C&C(Command & Control) 서버의 제어를 받아 주로 DDoS 공격 등에 이용된다.

C&C 서버

해커가 원격지에서 감염된 좀비 PC에 명령을 내리고 악성코드를 제어하기 위한 용도로 사용하는 서버를 말한다.

봇넷(Botnet)

악성 프로그램에 감염되어 악의적인 의도로 사용될 수 있는 다수의 컴퓨터들이 네트워크로 연결된 형태를 말한다.

제로 데이 공격(Zero Day Attack)

보안 취약점이 발견되었을 때 발견된 취약점의 존재 자체가 널리 공표되기도 전에 해당 취약점을 통하여 이루어지는 보안 공격으로, 공격의 신속성을 의미한다.

트로이 목마(Trojan Horse)
^{23.4}

정상적인 기능을 하는 프로그램으로 위장하여 프로그램 내에 숨어 있다가 해당 프로그램이 동작할 때 활성화되어 부작용을 일으키지만 자기 복제 능력은 없다.

CC(Common Criteria) 인증

국가마다 서로 다른 정보보호시스템 평가기준을 연동하고 평가결과를 상호 인증하기 위해 제정된 정보보안 평가기준으로, ISO/IEC 15408에 등록된 국제 표준이다.

멀버타이징(Malvertising)

악성 소프트웨어를 뜻하는 멀웨어(Malware)와 광고(Advertising)의 합성어로, 온라인 광고를 통해 악성코드를 유포시키는 행위를 말한다.

정보공유분석센터(ISAC; Information Sharing & Analysis Center)

취약점 및 침해요인과 그 대응방안에 관한 정보를 제공하며, 침해사고가 발생하는 경우 실시간 경보 · 분석체계를 운영하고, 금융 · 통신 등 분야별 정보통신기반시설을 보호하기 위한 업무를 수행하는 곳이다.

업무연속성계획(BCP; Business Continuity Planning)

각종 재해, 장애, 재난으로부터 위기관리를 기반으로 재해복구, 업무복구 및 재개, 비상계획 등의 비즈니스 연속성을 보장하기 위한 계획으로, RTO, RPO, 우선순위를 설정하기 위해 업무 영향 분석(BIA)을 수행한다.

데이터 디들링(Data Diddling)

처리할 자료를 다른 자료와 바꿔서 처리하는 것으로, 입력값이나 출력값을 부정한 의도로 수정하여 잘못된 결과가 나오도록 유도하는 방식이다.

비트로커(BitLocker)

Windows 7부터 지원되기 시작한 Windows 전용의 볼륨 암호화 기능으로, TPM(Trusted Platform Module)과 AES-128 알고리즘을 사용한다.

공급망 공격(Supply Chain Attack)

소프트웨어 공급망에 침투하여 악성코드를 배포하는 공격으로, SW 빌드 및 배포 과정에 악성코드를 삽입하여 이용자들을 공격한다.

23.4
바이러스(Virus)

컴퓨터의 정상적인 작동을 방해하기 위해 운영체제나 저장된 데이터에 손상을 입히는 프로그램으로, 자신을 복제할 수 있고, 다른 프로그램을 감염시킬 수 있다.

23.4, 필기 22.7, 22.4
웜(Worm)

네트워크를 통해 연속적으로 자신을 복제하여 시스템의 부하를 높임으로써 결국 시스템을 다운시키는 바이러스의 일종으로, 분산 서비스 거부 공격, 버퍼 오버플로 공격, 슬래머 등이 웜 공격의 한 형태이다.

▶ 340383

23.7, 20.10

208 헝가리안 표기법

A

헝가리안 표기법(Hungarian Notation)이란 **변수명 작성 시** 변수의 자료형을 알 수 있도록 **자료형을 의미하는 문자를 포함하여 작성하는 방법**이다. 예를 들어 정수형 변수라는 것을 알 수 있도록 변수명에 int를 의미하는 i를 덧붙여 i_InputA, i_InputB, i_Result라고 하는 것과 같다.

예 int i_InputA : 정수형 변수

예 double d_Result : 배정도 실수형 변수

▶ 340384

필기 21.3, 20.8

209 주요 자료형

C

종류	자료형	크기(C)	크기(Java)
필기 20.8 정수형	int	4Byte	4Byte
필기 21.3 문자형	char	1Byte	2Byte
실수형	float	4Byte	4Byte
	double	8Byte	8Byte

▶ 340387

21.10

210 연산자 우선순위

A

대분류	중분류	연산자	결합규칙	우선 순위
단항 연산자	단항 연산자	!(논리 not) ~(비트 not) ++(증가) −−(감소) sizeof(기타)	←	높음 ↑
이항 연산자	산술 연산자	* / %(나머지)	→	
		+ −		
	시프트 연산자	《 》		
	관계 연산자	〈 〈= 〉= 〉		
		==(같다) !=(같지 않다)		
	비트 연산자	&(비트 and)		
		^(비트 xor)		
		|(비트 or)		
	논리 연산자	&&(논리 and)		
		||(논리 or)		
삼항 연산자	조건 연산자	? :	→	
대입 연산자	대입 연산자	= += −= *= /= %= 《= 》= 등	←	↓
순서 연산자	순서 연산자	,	→	낮음

▶340388

제어문 – C언어 **A**

예제 다음 C언어로 구현된 프로그램의 실행 결과를 확인하시오.

```
#include <stdio.h>
main() {
❶      int score[] = { 86, 53, 95, 76, 61 };
❷      char grade;
❸      char str[] = "Rank";
❹⓫⓯   for (int i = 0; i < 5; i++) {
❺⓬      switch (score[i] / 10) {
        case 10:    'score[i]/10'이 10일 경우 찾아오는 곳으로, 'A'를 저장하기 위해 그냥 다음 문장으로 이동한다.
        case 9:     'score[i]/10'이 9일 경우 찾아오는 곳이다.
          grade = 'A';      grade에 'A'를 저장한다.
          break;            switch문을 벗어나 ❾⓮번으로 이동한다.
❻      case 8:
❼        grade = 'B';
❽        break;
        case 7:     'score[i]/10'이 7일 경우 찾아오는 곳이다.
          grade = 'C';      grade에 'C'를 저장한다.
          break;            switch문을 벗어나 ❾⓮번으로 이동한다.
⓭      default: grade = 'F';
        }
❾⓮     if (grade != 'F')
❿          printf("%d is %c %s\n", i + 1, grade, str);
      }
}
```

코드 해설

❶ int score[ ] = { 86, 53, 95, 76, 61 };

5개의 요소를 갖는 정수형 배열 score를 선언한다. 개수를 지정하지 않았으므로, 초기값으로 지정된 수만큼 배열의 요소가 만들어진다.

	[0]	[1]	[2]	[3]	[4]
score	86	53	95	76	61

• int : 배열에 저장할 자료의 형이다.

- score : 사용할 배열의 이름으로, 사용자가 임의로 지정한다.
- [ ] : 배열의 크기를 지정하는 것으로, 개수를 지정하지 않으면, 초기값으로 지정된 수만큼 배열의 요소가 만들어진다.

❷ 문자형 변수 grade를 선언한다.

❸ char str[ ] = "Rank";
- 문자형 배열 str을 선언하고 "Rank"로 초기화한다.
- 문자열을 저장하는 경우 문자열의 끝을 의미하는 널 문자('\0')가 추가로 저장되며, 출력 시 널 문자는 표시되지 않는다.

	[0]	[1]	[2]	[3]	[4]
str	R	a	n	k	\0

❹ for (int i = 0; i < 5; i++)

반복 변수 i가 0에서 시작하여 1씩 증가하면서 5보다 작은 동안 for의 { } 부분을 반복 수행한다. 즉 for의 { } 부분인 ❺~❿번 문장을 5번 반복 수행한다.
- for는 반복문을 의미하는 예약어로 그대로 입력한다.
- i = 0 : 초기값을 지정할 수식이다.
- i < 5 : 최종값으로 지정할 수식이다.
- i++ : 증가값으로 사용할 수식이다.

❺ switch (score[i] / 10)

score[i]를 10으로 나눈 결과에 해당하는 숫자를 찾아간다. 현재 i가 0이므로 score[0]인 86을 10으로 나눈 결과는 8.60이지만 C, Java에서 정수형 변수에 저장된 값의 나눗셈은 결과도 정수가 되므로 결과는 8이다. 8에 해당하는 ❻번으로 이동한다.
- switch는 switch문에 사용되는 예약어로, 그대로 입력한다.
- score[i]/10 : case들의 값 중 하나를 도출하는 수식이다. 변수를 적어도 된다.

❻ 'score[i]/10'이 8일 경우 찾아오는 곳이다.

❼ grade에 'B'를 저장한다.

❽ switch문을 벗어나 ❾번으로 이동한다.

❾ if (grade != 'F')

grade가 'F'가 아니면 ❿번을 수행하고, 'F'이면 반복문의 처음인 ⓫번으로 이동한다. 현재 grade는 'B'이므로 ❿번으로 이동한다.
- if는 조건 판단문에 사용되는 예약어이므로 그대로 적는다.
- grade != 'F' : 조건식으로, 조건은 참(1) 또는 거짓(0)이 결과로 나올 수 있는 수식을 ( ) 안에 입력한다.

❿ printf("%d is %c %s\n", i + 1, grade, str);

i+1의 결과인 1을 정수(%d)로 출력한 후, 공백 한 칸과 is를 출력하고, 다시 공백 한 칸을 출력한다. 이어서 grade의 값 B를 문자(%c)로 출력하고 공백 한 칸을 출력한 후 str의 값 Rank를 문자열(%s)로 출력한다.

결과 `1 is B Rank`

이어서 제어문자 '\n'에 의해 커서가 다음 줄의 처음으로 이동된다.

for문의 반복이 아직 종료되지 않았으므로 제어는 ⓫번으로 이동한다.

⓫ 증가값(i++)에 의해 i는 1이 되고 최종값(i<5) 조건을 만족하므로 for의 { } 부분을 수행한다.

⓬ 현재 i가 1이므로 score[1]인 53을 10으로 나눈 결과 5에 해당하는 ⓭번으로 이동한다.

⓭ grade에 'F'를 저장한다.

⓮ grade가 'F'이므로 ❿번을 수행하지 않고 ⓯번으로 이동한다.

위와 같은 과정을 for문의 i가 5가 되어 최종값(i<5) 조건을 만족하지 않을 때까지 3번 더 반복한다.

※ 반복문 실행에 따른 변수들의 변화는 다음과 같습니다.

i	score[i]	score[i]/10	grade	grade != 'F'	출력
0	86	8	B	참	1 is B Rank
1	53	5	F	거짓	
2	95	9	A	참	3 is A Rank
3	76	7	C	참	4 is C Rank
4	61	6	F	거짓	
5					

결과
```
1 is B Rank
3 is A Rank
4 is C Rank
```

212 제어문 - Java

예제 다음 Java로 구현된 프로그램의 실행 결과를 확인하시오.

```java
public class Test {
  public static void main(String[] args) {
❶    String str = "agile";
❷    int x[] = { 1, 2, 3, 4, 5 };
❸    char y[] = new char[5];
❹    int i = 0;
❺    while (i < str.length()) {
❻        y[i] = str.charAt(i);
❼        i++;
    }
❽    for (int p : x) {
❾        i--;
❿        System.out.print(y[i]);
⓫        System.out.print(p + " ");
    }
  }
}
```

❶ 문자열 변수 str을 선언하고 "agile"로 초기화한다.

❷ int x[ ] = { 1, 2, 3, 4, 5 };

5개의 요소를 갖는 정수 배열 x를 선언하고 초기화한다. 개수를 지정하지 않으면, 초기값으로 지정된 수만큼 배열의 요소가 만들어진다.

	[0]	[1]	[2]	[3]	[4]
x	1	2	3	4	5

❸ char y[ ] = new char[5];

5개의 요소를 갖는 문자 배열 y를 선언한다.

	[0]	[1]	[2]	[3]	[4]
y					

- Java에서 배열은 객체로 취급되며, 객체 변수는 'new' 명령을 이용해서 생성해야 한다. 배열을 선언하면서 초기값을 지정하는 경우에는 ❷번과 같이 선언하면서 지정하면 된다.
- char y[ ] : y는 문자형 배열 변수라는 의미이다. Java에서는 'char[ ] y'와 같이 대괄호를 자료형 바로 뒤에 적는 것을 선호하는데, C 언어에서는 이렇게 표기할 수 없다.
- new char[5] : 5개의 요소를 갖는 문자형 배열을 생성한다.

❹ 정수형 변수 i를 선언하고 0으로 초기화한다.

❺ while (i 〈 str.length( )) {

i가 str 변수의 길이보다 작은 동안 ❻~❼번을 반복 수행한다.

- while은 반복문에서 사용되는 예약어로 그대로 입력한다.
- (i 〈 str.length( )) : 조건으로, 참이나 거짓을 결과로 갖는 수식을 조건에 입력한다. 참(1)을 직접 입력할 수도 있다.
  - length( ) 메소드 : 변수의 크기를 반환한다. str에는 5글자의 문자열이 저장되어 있으므로 str.length( )는 5이다.

❻ y[i] = str.charAt(i);

y[i]에 str의 i번째에 있는 문자를 저장한다.

❼ 'i = i + 1;'과 동일하다. i의 값을 1씩 누적시킨다.

❺~❼번 반복문의 수행에 따른 변수들의 변화는 다음과 같다.

i	str	str.length()	str.charAt(i)	y[]
0	agile	5	a	a
1			g	a g
2			i	a g i
3			l	a g i l
4			e	a g i l e
5				

❽ for (int p : x) {

향상된 반복문이다. p는 x 배열의 각 요소의 값을 차례로 받으면서 x 배열의 요소 수만큼 ❾~⓫번을 반복 수행한다. x 배열이 5개의 요소를 가지므로 각 요소를 p에 저장하면서 ❾~⓫번을 5회 수행한다.

- int p : x 배열의 각 요소를 일시적으로 저장하기 위해 선언한 변수이다. x 배열과 형이 같아야 한다. x 배열이 정수면 정수, 문자면 문자여야 한다.
- x : 배열의 이름이다.

❾ 'i = i − 1;'과 동일하다. i의 값을 1씩 감소시킨다.

❿ y[i]의 값을 출력한다.

⓫ p의 값을 출력하고, 이어서 공백 한 칸을 출력한다.

변수의 변화는 다음과 같다. ❻번 반복문을 수행한 후 i는 5였다가 ❾번을 수행한 후 i는 4가 되었다.

- ❽~⓫의 첫 번째 수행 : x 배열의 첫 번째 값이 p를 거쳐 y[4]의 값과 함께 출력된다.

결과 e1

· ❽~⓫의 두 번째 수행 : x 배열의 두 번째 값이 p를 거쳐 y[3]의 값과 함께 출력된다.

결과 e1 l2

· ❽~⓫의 세 번째 수행 : x 배열의 세 번째 값이 p를 거쳐 y[2]의 값과 함께 출력된다.

결과 e1 l2 i3

이런 방식으로 x 배열의 요소 수만큼 2번 더 반복한다.

❽~⓫번 반복문의 수행에 따른 변수들의 변화는 다음과 같다.

p	i	y[i]	출력
1	4	e	e1
2	3	l	e1 l2
3	2	i	e1 l2 i3
4	1	g	e1 l2 i3 g4
5	0	a	e1 l2 i3 g4 a5

440319

23.4, 20.10, 필기 23.2, 21.3

213 break와 continue

· break : 반복문이나 switch문 안에서 break가 나오면 블록을 벗어남

· continue : 반복문에서 continue가 나오면 continue 이후의 문장을 실행하지 않고 제어를 반복문의 처음으로 옮김

▶440320

(214) 포인터 - C언어   A

예제 다음 C언어로 구현된 프로그램의 실행 결과를 확인하시오.

```c
#include <stdio.h>
main() {
❶    int a = 50;
❷    int *b = &a;
❸    *b = *b + 20;
❹    printf("%d, %d\n", a, *b);
❺    char *s;
❻    s = "gilbut";
❼    for (int i = 0; i < 6; i += 2) {
❽       printf("%c, ", s[i]);
❾       printf("%c, ", *(s + i));
❿       printf("%s\n", s + i);
     }
}
```

코드 해설

❶ 정수형 변수 a를 선언하고 50으로 초기화한다.
   ※ 주기억장치의 빈 공간 어딘가에 a라는 이름을 붙이고 그곳에 50을 저장합니다.(여기서 지정한 주소는 임의로 정한 것이며, 이해를 돕기 위해 주소를 실제 표현되는 16진수가 아니라 10진수로 표현했습니다.)

메모리

주소	
0000	
⋮	
a 1000	50
⋮	
9999	

❷ int *b = &a;
   정수형 변수가 저장된 곳의 주소를 기억할 포인터 변수 b를 선언하고, a의 주소로 초기화한다. b에는 a의 주소가 저장된다
   • int : 포인터 변수가 가리키는 곳에 저장되는 값의 자료형을 입력한다. 정수형 변수 a가 저장된 곳의 주소를 기억할 것이므로 int를 사용한다.
   • *b : 포인터 변수를 선언할 때는 변수명 앞에 *를 붙인다.
   • &a : 변수의 주소를 알아낼 때는 변수 앞에 번지 연산자 &를 붙인다.
   ※ 변수 a의 주소가 b에 기억된다는 것은 b가 변수 a의 주소를 가리키고 있다는 의미입니다.

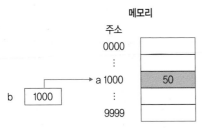

❸ *b = *b + 20;

b가 가리키는 곳의 값(*b)에 20을 더한다. b가 가리키는 곳이 a이므로 결국 a의 값도 바뀌는 것이다. 실행문에서 포인터 변수에 간접 연산자 *를 붙이면 해당 포인터 변수가 가리키는 곳의 값을 말한다.

※ b가 가리키는 곳의 값에 20을 더해 다시 b가 가리키는 곳에 저장합니다. 그곳은 변수 a의 주소이므로 변수 a의 값도 저절로 변경되는 것입니다.

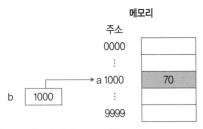

❹ printf("%d, %d\n", a, *b);

a의 값을 정수로 출력한 후 쉼표(,)와 공백 한 칸을 출력한다. 이어서 b가 가리키는 곳의 값(*b)을 정수로 출력한다.

결과 `70, 70`

❺ 문자형 변수가 저장된 곳의 주소를 기억할 포인터 변수 s를 선언한다.

❻ s = "gilbut";

• s는 주소를 기억하는 포인터 변수이므로 s에 "gilbut"가 기억되는 것이 아니라 "gilbut"라는 문자열이 메모리의 어딘가에 저장된 후 그 저장된 곳의 주소가 s에 기억된다.

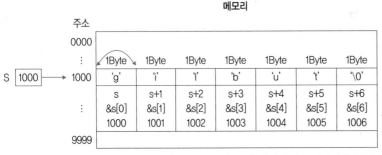

• 문자열을 저장하는 경우 문자열의 끝을 의미하는 널 문자('\0')가 추가로 저장되며, 출력 시 널 문자는 표시되지 않는다.

❼ 반복 변수 i가 0부터 2씩 증가하면서 6보다 작은 동안 ❽~❿번을 반복 수행한다. i가 0인 상태에서 ❽번으로 이동한다.

❽ printf("%c, ", s[i]);

s[i], 즉 s[0]의 값을 문자로 출력한 후, 쉼표(,)와 공백 한 칸을 출력한다.

결과 `g,`

❾ printf("%c, ", *(s + i));

(s+i), 즉 (s+0)이 가리키는 곳의 값을 문자로 출력한 후, 쉼표(,)와 공백 한 칸을 출력한다.

결과 `g, g,`

❿ printf("%s\n", s + i);

(s+i), 즉 (s+0)의 위치부터 문자열의 끝('\0')까지의 모든 문자를 하나의 문자열로 출력하고 커서를 다음 줄의 처음으로 옮긴다.

결과 `g, g, gilbut`

※ ❼～❿번 반복문의 수행에 따른 변수들의 변화는 다음과 같습니다.

i	s[i]	s+i	*(s+i)	출력
0	g	1000	g	g, g, gilbut
2	l	1002	l	g, g, gilbut l, l, lbut
4	u	1004	u	g, g, gilbut l, l, lbut u, u, ut
6				

215 구조체 - C언어

예제 다음 C언어로 구현된 프로그램의 실행 결과를 확인하시오.

```c
#include <stdio.h>
Ⓐ  struct jsu {              구조체 jsu를 정의한다.
        char nae[12];              12개의 요소를 갖는 문자 배열 nae를 선언한다.
        int os, db, hab, hhab;     정수형 변수 os, db, hab, hhab를 선언한다.
    };


    int main() {
❶    struct jsu st[3] = { {"데이터1", 95, 88}, {"데이터2", 84, 91},
                            {"데이터3", 86, 75} };
❷    struct jsu* p;
❸    p = &st[0];
❹    (p + 1)->hab = (p + 1)->os + (p + 2)->db;
❺    (p + 1)->hhab = (p + 1)->hab + p->os + p->db;
❻    printf("%d", (p + 1)->hab + (p + 1)->hhab);
    }
```

Ⓐ 구조체 jsu의 구조

	nae[0]	nae[1]	nae[2]	⋯	nae[11]
char nae[12]					
int os	
int db	
int hab	
int hhab	

※ 위의 구조체는 다음과 같이 메모리의 연속된 공간에 저장된 후 사용됩니다.

nae[12]			os	db	hab	hhab
12Byte			4Byte	4Byte	4Byte	4Byte
1Byte						

모든 C 프로그램은 반드시 main( ) 함수에서 시작한다.

❶ 구조체 jsu 자료형으로 3개짜리 배열 st를 선언하고 초기화한다.

	char nae[12]	int os	int db	int hab	int hhab
st[0]	st[0].nae[0]~st[0].nae[11]	st[0].os	st[0].db	st[0].hab	st[0].hhab
st[1]	st[1].nae[0]~st[1].nae[11]	st[1].os	st[1].db	st[1].hab	st[1].hhab
st[2]	st[2].nae[0]~st[2].nae[11]	st[2].os	st[2].db	st[2].hab	st[2].hhab

↓

	char nae[12]						int os	int db	int hab	int hhab
st[0]	데	이	터	1	\0		95	88		
st[1]	데	이	터	2	\0		84	91		
st[2]	데	이	터	3	\0		86	75		

※ 문자열을 저장하는 경우 문자열의 끝을 의미하는 널 문자(\0)가 추가로 저장되며, 출력 시 널 문자는 표시되지 않습니다. 영문, 숫자는 1Byte, 한글은 2Byte를 차지합니다.

❷ 구조체 jsu의 포인터 변수 p를 선언한다.

❸ p에 st 배열의 첫 번째 요소의 주소를 저장한다.

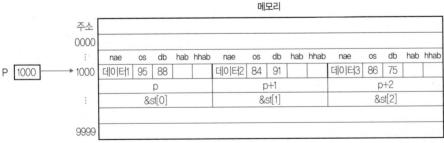

❹ p+1이 가리키는 곳의 멤버 hab에 p+1이 가리키는 곳의 멤버 os 값과 p+2가 가리키는 곳의 멤버 db 값을 더한 후 저장한다. p가 st[0]을 가리키므로 p+1은 st[1]을 p+2는 st[2]를 가리킨다. 따라서 st[1]의 os 값 84와 st[2]의 db 값 75를 더한 값 **159**를 st[1]의 hab에 저장한다.

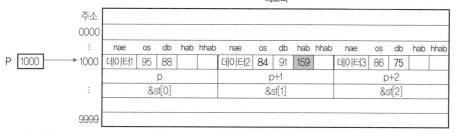

❺ p+1이 가리키는 곳의 멤버 hhab에 p+1이 가리키는 곳의 멤버 hab 값과 p가 가리키는 곳의 멤버 os와 db 값을 모두 더한 후 저장한다. st[1]의 hab 값 159, st[0]의 os와 db 값 95와 88을 모두 더한 값 **342**를 st[1]의 hhab에 저장한다.

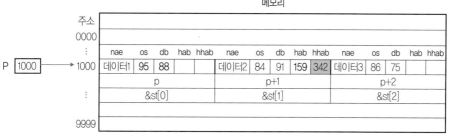

❻ p+1이 가리키는 곳의 멤버 hab와 hhab의 값을 더한 후 정수로 출력한다. 159와 342를 더한 **501**이 출력된다.

결과 | **501**

▶ 440322

23.10, 23.7, 23.4, 22.10, 22.7, 22.5, 21.7, 20.10, 20.5, 필기 22.4, 22.3

216 사용자 정의 함수 - C언어 A

예제 | 다음은 재귀 함수를 이용해 팩토리얼(Factorial) 연산을 수행하는 C 프로그램이다. 그 실행 결과를 확인하시오.

```
#include <stdio.h>

int factorial(int n);



main() {

     int (*pf)(int);

     pf = factorial;

     printf("%d", pf(3));

}
```

사용할 사용자 정의 함수를 선언하는 곳이다. main( ) 함수에서 사용할 factorial이란 함수를 이곳에서 정의하는 것이다. 즉 factorial 함수를 프로그램에서 만들어 사용하겠다는 의미이다.
- int : 사용할 함수의 반환값이 정수임을 알려준다. 그대로 적어준다.
- factorial : 함수의 이름이다. main( ) 함수 뒤에서 정의한 이름과 일치해야 한다.
- (int n) : 인수를 저장할 변수이다. 호출하는 곳에서 보내준 인수와 자료형이 일치해야 한다.

```
int factorial(int n) {
    if (n <= 1)
        return 1;
    else
        return n * factorial(n - 1);
}
```

코드 해설

모든 C 프로그램은 반드시 main( ) 함수에서 시작한다.

```
main( ) {
❶    int (*pf)(int);
❷    pf = factorial;
❸    printf("%d", pf(3));
}
```

❶ int (*pf)(int);

정수형 인수 한 개를 받는 정수형 함수 포인터 pf를 선언한다.
- int : 함수의 반환값이 정수임을 알려준다.
- (*pf) : 함수가 저장된 곳의 위치를 저장하는 함수 포인터의 이름이다.
- (int) : 함수가 전달받을 인수의 자료형이다.

❷ factorial 함수의 시작 주소를 함수 포인터 pf에 저장한다. 즉 pf가 factorial( ) 함수의 시작 주소를 가리키고 있다는 것을 의미한다. 다음 그림에서 factorial( ) 함수가 할당된 공간의 주소는 임의로 정한 것이며, 이해를 돕기 위해 10진수로 표현했다.

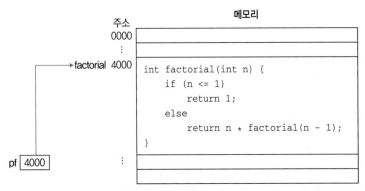

❸ 3을 인수로 하여 pf( ) 함수를 호출한 다음 돌려받은 값을 정수형으로 출력한다. pf에는 factorial( ) 함수의 시작 주소가 저장되어 있으므로 함수 포인터 pf를 호출하는 것은 factorial( ) 함수를 호출하는 것과 같은 의미이다.

```
❹ int factorial(int n) {
❺    if (n <= 1)
        return 1;
    else
❻        return n * factorial(n - 1);
}
```

❹ int factorial(int n) {

정수를 반환하는 factorial 함수의 시작점이다. ❸번에서 전달받은 3을 정수형 변수 n이 받는다.

- int : 함수의 반환값이 정수임을 알려준다.
- factorial : 함수의 이름이다. main( ) 함수 앞에서 선언한 이름과 일치해야 한다.
- (int n) : 호출하는 곳에서 보내준 인수를 저장할 변수이다. 호출하는 곳에서 보내준 인수와 자료형이 일치해야 한다.

❺ factorial 함수가 호출될 때 3을 전달받았으므로 n은 3이다. n의 값 3은 1보다 작거나 같지 않으므로 ❻번을 수행한다.

❻ return n * factorial(n - 1);

n * factorial(n−1)을 연산한 후 함수를 호출했던 ❸번으로 결과를 반환한다. ❻번을 수행하기 위해 factorial( ) 함수를 호출하는데, 호출할 때 전달되는 값은 factorial(n−1)이므로 factorial(2)인 상태로 호출된다.

```
❼   int factorial(int n) {
❽       if (n <= 1)
             return 1;
         else
❾           return n * factorial(n - 1);
     }
```

factorial 함수가 호출될 때 2를 전달받았으므로 n은 2이다. ❽번의 조건을 만족하지 않으므로 ❾번을 수행한다. ❾번을 수행하기 위해 factorial( ) 함수를 호출하는데, 호출할 때 전달되는 값은 factorial(n−1)이므로 factorial(1)인 상태로 호출된다.

```
❿   int factorial(int n) {
⓫       if (n <= 1)
⓬           return 1;
         else
             return n * factorial(n - 1);
     }
```

factorial 함수가 호출될 때 1을 전달받았으므로 n은 1이다. ⓫번의 조건을 만족하므로 ⓬번을 수행한다. 'return 1;'이므로 함수의 실행을 종료하고 1을 반환하면서 제어를 factorial(1) 함수를 호출했던 ⓭번으로 옮긴다.

```
❼   int factorial(int n) {
❽       if (n <= 1)
             return 1;
         else
❾⓭         return n * factorial(n - 1);
     }
```

⓭ return n * factorial(n - 1);

⓬번에서 1을 반환하였으므로 2를 반환하면서 제어를 factorial(2) 함수를 호출했던 ⓮번으로 옮긴다.

return ⎯n⎯ * ⎯factorial(n - 1)⎯;
　　　　ⓐ　　　　　ⓑ

- ⓐ : 2 ('factorial(n−1)'을 호출할 때 n은 2였으므로)
- ⓑ : 1 (⓬번에서 1을 반환하였으므로)

```
❹   int factorial(int n) {
❺       if (n <= 1)
             return 1;
         else
❻⓮         return n * factorial(n - 1);
     }
```

❹ return n * factorial(n − 1);

⓭번에서 2를 반환하였으므로 6을 반환하면서 제어를 factorial(3) 함수를 호출했던 ⓯번으로 옮긴다.

return <u>n</u> * <u>factorial(n − 1);</u>
     3   2

```
main( ) {
❶      int (*pf)(int);
❷      pf = factorial;
❸⓯    printf("%d", pf(3));
}
```

⓯ ❹번에서 6을 반환하였으므로 돌려받은 값 6을 정수형으로 출력하고 프로그램을 종료한다.

결과   **6**

지금까지의 재귀 함수 과정을 개괄적인 그림을 통해 살펴보자.

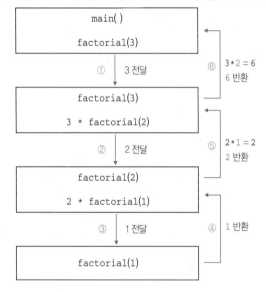

[217] **Java의 클래스1** **A**

예제 다음은 Java에서 클래스를 만들고 객체를 생성해서 사용하는 간단한 프로그램이다. 어떤 일을 수행하는지 확인하시오.

```
Ⓐ class ClassA {
Ⓑ     int a = 10;
Ⓒ  ❹ int funcAdd(int x, int y) {
    ❺     return x + y + a;
       }
    }
Ⓓ public class Test {
Ⓔ     public static void main(String[] args) {
    ❶     int x = 3, y = 6, r;
    ❷     ClassA cal = new ClassA();
  ❸❻     r = cal.funcAdd(x, y);
    ❼     System.out.print(r);
       }
    }
```

코드 해설

Ⓐ **class ClassA {**
ClassA 클래스를 정의한다. Ⓑ~Ⓒ가 클래스의 범위이다.
• class : 클래스를 정의하는 명령어로, 꼭 써야 하는 예약어이다. 같은 파일에서 클래스를 정의할 때는 public을 두 번 사용하지 못한다. 실행 클래스에서 사용하므로 여기서는 사용할 수 없다. 그렇다는 것이다. 외우지는 마라.
• ClassA : 클래스 이름으로, 사용자가 원하는 이름을 임의로 지정할 수 있다. 단 첫 글자는 관례상 대문자로 지정한다.

Ⓑ 정수형 변수 a를 선언하고 10으로 초기화한다. Java에서는 클래스 안에 선언하는 변수를 클래스의 속성이라고 부른다.

Ⓒ **int funcAdd(int x, int y) {**
정수를 반환하는 funcAdd(int x, int y) 메소드를 정의한다. 호출문으로부터 정수형 인수 2개를 전달받아 각각 x와 y에 저장한다.
• int : 메소드의 반환값이 정수임을 알려준다.
• funcAdd : 메소드의 이름이다.
• (int x, int y) : 호출하는 곳에서 보내준 인수를 저장할 변수이다. 호출하는 곳에서 보내준 인수의 개수와 자료형이 일치해야 한다.

Ⓓ Test 클래스를 정의한다. 실행 클래스의 시작점으로 Java 프로그램은 아무리 작은 프로그램이라도 클래스를 만들어서 클래스 안에 실행문과 메소드(함수)를 만들고 실행해야 한다. 그리고 클래스 중에는 반드시 main( ) 메소드를 담고 있는 실행 클래스가 있어야 한다.

Ⓔ main( ) 메소드의 시작점이다. 여기서부터 실제 프로그램이 시작된다.

❶ 정수형 변수 x, y, r을 선언하고, x와 y를 각각 3과 6으로 초기화한다.
❷ ClassA cal = new ClassA( );

ClassA 클래스의 객체 변수 cal을 선언한다.

- ClassA : 클래스의 이름이다. 앞에서 정의한 클래스의 이름을 그대로 적어준다.
- cal : 객체 변수의 이름이다. 사용자가 원하는 이름을 적으면 된다.
- new : 객체 생성 예약어이다. 그대로 적어준다.
- ClassA( ) : 생성자이다.

❸ x와 y의 값 3과 6을 인수로 cal의 funcAdd( ) 메소드를 호출하여 반환받은 값을 r에 저장한다.
cal은 ClassA 클래스의 객체 변수이므로 ClassA의 funcAdd( ) 메소드인 ❹번이 호출된다.

❹ 정수를 반환하는 funcAdd( ) 메소드의 시작점이다. 호출문으로부터 정수형 인수 2개를 전달받아 각각 x와 y에 저장한다. ❸번에서 호출할 때 3과6을 전달했으므로 x는 3, y는 6이다.

❺ x + y + a를 연산한 후 메소드를 호출했던 ❻번으로 결과를 반환한다. x + y의 값은 9이고, a는 메소드에 없으므로 소속된 클래스에서 찾는다. ClassA의 a의 값이 10이므로 x + y + a(3 + 6 + 10)의 값은 19가 된다.

❻ ❺번에서 19가 반환되었으므로 r에 19를 저장한다.

❼ r의 값 19를 출력한다.

결과　**19**

340395

23.4, 22.7, 21.7, 20.10, 20.7, 20.5

218 Java의 클래스 2 　　A

예제　다음 Java 프로그램의 실행 결과를 확인하시오.

```
Ⓐ  class ClassA {
Ⓑ  ❺  ClassA() {
    ❻      System.out.print('A');
    ❼      this.prn();
    ⓾  }
Ⓒ      void prn() {
            System.out.print('B');
        }
    }
Ⓓ  class ClassB extends ClassA {
Ⓔ  ❸  ClassB() {
    ❹      super();
    ⑪      System.out.print('D');
        }
Ⓕ  ❽  void prn() {
    ❾      System.out.print('E');
        }
```

```
G  ⑬  void prn(int x) {
   ⑭      System.out.print(x);

       }

   }


   public class Test {
      public static void main(String[] args) {
❶        int x = 7;
❷        ClassB cal = new ClassB();
⑫        cal.prn(x);
⑮     }
   }
```

코드 해설

A class ClassA {

ClassA 클래스를 정의한다. **B**~**C**가 클래스의 범위이다.

B ClassA( ) {

ClassA 클래스에 속한 ClassA( ) 메소드를 정의한다. ClassA( ) 메소드는 클래스와 이름이 동일하다. 이와 같이 클래스와 이름이 동일한 메소드는 해당 클래스의 객체 변수 생성 시 자동으로 실행되는데, 이러한 메소드를 생성자(Constructor)라고 한다.

C void prn( ) {

반환값 없는 메소드 prn( )을 정의한다.

D class ClassB extends ClassA {

ClassB를 클래스 정의하고 부모 클래스로 ClassA를 지정하면서 ClassA에 속한 변수와 메소드를 상속받는다. ClassB 클래스는 ClassA의 변수와 메소드를 사용할 수 있게 된다. **E**~**G**가 클래스의 범위이다.

- extends [클래스명] : 클래스 정의 시 상속받을 클래스를 추가하는 예약어

E ClassB( ) {

ClassB 클래스에 속한 ClassB( ) 메소드를 정의한다. ClassB( ) 메소드도 ClassB 클래스와 이름이 동일하므로 객체 변수 생성 시 자동으로 실행되는 생성자이다.

F void prn( ) {

반환값 없는 메소드 prn( )을 정의한다. **D**에서 ClassB 클래스는 ClassA 클래스의 메소드를 사용할 수 있다고 했으므로 ClassB 클래스에는 이름이 같은 메소드(**C**, **F**) prn( )이 두 개 존재하게 된다. 이와 같이 상속으로 인해 동일한 이름의 메소드가 여러 개인 경우, 부모 클래스에서 정의된 prn( ) 메소드(**C**)는 자식 클래스의 prn( ) 메소드(**F**)에 의해 재정의되어 자식 클래스의 prn 메소드(**F**)만 사용되는데, 이를 메소드 오버라이딩 또는 메소드 재정의라고 한다.

G void prn(int x) {

반환값 없는 메소드 prn(int x)를 정의한다. 메소드의 이름이 **C**, **F**와 같지만 '인수를 받는 자료형과 개수'가 다르므로 서로 다른 메소드이다. 즉 prn( )과 prn(int x)는 다른 메소드라는 것이다. 이렇게 이름은 같지만 인수를 받는 자료형과 개수를 달리하여 여러 기능을 정의하는 것을 오버로딩(Overloading)이라고 한다.

모든 Java 프로그램의 실행은 반드시 main( ) 메소드에서 시작한다.

❶ 정수형 변수 x를 선언하고 7로 초기화한다.

❷ ClassB cal = new ClassB( );

ClassB 클래스의 객체 변수 cal을 선언하고 ClassB 클래스의 생성자를 호출한다. ClassB 클래스에는 클래스명과 동일한 생성자가 정의되어 있으므로 생성자를 실행하기 위해 ❸번으로 이동한다.

- ClassB : 클래스의 이름이다. 앞에서 정의한 클래스의 이름을 그대로 적어준다.
- cal : 객체 변수의 이름이다. 사용자가 원하는 이름을 적으면 된다.
- new : 객체 생성 예약어다. 그대로 적어준다.
- ClassB( ) : 클래스와 이름이 동일한 메소드로, 생성자이다.

❸ ClassB 클래스의 생성자인 ClassB( ) 메소드의 시작점이다. 지금처럼 클래스 안에 생성자를 정의하는 문장이 있을 경우 객체가 생성될 때 자동으로 호출되어 실행된다.

❹ 부모 클래스의 생성자인 ClassA( ) 메소드를 호출한다. ❺번으로 이동한다.
- super( ) : 부모 클래스의 생성자를 호출한다.

❺ ClassA 클래스의 생성자 ClassA( ) 메소드의 시작점이다.

❻ A를 출력한다.

결과   `A`

❼ 자신이 속한 ClassA 클래스의 prn( ) 메소드를 호출한다. ClassA 클래스의 prn( ) 메소드는 ClassB 클래스의 prn( ) 메소드에 의해 재정의되었으므로 ❽번으로 이동한다.

❽ 반환값 없는 prn( ) 메소드의 시작점이다.

❾ E를 출력한 후 메소드가 종료되면 호출했던 ❼번의 다음 줄인 ❿번으로 이동한다.

결과   `AE`

❿ ClassA( ) 메소드가 종료되었으므로 호출했던 ❹번의 다음 줄인 ⓫번으로 이동한다.

⓫ D를 출력한 후 ClassB( ) 메소드가 종료되면 호출했던 ❷번의 다음 줄인 ⓬번으로 이동한다.

결과   `AED`

⓬ x의 값 7을 인수로 cal의 prn(int x) 메소드를 호출한다. ⓭번으로 이동한다.

⓭ 반환값 없는 prn(int x) 메소드의 시작점이다. ⓬번에서 전달한 7을 x가 받는다.

⓮ x의 값 7을 출력한 후 prn(int x) 메소드가 종료되면 호출했던 ⓬번의 다음 줄인 ⓯번으로 이동하여 프로그램을 종료한다.

결과   `AED7`

▶ 340396

20.10

219   생성자

- 생성자(Constructor)는 객체 변수 생성에 사용되는 메소드로, **객체 변수를 생성하면서 초기화를 수행**한다.
- 클래스 안에 생성자를 정의하는 문장이 있다면 문장에 적힌 대로 객체 변수를 초기화하면서 생성하지만, 없으면 그냥 객체 변수만 생성하고 제어가 다음 줄로 이동한다.

220 Java의 활용

예제 다음 Java 프로그램의 실행 결과를 확인하시오.

```
Ⓐ  abstract class Animal {
Ⓑ      String a = " is animal";
Ⓒ      abstract void look();
Ⓓ  ⑧ void show() {
    ⑨      System.out.println("Zoo");
        }
    }
Ⓔ  class Chicken extends Animal {
Ⓕ  ❷ Chicken() {
    ❸     look();
    ❻ }
Ⓖ  ❹ void look() {
    ❺     System.out.println("Chicken" + a);
        }
Ⓗ     void display() {
            System.out.println("two wings");
        }
    }
    public class Test {
        public static void main(String[] args) {
    ❶     Animal a = new Chicken();
    ❼     a.show();
    ❿  }
    }
```

코드 해설

Ⓐ abstract class Animal {

추상 클래스 Animal을 정의한다.

• abstract [클래스 정의부] : abstract는 추상 클래스를 정의하는 명령어로, 추상 클래스 정의 시 꼭 써야하는 예약어이다.

※ 추상 클래스는 내부에 실행 코드가 없는 추상 메소드를 포함하기 때문에 객체 변수의 생성자로 사용할 수 없습니다.

예 Animal a = new Animal( ); ← 오류 발생

ⓑ 문자열 변수 a를 선언하고 " is animal"로 초기화한다.

ⓒ abstract void look( );

추상 메소드 look( )을 정의한다.

• abstract [메소드 정의부] : abstract는 추상 메소드를 정의하는 명령어로, 추상 메소드 정의 시 꼭 써야하는 예약어이다.

※ 추상 메소드는 선언만 있고 내부에 실행 코드가 없는 메소드로, 이후 상속 관계가 설정된 자식 클래스에서 재정의한 후 사용합니다.

ⓓ 반환값 없는 메소드 show( )를 정의한다.

ⓔ 클래스 Chicken을 정의하고 부모 클래스로 Animal을 지정하면서 Animal에 속한 변수와 메소드를 상속받는다.

ⓕ Chicken 클래스에 속한 Chicken( ) 메소드를 정의한다. Chicken 클래스와 이름이 동일하므로 객체 변수 생성 시 자동으로 실행되는 생성자이다.

ⓖ 반환값 없는 메소드 look( )을 정의한다. look( ) 메소드는 **ⓒ**에서 정의된 추상 메소드(**ⓒ**)를 재정의하는 것이다.

ⓗ 반환값 없는 메소드 display( )를 정의한다.

모든 Java 프로그램은 반드시 main( ) 메소드에서 시작한다.

❶ Animal a = new Chicken( );

Chicken 클래스의 생성자를 이용하여 Animal 클래스의 객체 변수 a를 선언한다.

• [부모클래스명] [객체변수명] = new [자식클래스생성자( )] : 부모 클래스의 객체 변수를 선언하면서 자식 클래스의 생성자를 사용하면 형 변환이 발생한다.

• 이렇게 형 변환이 발생했을 때 부모 클래스와 자식 클래스에 동일한 속성이나 메소드가 있으면 자식 클래스의 속성이나 메소드로 재정의된다.

※ 객체 변수 a는 Animal 클래스의 객체 변수입니다. Animal 클래스는 실행 코드가 없는 추상 메소드 look( )으로 인해 객체 변수의 생성이 불가능해야 하지만, 형 변환으로 인해 look( ) 메소드가 Chicken 클래스에서 재정의되었으므로 객체 변수의 생성이 가능해진 것입니다.

❷ Chicken 클래스의 생성자인 Chicken( ) 메소드의 시작점이다. 클래스 안에 생성자를 정의하는 문장이 있으므로 Chicken 클래스의 객체가 생성될 때 자동으로 호출되어 실행된다.

❸ look( ) 메소드를 호출한다. **❹**번으로 이동한다.

look( ) 메소드는 a 객체의 자료형이 Animal이므로 Animal 클래스의 look( )이라고 생각할 수 있지만 **❶**번에서 클래스 형 변환이 발생하였고, look( ) 메소드가 자식 클래스에서 재정의되었으므로 Chicken 클래스의 look( ) 메소드가 수행된다.

※ Animal 클래스의 look( ) 메소드는 실행 코드가 정의되지 않은 추상 메소드로, 코드를 실행할 때 실행 코드가 저장된 메모리 위치를 참조할 수 없는데, 재정의가 이루어지면 다음 그림과 같이 Chicken 클래스의 look( ) 메소드를 가리키게 됩니다.

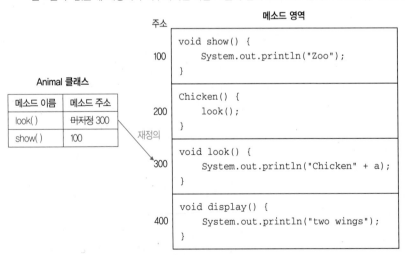

❹ 반환값 없는 look( ) 메소드의 시작점이다.

❺ Chicken과 a의 값 is animal을 출력한 후 커서를 다음 줄의 처음으로 옮긴다. 이어서 메소드가 종료되면 호출했던 **❸**번의 다음 줄인 **❻**번으로 이동한다.

결과 Chicken is animal

※ **E**에서 Chicken 클래스가 Animal 클래스의 변수와 메소드를 상속받았으므로 Animal 클래스의 a 변수의 값을 사용할 수 있습니다.

❻ Chicken( ) 메소드가 종료되었으므로 호출했던 ❶번의 다음 줄인 ❼번으로 이동한다.

❼ a의 show( ) 메소드를 호출한다. a는 Animal 클래스의 객체 변수이므로 Animal의 show( ) 메소드인 ❽이 호출된다.

❽ 반환값 없는 show( ) 메소드의 시작점이다.

❾ **Zoo**를 출력한 후 메소드가 종료되면 호출했던 ❼번의 다음 줄인 ❿번으로 이동하여 프로그램을 종료한다.

결과 Chicken is animal
      Zoo

▶340398

23.10, 23.7, 21.10, 21.4, 20.11, 필기 21.8

221 Python의 활용 1 Ⓐ

예제 다음 Python으로 구현된 프로그램에 "xyz321"을 입력했을 때 그 실행 결과를 확인하시오.

```python
❶ x = input('입력 :')
❷ a = [ 'abc123', 'def456', 'ghi789' ]
❸ a.append(x)
❹ a.remove('def456')
❺ print(a[1][-3:], a[2][:-3], sep = ',')
❻ for i in range(3, 6):
❼     print(i, end = ' ')
```

코드 해설

❶ x = input('입력 :')

화면에 **입력 :** 이 출력되고 그 뒤에서 커서가 깜박거리며 입력을 기다린다. 키보드로 값을 입력하고 엔터를 누르면 입력된 값이 x에 저장된다. 문제에서 "xyz321"을 입력한다고 하였으므로 x에는 "xyz321"이 저장된다.

• x : 입력되는 값이 저장될 변수이다.

• input( ) : 키보드로부터 값을 입력받는 메소드이다.

• '입력 :' : 입력 시 화면에 출력되는 문자로, 생략이 가능하다.

❷ a = ['abc123', 'def456', 'ghi789']

리스트 a를 선언하면서 초기값을 지정한다. 초기값으로 지정된 수만큼 리스트의 요소가 만들어진다.

	[0]	[1]	[2]
a	'abc123'	'def456'	'ghi789'

❸ a.append(x)

a 리스트의 마지막에 x의 값 "xyz321"을 추가한다.

	[0]	[1]	[2]	[3]
a	'abc123'	'def456'	'ghi789'	'xyz321'

❹ a.remove('def456')

a 리스트에서 "def456"을 찾아 삭제하고, 이후의 요소들을 하나씩 앞으로 이동시킨다.

	[0]	[1]	[2]
a	'abc123'	'ghi789'	'xyz321'

❺ print(a[1][-3:], a[2][:-3], sep = ',')

a[1]과 a[2]의 요소들을 슬라이스(slice)하고, 쉼표(,)로 구분하여 출력한다. 이어서 커서를 다음 줄의 처음으로 옮긴다.

· a[1][-3:] : a[1]에 저장된 문자열 "ghi789"의 -3 위치부터 마지막 요소까지 추출한다.

a[1]	g	h	i	7	8	9
	-6	-5	-4	-3	-2	-1

※ 최종위치가 생략된 경우 초기위치로 지정된 위치부터 마지막 요소까지의 모든 값이 반환됩니다.

· a[2][:-3] : a[2]에 저장된 문자열 "xyz321"의 맨 처음 요소부터 -4까지의 요소들을 추출한다.

	0	1	2	3	4	5
a[2]	x	y	z	3	2	1
	-6	-5	-4	-3	-2	-1

※ 초기위치가 생략된 경우 요소의 맨 처음 요소부터 최종위치(-3)에서 1을 뺀 위치(-4)까지의 모든 값이 반환됩니다.

· sep = ',' : 분리문자로 쉼표(,)를 지정한다. 출력할 값들을 쉼표로 구분하여 출력한다.

결과 `789,xyz`

❻ for i in range(3, 6):

3에서 5(6-1)까지 순서대로 i에 저장하며 ❼번을 반복 수행한다.

· i : 반복 변수로 range에서 생성되는 값을 순서대로 저장한다.

· in : for와 함께 사용되는 예약어로 그대로 입력한다.

· range(3, 6) : 3부터 5(6-1)까지의 연속적인 숫자를 생성한다.

· 콜론(:) : for문이 반복할 코드가 다음 줄부터 시작한다는 의미이다. 반드시 입력해야 한다.

❼ print(i, end = ' ')

i의 값을 출력하고 종료문자로 공백 한 칸이 출력된다. ❻번에서 i는 3에서 5까지 순서대로 저장한다고 하였으므로, **3 4 5**가 출력된다.

결과 `789,xyz`
`3 4 5`

---

[222] Python의 활용 2 Ⓐ

[예제] 다음 Python 프로그램의 실행 결과를 확인하시오.

```python
❶ a = {'apple', 'lemon', 'banana'}
❷ a.update( {'kiwi', 'banana'} )
❸ a.remove('lemon')
❹ a.add('apple')
❺ for i in a:
❻     print("과일명 : %s" % i)
```

세트는 수학에서 배우는 집합(set)과 동일한 역할을 하는 Python의 자료형으로, 중괄호{ }를 이용하여 리스트와 같이 다양한 요소들을 저장할 수 있다. 세트는 순서가 정해져 있지 않으며(unordered), 중복된 요소는 저장되지 않는다는 특징이 있다.

❶ a = {'apple', 'lemon', 'banana'}

세트 a를 선언하면서 초기값을 지정한다. 초기값으로 지정된 수만큼 세트의 요소가 만들어진다.

a	'apple'	'lemon'	'banana'

❷ a.update({'kiwi', 'banana'})

a 세트에 새로운 세트를 추가하여 확장한다. 새로운 세트 {'kiwi', 'banana'}가 추가되어야 하지만 'banana'는 이미 a 세트에 있으므로 'kiwi'만 추가된다.

a	'apple'	'lemon'	'banana'	'kiwi'

❸ a.remove('lemon')

a 세트에서 'lemon'을 제거한다.

a	'apple'	'banana'	'kiwi'

❹ a.add('apple')

a 세트에 'apple'을 추가한다. a 세트에는 이미 'apple'이 존재하므로 a 세트의 요소는 변하지 않는다.

❺ for i in a:

a 세트의 각 요소의 값을 차례로 i에 저장하면서 a 세트의 요소 수만큼 ❻번을 반복 수행한다.

- i : a 세트의 각 요소가 일시적으로 저장될 변수이다.
- a : 세트의 이름이다.

❻ 과일명 : 과 i의 값을 출력한 후 커서를 다음 줄의 처음으로 옮긴다. for문에 의한 변수의 변화는 다음과 같다.

- ❺~❻번의 첫 번째 수행 : a 세트의 첫 번째 값이 i를 거쳐 출력된다.

결과 | **과일명 : apple**

- ❺~❻번의 두 번째 수행 : a 세트의 두 번째 값이 i를 거쳐 출력된다.

결과 | **과일명 : apple**
     | **과일명 : banana**

- ❺~❻번의 세 번째 수행 : a 세트의 세 번째 값이 i를 거쳐 출력된다.

결과 | **과일명 : apple**
     | **과일명 : banana**
     | **과일명 : kiwi**

223 람다 식 Ⓐ

- 어떤 문제를 해결하기 위한 과정을 수학식으로 표현한 것을 람다 식(Lambda Expression)이라고 한다.
- 프로그래밍 언어에서 람다 식은 수학적 연산을 수행하는 함수나 메소드를 간소화할 때 사용한다.
- **형식**

```
lambda 변수명 : 수학식
```

– 변수명 : 인수로 전달받은 값을 저장할 변수의 이름을 지정

– 수학식 : 수행할 연산을 하나의 식으로 풀어 입력

- 예를 들어 다음과 같은 코드가 있다고 가정한다.

```
def func(x):
    return x * x - 3
print(func(10))        결과  97
```

- 위의 func( ) 함수는 다음과 같이 람다 식으로 수정하여 사용할 수 있다.

```
func = lambda x : x * x - 3
print(func(10))        결과  97
```

224 Python의 클래스 Ⓑ

예제 다음은 두 수를 교환하는 프로그램을 Python으로 구현한 것이다.

```
    class Cls:        Cls 클래스 정의부의 시작점이다. 여기서부터 ❼번까지가 클래스 정의부에 해당한다.
        x, y = 10, 20      Cls 클래스의 변수(속성) x와 y를 선언하고, 각각 10과 20으로 초기화한다.
❹      def chg(self):
❺          temp = self.x
❻          self.x = self.y
❼          self.y = temp
❶ a = Cls()
❷ print(a.x, a.y)
❸ a.chg()
❽ print(a.x, a.y)
```

코드 해설

❶ Cls 클래스의 객체 a를 생성한다. 객체 a는 Cls의 속성 x, y와 메소드 chg( )를 갖는다.
- a : 사용자 정의 변수다. 사용자가 임의로 지정한다.
- Cls( ) : 클래스의 이름이다. 괄호( )를 붙여 그대로 적는다.

	a.x	a.y
a	10	20

❷ a 객체의 속성 x와 y를 출력한다.
- 객체와 속성은 .(마침표)로 연결한다.

결과 10 20

❸ a 객체의 메소드 chg를 호출한다. ❹번으로 이동한다.
- 객체와 메소드는 .(마침표)로 연결한 후 괄호( )를 붙여 적는다.

❹ a 객체의 메소드 chg의 시작점이다. 별도로 사용되는 인수가 없으므로 괄호( )에는 self만 적는다.

❺ a 객체의 속성 x의 값을 temp에 저장한다.
- self : 메소드 안에서 사용되는 self는 자신이 속한 클래스를 의미한다.
- self.x : a.x와 동일하다.

				a.x	a.y
temp	10		a	10	20

❻ a 객체의 속성 y의 값을 a 객체의 속성 x에 저장한다.

				a.x	a.y
temp	10		a	20	20

❼ temp의 값을 a 객체의 속성 y에 저장한다. 메소드 chg가 종료되었으므로 메소드를 호출한 다음 문장인 ❽번으로 제어를 옮긴다.

				a.x	a.y
temp	10		a	20	10

❽ a 객체의 속성 x와 y를 출력한다.

결과 10 20
20 10

225 Python의 클래스 없는 메소드 사용 **A**

예제 다음 프로그램의 실행 결과를 확인하시오.

```
❸ def calc(x, y):
❹     x *= 3
❺     y /= 3
❻     print(x, y)
❼     return x


❶ a, b = 3, 12
❷ a = calc(a, b)
❽ print(a, b)
```

코드 해설

❶ 변수 a와 b에 3과 12를 저장한다.
❷ a와 b의 값, 즉 3과 12를 인수로 하여 calc 메소드를 호출한 결과를 a에 저장한다. ❸번으로 이동한다.
❸ 메소드 calc의 시작점이다. ❷번에서 calc(a, b)라고 했으므로 x는 a의 값 3을 받고, y는 b의 값 12를 받는다.
❹ x = x * 3이므로 x는 9가 된다.
❺ y = y / 3이므로 y는 4가 된다.
❻ 결과 ` 9 4.0 `
❼ x의 값을 반환한다. x의 값 9를 ❷번의 a에 저장한 후 제어를 ❽번으로 옮긴다.
❽ 결과
```
9 4.0
9 12
```

 ▶340402

21.7

226 Python – Range **A**

• Range는 연속된 숫자를 생성하는 것으로, 리스트나 반복문에서 많이 사용된다.
• **형식**

range(최종값)	0에서 '최종값'-1까지 연속된 숫자를 생성한다.
range(초기값, 최종값)	'초기값'에서 '최종값'-1까지 연속된 숫자를 생성한다.
range(초기값, 최종값, 증가값)	• '초기값'에서 '최종값'-1까지 '증가값'만큼 증가하면서 숫자를 생성한다. • '증가값'이 음수인 경우 '초기값'에서 '최종값'+1까지 '증가값'만큼 감소하면서 숫자를 생성한다.

▶340403

필기 20.9, 20.8

227 Python - 슬라이스

- 슬라이스(slice)는 문자열이나 리스트와 같은 순차형 객체에서 일부를 잘라(slicing) 반환하는 기능이다.
- **형식**

객체명[초기위치:최종위치]	'초기위치'에서 '최종위치'−1까지의 요소들을 가져온다.
객체명[초기위치:최종위치:증가값]	• '초기위치'에서 '최종위치'−1까지 '증가값'만큼 증가하면서 해당 위치의 요소들을 가져온다. • '증가값'이 음수인 경우 '초기위치'에서 '최종위치'+1까지 '증가값' 만큼 감소하면서 해당 위치의 요소들을 가져온다.

- 슬라이스는 일부 인수를 생략하여 사용할 수 있다.

객체명[:] 또는 객체명[::]	객체의 모든 요소를 반환한다.
객체명[초기위치:]	객체의 '초기위치'에서 마지막 위치까지의 요소들을 반환한다.
객체명[:최종위치]	객체의 0번째 위치에서 '최종위치'−1까지의 요소들을 반환한다.
객체명[::증가값]	객체의 0번째 위치에서 마지막 위치까지 '증가값'만큼 증가하면서 해당 위치의 요소들을 반환한다.

▶340404

22.5

228 Python – 리스트 관련 주요 메소드

A

형식	내용
22.5 pop(위치)	리스트의 '위치'에 있는 값을 출력하고 해당 요소를 삭제함 예 [10, 11, 12].pop(1) → 11 출력 → [10, 12]
index(값)	리스트에서 '값'이 저장된 요소의 위치를 반환함 예 [10, 11, 12].index(12) → 2
count(값)	리스트에서 '값'이 저장되어 있는 요소들의 개수를 반환함 예 [1, 0, 1, 0, 0].count(0) → 3
22.5 extend(리스트)	리스트의 끝에 새로운 '리스트'를 추가하여 확장함 예 ['a', 'b'].extend(['c', 'd']) → ['a', 'b', 'c', 'd']
22.5 reverse( )	리스트의 순서를 역순으로 뒤집음 예 [1, 2, 3].reverse( ) → [3, 2, 1]
sort( )	• 리스트를 정렬하며, 기본값은 오름차순임 • reverse 속성을 이용하여 정렬 방식을 지정할 수 있음 　- True : 내림차순, False : 오름차순 예 [2, 1, 3].sort( ) → [1, 2, 3] 　　[2, 1, 3].sort(reverse = True) → [3, 2, 1]
copy( )	리스트를 복사함 예 a = [1, 2, 3] 　　b = a.copy( )　→　a 1 2 3 ,　b 1 2 3

229 스크립트 언어 C

필기 20.6

스크립트 언어(Script Language)는 HTML 문서 안에 직접 프로그래밍 언어를 삽입하여 사용하는 언어이다.

필기 20.6

서버용 스크립트 언어

- 서버에서 해석되어 실행된 후 결과만 클라이언트로 보낸다.
- 종류 : ASP, JSP, PHP, 파이썬(Python)

클라이언트용 스크립트 언어

- 클라이언트의 웹 브라우저에서 해석되어 실행된다.
- 종류 : 자바 스크립트(JAVA Script), VB 스크립트(Visual Basic Script)

230 자바 스크립트 C

필기 21.5

- 자바 스크립트(JAVA Script)는 **웹 페이지의 동작을 제어하는 데 사용되는 클라이언트용 스크립트 언어**이다.
- 클래스가 존재하지 않으며 변수 선언도 필요 없다.
- 서버에서 데이터를 전송할 때 아이디, 비밀번호, 수량 등의 입력 사항을 확인하기 위한 용도로 많이 사용된다.

231 쉘 스크립트 C

필기 20.8

- 쉘 스크립트(Shell Script)는 **유닉스/리눅스 계열의 쉘(Shell)에서 사용되는 명령어들의 조합으로 구성된 스크립트 언어**이다.
- 쉘 스크립트에서 사용되는 제어문
  - 선택형 : if, case
  - 반복형 : for, while, until

232 라이브러리 C

필기 21.3

라이브러리(Library)는 프로그램을 효율적으로 개발할 수 있도록 자주 사용하는 함수나 데이터들을 미리 만들어 모아 놓은 집합체이다.

표준 라이브러리

- 프로그래밍 언어에 기본적으로 포함되어 있는 라이브러리이다.
- 여러 종류의 모듈이나 패키지 형태이다.

외부 라이브러리

- 개발자들이 필요한 기능들을 만들어 인터넷 등에 공유해 놓은 라이브러리이다.
- 다운받아 설치한 후 사용할 수 있다.

233 C언어의 대표적인 표준 라이브러리 B

필기 23.5, 23.2, 21.5

필기 23.5, 23.2
stdio.h

- 데이터의 입·출력에 사용되는 기능들을 제공한다.
- 주요 함수 : printf, scanf, fprintf, fscanf, fclose, fopen 등

필기 23.2
math.h

- 수학 함수들을 제공한다.
- 주요 함수 : sqrt, pow, abs 등

필기 23.2
string.h

- 문자열 처리에 사용되는 기능들을 제공한다.
- 주요 함수 : strlen, strcpy, strcmp 등

필기 21.5
stdlib.h

- 자료형 변환, 난수 발생, 메모리 할당에 사용되는 기능들을 제공한다.
- 주요 함수 : atoi, atof, srand, rand, malloc, free 등

필기 23.2
time.h

- 시간 처리에 사용되는 기능들을 제공한다.
- 주요 함수 : time, clock 등

11장 응용 SW 기초 기술 활용

필기 20.8

234 운영체제 C

- 운영체제(OS; Operating System)는 **컴퓨터 시스템의 자원들을 효율적으로 관리**하며, 사용자가 컴퓨터를 **편리하고 효과적으로 사용할 수 있도록 환경을 제공**하는 여러 프로그램의 모임이다.
- 컴퓨터 사용자와 컴퓨터 하드웨어 간의 인터페이스로 동작하는 시스템 소프트웨어의 일종이다.
- 프로세서, 기억장치, 입·출력장치, 파일 및 정보 등의 자원을 관리한다.

340413

20.11

235 UNIX A

- UNIX는 1960년대 **AT&T 벨(Bell) 연구소, MIT, General Electric**이 공동 개발한 운영체제이다.
- 시분할 시스템(Time Sharing System)을 위해 설계된 대화식 운영체제이다.
- 대부분 C 언어로 작성되어 있어 이식성이 높으며 장치, 프로세스 간의 호환성이 높다.
- 트리(Tree) 구조의 파일 시스템을 갖는다.

340414

필기 20.9, 20.6

236 UNIX 시스템의 구성 C

필기 20.9
커널(Kernel)

- UNIX의 가장 핵심적인 부분으로 하드웨어를 보호하고, 프로그램과 하드웨어 간의 인터페이스 역할을 담당한다.
- 프로세스(CPU 스케줄링) 관리, 기억장치 관리, 파일 관리, 입·출력 관리, 프로세스간 통신, 데이터 전송 및 변환 등 여러가지 기능을 수행한다.

필기 20.6
쉘(Shell)

- 사용자의 명령어를 인식하여 프로그램을 호출하고 명령을 수행하는 명령어 해석기이다.
- 시스템과 사용자 간의 인터페이스를 담당한다.

340416

20.7

237 Android A

- Android(안드로이드)는 **구글(Google) 사**에서 개발한 리눅스 커널 기반의 **개방형 모바일 운영체제**이다.
- 모든 코드가 공개된 개방형 소프트웨어이다.
- 자바와 코틀린으로 애플리케이션을 작성한다.

340418

필기 23.7, 23.2, 22.3, 21.3, 20.8

238 기억장치 관리 - 배치 전략 B

- 배치(Placement) 전략은 새로 반입되는 **프로그램이나 데이터를 주기억장치의 어디에 위치시킬 것인지를 결정하는 전략**이다.
- **최초 적합(First Fit)** : 프로그램이나 데이터가 들어갈 수 있는 크기의 빈 영역 중에서 첫 번째 분할 영역에 배치시키는 방법
- **최적 적합(Best Fit)** : 프로그램이나 데이터가 들어갈 수 있는 크기의 빈 영역 중에서 단편화를 가장 작게 남기는 분할 영역에 배치시키는 방법
- **최악 적합(Worst Fit)** : 프로그램이나 데이터가 들어갈 수 있는 크기의 빈 영역 중에서 단편화를 가장 많이 남기는 분할 영역에 배치시키는 방법

예제 기억장치 상태가 다음 표와 같다. 기억장치 관리 전략으로 First Fit, Best Fit, Worst Fit 방법을 사용하려 할 때, 각 방법에 대하여 10K의 프로그램이 할당받게 되는 영역의 번호는?

영역 번호	영역 크기	상태
1	5K	공백
2	14K	공백
3	10K	사용 중
4	12K	공백
5	16K	공백

① 먼저 10K가 적재될 수 있는지 각 영역의 크기를 확인한다.

② First Fit : 빈 영역 중에서 10K의 프로그램이 들어갈 수 있는 첫 번째 영역은 2번이다.
③ Best Fit : 빈 영역 중에서 10K 프로그램이 들어가고 단편화를 가장 작게 남기는 영역은 4번이다.
④ Worst Fit : 빈 영역 중에서 10K 프로그램이 들어가고 단편화를 가장 많이 남기는 영역은 5번이다.

▶340423 필기 23.2, 21.3

239 가상기억장치 구현 기법 C

페이징(Paging) 기법
필기 21.3

- 가상기억장치에 보관되어 있는 **프로그램과 주기억장치의 영역을 동일한 크기로 나눈 후** 나눠진 프로그램을 동일하게 나눠진 **주기억장치의 영역에 적재시켜 실행하는 기법**이다.
- 프로그램을 일정한 크기로 나눈 단위를 페이지(Page)라고 하고, 페이지 크기로 일정하게 나누어진 주기억장치의 단위를 페이지 프레임(Page Frame)이라고 한다.

세그먼테이션(Segmentation) 기법
필기 21.3

- 가상기억장치에 보관되어 있는 **프로그램을 다양한 크기의 논리적인 단위로 나눈 후 주기억장치에 적재시켜 실행시키는 기법**이다.
- 프로그램을 배열이나 함수 등과 같은 논리적인 크기로 나눈 단위를 세그먼트(Segment)라고 하며, 각 세그먼트는 고유한 이름과 크기를 갖는다.

▶340424 필기 23.2, 21.8

240 페이지 교체 알고리즘 C

- 페이지 부재(Page Fault)가 발생하면 가상기억장치에서 필요한 페이지를 찾아 주기억장치에 적재해야 하는데, 이때 주기억장치의 모든 페이지 프레임이 사용중이면 **어떤 페이지 프레임을 선택하여 교체할 것인지를 결정하는 기법**이 페이지 교체 알고리즘이다.
- 종류 : OPT, FIFO, LRU, LFU, NUR, SCR 등

▶340426 필기 23.7, 23.2, 22.7, 22.3, 20.9, 20.6

241 FIFO B

FIFO(First In First Out)는 각 페이지가 주기억장치에 적재될 때마다 그때의 시간을 기억시켜 **가장 먼저 들어와서 가장 오래 있었던 페이지를 교체하는 기법**이다.

예제 다음의 참조 페이지를 세 개의 페이지 프레임을 가진 기억장치에서 FIFO 알고리즘을 사용하여 교체했을 때 페이지 부재의 수는? (단, 초기 페이지 프레임은 모두 비어 있는 상태이다.)

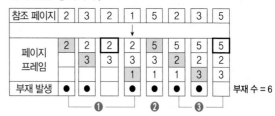

❶ 참조 페이지를 각 페이지 프레임에 차례로 적재시키되 이미 적재된 페이지는 해당 위치의 페이지 프레임을 사용한다.
❷ 사용할 페이지 프레임이 없을 경우 가장 먼저 들어와서 오래 있었던 페이지 2를 제거한 후 5를 적재한다.
❸ 그 다음에 적재된 페이지 3을 제거한 후 2를 적재하며, 같은 방법으로 나머지 참조 페이지를 수행한다.

▶440354 필기 22.4

242 LRU C

LRU(Least Recently Used)는 **최근에 가장 오랫동안 사용하지 않은 페이지를 교체하는 기법**이다.

예제 다음의 참조 페이지를 세 개의 페이지 프레임을 가진 기억장치에서 LRU 알고리즘을 사용하여 교체했을 때 페이지 부재의 수는? (단, 초기 페이지 프레임은 모두 비어 있는 상태이다.)

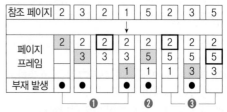

❶ 참조 페이지를 각 페이지 프레임에 차례로 적재시키되 이미 적재된 페이지는 해당 위치의 페이지 프레임을 사용한다.

❷ 사용할 페이지 프레임이 없을 경우 현재 시점에서 가장 오랫동안 사용되지 않은 페이지 3을 제거한 후 5를 적재한다.

❸ 같은 방법으로 나머지 참조 페이지를 수행한다.

▶340431
필기 21.5

243 Locality C

- Locality(국부성, 지역성, 구역성, 국소성)는 **프로세스가 실행되는 동안 주기억장치를 참조할 때 일부 페이지만 집중적으로 참조하는 성질이 있다는 이론**이다.
- 스래싱을 방지하기 위한 워킹 셋 이론의 기반이 되었다.
- 시간 구역성(Temporal Locality) : 프로세스가 실행되면서 하나의 페이지를 일정 시간 동안 집중적으로 액세스하는 현상
- 공간 구역성(Spatial Locality) : 프로세스 실행 시 일정 위치의 페이지를 집중적으로 액세스하는 현상

▶340432
필기 21.3

244 워킹 셋 C

- 워킹 셋(Working Set)은 **프로세스가 일정 시간 동안 자주 참조하는 페이지들의 집합**이다.
- 자주 참조되는 워킹 셋을 주기억장치에 상주시킴으로써 페이지 부재 및 페이지 교체 현상이 줄어들어 프로세스의 기억장치 사용이 안정된다.

▶340433
필기 21.5

245 스래싱 C

- 스래싱(Thrashing)은 **프로세스의 처리 시간보다 페이지 교체에 소요되는 시간이 더 많아지는 현상**이다.
- 다중 프로그래밍 시스템이나 가상기억장치를 사용하는 시스템에서 하나의 프로세스 수행 과정 중에 자주 페이지 부재(Page Fault)가 발생함으로써 나타나며, 전체 시스템의 성능이 저하된다.

▶340436
20.11, 필기 23.5, 20.6

246 프로세스 상태 전이 A

프로세스 상태 전이는 프로세스가 시스템 내에 존재하는 동안 프로세스의 상태가 변하는 것을 의미한다.

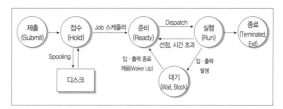

▶340437
필기 21.8

247 프로세스 상태 전이 관련 용어 C

필기 21.8
Dispatch(디스패치)
준비 상태에서 대기하고 있는 프로세스 중 하나가 프로세서를 할당받아 실행 상태로 전이되는 과정이다.

Wake Up
입·출력 작업이 완료되어 프로세스가 대기 상태에서 준비 상태로 전이 되는 과정이다.

Spooling(스풀링)
입·출력장치의 공유 및 상대적으로 느린 입·출력장치의 처리 속도를 보완하고 다중 프로그래밍 시스템의 성능을 향상시키기 위해 입·출력할 데이터를 직접 입·출력장치에 보내지 않고 나중에 한꺼번에 입·출력하기 위해 디스크에 저장하는 과정이다.

▶340438
필기 20.6

248 스레드 C

- 스레드(Thread)는 **시스템의 여러 자원을 할당받아 실행하는 프로그램의 단위** 또는 프로세스 내에서의 작업 단위로 사용된다.
- 프로세스의 일부 특성을 갖고 있기 때문에 경량(Light Weight) 프로세스라고도 한다.

249 SJF A

- SJF(Shortest Job First, 단기 작업 우선)는 **준비상태 큐에서 기다리고 있는 프로세스들 중에서 실행 시간이 가장 짧은 프로세스에게 먼저 CPU를 할당하는 기법**이다.
- 가장 적은 평균 대기 시간을 제공하는 최적 알고리즘이다.

예제 다음과 같은 프로세스들이 차례로 준비상태 큐에 들어왔다고 가정할 때, SJF 기법을 이용하여 평균 실행 시간, 평균 대기 시간, 평균 반환 시간을 구하시오(제출 시간이 없을 경우).

프로세스 번호	P1	P2	P3
실행 시간	20	4	6

① 아래와 같이 실행 시간이 짧은 프로세스를 먼저 처리하도록 이동시킨 후 각 프로세스의 대기 시간과 반환 시간을 구한다.
② 실행시간, 대기 시간, 반환 시간, 각 시간의 평균은 FCFS의 예제와 동일한 방법으로 구한다.

진행시간 0	10	20	30
P2	├─4─┤ 0 실행 4 도착 완료 실행 시작		
P3	├─4─┤─6─┤ 0 대기 4 실행10 도착 실행 완료 시작		
P1	├─10─┤─────20─────┤ 0 도착 대기 10 실행 실행 3 0 완료 실행 시작		

- 평균 실행 시간 : (4+6+20)/3 = 10
- 평균 대기 기간 : (0+4+10)/3 = 4.6
- 평균 반환 시간 : (4+10+30)/3 = 14.6

250 HRN A

- HRN(Highest Response-ratio Next)은 **대기 시간과 서비스(실행) 시간을 이용하는 기법**이다.
- 우선순위를 계산하여 그 숫자가 가장 높은 것부터 낮은 순으로 우선순위가 부여된다.
- 우선순위 계산식

$$우선순위\ 계산식 = \frac{대기\ 시간 + 서비스\ 시간}{서비스\ 시간}$$

예제 다음과 같은 프로세스가 HRN 기법으로 스케줄링될 때 우선순위를 계산하시오.

프로세스 번호	P1	P2	P3
실행 시간	20	4	6
대기 시간	10	20	10
우선순위 계산	(20+10)/20=1.5	(4+20)/4=6	(6+10)/6=2.6
우선순위	P2 → P3 → P1		

251 RR A

- RR(Round Robin)은 각 프로세스를 **시간 할당량(Time Slice, Quantum) 동안만 실행한 후 실행이 완료되지 않으면 다음 프로세스에게 CPU를 넘겨주는 기법**이다.
- 시분할 시스템(Time Sharing System)을 위해 고안된 방식으로, 할당되는 시간의 크기가 작으면 작은 프로세스들에게 유리하다.
- 할당되는 시간이 클 경우 FCFS 기법과 같아지고, 할당되는 시간이 작을 경우 문맥 교환 및 오버헤드가 자주 발생되어 요청된 작업을 신속히 처리할 수 없다.

fork	새로운 프로세스를 생성함
ls	현재 디렉터리의 파일 목록을 표시함
mkdir	디렉터리를 생성함
rmdir	디렉터리를 삭제함
mv	파일을 이동함
ps	현재 실행중인 프로세스를 표시함
pwd	현재 작업중인 디렉터리 경로를 화면에 표시함
who	현재 시스템에 접속해 있는 사용자를 표시함

※ 필기 23.5, 23.2, … (위 fork 항목 상단 표시)

252 SRT

▶440371

22.10 **A**

- SRT(Shortest Remaining Time)는 현재 실행중인 프로세스의 남은 시간과 준비상태 큐에 새로 도착한 프로세스의 실행 시간을 비교하여 가장 짧은 실행 시간을 요구하는 프로세스에게 CPU를 할당하는 기법이다.
- 시분할 시스템에 유용하며, 준비상태 큐에 있는 각 프로세스의 실행 시간을 추적하여 보유하고 있어야 하므로 오버헤드가 증가한다.

253 환경 변수

▶340445

필기 20.9 **C**

- 환경 변수(Environment Variable)란 시스템 소프트웨어의 동작에 영향을 미치는 동적인 값들의 모임을 의미한다.
- 환경 변수는 변수명과 값으로 구성된다.
- Windows에서 set을 입력하면 모든 환경 변수와 값을 출력한다.
- UINIX나 LINUX에서는 set, env, printenv, setenv 중 하나를 입력하면 모든 환경 변수와 값을 표시한다.

254 UNIX/LINUX 기본 명령어

▶340447

23.10, 20.7, 필기 23.5, 23.2, 22.7, 20.8 **A**

cat	파일 내용을 화면에 표시함
cd	디렉터리의 위치를 변경함
chown 23.10, 20.7	파일 소유자와 그룹을 변경함
op	파일을 복사함
rm	파일을 삭제함
find	파일을 찾음
kill	PID(프로세스 고유 번호)를 이용하여 프로세스를 종료함

255 chmod

▶340448

20.7, 필기 23.2 **A**

- chmod는 파일의 보호 모드를 설정하여 파일의 사용 허가를 지정하는 UNIX 명령어이다.
- 8진법 숫자를 이용한 방법으로도 파일의 보호 모드를 설정할 수 있다.

예제 UNIX 기반 시스템에서 'batch.sh' 파일에 대해 소유자와 그룹에게는 전체 권한, 기타 사용자에게는 읽기와 실행 권한만 부여하는 명령문을 8진법 숫자를 이용하여 작성하시오.

해설

- UNIX에서는 파일의 권한(permission)을 10자리로 표현하는데 1번째 자리는 디렉터리(d) 또는 파일(−)을, 2~4번째 자리는 소유자(Owner) 권한을, 5~7번째 자리는 그룹(Group) 권한을, 8~10번째 자리는 기타 사용자(Other) 권한을 의미합니다.
- 각 자리는 r(읽기), w(쓰기), x(실행), −(권한없음)으로 표시합니다.

예 – rwx rwx r–x

- 기타 사용자
- 그룹
- 소유자
- 파일 구분

– 파일 구분(–) : 파일을 의미
– 소유자(rwx) : 읽기, 쓰기, 실행 가능
– 그룹(rwx) : 읽기, 쓰기, 실행 가능
– 기타 사용자(r–x) : 읽기, 실행만 가능

- 권한을 변경하는 chmod 명령어는 위의 권한 표현 방식을 8진수로 변경하여 사용할 수 있습니다.
- 변경 방법은 파일 구분을 제외한 각 권한을 권한있음(1)과 권한없음(0)으로 바꾼 뒤 8진수로 변환하여 chmod 명령어의 매개 변수로 사용하면 됩니다.

예 rwx rwx r–x

↓   ('–'는 0, 나머지는 1로 바꾸어 준다.)

111 111 101

↓   (3자리 2진수를 8진수로 변환한다. 111 = 7, 101 = 5)

7 7 5

↓   (chmod 명령문을 완성한다.)

chmod 775 batch.sh

▶340449

21.4, 20.11, 필기 23.7, 23.2, 21.8, 21.3, 20.8, 20.6

256 IP 주소 **A**

IP 주소(Internet Protocol Address)는 **인터넷에 연결된 모든 컴퓨터 자원을 구분하기 위한 고유한 주소이다.**

21.4, 필기 21.8
IPv4(Internet Protocol version 4)

- 8비트씩 4부분, 총 32비트로 구성되어 있다.
- 네트워크 부분의 길이에 따라 A 클래스에서 E 클래스까지 총 5단계로 구성되어 있다.

21.4, 20.11, 필기 23.7, 23.2, 21.3, 20.8, 20.6
IPv6(Internet Protocol version 6)

- IPv6은 현재 사용하고 있는 IP 주소 체계인 IPv4의 주소 부족 문제를 해결하기 위해 개발되었다.
- 16비트씩 8부분, 총 128비트로 구성되어 있다.
- 각 부분을 16진수로 표현하고, 콜론(:)으로 구분한다.
- 인증성, 기밀성, 데이터 무결성의 지원으로 보안 문제를 해결할 수 있다.

▶340450

필기 20.6

257 IPv6의 주소 체계 **C**

- 유니캐스트(Unicast) : 단일 송신자와 단일 수신자 간의 통신(1 대 1 통신에 사용)
- 멀티캐스트(Multicast) : 단일 송신자와 다중 수신자 간의 통신(1 대 다 통신에 사용)
- 애니캐스트(Anycast) : 단일 송신자와 가장 가까이 있는 단일 수신자 간의 통신(1 대 1 통신에 사용)

▶340453

21.10, 20.5, 필기 23.7, 23.5, 21.5, 21.3, 20.9, 20.8, 20.6

258 OSI 참조 모델 **A**

OSI 참조 모델은 다른 시스템 간의 원활한 통신을 위해 ISO(국제표준화기구)에서 제안한 통신 규약(Protocol)이다.

20.5, 필기 23.5
물리 계층(Physical Layer)

전송에 필요한 두 장치 간의 실제 접속과 절단 등 기계적, 전기적, 기능적, 절차적 특성에 대한 규칙을 정의한다.

21.10, 필기 23.7, 21.3, 20.8
데이터 링크 계층(Data Link Layer)

두 개의 인접한 개방 시스템들 간에 신뢰성 있고 효율적인 정보 전송을 할 수 있도록 시스템 간 연결 설정과 유지 및 종료를 담당한다.

네트워크 계층(Network Layer, 망 계층)
<small>21.10, 필기 21.5</small>

개방 시스템들 간의 네트워크 연결을 관리하는 기능과 데이터의 교환 및 중계 기능을 한다.

전송 계층(Transport Layer)
<small>필기 20.9, 20.6</small>

논리적 안정과 균일한 데이터 전송 서비스를 제공함으로써 종단 시스템(End-to-End) 간에 투명한 데이터 전송을 가능하게 한다.

세션 계층(Session Layer)

송·수신 측 간의 관련성을 유지하고 대화 제어를 담당한다.

표현 계층(Presentation Layer)
<small>21.10</small>

서로 다른 데이터 표현 형태를 갖는 시스템 간의 상호 접속을 위해 필요한 계층으로, 코드 변환, 데이터 암호화, 데이터 압축, 구문 검색 등의 기능을 수행한다.

응용 계층(Application Layer)

사용자(응용 프로그램)가 OSI 환경에 접근할 수 있도록 서비스를 제공한다.

259 네트워크 관련 장비 <small>필기 21.5</small> **C**

라우터(Router)
<small>필기 21.5</small>

- 브리지와 같이 LAN과 LAN의 연결 기능에 데이터 전송의 최적 경로를 선택하는 기능이 추가된 장치이다.
- 서로 다른 LAN 또는 LAN과 WAN을 연결하는 기능도 한다.

리피터(Repeater)

거리가 증가할수록 감쇠하는 디지털 신호의 장거리 전송을 위해 수신한 신호를 재생시키거나 출력 전압을 높여 전송하는 장치이다.

허브(Hub)

- 한 사무실이나 가까운 거리의 컴퓨터들을 연결하는 장치로, 각각의 회선을 통합하여 관리한다.
- 신호 증폭 기능을 하는 리피터의 역할을 포함한다.

브리지(Bridge)

- LAN과 LAN을 연결하거나 LAN 안에서의 컴퓨터 그룹을 연결하는 장치이다.
- 브리지를 이용한 서브넷(Subnet) 구성 시 전송 가능한 회선 수는 브리지가 n개일 때, n(n-1)/2개이다.

게이트웨이(Gateway)

- OSI 전 계층의 프로토콜 구조가 다른 네트워크를 연결하는 장치이다.
- LAN에서 다른 네트워크에 데이터를 보내거나 다른 네트워크로부터 데이터를 받아들이는 출입구 역할을 한다.

260 프로토콜 <small>20.10</small> **A**

- 프로토콜(Protocol)은 서로 다른 기기들 간의 **데이터 교환을 원활하게 수행할 수 있도록 표준화시켜 놓은 통신 규약**이다.
- 1965년 톰 마릴(Tom Marill)이 컴퓨터가 메시지를 전달하고, 메시지가 제대로 도착했는지 확인하며, 도착하지 않았을 경우 메시지를 재전송하는 일련의 방법을 '기술적 은어'란 뜻의 프로토콜로 정의한 바 있다.

261 프로토콜의 기본 요소 <small>20.5</small> **A**

- 구문(Syntax) : 전송하고자 하는 데이터의 형식, 부호화, 신호 레벨 등을 규정함
- 의미(Semantics) : 두 기기 간의 효율적이고 정확한 정보 전송을 위한 협조 사항과 오류 관리를 위한 제어 정보를 규정함
- 시간(Timing) : 두 기기 간의 통신 속도, 메시지의 순서 제어 등을 규정함

340457

262 패킷 교환 방식 23.4, 21.7 **A**

패킷 교환 방식(Packet Switching)은 **메시지를 일정한 길이의 패킷으로 잘라서 전송하는 방식**으로, 가상 회선 방식과 데이터그램 방식이 있다.

21.7
가상 회선 방식

• 단말기 상호 간에 논리적인 가상 통신 회선을 미리 설정하여 송신지와 수신지 사이의 연결을 확립한 후에 설정된 경로를 따라 패킷들을 순서적으로 운반하는 방식이다.
• 정보 전송 전에 제어 패킷에 의해 경로가 설정된다.
• 모든 패킷은 같은 경로로 발생 순서대로 전송된다. 즉 패킷의 송·수신 순서가 같다.

21.7
데이터그램 방식

• 연결 경로를 설정하지 않고 인접한 노드들의 트래픽(전송량) 상황을 감안하여 각각의 패킷들을 순서에 상관없이 독립적으로 운반하는 방식이다.
• 패킷마다 전송 경로가 다르므로, 패킷은 목적지의 완전한 주소를 가져야 한다.
• 순서에 상관없이 여러 경로를 통해 도착한 패킷들은 수신 측에서 순서를 재정리한다.

340458

263 TCP/IP 23.4, 필기 23.2, 21.5, 21.3, 20.8, 20.6 **A**

TCP/IP(Transmission Control Protocol/Internet Protocol)는 인터넷에 연결된 **서로 다른 기종의 컴퓨터들이 데이터를 주고받을 수 있도록 하는 표준 프로토콜**이다.

필기 23.2, 21.5, 21.3, 20.8, 20.6
TCP(Transmission Control Protocol)

• OSI 7계층의 전송 계층에 해당한다.
• 가상 회선 방식을 기반으로 하는 양방향 연결 서비스를 제공한다.
• 패킷의 다중화, 순서 제어, 오류 제어, 흐름 제어 기능을 제공한다.

IP(Internet Protocol)

• OSI 7계층의 네트워크 계층에 해당한다.
• 데이터그램 방식을 기반으로 하는 비연결형 서비스를 제공한다.
• 패킷의 분해/조립, 주소 지정, 경로 선택 기능을 제공한다.

340460

264 UDP 필기 21.3, 20.9 **C**

• UDP(User Datagram Protocol)는 **데이터 전송 전에 연결을 설정하지 않는 비연결형 서비스를 제공하는 프로토콜**이다.
• TCP에 비해 상대적으로 단순한 헤더 구조를 가지므로, 오버헤드가 적고, 흐름 제어나 순서 제어가 없어 전송 속도가 빠르다.
• 실시간 전송에 유리하며, 신뢰성보다는 속도가 중요시되는 네트워크에서 사용된다.

440388

265 L2TP 23.4 **A**

• L2TP(Layer 2 Tunneling Protocol)는 **PPTP와 L2F의 기술적 장점들을 결합하여 만들어진 터널링 프로토콜**이다.
• 데이터 링크 계층에서 구현되는 터널링 프로토콜이다.
• 자체적으로 암호화 및 인증 기능을 제공하지 않아 다른 보안 프로토콜과 함께 사용되는 경우가 많다.
• PPTP(Point to Point Tunneling Protocol) : PPP 패킷을 IP 패킷에 캡슐화하여 통과시키기 위한 터널링 프로토콜
• L2F(Layer 2 Forwarding) : 인터넷을 통한 VPN(가상 사설망) 연결을 위해 개발된 터널링 프로토콜

340462

266 ICMP

23.4, 20.10, 필기 22.3 A

- ICMP(Internet Control Message Protocol, 인터넷 제어 메시지 프로토콜)는 **IP와 조합하여 통신중에 발생하는** 오류의 처리와 전송 경로 변경 등을 위한 **제어 메시지를 관리하는 역할**을 한다.
- 헤더는 8Byte로 구성된다.

440390

267 ARP / RARP

21.4, 필기 23.7, 22.7, 20.9, 20.6 A

필기 23.7, 20.9, 20.6

ARP(Address Resolution Protocol, 주소 분석 프로토콜)

호스트의 IP 주소를 호스트와 연결된 네트워크 접속 장치의 물리적 주소(MAC Address)로 변환하는 기능을 수행하는 프로토콜이다.

21.4

RARP(Reverse Address Resolution Protocol)

ARP와 반대로 물리적 주소를 IP 주소로 변환하는 기능을 수행하는 프로토콜로, 역순 주소 결정 프로토콜이라 불린다.

440391

268 네트워크 관련 신기술

22.10, 21.7, 20.7, 필기 23.7, 23.2, 22.7, 22.4, 21.3, 20.9, … A

필기 23.7, 22.7, 22.4, 20.8

메시 네트워크(Mesh Network)

- 차세대 이동통신, 홈네트워킹, 공공 안전 등 특수 목적을 위한 새로운 방식의 네트워크 기술이다.
- 대규모 디바이스의 네트워크 생성에 최적화되어 있다.

필기 20.6

피코넷(PICONET)

여러 개의 독립된 통신장치가 블루투스 기술이나 UWB 통신 기술을 사용하여 통신망을 형성하는 무선 네트워크 기술이다.

21.7

애드 혹 네트워크(Ad-hoc Network)

- 재난 현장과 같이 별도의 고정된 유선망을 구축할 수 없는 장소에서 모바일 호스트(Mobile Host)만을 이용하여 구성한 네트워크이다.
- 망을 구성한 후 단기간 사용되는 경우나 유선망을 구성하기 어려운 경우에 적합하다.

필기 20.9

파장 분할 다중화(WDM; Wavelength Division Multiplexing)

광섬유를 이용한 통신기술의 하나로, 파장이 서로 다른 복수의 신호를 보냄으로써 여러 대의 단말기가 동시에 통신 회선을 사용할 수 있도록 하는 기술이다.

필기 20.9

소프트웨어 정의 데이터센터(SDDC; Software Defined Data Center)

- 데이터 센터의 모든 자원을 가상화하여 인력의 개입 없이 소프트웨어 조작만으로 관리 및 제어되는 데이터 센터를 의미한다.
- 컴퓨팅, 네트워킹, 스토리지, 관리 등을 모두 소프트웨어로 정의한다.

20.7

개방형 링크드 데이터(LOD, Linked Open Data)

- Linked Data와 Open Data의 합성어로, 누구나 사용할 수 있도록 웹상에 공개된 연계 데이터를 의미한다.
- 웹상에 존재하는 데이터를 개별 URI(인터넷 식별자)로 식별하고, 각 URI에 링크 정보를 부여함으로써 상호 연결된 웹을 지향하는 모형이다.

IoT(Internet of Things, 사물 인터넷)

정보 통신 기술을 기반으로 실세계(Physical World)와 가상 세계(Virtual World)의 다양한 사물들을 인터넷으로 서로 연결하여 진보된 서비스를 제공하기 위한 서비스 기반 기술이다.

클라우드 컴퓨팅(Cloud Computing)

각종 컴퓨팅 자원을 중앙 컴퓨터에 두고 인터넷 기능을 갖는 단말기로 언제 어디서나 인터넷을 통해 컴퓨터 작업을 수행할 수 있는 가상화된 환경을 의미한다.

USN(Ubiquitous Sensor Network)

- 각종 센서로 수집한 정보를 무선으로 수집할 수 있도록 구성한 네트워크이다.
- 필요한 모든 것에 RFID 태그를 부착하고, 이를 통하여 사물의 인식정보는 물론 주변의 환경정보까지 탐지하여 이를 네트워크에 연결하여 정보를 관리한다.

22.10

SSO(Single Sign On)

- 한 번의 로그인으로 개인이 가입한 모든 사이트를 이용할 수 있게 해주는 시스템이다.
- 개인정보를 각 사이트마다 일일이 기록해야 하던 불편함을 해소할 수 있다.
- 기업에서는 회원에 대한 통합관리가 가능해 마케팅을 극대화시킬 수 있다.

망형(Mesh)

- 모든 지점의 컴퓨터와 단말장치를 서로 연결한 형태로, 노드의 연결성이 높다.
- 모든 노드를 망형으로 연결하려면 노드의 수가 n개일 때, n(n−1)/2개의 회선이 필요하고 노드당 n−1개의 포트가 필요하다.

스타(Star)형

링(Ring, 루프)형

망(Mesh)형

버스(Bus)형

계층(Tree)형

▶340465

필기 23.2, 21.3, 20.8

269 네트워크 구축 B

네트워크는 **두 대 이상의 컴퓨터를** 전화선이나 케이블 등으로 **연결하여 자원을 공유하는 것을** 말한다.

성형(Star, 중앙 집중형)

중앙에 중앙 컴퓨터가 있고, 이를 중심으로 단말장치들이 연결되는 중앙 집중식의 네트워크 구성 형태이다.

링형(Ring, 루프형)

컴퓨터와 단말장치들을 서로 이웃하는 것끼리 연결시킨 포인트 투 포인트(Point-to-Point) 방식의 구성 형태이다.

필기 23.2, 21.3, 20.8
버스형(Bus)

한 개의 통신 회선에 여러 대의 단말장치가 연결되어 있는 형태이다.

계층형(Tree, 분산형)

중앙 컴퓨터와 일정 지역의 단말장치까지는 하나의 통신 회선으로 연결시키고, 이웃하는 단말장치는 일정 지역 내에 설치된 중간 단말장치로부터 다시 연결시키는 형태이다.

▶340467

필기 21.3

270 IEEE 802의 주요 표준 규격 C

IEEE 802는 LAN의 표준안이다.

802.1	전체의 구성, OSI 참조 모델과의 관계, 통신망 관리 등에 관한 규약
802.2	논리 링크 제어(LLC) 계층에 관한 규약
필기 21.3 802.3	CSMA/CD 방식의 매체 접근 제어 계층에 관한 규약
802.4	토큰 버스 방식의 매체 접근 제어 계층에 관한 규약
802.5	토큰 링 방식의 매체 접근 제어 계층에 관한 규약
802.6	도시형 통신망(MAN)에 관한 규약
802.9	종합 음성/데이터 네트워크에 관한 규약
802.11	무선 LAN에 관한 규약

340468

271 IEEE 802.11의 버전 C

필기 20.6

802.11	2.4GHz 대역 전파와 CSMA/CA 기술을 사용해 최고 2Mbps까지의 전송 속도를 지원함
802.11a	5GHz 대역의 전파를 사용하며, OFDM 기술을 사용해 최고 54Mbps까지의 전송 속도를 지원함
802.11b	802.11 초기 버전의 개선안으로 등장하였으며, 초기 버전의 대역 전파와 기술을 사용해 최고 11Mbps의 전송 속도로 기존에 비해 5배 이상 빠르게 개선되었음
802.11e 필기 20.6	802.11의 부가 기능 표준으로, QoS 기능이 지원되도록 하기 위해 매체 접근 제어(MAC) 계층에 해당하는 부분을 수정하였음
802.11g	2.4GHz 대역의 전파를 사용하지만 5GHz 대역의 전파를 사용하는 802.11a와 동일한 최고 54Mbps까지의 전송 속도를 지원함
802.11n	2.4GHz 대역과 5GHz 대역을 사용하는 규격으로, 최고 600Mbps까지의 전송 속도를 지원함

340469

272 NAT A

23.10, 20.11

- NAT(Network Address Translation, 네트워크 주소 변환)은 **한 개의 정식 IP 주소에 대량의 가상 사설 IP 주소를 할당 및 연결하는 기능**이다.
- 한 개의 IP 주소를 사용해서 외부에 접속할 수 있는 노드는 어느 시점에서 한 개로 제한되는 문제가 있지만 IP 마스커레이드(Masquerade)를 이용하여 해결할 수 있다.

440398

273 IGP A

23.10, 22.7, 20.10, 필기 23.2, 21.5, 20.9, 20.6

IGP(Interior Gateway Protocol, 내부 게이트웨이 프로토콜)는 **하나의 자율 시스템(AS) 내의 라우팅에 사용되는 프로토콜**이다.

RIP(Routing Information Protocol)

필기 20.9, 20.6

- 현재 가장 널리 사용되는 라우팅 프로토콜로 거리 벡터 라우팅 프로토콜이라고도 불린다.
- 최단 경로 탐색에 Bellman-Ford 알고리즘을 사용한다.
- 소규모 동종의 네트워크(자율 시스템, AS) 내에서 효율적인 방법이다.

OSPF(Open Shortest Path First protocol)

20.10, 필기 23.2, 21.5

- RIP의 단점을 해결하여 새로운 기능을 지원하는 인터넷 프로토콜로, 대규모 네트워크에서 많이 사용된다.
- 최단 경로 탐색에 다익스트라(Dijkstra) 알고리즘을 사용한다.

440399

274 EGP / BGP A

22.7

EGP(Exterior Gateway Protocol)

자율 시스템(AS) 간의 라우팅, 즉 게이트웨이 간의 라우팅에 사용되는 프로토콜이다.

BGP(Border Gateway Protocol)

- 자율 시스템(AS) 간의 라우팅 프로토콜로, EGP의 단점을 보완하기 위해 만들어진 프로토콜이다.
- 초기에 BGP 라우터들이 연결될 때에는 전체 경로 제어표(라우팅 테이블)를 교환하고, 이후에는 변화된 정보만을 교환한다.

275 흐름 제어 C

흐름 제어(Flow Control)란 네트워크 내의 원활한 흐름을 위해 **송·수신 측 사이에 전송되는 패킷의 양이나 속도를 규제하는 기능**이다.

필기 20.9
정지-대기(Stop-and-Wait)
• 수신 측의 확인 신호(ACK)를 받은 후에 다음 패킷을 전송하는 방식이다.
• 한 번에 하나의 패킷만을 전송할 수 있다.

슬라이딩 윈도우(Sliding Window)
• 확인 신호, 즉 수신 통지를 이용하여 송신 데이터의 양을 조절하는 방식이다.
• 수신 측의 확인 신호를 받지 않더라도 미리 정해진 패킷의 수만큼 연속적으로 전송하는 방식으로, 한 번에 개의 패킷을 전송할 수 있어 전송 효율이 좋다.
• 송신 측은 수신 측으로부터 확인 신호(ACK) 없이도 보낼 수 있는 패킷의 최대치를 미리 약속받는데, 이 패킷의 최대치가 윈도우 크기(Window Size)를 의미한다.

276 SW 관련 신기술 A

20.11
블록체인(Blockchain)
P2P(Peer-to-Peer) 네트워크를 이용하여 온라인 금융 거래 정보를 온라인 네트워크 참여자(Peer)의 디지털 장비에 분산 저장하는 기술이다.

필기 20.8
매시업(Mashup)
웹에서 제공하는 정보 및 서비스를 이용하여 새로운 소프트웨어나 서비스, 데이터베이스 등을 만드는 기술로, 다수의 정보원이 제공하는 콘텐츠를 조합하여 하나의 서비스로 제공하는 웹 사이트 또는 애플리케이션을 말한다.

필기 20.9
서비스 지향 아키텍처(SOA; Service Oriented Architecture)
• 기업의 소프트웨어 인프라인 정보시스템을 공유와 재사용이 가능한 서비스 단위나 컴포넌트 중심으로 구축하는 정보기술 아키텍처이다.
• SOA 기반 애플리케이션 구성 계층 : 표현(Presentation), 업무 프로세스(Biz-Process), 서비스 중간(Service Intermediary), 애플리케이션(Application), 데이터 저장(Persistency) 계층

필기 20.8
디지털 트윈(Digital Twin)
• 현실속의 사물을 소프트웨어로 가상화한 모델이다.
• 실제 물리적인 자산을 소프트웨어로 가상화함으로써 실제 자산의 특성에 대한 정확한 정보를 얻을 수 있다.

그레이웨어(Grayware)
소프트웨어를 제공하는 입장에서는 악의적이지 않은 유용한 소프트웨어라고 주장할 수 있지만 사용자 입장에서는 유용할 수도 있고 악의적일 수도 있는 애드웨어, 트랙웨어, 기타 악성 코드나 악성 공유웨어를 말한다.

양자 암호키 분배(QKD; Quantum Key Distribution)
• 양자 통신을 위해 비밀키를 분배하여 관리하는 기술이다.
• 두 시스템이 암호 알고리즘 동작을 위한 비밀키를 안전하게 공유하기 위해 양자 암호키 분배 시스템을 설치하여 운용하는 방식으로 활용된다.

서비스형 소프트웨어(SaaS; Software as a Service)
소프트웨어의 여러 기능 중에서 사용자가 필요로 하는 서비스만 이용할 수 있도록 한 소프트웨어이다.

시맨틱 웹(Semantic Web)
컴퓨터가 사람을 대신하여 정보를 읽고 이해하고 가공하여 새로운 정보를 만들어 낼 수 있도록 이해하기 쉬운 의미를 가진 차세대 지능형 웹을 의미한다.

리치 인터넷 애플리케이션(RIA; Rich Internet Application)
플래시 애니메이션 기술과 웹 서버 애플리케이션 기술을 통합하여 기존 HTML 보다 역동적이고 인터랙티브한 웹 페이지를 제공하는 신개념의 플래시 웹 페이지 제작 기술이다.

277 HW 관련 신기술 Ⓐ

278 RAID Ⓐ

필기 21.5

앤 스크린(N-Screen)

N개의 서로 다른 단말기에서 동일한 콘텐츠를 자유롭게 이용할 수 있는 서비스이다.

신 클라이언트 PC(Thin Client PC)

- 하드디스크나 주변장치 없이 기본적인 메모리만 갖추고 서버와 네트워크로 운용되는 개인용 컴퓨터이다.
- 서버 기반 컴퓨팅과 관계가 깊다.

엠디스크(M-DISC, Millennial DISC)

- 한 번의 기록만으로 자료를 영구 보관할 수 있는 광 저장장치이다.
- 디스크 표면의 무기물층에 레이저를 이용해 자료를 조각해서 기록한다.

멤스(MEMS; Micro-Electro Mechanical Systems)

초정밀 반도체 제조 기술을 바탕으로 센서, 액추에이터(Actuator) 등 기계 구조를 다양한 기술로 미세 가공하여 전기기계적 동작을 할 수 있도록 한 초미세 장치이다.

멤리스터(Memristor)

메모리(Memory)와 레지스터(Resister)의 합성어로, 전류의 방향과 양 등 기존의 경험을 모두 기억하는 특별한 소자이다.

22.10

트러스트존 기술(TrustZone Technology)

하나의 프로세서(Processor) 내에 일반 애플리케이션을 처리하는 일반 구역(Normal World)과 보안이 필요한 애플리케이션을 처리하는 보안 구역(Secure World)으로 분할하여 관리하는 하드웨어 기반의 보안 기술이다.

RAID(Redundant Array of Independent Disk)는 2개 이상의 하드디스크로 디스크 배열을 구성하고, 파일을 구성하는 데이터 블록들을 서로 다른 디스크에 분산 저장하거나 다중화하는 저장 기술로, 구현된 기술에 따라 다음과 같이 레벨(Level)로 구분한다.

22.5

RAID 0

- 스트라이핑(Striping)이라고 불린다.
- 디스크를 병렬로 연결하여 디스크의 개수만큼 용량과 속도가 배로 증가한다.
- 하나의 디스크만 손상되어도 전체 데이터가 파손된다.

RAID 1

- 미러링(Mirroring)이라고 불린다.
- 같은 데이터를 다른 디스크에 동일하게 복사하는 방식이다.

RAID 2~4

- 하나의 디스크에 오류 정정 부호를 비트(RAID 2)/바이트(RAID 3)/워드(RAID 4) 단위로 저장하고, 나머지 디스크는 RAID 0과 같이 활용하여 안정성을 높인 모드이다.
- 하나의 디스크가 손상되어도 정상 가동이 가능하며 최소 3개의 디스크가 필요하다.

RAID 5

- 오류 정정 부호를 블록 단위로 여러 디스크에 분산 저장한 방식이다.
- 하나의 디스크가 손상되어도 정상 가동이 가능하며 최소 3개의 디스크가 필요하다.

RAID 6

- RAID 5와 원리는 같으나 오류 정정 부호 2개를 저장하는 방식이다.
- 두 개의 디스크가 손상되어도 정상 가동이 가능하며 최소 4개의 디스크가 필요하다.

필기 21.5, 20.9

279 Secure OS C

- Secure OS는 기존의 운영체제(OS)에 내재된 보안 취약점을 해소하기 위해 **보안 기능을 갖춘 커널 (Kernel)을 이식하여 외부의 침입으로부터 시스템 자원을 보호하는 운영체제**를 의미한다.
- 보안 커널은 보안 기능을 갖춘 커널을 의미하며, TCB(Trusted Computing Base)를 기반으로 참조 모니터의 개념을 구현하고 집행한다.
- Secure OS의 보안 기능 : 식별 및 인증, 임의적/강제 적 접근통제, 객체 재사용 보호, 완전한 조정, 신뢰 경로, 감사 및 감사기록 축소 등

20.11, 20.5, 필기 23.7, 23.5, 23.2, 20.9, 20.8, 20.6

280 DB 관련 신기술 A

20.11, 필기 23.2, 20.6
하둡(Hadoop)

- 오픈 소스를 기반으로 한 분산 컴퓨팅 플랫폼이다.
- 더그 커팅과 마이크 캐퍼렐라가 개발했으며, 구글의 맵리듀스(MapReduce) 엔진을 사용하고 있다.
- 일반 PC급 컴퓨터들로 가상화된 대형 스토리지를 형 성하고 그 안에 보관된 거대한 데이터 세트를 병렬로 처리할 수 있도록 개발된 자바 소프트웨어 프레임워 크이다.

필기 23.5, 20.9
맵리듀스(MapReduce)

- 대용량 데이터를 분산 처리하기 위한 목적으로 개발 된 프로그래밍 모델이다.
- 흩어져 있는 데이터를 연관성 있는 데이터 분류로 묶는 Map 작업을 수행한 후 중복 데이터를 제거하 고 원하는 데이터를 추출하는 Reduce 작업을 수행 한다.

20.5, 필기 23.7, 23.2, 20.8
데이터 마이닝(Data Mining)

대량의 데이터를 분석하여 데이터에 내재된 변수 사이 의 상호관계를 규명하여 일정한 패턴을 찾아내는 기법 이다.

필기 20.9
타조(Tajo)

오픈 소스 기반 분산 컴퓨팅 플랫폼인 아파치 하둡 (Apache Hadoop) 기반의 분산 데이터 웨어하우스 프 로젝트이다.

필기 20.9
OLAP(Online Analytical Processing)

- 다차원으로 이루어진 데이터로부터 통계적인 요약 정보를 분석하여 의사결정에 활용하는 방식이다.
- OLAP 연산 : Roll-up, Drill-down, Drill-through, Drillacross, Pivoting, Slicing, Dicing

브로드 데이터(Broad Data)

다양한 채널에서 소비자와 상호 작용을 통해 생성된 것으로, 기업 마케팅에 있어 효율적이고 다양한 데이 터이며, 이전에 사용하지 않거나 알지 못했던 새로운 데이터나 기존 데이터에 새로운 가치가 더해진 데이터 이다.

필기 23.5, 21.3

281 회복 C

- 회복(Recovery)은 트랜잭션들을 수행하는 도중 장 애가 발생하여 **데이터베이스가 손상되었을 때 손상 되기 이전의 정상 상태로 복구하는 작업**이다.
- 회복 기법의 종류 : 연기 갱신 기법, 즉각 갱신 기법, 그림자 페이지 대체 기법, 검사점 기법

22.5

282 REDO / UNDO A

22.5
REDO

데이터베이스가 비정상적으로 종료되었을 때, 디스크 에 저장된 로그를 분석하여 트랜잭션의 시작(start)과 완료(commit)에 대한 기록이 있는 트랜잭션들의 작업 을 재작업한다. 즉 로그를 이용하여 해당 데이터 항목 에 대해 이전 값을 이후 값으로 변경하는 연산이다.

UNDO

22.5

데이터베이스가 비정상적으로 종료되었을 때, 디스크에 저장된 로그를 분석하여 트랜잭션의 시작(start)에 대한 기록은 있지만 완료(commit) 기록은 없는 트랜잭션들이 작업한 변경 내용들을 모두 취소한다. 즉 로그를 이용하여 해당 데이터 항목에 대해 이후 값을 이전 값으로 변경하는 연산이다.

20.11, 필기 20.8

283 즉각 갱신 기법 **A**

• 즉각 갱신 기법(Immediate Update)은 트랜잭션이 데이터를 갱신하면 **트랜잭션이 부분 완료되기 전이라도 즉시 실제 데이터베이스에 반영하는 방법**이다.
• 장애가 발생하여 회복 작업할 경우를 대비하여 갱신된 내용들은 Log에 보관시킨다.
• Redo(재시도)와 Undo(취소) 모두 사용 가능하다.

21.7, 필기 20.9, 20.8

284 로킹 **A**

• 로킹(Locking)은 트랜잭션들이 어떤 로킹 단위를 액세스하기 전에 Lock(잠금)을 요청해서 Lock이 허락되어야만 그 로킹 단위를 액세스할 수 있도록 하는 기법이다.
• 주요 데이터의 액세스를 상호 배타적으로 한다.

필기 21.8

285 타임 스탬프 순서 **C**

• 타임 스탬프 순서(Time Stamp Ordering)는 트랜잭션과 트랜잭션이 읽거나 갱신한 데이터에 대해 트랜잭션이 실행을 시작하기전에 **시간표(Time Stamp)를 부여하여 부여된 시간에 따라 트랜잭션 작업을 수행하는 기법**이다.
• 직렬성 순서를 결정하기 위해 트랜잭션 간의 처리 순서를 미리 선택하는 기법들 중에서 가장 보편적인 방법이다.

340487 · 필기 23.2, 21.8, 21.3, 20.9, 20.8, 20.6

286 로킹 단위 **B**

• 로킹 단위(Locking Granularity)는 병행제어에서 **한꺼번에 로킹할 수 있는 객체의 크기**를 의미한다.
• 데이터베이스, 파일, 레코드, 필드 등이 로킹 단위가 될 수 있다.
• 로킹 단위가 크면 로크 수가 작아 관리하기 쉽지만 병행성 수준이 낮아진다.
• 로킹 단위가 작으면 로크 수가 많아 관리하기 복잡해 오버헤드가 증가하지만 병행성 수준이 높아진다.

340488 · 필기 22.7, 21.3, 20.6

287 교착상태 **B**

• 교착상태(Dead Lock)는 상호 배제에 의해 나타나는 문제점으로, 둘 이상의 프로세스들이 자원을 점유한 상태에서 서로 다른 프로세스가 점유하고 있는 자원을 요구하며 무한정 기다리는 현상을 의미한다.
• 교착상태 발생의 필요 충분 조건

상호 배제 (Mutual Exclusion) 필기 21.3, 20.6	한 번에 한 개의 프로세스만이 공유 자원을 사용할 수 있어야 함
점유와 대기 (Hold and Wait) 필기 21.3, 20.6	최소한 하나의 자원을 점유하고 있으면서 다른 프로세스에 할당되어 사용되고 있는 자원을 추가로 점유하기 위해 대기하는 프로세스가 있어야 함
비선점 (Non-preemption) 필기 21.3, 20.6	다른 프로세스에 할당된 자원은 사용이 끝날 때까지 강제로 빼앗을 수 없어야 함
환형 대기 (Circular Wait) 필기 21.3, 20.6	공유 자원과 공유 자원을 사용하기 위해 대기하는 프로세스들이 원형으로 구성되어 있어 자신에게 할당된 자원을 점유하면서 앞이나 뒤에 있는 프로세스의 자원을 요구해야 함

교착상태의 해결 방법 B

필기 23.2, 21.5, 20.6

예방 기법 (Prevention)	• 교착상태가 발생하지 않도록 사전에 시스템을 제어하는 방법 • 교착상태 발생의 네 가지 조건 중에서 어느 하나를 제거함으로써 수행됨
필기 23.2, 21.5, 20.6 회피 기법 (Avoidance)	• 교착상태가 발생할 가능성을 배제하지 않고 교착상태가 발생하면 적절히 피해 나가는 방법 • 주로 은행원 알고리즘(Banker's Algorithm)이 사용됨
발견 기법 (Detection)	시스템에 교착상태가 발생했는지 점검하여 교착상태에 있는 프로세스와 자원을 발견하는 것
회복 기법 (Recovery)	교착상태를 일으킨 프로세스를 종료하거나 교착상태의 프로세스에 할당된 자원을 선점하여 프로세스나 자원을 회복하는 것

정보처리기사 실기 핵심요약

12장 제품 소프트웨어 패키징

289 릴리즈 노트 작성 항목 A

▶340491   20.5

릴리즈 노트는 소프트웨어 개발 과정에서 정리된 릴리즈 정보를 최종 사용자인 고객과 공유하기 위한 문서이다.

- Header(머릿말) : 릴리즈 노트 이름, 소프트웨어 이름, 릴리즈 버전, 릴리즈 날짜, 릴리즈 노트 날짜, 릴리즈 노트 버전 등
- 개요 : 소프트웨어 및 변경사항 전체에 대한 간략한 내용
- 목적 : 해당 릴리즈 버전에서의 새로운 기능이나 수정된 기능의 목록과 릴리즈 노트의 목적에 대한 간략한 개요
- 문제 요약 : 수정된 버그에 대한 간략한 설명 또는 릴리즈 추가 항목에 대한 요약
- 재현 항목 : 버그 발견에 대한 과정 설명
- 수정/개선 내용 : 버그를 수정/개선한 내용을 간단히 설명
- 사용자 영향도 : 사용자가 다른 기능들을 사용하는데 있어 해당 릴리즈 버전에서의 기능 변화가 미칠 수 있는 영향에 대한 설명
- SW 지원 영향도 : 해당 릴리즈 버전에서의 기능 변화가 다른 응용 프로그램들을 지원하는 프로세스에 미칠 수 있는 영향에 대한 설명
- 노트 : SW/HW 설치 항목, 업그레이드, 소프트웨어 문서화에 대한 참고 항목
- 면책 조항 : 회사 및 소프트웨어와 관련하여 참조할 사항 예 프리웨어, 불법 복제 금지 등
- 연락처 : 사용자 지원 및 문의 응대를 위한 연락처 정보

290 디지털 저작권 관리의 구성 요소 B

▶340494   필기 21.8, 21.5, 20.9

- 클리어링 하우스(Clearing House) : 저작권에 대한 사용 권한, 라이선스 발급, 암호화된 키 관리, 사용량에 따른 결제 관리 등을 수행하는 곳
- 콘텐츠 제공자(Contents Provider) : 콘텐츠를 제공하는 저작권자
- 패키저(Packager) : 콘텐츠를 메타 데이터(Meta Data)와 함께 배포 가능한 형태로 묶어 암호화하는 프로그램
- 콘텐츠 분배자(Contents Distributor) : 암호화된 콘텐츠를 유통하는 곳이나 사람
- 콘텐츠 소비자(Customer) : 콘텐츠를 구매해서 사용하는 주체
- DRM 컨트롤러(DRM Controller) : 배포된 콘텐츠의 이용 권한을 통제하는 프로그램
- 보안 컨테이너(Security Container) : 콘텐츠 원본을 안전하게 유통하기 위한 전자적 보안 장치

291 디지털 저작권 관리의 기술 요소 B

▶340495   필기 23.7, 23.2, 22.7, 21.3, 20.9, 20.8, 20.6

- 암호화(Encryption) : 콘텐츠 및 라이선스를 암호화하고 전자 서명을 할 수 있는 기술
- 키 관리(Key Management) : 콘텐츠를 암호화한 키에 대한 저장 및 분배 기술
- 암호화 파일 생성Packager) : 콘텐츠를 암호화된 콘텐츠로 생성하기 위한 기술
- 식별 기술(Identification) : 콘텐츠에 대한 식별 체계 표현 기술
- 저작권 표현(Right Expression) : 라이선스의 내용 표현 기술
- 정책 관리(Policy Management) : 라이선스 발급 및 사용에 대한 정책 표현 및 관리 기술
- 크랙 방지(Tamper Resistance) : 크랙에 의한 콘텐츠 사용 방지 기술
- 인증(Authentication) : 라이선스 발급 및 사용의 기준이 되는 사용자 인증 기술

340496

필기 20.9

292 소프트웨어 설치 매뉴얼 C

- 소프트웨어 설치 매뉴얼은 개발 초기에서부터 적용된 기준이나 사용자가 소프트웨어를 설치하는 과정에 필요한 내용을 기록한 설명서와 안내서이다.
- 설치 매뉴얼은 사용자 기준으로 작성한다.
- 설치 시작부터 완료할 때까지의 전 과정을 빠짐없이 순서대로 설명한다.
- 설치 과정에서 표시될 수 있는 오류 메시지 및 예외 상황에 관한 내용을 별도로 분류하여 설명한다.

440422

22.10, 20.7, 필기 23.7, 20.9, 20.6

293 소프트웨어 패키징의 형상 관리 A

- 형상 관리(SCM; Software Configuration Management)는 **개발 과정에서 소프트웨어의 변경 사항을 관리하기 위해 개발된 일련의 활동**이다.
- 형상 관리는 소프트웨어 개발의 전 단계에 적용되는 활동이며, 유지보수 단계에서도 수행된다.
- 형상 관리는 소프트웨어 개발의 전체 비용을 줄이고, 개발 과정의 여러 방해 요인이 최소화되도록 보증하는 것을 목적으로 한다.
- 대표적인 형상 관리 도구에는 Git, SVN, CVS 등이 있다.

20.10

294 형상 관리 기능 A

- 형상 식별 : 형상 관리 대상에 이름과 관리 번호를 부여하고, 계층(Tree) 구조로 구분하여 수정 및 추적이 용이하도록 하는 작업
- 버전 제어 : 소프트웨어 업그레이드나 유지 보수 과정에서 생성된 다른 버전의 형상 항목을 관리하고, 이를 위해 특정 절차와 도구(Tool)를 결합시키는 작업
- 형상 통제 : 식별된 형상 항목에 대한 변경 요구를 검토하여 현재의 기준선(Base Line)이 잘 반영될 수 있도록 조정하는 작업

- 형상 감사 : 기준선의 무결성을 평가하기 위해 확인, 검증, 검열 과정을 통해 공식적으로 승인하는 작업
- 형상 기록 : 형상의 식별, 통제, 감사 작업의 결과를 기록·관리하고 보고서를 작성하는 작업

340500

필기 23.2, 21.5, 20.8

295 소프트웨어의 버전 등록 관련 주요 기능 B

- **저장소(Repository)** : 최신 버전의 파일들과 변경 내역에 대한 정보들이 저장되어 있는 곳
- **가져오기(Import)** : 버전 관리가 되고 있지 않은 아무 것도 없는 저장소(Repository)에 처음으로 파일을 복사함
- **체크아웃(Check-Out)** : 프로그램을 수정하기 위해 저장소(Repository)에서 파일을 받아옴
- **체크인(Check-In)** : 체크아웃 한 파일의 수정을 완료한 후 저장소(Repository)의 파일을 새로운 버전으로 갱신함
- **커밋(Commit)** : 체크인을 수행할 때 이전에 갱신된 내용이 있는 경우에는 충돌(Conflict)을 알리고 diff 도구를 이용해 수정한 후 갱신을 완료함
- **동기화(Update)** : 저장소에 있는 최신 버전으로 자신의 작업 공간을 동기화함

340503

필기 21.5

296 소소프트웨어 버전 관리 도구 C
- 분산 저장소 방식

- 분산 저장소 방식은 버전 관리 자료가 하나의 **원격 저장소와 분산된 개발자 PC의 지역 저장소에 함께 저장되어 관리되는 방식**이다.
- 지역 저장소에서 버전 관리가 가능하므로 원격 저장소에 문제가 생겨도 지역 저장소의 자료를 이용하여 작업할 수 있다.
- 종류 : Git, GNU arch, DCVS, Bazaar, Mercurial, TeamWare, Bitkeeper, Plastic SCM 등

필기 23.2, 22.4, 20.9

297 빌드 자동화 도구 [B]

- 빌드 자동화 도구는 **빌드를 포함하여 테스트 및 배포를 자동화하는 도구**이다.
- 애자일(Agile)과 같은 지속적인 통합(Continuous Integration) 개발 환경에서 유용하게 활용된다.
- 빌드 자동화 도구 종류 : Jenkins, Gradle, Ant, Maven, Make 등

필기 20.9

298 Gradle [C]

- Gradle은 Groovy를 기반으로 한 오픈 소스 형태의 자동화 도구이다.
- 안드로이드 앱 개발 환경에서 사용된다.
- 안드로이드뿐만 아니라 플러그인을 설정하면, JAVA, C/C++, Python 등의 언어도 빌드할 수 있다.
- Groovy를 사용해서 만든 DSL(Domain Specific Language)을 스크립트 언어로 사용한다.

나는 시험에 나오는 것만 공부한다!
이제 시나공으로 한 번에 정복하세요!

기초 이론부터
완벽하게 공부해서
안전하게 합격하고
싶어요!

필요한
내용만 간추려 빠르고
쉽게 공부하고
싶어요!

이론은 공부했지만
어떻게 적용되는지
문제풀이를 통해
감각을 익히고 싶어요!

이론은 완벽해요!
기출문제로
마무리하고 싶어요!

기본서
(필기/실기)

Quick & Easy
퀵이지(필기/실기)

총정리
(필기/실기)

기출문제집
(필기/실기)

특 징

자세하고 친절한 이론으로 기초를 쌓은 후 바로 문제풀이를 통해 정리한다.

특 징

큰 판형, 쉬운 설명으로 시험에 꼭 나오는 알짜만 골라 학습한다.

특 징

간단하게 이론을 정리한 후 충분한 문제풀이를 통해 실전 감각을 향상시킨다.

특 징

최신 기출문제를 반복 학습하며 최종 마무리한다.

구 성

본권
기출문제
토막강의

실기
채점 프로그램
• 워드프로세서
• 컴퓨터활용능력
• ITQ

구 성

본권
기출문제
토막강의

구 성

핵심요약
기출문제
모의고사
토막강의

실기
• 채점 프로그램
• 기출문제
• 모의고사

구 성

핵심요약(PDF)
기출문제(15회)
토막강의

실기
기출문제(10회)

출 간 종 목

컴퓨터활용능력1급 필기/실기
컴퓨터활용능력2급 필기/실기
워드프로세서 필기/실기
정보처리기사 필기/실기
정보처리산업기사 필기/실기
정보처리기능사 필기/실기
사무자동화산업기사 실기
ITQ 엑셀/한글/파워포인트
GTQ 1급/2급

출 간 종 목

컴퓨터활용능력1급 필기
컴퓨터활용능력2급 필기
정보처리기사 필기/실기

출 간 종 목

컴퓨터활용능력1급 필기/실기
컴퓨터활용능력2급 필기/실기
사무자동화산업기사 필기

출 간 종 목

컴퓨터활용능력1급 필기/실기
컴퓨터활용능력2급 필기/실기
정보처리기사 필기